박영사

머리말

현대 법학교육에서 이론과 판례는 분리될 수 없다. 그런 가운데 우리나라에서 2009년 로스쿨 법학교육제도가 도입되면서 사례형 문제는 물론 이제는 선택형 문제에서도 판례와 이론의 유기적인 이해를 요구하는 경향이 더욱 강화된 것도 사실이다. 특히 민법·형법 등과 달리 단행법전이 없는 복잡한 창조물로서 행정법학은 그 이론구조를 제대로 인식·적용하기 위해서도 판례의 학습이 매우 중요하다. 『행정법 판례라인』이란 책을 출간한 근본적인 배경도 여기에 있다.

이 책은 특별히 새로운 연구결단에 따라 행정법 판례에 관한 교재로 쓴 것이 아니라 필자가 최근까지 우리 대학을 비롯하여 한국외대·한양대·중앙대·성균관대·연세대 등 각 대학의 법학전문대학원이나 행정·사법고시반의 특강요청에 응하여 행정법을 강의하면서 그때그때 상황에 따라 개정해 온 특강자료 중 판례부분 교안을 재검토하여 출판의 품격에 맞추어 체계적으로 대폭 수정·가필한 결과물에 지나지 않는다. 다만 이 책은 다음과 같은 구성·기획의 방침에 따라 기술하였다.

우선은, 단지 1~2日정도의 학습으로 2016년 전반기까지 이 책에 소개된 판례들의 중심 키워드를 읽음으로써 행정법 판례의 일독이 가능한 가벼운 문장으로 「시험」이라는 실전에 대응할 수 있도록 고안하였다. 즉 이 책은 행정법과 관련된 모든 판례를 다루는 중무장의 판례자료집이 아니라 행정법 이론구조의 중심과 최근 학계동향 등에 대칭하는 주요 판례만 일목요연하게 정리·분석하려고 노력한 교재이다. 이 책에 서술된 차례와 판시사항·판지 및 관련판례, 평가 등을 확인·학습하는 것만으로도 변호사시험·행정고시·감정평가사·공인노무사시험 등의 사례형 시험대비는 물론 선택형(객관식) 시험에서 반드시 체크해야 할 수험판례의 범위와 그 내용을 쉽게 파악할 수 있도록 구성하였다. 이른바 이 책은 행정법 핵심판례 라인(Line)의 유기적·입체적 분석과 그 이해에 주안점을 두고 쓴 책이다.

둘째, 이 책의 구성내용은 제1부 행정법의 기본원리, 제2부 행정작용에 관한 법, 제3부 행정과정에 관한 법, 제4부 행정쟁송에 관한 법이나, 이는 어디까지나 형식적인 구분이고 제1부·제2부·제3부 전체는 실제 시험에서 제4부의 행정쟁송으로 연결·수렴하므로 이 책의 모든 구성부분은 행정쟁송법적 관점에서 포착하여 기술하였다.

셋째, 이 책의 기본편제는 독자들의 낯설음을 피하기 위해 기존 교과서형태에 따르되 쟁점판례를 중심으로 [사실관계], [판지], [평가], [관련판례]의 서술형식을 취하면서도 굳이 [사실관계] 및 [평가](해설)가 불필요한 경우 판시사항과 판지만 소개하여 집필의도에 집중하였다. 즉

이 책은 행정법 판례에 관한 모든 사항에 대응할 수 있는 「최대화」를 기획한 것이 아니라 시험이라는 실전에서 효용성이 극대화될 수 있는 전략적 「최적화」를 지향하며 쓴 책이다. 가령 사례형의 경우라면 100점 만점 중 70~80점 정도의 적중을, 선택형이라면 난해한 문제에서 득점이 가능하도록 안배하는데 최우선 목표를 두고자 하였다. 그리고 이 책에서 채택한 판례의 선제와 내용의 강약 및 밑줄·색상강조표기 등은 실전적인 기능성이라는 기준에 입각하여 필자 나름의 다면적인 분석·평가에 따른 것이다.

한편, 이 책의 출판을 계획하면서 대부분의 각론적 쟁점을 행정쟁송법으로 포섭하되 제4부는 당초 '행정구제에 관한 법'으로 국가배상법·손실보상법을 포함할 계획이었으나, 필자의 사정으로 금번 초판에서는 국가보상법을 다루지 못한 아쉬움이 있지만 제2판에서는 이 부분도 추가할 예정이다. 또한 원고를 탈고한 시점에 항상 느끼는 필자로서의 회한은 부족한 지적 상상력의 한계뿐이나, 이 책의 집필의도인 판례행정법 학습의 실전적·전략적인 최적화를 담보하는 방안으로 최신의(up-to-date) 판례 자료·내용·경향을 반영하면서도 수준 높은 수험교재로서의 기능성을 유지하기 위해 이후에도 계속하여 다른 연구자들과 독자들의 비판을 겸허히 수용하여 미비점을 보완해 갈 것이다.

이 책이 출판에 이르기까지 필자에게 도움을 주신 분들이 많다. 원고의 탈고 후 수험생으로서 바쁜 시간 중에도 교정을 보아준 법전원 지도원생인 이지혜 양, 법과대학 고시부 김상원·심한강·채선준 군에게 고마움을 전한다. 특히 이 지면을 빌어 필자의 연구활동에 있어서 동경대학 법학부 객원연구원 시절부터 매년 일본을 방문할 때마다 한결같이 연구자의 사정을 헤아려 편히 연구할 수 있도록 배려해주신 고령의 今成陽子(IMANARI YOKO) 세무사님의 厚情(후정)에 감사드리며, 이후에도 배가된 노력을 통해 더 좋은 연구성과로 그 분의 기대에 보답하고 싶다. 그리고 변변찮은 교재임에도 기꺼이 간행을 허락하여 주신 박영사 안종만 회장님과 둔탁한 원고를 단아한 책으로 둔갑시켜준 출판사 관계자 분들께 사의를 표한다. 끝으로 늘 필자의 연구생활에 빈틈없는 준비와 지원을 아끼지 않는 고마운 아내를 비롯한 가족들의 희생이 이 책의 출간으로 조금이나마 위로가 되기를 희구한다.

2017년 1월 10일
법학전문대학원 제2법학관 연구실에서
박정훈 씀

약어표기

● 문헌약어

김남진·김연태, 행정법Ⅰ, 법문사(2011) = 김남진·김연태(Ⅰ)
김남철, 행정법강론, 박영사(2014) = 김남철
김동희, 행정법Ⅰ, 박영사(2009) = 김동희(Ⅰ)
김동희, 행정법Ⅱ, 박영사(2009) = 김동희(Ⅱ)
김중권, 김중권의 행정법, 법문사(2013) = 김중권
김철용, 행정법, 고시계사(2014) = 김철용
박균성, 행정법강의, 박영사(2015) = 박균성
박윤흔, (최신)행정법강의(상), 박영사(2004) = 박윤흔(상)
박윤흔, (최신)행정법강의(하), 박영사(2004) = 박윤흔(하)
朴正勳, 행정법의 체계와 방법론, 박영사(2005) = 朴正勳(Ⅰ)
朴正勳, 행정법의 구조와 기능, 박영사(2006) = 朴正勳(Ⅱ)
정하중, 행정법개론, 법문사(2014) = 정하중
홍정선, 행정법특강, 박영사(2012) = 홍정선
鹽野宏, 行政法Ⅰ, 有斐閣(2008) = 鹽野宏(Ⅰ)
鹽野宏, 行政法Ⅱ, 有斐閣(2008) = 鹽野宏(Ⅱ)
小早川光郎(上), 弘文堂(2007) = 小早川(上)
小早川光郎(下)Ⅰ·Ⅱ·Ⅲ, 弘文堂(2007) = 小早川(下)
宇賀克也, 行政法概說Ⅰ, 有斐閣(2006) = 宇賀克也(Ⅰ)
宇賀克也, 行政法概說Ⅱ, 有斐閣(2006) = 宇賀克也(Ⅱ)
高木光, 行政法, 有斐閣(2015) = 高木光
大橋洋一, 行政法, 有斐閣(2006) = 大橋洋一
阿部泰隆, 行政訴訟要件論, 弘文堂(2003) = 阿部泰隆
櫻井敬子·橋本博之, 行政法, 弘文當(2012) = 櫻井敬子·橋本博之
磯部力·小早川光郎·芝池義一(편), 行政法の新構想Ⅰ, 有斐閣(2011) = 新構想(Ⅰ)
磯部力·小早川光郎·芝池義一(편), 行政法の新構想Ⅱ, 有斐閣(2008) = 新構想(Ⅱ)

● 법령약어

(구)사회간접자본시설 에 대한 민간투자법 = 민간투자법
고용보험 및 산업재해보상보험의 보험료징수 등에 관한 법률 = 고용산재보험료징수법
공공감사에 관한 법률 = 공공감사법
공공기관의 운영에 관한 법률 = 공공기관법
공공기관의 정보공개에 관한 법률 = 정보공개법
공기업·준정부기관 계약사무규칙 = 계약사무규칙
공유수면 관리 및 매립에 관한 법률 = 공유수면법
공익사업을 위한 토지 등의 취득 및 보상에 관한 법률 = 공익사업법
국가를 당사자로 하는 계약에 관한 법률 = 국가계약법
국가유공자 등 예우 및 지원에 관한 법률 = 국가유공자법
국토의 계획 및 이용에 관한 법률 = 국토계획법
노동조합 및 노동관계조정법 = 노동조합법
도시 및 주거환경정비법 = 도시정비법
독점규제 및 공정거래에 관한 법률 = 독점규제법
민원사무처리에 관한 법률 = 민원사무처리법
부동산 가격공시 및 감정평가에 관한 법률 = 가격공시법
위치정보의 보호 및 이용에 관한 법률 = 위치정보법
자본시장과 금융투자업에 관한 법률 = 자본시장법
정보통신망 이용촉진 및 정보보호 등에 관한 법률 = 정보통신망법
지방자치단체를 당사자로 하는 계약에 관한 법률 = 지방계약법

차　　례

제1부

행정법의 기본원리

제1장 행정법의 일반원칙 _ 3

제2장 행정상의 법률관계 _ 15

제3장 사인의 법적 지위 _ 27

제2부

행정작용에 관한 법

제1장 행정입법 _ 43

제2장 행정계획 _ 61

제3장 행정행위 _ 75

제5장 행정상의 강제절차 _ 115

제3부

행정과정에 관한 법

제1장 행정절차법 _ 133

제2장 정보공개법 _ 153

제4부

행정쟁송에 관한 법

제1장 행정심판 _ 171

제 5 절 항고소송의 심리와 판결 ········· 275

제 1 부

행정법의 기본원리

제 1 장 행정법의 일반원칙

제 2 장 행정상의 법률관계

제 3 장 사인의 법적 지위

행정법의 일반원칙

Ⅰ. 신뢰보호의 원칙

1. 적용요건과 한계

사실관계 행정행위에 대하여 신뢰보호의 원칙이 적용되기 위한 요건 (대판 1997.9.12, 96누18380)

종교법인 甲이 농지를 매입하여 토지형질변경허가를 받아 종교회관을 건립하기 위하여 농지를 매입하기 전에 농지가 소재하고 있는 市의 담당공무원에게 해당 농지의 형질변경가능성을 질의한 결과, 가능하다는 회신을 받았다. 그리하여 甲은 市長(시장) A로부터 토지거래허가를 받아 농지를 매입하고 종교회관설계에 착수한 후 토지형질변경허가를 신청하였다. 그러나 市長 A는 당해 토지가 우량농지로서 법령상으로 토지형질변경이 불가능함에도 불구하고 담당공무원의 법적 지식이 부족하여 사무착오로 형질변경이 가능하다고 잘못 판단하고 회신하였다고 하여, 당해 토지를 형질변경하는 것은 결국 법을 위반하게 되므로 불가능하다는 이유로 토지형질변경허가신청을 불허가하였다. 이에 甲은 형질변경가능성을 믿고서 토지를 매입하는 등의 행위를 하였으므로 A의 불허가는 위법이라고 주장하여 취소의 소를 제기하였다. 이 사건에서 대법원은 A의 형질변경불허가는 신뢰보호의 원칙에 반한다고 하여 위법으로 판단하였다.

판 지

[1] 일반적으로 행정상의 법률관계에 있어서 행정청의 행위에 대하여 신뢰보호의 원칙이 적용되기 위하여는, 첫째 행정청이 개인에 대하여 신뢰의 대상이 되는 공적인 견해표명을 하여야 하고, 둘째 행정청의 견해표명이 정당하다고 신뢰한 데에 대하여 그 개인에게 귀책사유가 없어야 하며, 셋째 그 개인이 그 견해표명을 신뢰하고 이에 어떠한 행위를 하였어야 하고, 넷째 행

정청이 위 견해표명에 반하는 처분을 함으로써 그 견해표명을 신뢰한 개인의 이익이 침해되는 결과가 초래되어야 하며, 이러한 요건을 충족할 때에는 행정청의 처분은 신뢰보호의 원칙에 반하는 행위로서 위법하게 된다고 할 것이고, 또한 위 요건의 하나인 행정청의 공적 견해표명이 있었는지의 여부를 판단하는 데 있어 반드시 행정조직상의 형식적인 권한분장에 구애될 것은 아니고 담당자의 조직상의 지위와 임무, 당해 언동을 하게 된 구체적인 경위 및 그에 대한 상대방의 신뢰가능성에 비추어 실질에 의하여 판단하여야 한다.

[2] 종교법인이 도시계획구역 내 생산녹지로 답인 토지에 대하여 종교회관 건립을 이용목적으로 하는 토지거래계약의 허가를 받으면서 담당공무원이 관련 법규상 허용된다 하여 이를 신뢰하고 건축준비를 하였으나 그 후 당해 지방자치단체장이 다른 사유를 들어 토지형질변경허가 신청을 불허가 한 것이 신뢰보호원칙에 반한다고 한 사례.

[3] 비록 지방자치단체장이 당해 토지형질변경허가를 하였다가 이를 취소·철회하는 것은 아니라 하더라도 지방자치단체장이 토지형질변경이 가능하다는 공적 견해표명을 함으로써 이를 신뢰하게 된 당해 종교법인에 대하여는 그 신뢰를 보호하여야 한다는 점에서 형질변경허가 후 이를 취소·철회하는 경우를 유추·준용하여 그 형질변경허가의 취소·철회에 상당하는 당해 처분으로써 지방자치단체장이 달성하려는 공익 즉, 당해 토지에 대하여 그 형질변경을 불허하고 이를 우량농지로 보전하려는 공익과 위 형질변경이 가능하리라고 믿은 종교법인이 입게 될 불이익을 상호 비교·교량하여 만약 전자가 후자보다 더 큰 것이 아니라면 당해 처분은 비례의 원칙에 위반되는 것으로 재량권을 남용한 위법한 처분이라고 봄이 상당하다.

평 가

위 판례의 판지[1], [2]에 의하면 원고가 신뢰보호를 주장하여 보호를 받기 위해서는 "① 행정청이 개인에 대하여 신뢰의 대상이 되는 공적인 견해를 표명하여야 하고, ② 행정청의 견해표명이 정당하다고 신뢰한 데에 대하여 그 개인에게 귀책사유가 없어야 하며, ③ 그 개인이 그 견해표명을 신뢰하고 이에 어떠한 행위를 하였어야 하고, ④ 행정청이 위 견해표명에 반하는 처분을 함으로써 그 견해표명을 신뢰한 개인의 이익이 침해되는 결과가 초래되어야 하며, 어떠한 행정처분이 이러한 요건을 충족할 때에는, ⑤ 공익 또는 제3자의 정당한 이익을 현저히 해할 우려가 있는 경우가 아닌 한, 신뢰보호의 원칙에 반하는 행위로서 위법하게 된다."는 점을 판시하고 있다(대판 1996.1.23, 95누13746 참조). 여기서 공익 등과 비교·교량(비례원칙: 이익형량)이라는 요건을 소극적 요소로 판시하고 있지만, 다수설은 ⑤의 요건은 적용요건이 아니라 신뢰보호원칙의 '한계' 내지 '제한'의 요소로 보고 있다.

관련판례

원고 甲과 그 형은 한국과 미국의 이중국적자인데, 그 형이 동사무소에 자신의 국적이탈신고를 하자 동사무소직원이 착오로 甲도 또한 국적이탈신고를 한 것으로 착각하여 같은 사유로 甲의 주민등록을 말소하였다. 그 후 이러한 사실을 알게 된 甲은 주민등록말소를 신뢰하여, 고교 졸업 후 미국으로 출국하여 거주하면서도 국적이탈신고를 하지 않았다. 그런 가운데 甲은 만 18세가 넘음 후 병무청장으로부터 징병검사통지서를 받았음은 물론 동사무소의 주민등록도 직권 재등록되었음을 알게 되었다. 이에 甲은 피고 법무부장관에게 국적이탈신고를 하자, 피고가 '병역을 필하였거나 면제받았다는 증명서가 첨부되지 않았다'는 이유로 반려한 사건에서 대법원은 피고의 국적이탈신고 반려처분이 공적 견해표명에 반하는 것으로, 원고 甲에 대해 신뢰보호원칙에 위배되어 위법하다고 판시하였다(대판 2007.1.17, 2006두10931).

2. 개별적 적용요건

(1) 대법원은, "행정처분의 성립과정에서 그 처분을 받아내기 위한 뇌물이 수수되었다면 특별한 사정이 없는 한 그 행정처분에는 직권취소사유가 있는 것으로 보아야 할 것이고, 이러한 이유로 **직권취소하는 경우에는 처분 상대방측에 귀책사유가 있기 때문에 신뢰보호의 원칙도 적용될 여지가 없다 할 것**이며, 다만 행정처분의 성립과정에서 뇌물이 수수되었다고 하더라도 그 행정처분이 기속적 행정행위이고 그 처분의 요건이 충족되었음이 객관적으로 명백하여 다른 선택의 여지가 없었던 경우에는 직권취소의 예외가 될 수 있을 것이지만, 그 경우 이에 대한 입증책임은 이를 주장하는 측에게 있다."고 판시하였다(대판 2003.7.22, 2002두11066).

(2) 대법원은, "병무청 담당부서의 담당공무원에게 **공적 견해의 표명**을 구하는 정식의 서면질의 등을 하지 아니한 채 병무청 총무과 민원팀장에 불과한 공무원 A가 민원봉사차원에서 상담에 응하여 안내한 것(6개월의 공익근무요원에 해당한다고 한 답변)을 신뢰한 경우, 공적인 견해의 표명이라고 하기 어렵고, 더 나아가 담당부서의 담당 공무원이 아닌 A의 안내만을 신뢰한 것은 원고 측에 귀책사유도 있다고 하여, 신뢰보호원칙이 적용되지 아니한다."고 판시하였다(대판 2003.12.26, 2003두1875).

Ⅱ. 권리남용금지의 원칙

1. 개요

권리남용의 금지원칙은 민법상의 일반원칙으로서 민법 제2조에 그 근거규정이 있다. 이 원칙은 민법상의 법률관계뿐만 아니라 행정상의 법률관계에도 적용된다는 점에서는 이론이 없다

(김철용, 95쪽). 그리고 이 원칙은 사인의 측에서 문제가 될 경우와 행정의 측에서 문제가 될 경우가 있다. 사인의 측에서 문제가 되는 예로서 신청권·청구권의 남용이, 행정의 측에서 문제가 되는 예로는 각종 인허가권의 남용을 들 수 있다. 권리남용과 관련하여 대부분 후자가 쟁점이 되나, 전자의 문제로서 정보공개청구권의 남용에 주목할 필요가 있다.

2. 정보공개청구권의 남용에 관한 판례동향

(1) 대법원은 1995.7.부터 2000.12.까지 사이에 제기(대판 2003.3.11, 2001두6425; 대판 2003.4.22, 2002두7661; 대판 2003.4.22, 2002두8664; 대판 2003.6.27, 2002두9087; 대판 2003.5.30, 2002두10926)된 **업무추진비관련자료의 정보공개청구 관련사건**에서 공개에 대하여 법 제8조제2항(현, 제13조제2항) 소정의 청구량이 과다하여 정상적인 업무수행에 현저한 지장을 초래할 우려가 있는 경우에 해당하지 않는다고 하였다. 즉, 종래 대법원은 비록 업무추진비 정보공개청구사건이지만 권리남용의 법리에 의한 정보공개의 제한 가능성에 소극적이었다.

(2) 그러나 그 이후 대법원은 **계명대학교 사립학교법인의 업무추진비관련 정보공개청구사건에서** "(구)공공기관의 정보공개에 관한 법률(2004.1.29. 법률 제7127호로 전문 개정되기 전의 것)의 목적, 규정 내용 및 취지에 비추어 보면 정보공개청구의 목적에 특별한 제한이 없으므로, 오로지 상대방을 괴롭힐 목적으로 정보공개를 구하고 있다는 등의 특별한 사정이 없는 한 정보공개의 청구가 신의칙에 반하거나 권리남용에 해당한다고 볼 수 없다(대판 2006.8.24, 2004두2783)"고 판시하여 정보공개청구가 신의칙 위반 내지 권리남용에 의해 제한될 여지가 있음을 열어둔 판례가 등장하였다(같은 취지의 판례로 대판 2004.9.23, 2003두1370가 있음. – 다만 이 판결은 '수사기록'에 관한 정보공개청구사건임.).

(3) 그러한 가운데, 대법원은 최근 "정보공개청구권의 행사가 권리의 남용에 해당된다"고 판시한 최초의 판례가 있다. 권리남용의 법리에 기초하여 정보공개거부를 정당시한 대법원 판례의 사실관계와 판지, 그리고 해당 판결의 의미는 이하와 같다.

3. 정보공개청구권의 남용을 긍정한 판례

사실관계 정보공개청구권의 행사가 권리의 남용에 해당되는 경우 (대판 2014.12.24, 2014두9349)

원고 甲은 마약류 관리에 관한 법률 위반으로 2012년 3월 징역 3년6월을 형이 확정되어 교도소에 복역 중인 자로서 같은 해 8월 자신이 불기소처분을 받았던 다른 사건에 대한 수사기록 중 타인의 개인정보를 제외한 부분의 정보에 대해 관할 지방검찰청 검사장인 乙을 상대로 정보공개를 청구하였으나, 乙은 (구)공공기관의 정보공개에 관한 법률 제9조 제1항 등에 규정된 비공개 대상정보에 해당된다는 이유로 비공개결정을 하였다. 이에 甲은 乙을 상대로 정보비공개결정 취소소송을 제기하였다. 甲의 정보공개청구에 대해 乙이 비공개결정을 하게 된 이 사건 처분의 경위는 다음과 같다.

(가) 원고는 징역 3년 6월을 선고받아 복역 중에 있으면서 수백 회에 걸쳐 여러 국가기관을 상대로 다양한 내용의 정보공개청구를 반복하여 왔고, 정보공개거부처분에 대하여 전국의 각 법원에 취소청구소송(이하 '정보공개청구소송'이라 한다)을 제기하였다.

(나) 다수의 사건에서 원고의 정보공개청구에 대하여 행정청이 공개 또는 부분공개의 결정을 하였으나, 원고는 해당 정보를 수령도 하지 아니하였다.

(다) 원고는 이 사건의 원심을 포함한 대다수의 정보공개청구소송에서 특정 변호사를 소송대리인으로 선임하였으나, 원심에서의 원고 소송대리인은 변론기일에 1회 출석하여 항소기각 판결을 구한다고 진술하였을 뿐 준비서면이나 서증을 제출하는 등의 변론행위를 한 바도 없다. 특히, 원고는 교도소 직원과의 면담에서 정보공개청구소송에서 승소하여 소송비용 확정절차를 거쳐 변호사보수를 지급받으면, 이를 변호사와 자신이 배분하기로 하였다는 취지의 진술을 하기도 하였다.

(라) 원고는 수감 중 정보공개청구소송의 변론에 출석하기 위하여 약 90회 이상 전국 법원에 출정하였는데, 그에 따른 수백만 원의 출정비용을 납부하지 아니하고 있다.

(마) 원고는 교도소 직원과의 상담에서 '자신이 진행해 온 정보공개청구 및 정보공개청구소송은 권리구제를 위한 것이 아니었고, 자신의 시간과 국가기관의 행정력을 헛되이 소모시키는 행위였으므로 이러한 행위를 중단하겠다'는 취지로 진술하였다.

판 지

이 사건에서 대법원은, "일반적인 정보공개청구권의 의미와 성질, (구)공공기관의 정보공개에 관한 법률(2013.8.6. 법률 제11991호로 개정되기 전의 것, 이하 '정보공개법'이라 한다)의 규정 내용과 입법 목적, 정보공개법이 정보공개청구권의 행사와 관련하여 정보의 사용 목적이나 정보에 접근하려는 이유에 관한 어떠한 제한을 두고 있지 아니한 점 등을 고려하면, 국민의 정보공개청구는 정보공개법 제9조에 정한 비공개 대상정보에 해당하지 아니하는 한 원칙적으로 폭넓게 허용되어야 하지만, 실제로는 해당 정보를 취득 또는 활용할 의사가 전혀 없이 정보공개 제도를 이용하여 사회통념상 용인될 수 없는 부당한 이득을 얻으려 하거나, 오로지 공공기관의 담당공무원을 괴롭힐 목적으로 정보공개청구를 하는 경우처럼 권리의 남용에 해당하는 것이 명백한 경우에는 정보공개청구권의 행사를 허용하지 아니하는 것이 옳다."고 판시하였다.

그리고 이 사건 판결에서 대법원은, "교도소에 복역 중인 원고가 여러 차례 정보공개청구를 반복하면서 다수의 사건에서 해당 정보를 수령하지 않았고, 교도소 직원과의 상담에서 '정보공개청구는 권리구제를 위한 게 아니었고 자신의 시간과 국가기관의 행정력을 소모시키는 행위여서 이를 중단하겠다'는 취지로 진술한 바 있다"며 "원고는 정보 접근의 목적이 아니라 소송비용으로 이득을 취하거나 강제노역을 회피하려는 목적으로 정보공개를 청구했다고 볼 여지가 크다"는 구체적인 판시이유를 설시하였다.[1)]

평 가

위 사건은 정보공개청구사건에서 권리남용의 법리에 근거하여 비공개결정(공개거부)을 인정한 최초의 판례라는 점에서 의의가 있다. 그리고 행정법관계에서 행정의 측에서는 물론 사인의 측에서도 권리남용의 법리가 민법의 기본원리일 뿐만 아니라 행정법의 일반원칙임을 확인한 판례로서도 의미가 있다고 본다. 특히 정보공개청구제도는 누구나 가능하고, 그 청구목적을 불문하므로(정보공개법 제5조), 이후 정보공개청구권의 남용문제는 더욱 확대될 것으로 예견된다.[2)]

Ⅲ. 비례의 원칙

사실관계 경찰법상 비례원칙의 내용 (대판 2009.3.26, 2009두1778)

원고 甲은 광주광역시에 소재하는 식당에서 술을 마신 후 대리운전기사를 불러 자신의 집 앞 불특정 다수인이 통행하는 골목길에 도착하였고, 그곳 노상 주차장에 장애물이 있어 대리기사를 보낸 다음 장애물을 치우고 3m가량 후진 주차하는 과정에서 A소유의 차량에 충격을 가였는지 여부와 관련하여 승강이를 하다가, 신고를 받고 출동한 경찰관의 적법한 임의수사 도중에 甲의 음주사실을 인지한 경찰관의 음주측정 결과, 혈중알콜농도가 0.174%임이 확인되었다. 그러자 광주지방경찰청장 乙은 음주수치가 면허취소사유에 해당함을 이유로 甲의 운전면허를 취소하였다. 甲은 乙을 상대로 행정심판을 제기하였으나 기각되었고, 이에 甲은 ① 막다른 집 앞 골목길에서 노상주차를 위해 3m정도 이동한 것은 주차행위에 불과하고, 도로법상 '도로'에서 차량을 그 본래의 사용방법에 따라 사용한 '운전'이 아니며, ② 설령 그것이 도로교통법상의 '운전'에 해당된다고 해도 甲이 음주운전사고를 야기하지 않았음은 물론 교통사고 전력이 없으며,

1) 참고로 위 판결은, 원고의 이 사건 정보공개청구가 권리남용에 해당할 여지가 크다고 보아 정보공개거부처분을 일부 취소한 원심판결 중 피고 패소부분을 파기환송한 사안이다.

2) 참고로, 일본에서는 2011년 내각결의로서 마련한 정보공개법개정 법안에 정보공개청구가 '권리남용 또는 공공의 질서 및 선량한 풍속'에 반하는 경우에 공개의무를 제외하려는 입법적 시도가 있었다(櫻井敬子 · 橋本博之, 27쪽).

생업에 자동차운전면허가 필요한 점이나 음주운전의 경위·거리 등을 고려하면 이 사건 처분은 재량권의 일탈·남용이라고 주장하며 취소를 구하는 소를 제기하였다.

판 지

대법원은 원심판결과 상고이유서를 심리한 후, 「상고인의 상고이유에 관한 주장은 이유 없음이 명백하여 '상고를 기각한다.'」고 판시하여 원심에서의 기각판결을 그대로 유지하였다. 대법원이 원용하는 원심판결에서의 판지는 「원고가 집 앞까지 대리운전기사의 운전으로 왔다가 주차를 위하여 짧은 거리를 운전한 점, 원고의 경제적 형편이 어려운 점 등의 사정은 인정되나, 다른 한편, 앞서 본 바와 같이 원고의 혈중알콜농도 측정결과가 0.174%로, 법규위반의 정도가 매우 중한 점, 음주운전으로 인하여 소외인과 접촉사고여부를 두고 승강이를 하게 된 점, 오늘날 음주운전으로 인한 교통사고의 증가 및 그 결과의 참혹성 등에 비추어 볼 때 음주운전으로 인한 교통사고를 방지할 공익상의 필요는 더욱 강조되어야 하고, 운전면허 취소에 있어서는 일반의 수익적 행정행위의 취소와는 달리 그 취소로 인하여 업게 될 당사자의 불이익 보다는 이를 방지하여야 하는 일반예방적 측면이 더욱 강조되어야 하는 점(대법원 1995.9.29. 선고 95누8126 판결 등 참조) 등을 고려하여 보면, 원고가 주장하는 모든 사정들을 감안하더라도, 이 사건 처분이 재량권의 범위를 일탈하거나 남용한 것으로서 위법하다고 볼 수 없다.」고 판시하였다.

평 가

여느 사건과 마찬가지로 위 사례 역시 전제적·파생적 문제로 도로교통법의 '운전'에 해당되는지 여부 등이 다투어졌으나, 여기서는 주된 쟁점인 비례원칙에 관한 내용을 중심으로 살펴본다. **비례의 원칙이란** 어떤 행정목적을 달성하기 위한 수단은 그 목적 달성에 유효·적절하고 또한 가능한 한 최소침해를 가져오는 것이어야 하며, 아울러 그 수단의 도입으로 인한 침해가 의도하는 공익을 능가하여서는 아니 된다는 **헌법상의 원칙**을 말한다(대판 2008.12.11, 2006두20457). 즉, 행정법의 일반원칙으로서 비례원칙은 위 사안과 같이 경찰비례의 원칙에 기원하는 것으로 **'적합성의 원칙'**(수단은 추구하는 목표의 달성에 법적으로나 사실상으로 유용한 것이어야 한다는 원칙), **'최소침해의 원칙'**(목표달성을 위해 채택된 수단은 많은 적합한 수단 중에서 개인이나 공중에 최소한의 침해를 가져오는 것이어야 한다는 원칙), **'상당성의 원칙'**(협의의 비례원칙)(목표달성을 위해 적용하고자 하는 수단으로부터 나오는 사익에 대한 침해가 목적하는 공익상의 효과를 능가해서는 아니된다는 원칙)이란 세 가지 원칙으로 구성된다. 이들 원칙 중 어느 하나에도 반한 경우 당해 행정작용은 비례원칙에 반하는 것으로 위법 내지는 위헌이 된다. 다만, 비례원칙은 행정실무나 재판실무에서 이 원칙의 위반여부는 상당성의 원칙에 관한 심사가 핵심이며, 위 판례에도 이점을 확인할 수 있다.

관련판례

(가) 비례원칙과 관련하여 특히 제재적 처분에서는 공익 침해의 정도와 그 처분으로 인하여 개인이 입게 될 불이익을 비교·형량하는 것이 중요하다(대판 2007.9.20, 2007두6946 등).

(나) 행정재판실무에서 비례원칙이 자주 문제되는 처분 유형은 운전면허 취소처분, 징계처분 등이다.

Ⅳ. 그 밖의 일반원칙

1. 평등의 원칙

1) 의의

평등의 원칙은 헌법 제11조에서 도출되는 원칙으로, 본질적으로 같은 것을 자의적으로 다르게 취급하거나 본질적으로 다른 것을 자의적으로 같게 취급하는 것을 금지하는 것을 의미한다. 행정법영역에서 평등원칙은 행정규칙에서 자기구속의 법리와 재량권행사의 한계(통제)로서 중요한 기능을 한다.

2) 관련판례

(1) 대법원은, "개발제한구역법 시행령에서 개발제한구역 훼손부담금의 부과율을, 전기공급시설, 가스공급시설 등에 대하여는 20/100로 정하는 반면, 집단에너지공급시설에 대하여는 100/100으로 정하고 있는 것은 합리적 근거가 없는 차별에 해당하여 헌법상 평등원칙에 위배되어 무효이다."고 판시한 바 있다(대판 전원합의체 2007.10.29, 2005두14417). ☜ **(구)개발제한구역의 지정 및 관리에 관한 특별조치법 시행령 제35조 제1항 제3호 개발제한구역 훼손부담금 부과율 관련사건**

(2) 대법원은, "재활용촉진법 시행령에서 폐기물부담금의 산출기준과 관련하여 제조업자에 대하여는 합성수지 투입량을 기준으로 하면서, 수입업자에 대하여는 그 수입가만을 기준으로 한 것은 과도하게 차등을 둔 것으로서 합리적 이유 없는 차별에 해당하여 헌법상 평등원칙을 위반한 입법으로서 무효이다."고 판시하였다(대판 전원합의체 2008.11.20, 2007두8287). ☜ **(구)자원의 절약과 재활용촉진에 관한 법률 시행령 제11조 [별표 2] 제7호에서 플라스틱제품의 '수입업자'가 부담하는 폐기물부담금의 산출기준을 '제조업자'와 달리 그 수입가만을 기준으로 정한 것이 헌법상 평등원칙을 위반한 것인지 여부**(적극)

2. 자기구속의 원칙

사실관계 행정의 자기구속원칙의 적용영역과 적용요건 등 (대판 2009.12.24, 2009두7967)

(가) 원고 아산농산영농조합법인(이하, 甲이라 한다.)은 피고 아산시장(이하, 乙이라 한다.)에게 신규 건조저장시설(DSC: Drying Storage Center, 이하 'DSC'라 한다.)사업자 인정 신청을 하였다. 그러나 乙은 농림사업실시규정(이하, '이 사건 훈령'이라 한다.) 제4조에 의한 2008년도 농림사업시행지침서(이하, '이 사건 지침서'라 한다.)가 정한 신규 DSC사업자인정기준에 적합하지 않다는 이유로 甲의 위 신청을 반려하는 거부처분을 하였다.

(나) 한편, 乙의 거부처분 근거인 지침서에서는 신규 미곡종합처리장(RPC: Rice Processing Complex, 이하 RPC라 한다.) 사업자 인정기준과 DSC 사업자 인정기준을 명확히 구분하여 규정하면서, 신규 DSC 사업자는 원료 벼 확보가능 논 면적(도시지역의 경우 인접한 군의 논 면적을 포함하여 검토할 수 있음) 1,000ha 이상을 확보하도록 지역기준을 설정하고 있으나, 시·군별 DSC 개소당 논 면적에 관하여는 명시적인 규정이 없다. 또한 DSC 사업자 인정기준에 있어 벼 가공시설 과잉지역 등은 신규 DSC 사업자 신청 및 선정에서 제외한다고 하면서 '선정 제외 지역은 신규 RPC 사업자 인정기준에 준함'이라고 명시하고 있다. 乙은 이에 기초하여 13,775ha의 아산시 총 면적을 고려하여 새로운 DSC사업자 인정을 위해서는 225ha가 부족하다고 판단한 것이다.

(다) 이에 甲은 乙을 상대로 이 사건 처분은 양곡관리법 제22조 및 이 사건 지침서의 목적과 취지에 비추어 볼 때 행정의 자기구속의 원칙 및 평등원칙에 반할 뿐 아니라, 지역적 불균형성, 생산 농민의 불편 등이 종합적으로 검토되지 않은 채 이루어진 것으로서, 재량권을 일탈·남용하였다고 주장하며 이 사건 반려처분의 취소를 구하는 소를 제기하였다.

판 지

[1] 상급행정기관이 하급행정기관에 대하여 업무처리지침이나 법령의 해석적용에 관한 기준을 정하여 발하는 이른바 '행정규칙이나 내부지침'은 일반적으로 행정조직 내부에서만 효력을 가질 뿐 대외적인 구속력을 갖는 것은 아니므로 행정처분이 그에 위반하였다고 하여 그러한 사정만으로 곧바로 위법하게 되는 것은 아니다. 다만, 재량권 행사의 준칙인 행정규칙이 그 정한 바에 따라 되풀이 시행되어 행정관행이 이루어지게 되면 평등의 원칙이나 신뢰보호의 원칙에 따라 행정기관은 그 상대방에 대한 관계에서 그 규칙에 따라야 할 자기구속을 받게 되므로, 이러한 경우에는 특별한 사정이 없는 한 그를 위반하는 처분은 평등의 원칙이나 신뢰보호의 원칙에 위배되어 재량권을 일탈·남용한 위법한 처분이 된다.

[2] 시장이 농림수산식품부에 의하여 공표된 '2008년도 농림사업시행지침서'에 명시되지 않은 '시·군별 건조저장시설 개소당 논 면적' 기준을 충족하지 못하였다는 이유로 신규 건조저장시설 사업자 인정신청을 반려한 사안에서, 위 지침이 되풀이 시행되어 행정관행이 이루어졌다

거나 그 공표만으로 신청인이 보호가치 있는 신뢰를 갖게 되었다고 볼 수 없고, 쌀 시장 개방화에 대비한 경쟁력 강화 등 우월한 공익상 요청에 따라 위 지침상의 요건 외에 '시·군별 건조저장시설 개소당 논 면적 1,000ha 이상' 요건을 추가할 만한 특별한 사정을 인정할 수 있어, 그 처분이 행정의 자기구속의 원칙 및 행정규칙에 관련된 신뢰보호의 원칙에 위배되거나 재량권을 일탈·남용한 위법이 없다.

평 가

행정의 자기구속의 원칙이란 행정청이 일정한 사안에서 이미 제3자에게 일정한 결정을 하여왔다면 같은 사안에서는 상대방에게 같은 결정을 하여야 한다는 원칙으로, 기속행위가 아닌 재량행위의 영역에서 적용되는 행정법의 일반원칙이다. 자기구속의 원칙에 관한 위 대법원 판결의 의미는 첫째, 종래 헌법재판소는 자기구속원칙의 근거를 평등의 원칙이나 신뢰보호의 원칙에서 도출하였는데(헌재 2001.5.31, 99헌마413 등), 위 대법원 판례 역시 헌재와 동일한 입장에서 행정의 자기구속원칙을 수용하고 있음을 알 수 있다. 둘째, 자기구속원칙의 적용요건으로 ① 동일한 사안일 것, ② 선례가 있을 것, ③ 행정관행이 위법하지 않을 것이 요구되며, 그 요건 중 ②와 관련하여 행정규칙으로서 재량준칙이 정립되어 있을 경우에서 학설은 선례필요설과 선례불필요설이 대립하였으나, 위 대법원의 판지[2]에서 보듯이 「재량준칙(위 판례에서는 「이 사건 지침서」)이 공표된 것만으로는 자기구속의 원칙이 적용될 수 없고, 재량준칙이 되풀이 되어 시행되어 행정관행이 성립한 경우에 자기구속원칙이 적용된다」는 점을 명확히 한 점(선례필요설: 예기관행 인정설)에 의의가 있다.[3] 셋째, 자기구속의 원칙은 본래 법규성이 없는 행정규칙으로서 재량준칙을 대외적으로 구속력 있는 규범으로 전환시키는 '전환규범' 또는 '매개규범'으로서의 기능을 한다는 기존의 헌법재판소의 입장(헌재 2001.5.31, 99헌마413)을, 위 판례에서 「행정규칙에 불과한 지침서가 그 정한 바에 따라 되풀이 시행되어 행정관행이 이루어지게 되면 행정기관은 그 상대방에 대한 관계에서 그 규칙에 따라야 할 자기구속을 받게 된다.」고 하여, 대법원 판례의 단계에서 헌재와 마찬가지로 평등의 원칙과 신뢰보호의 원칙에 근거한 자기구속의 원칙이 준법규로서 행정규칙의 대외적 구속력(외부적 효력)이 인정될 수 있음을 재확인하고 있다.

---

3) 참고로 이 사건 원심판결에서는, "……행정의 자기구속이라 함은 앞서 본 바와 같이 행정청이 동종 사안에 대하여 동일한 처분을 하여야 하는 구속을 받는 것을 의미하므로, 일반적으로는 동종 사안에 있어 비교의 대상이 되는 행정선례가 존재함을 전제로 할 것이나, 다만 행정규칙이 대외적으로 공표되어 국민에게 법적으로 보호가치 있는 신뢰가 생긴 경우에는 법적 안정성의 견지에서 행정규칙 자체만으로 행정의 자기구속의 근거로 삼을 수 있고, 재량영역에서 평등원칙을 실현하기 위해 마련된 행정규칙을 위반할 경우 다른 특별한 사정이 없는 이상 당해 행정처분은 자의적인 조치로서 재량권을 일탈·남용하여 위법한 것으로 평가되어야 한다."고 판시하여(대전고법 2009.4.30, 2008누3096), '선례불필요설'의 입장을 따르고 있다.

관련판례

행정처분이 수차례에 걸쳐 반복적으로 행하여졌다 하더라도 **그러한 처분이 위법한 것인 때에는** 행정청에 대하여 자기구속력을 갖게 된다고 할 수 없다(대판 2009.6.25, 2008두13132).

3. 부당결부금지의 원칙

(1) 부당결부금지의 원칙이란 행정주체가 행정작용을 함에 있어서 상대방에게 이와 실질적인 관련이 없는 의무를 부과하거나 그 이행을 강제하여서는 아니 된다는 원칙을 말한다(대판 2009.2.12, 2005다65500). 즉, 행정기관이 행정권을 행사함에 있어서 그것과 아무런 관련이 없는 반대급부를 결부시켜서는 아니된다는 원칙이다. 이는 특히 행정행위의 부관 및 공급거부 혹은 관허사업제한과 같은 행정의 실효성 확보수단과 관련하여 행정권의 자의적인 권한행사를 통제하는 역할을 한다. 판례 역시 "수익적 행정행위에 있어서는 법령에 특별한 근거규정이 없다고 하더라도 그 부관으로서 부담을 붙일 수 있으나, 그러한 부담은 비례의 원칙, 부당결부금지의 원칙에 위반되지 않아야만 적법하다(대판 1997.3.11, 96다49650)"라고 하여 부당결부금지의 원칙에 위반된 경우 위법하다고 판시하고 있다.

(2) 부당결부금지의 원칙에 위배되는 것으로 판단하기 위한 적용요건으로는, ① 행정청의 일정한 행정작용이 있을 것, ② 그 행정작용이 상대방에게 부과하는 반대급부와 결부될 것, ③ 행정작용과 반대급부 사이에 실체적 관련성이 없을 것이 요구된다. 이때 실체적 관련성의 유무를 판단하는 것이 중요한데 실체적 관련성이 인정되기 위해서는 원인적 관련성 혹은 목적적 관련성이 있어야 한다. 원인적 관련성이란 수익적 행정행위를 발령하기 때문에 부관을 부가하는 것이 가능하고, 또한 부관을 부과하는 것이 필요하게 되는 관계인 경우를 말하고, 목적적 관련성이란 부관이 주된 행정행위의 근거법률 및 당해 행정분야가 추구하는 목적을 위해서만 부과되어야 함을 뜻한다.

(3) 부당결부금지의 원칙과 관련해서는 「지방자치단체장이 사업자에게 주택사업계획승인을 하면서 그 주택사업과는 아무런 관련이 없는 토지를 기부채납하도록 하는 부관을 주택사업계획승인에 붙인 경우, 그 부관은 부당결부금지의 원칙에 위반되어 위법하지만, 지방자치단체장이 승인한 사업자의 주택사업계획은 상당히 큰 규모의 사업임에 반하여, 사업자가 기부채납한 토지 가액은 그 100분의 1 상당의 금액에 불과한 데다가, 사업자가 그 동안 그 부관에 대하여 아무런 이의를 제기하지 아니하다가 지방자치단체장이 업무착오로 기부채납한 토지에 대하여 보상협조요청서를 보내자 그 때서야 비로소 부관의 하자를 들고 나온 사정에 비추어 볼 때 부관의 하자가 중대하고 명백하여 당연무효라고는 볼 수 없다.」고 한 대법원의 최초 판례(대판 1997.3.11, 96다49650) 이후 다수의 판례가 있으며, 최근 판례로는 「고속국도 관리청이 고속도로 부지

와 접도구역에 송유관 매설을 허가하면서 상대방과 체결한 협약에 따라 송유관 시설을 이전하게 될 경우 그 비용을 상대방에게 부담하도록 하였고, 그 후 도로법 시행규칙이 개정되어 접도구역에는 관리청의 허가 없이도 송유관을 매설할 수 있게 된 경우, 협약이 효력을 상실하지 않을 뿐만 아니라 협약에 포함된 부관이 부당결부금지의 원칙에도 반하지 않는다.」는 판례(대판 2009.2.12, 2005다65500) 등이 있다.

행정상의 법률관계

Ⅰ. 민사법관계

1. 종합유선방송위원회 소속 직원의 근로관계의 성질

(구)종합유선방송법(2000.1.12. 법률 제6139호로 전문 개정된 방송법 부칙 제2조 제2호에 따라 폐지)상의 종합유선방송위원회는 그 설치의 법적 근거, 법에 의하여 부여된 직무, 위원의 임명절차 등을 종합하여 볼 때 국가기관이고, 그 사무국 직원들의 근로관계는 사법(사법)상의 계약관계이므로, 사무국 직원들은 국가를 상대로 민사소송으로 그 계약에 따른 임금과 퇴직금의 지급을 청구할 수 있다(대판 2001.12.24, 2001다54038).

2. 국·공유재산인 잡종재산 대부행위의 법적 성질

(1) 대법원은, "국유재산법 제31조, 제32조 제3항, 산림법 제75조 제1항의 규정 등에 의하여 국유잡종재산에 관한 관리 처분의 권한을 위임받은 기관이 국유잡종재산(현재는, 국유일반재산)을 대부하는 행위는 국가가 사경제 주체로서 상대방과 대등한 위치에서 행하는 사법상의 계약이고, 행정청이 공권력의 주체로서 상대방의 의사 여하에 불구하고 일방적으로 행하는 행정처분이라고 볼 수 없으며, 국유잡종재산에 관한 대부료의 납부고지 역시 사법상의 이행청구에 해당하고, 이를 행정처분이라고 할 수 없다."고 판시하였다. ☜ 즉, 국유재산법상 국유잡종재산 대부행위의 법적 성질(=사법상 계약) 및 그 대부료 납부고지의 법적 성질(=사법상 이행청구)이다(대판 2000.2.11, 99다61675).

(2) 대법원은, "(구)공유재산 및 물품 관리법(2008.12.26. 법률 제9174호로 개정되기 전의 것) 제14

조 제1항, 제28조 제1항 등의 규정에 의하여 특별시장·광역시장 또는 도지사로부터 공유재산 관리의 권한을 위임받은 시장·군수 또는 구청장이 공유재산인 잡종재산(현재는, 일반재산)을 대부하는 행위는 지방자치단체가 사경제 주체로서 상대방과 대등한 위치에서 행하는 사법상의 계약이다"고 판시하였다(대판 2010.11.11, 2010다59646).

3. 국가를 당사자로 하는 계약에 관한 법률 등

(1) 「국가를 당사자로 하는 계약에 관한 법률」(이하, '국가계약법'이라 함)에 따라 국가가 당사자로 되는 입찰방식에 의한 사인과 체결하는 이른바 공공계약(정부수요품매입·공사도급계약 등)은 국가가 사경제의 주체로서 상대방과 대등한 위치에서 체결하는 사법상의 계약으로서 그 본질적인 내용은 사인 간의 계약과 다를 바가 없으므로, 그에 관한 법령에 특별한 정함이 있는 경우를 제외하고는 사적자치와 계약자유의 원칙 등 사법의 원리가 그대로 적용된다 할 것이다(대판 2001.12.11, 2001다33604). 같은 이유로, 「지방자치단체를 당사자로 하는 계약에 관한 법률」(이하, '지방계약법'이라 함)에 따른 공공계약 역시 사법상의 계약이다(대판 2000.2.11, 99다61675; 대판 2010.11.11, 2010다59646).

(2) 다만, 대법원은 국가계약법 제27조(부정당업자의 입찰참가자격 제한) 및 지방계약법 제31조(부정당업자의 입찰참가자격 제한)에 따라 낙찰자가 이후에 일정한 계약상의 중대한 의무를 위반하는 "부정당업자"에 해당하는 경우, 이에 대한 제재조치로서 부과되는 입찰참가자격 제한조치는 공권력의 행사로서 항고소송의 대상(행정처분)으로 본다(대판 2008.2.28, 2007두13791·13807; 대판 1999.3.9, 98두18565; 대판 1996.12.20, 96누14708 등 참조). 특히, 한국전력공사 등과 같은 공기업·준정부기관의 부정당업자에 대한 입찰참가자격의 제한조치에 대해서도 공권력의 행사로서 처분성을 긍정하고 있다(대판 2014.11.27, 2013두18964; 서울고법 2009.9.7, 2003누9734 등).

Ⅱ. 공법관계

1. 도시정비법상 조합관련 쟁송관계

사실관계 도시정비법상 조합을 둘러싼 법률관계와 쟁송형태 (대판 전원합의체 2009.9.17, 2007다2428)

피고는 주택재건축정비사업조합으로 「도시 및 주거환경정비법」(이하, '도시정비법'이라 함)에 의거하여 서울 종로구청장으로부터 설립인가를 받은 주택재건축사업시행자이고, 원고 및 선정자들은 피고가 시행하는 정비구역 안에 있는 지상연립주택의 구분소유자들로서 피고 조합의 조합원들이다. 피고는 1997.12.6. 창립총회를 통하여 재건축결의를 하였다. 그 후 피고는 사업시행인가를 받은 다음 원고 및 선정자들을 포함한 조합원들에게 분양공고 및 분양신청 안내문을 발송하고 2004.5.19.부터 2004.6.22.까지 원하는 아파트에 대한 분양신청을 받았는데, 원고 및 선정자들은 모두 44평형 아파트에 대한 분양신청을 하였다. 피고는 2004.12.19.에 조합 임시총회를 개최하여 총 조합원 537명 중 512명 참석, 414명으로 관리처분계획에 대한 의결을 하였고, 그 후 임시총회에 참석하지 않은 조합원 20명으로부터 동의서를 추가로 제출받은 다음(80.81%의 조합원 찬성), 피고는 2004.12.22. 조합원들에게 권리가액과 분양신청에 따른 배정결과를 통보하였는데, 원고와 선정자 모두 분양 신청한 44평형 아파트가 아닌 33평형 아파트를 배정받았으며, 피고의 신청으로 2005.3.18. 종로구청장으로부터 관리처분계획의 인가·고시가 있었다. 그러자 원고(선정당사자)는 당초 44평형을 분양 신청했으나 자신들보다 대지지분이 적은 조합원들과 동일한 33평형을 배정받자 위 2004.12.19. 조합 임시총회결의에 절차의 하자 등이 있을 이유로 무효라고 주장하며 민사소송을 제기하였다.

판 지

[1] 도시 및 주거환경정비법상 행정주체인 주택재건축정비사업조합을 상대로 관리처분계획안에 대한 조합 총회결의의 효력 등을 다투는 소송은 행정처분에 이르는 절차적 요건의 존부나 효력 유무에 관한 소송으로서 그 소송결과에 따라 행정처분의 위법 여부에 직접 영향을 미치는 공법상 법률관계에 관한 것이므로, 이는 행정소송법상의 당사자소송에 해당한다.

[2] 도시 및 주거환경정비법상 주택재건축정비사업조합이 같은 법 제48조에 따라 수립한 관리처분계획에 대하여 관할 행정청의 인가·고시까지 있게 되면 관리처분계획은 행정처분으로서 효력이 발생하게 되므로, 총회결의의 하자를 이유로 하여 행정처분의 효력을 다투는 항고소송의 방법으로 관리처분계획의 취소 또는 무효확인을 구하여야 하고, 그와 별도로 행정처분에 이르는 절차적 요건 중 하나에 불과한 총회결의 부분만을 따로 떼어내어 효력 유무를 다투는 확인의 소를 제기하는 것은 특별한 사정이 없는 한 허용되지 않는다.

[3] 도시 및 주거환경정비법상의 주택재건축정비사업조합을 상대로 관리처분계획안에 대한 **총회결의의 무효확인을 구하는 소를 민사소송으로 제기한 사안에서**, 그 소는 행정소송법상 당사자소송에 해당하므로 전속관할이 행정법원에 있다고 한 사례.

[4] 주택재건축정비사업조합의 관리처분계획에 대하여 그 관리처분계획안에 대한 총회결의의 무효확인을 구하는 소가 관할을 위반하여 민사소송으로 제기된 후에 관할 행정청의 인가·고시가 있었던 경우 따로 총회결의의 무효확인만을 구할 수는 없게 되었으나, 이송 후 행정법원의 허가를 얻어 관리처분계획에 대한 취소소송 등으로 변경될 수 있음을 고려하면, 그와 같은 사정만으로 이송 후 그 소가 부적법하게 되어 각하될 것이 명백한 경우에 해당한다고 보기

어려우므로, 위 소는 관할법원인 행정법원으로 이송함이 상당하다고 한 사례.

평 가

(가) 위 소송의 가장 큰 쟁점은, 도시정비법상 조합설립인가를 행정주체(공법인)으로서의 지위를 인정하는 설권적 처분(강학상 특허)으로 봄을 전제로, 행정법 주체인 조합을 상대로 관리처분계획안에 대한 조합총회 결의의 효력을 다투는 소송의 성격에 관한 것이다. 구체적으로 조합설립인가 이후에 조합과 조합원의 관계는 공법상 법률관계에 해당하게 되므로, 조합총회결의에 대한 무효확인소송은 공법상 당사자소송에 해당한다.

(나) 그 다음 쟁점은, **도시정비법상 관리처분계획의 인가·고시가 있은 후에는**, 관리처분계획은 행정처분으로서 효력이 발생하므로, '조합 총회결의의 하자를 이유로 관리처분계획안'에 대한 총회결의의 무효확인을 소를 제기할 수 있는지 여부에 관한 소의 이익과 관련하여, 인가·고시된 관리처분계획에 대해 항고소송으로 다툴 수 있는 이상, 그 절차적 요건 중 하나에 불과한 총회 결의 부분만을 따로 떼어 내어 효력 유무를 다투는 확인의 소를 제기하는 것은 허용되지 않는다는 점이다.

(다) 끝으로, 조합을 상대로 한 '관리처분계획안'에 대한 조합 총회결의의 하자를 다투는 소송은 행정소송법상 당사자소송에 해당하므로 전속관할이 행정법원에 있다는 점이다.[1)]

관련판례

사실관계 **도시정비법상 조합설립인가처분의 법적 성질 및 조합설립인가처분 후 조합설립결의의 하자를 다투는 소송형태 (대판 2009.9.24, 2008다60568)**

피고는 도시정비법상 주택재건축정비사업의 시행을 목적으로 해당 정비사업구역 내 토지·건축물 소유자들의 조합설립 동의를 형식적으로 얻어 관할 구청장으로부터 인가를 받아 설립된 주택재건축정비사업조합(이하, '조합'이라 함)이고, 원고는 피고 설립에 명목상 동의하였던 위 사업구역 내 토지·건축물 소유자들이다. 원고는 조합설립인가처분 후에, 피고가 조합설립에 대한 동의를 받음에 있어서 동의서에 '건축물 철거 및 신축비용 개산액 항목이' 항목을 공란으로 둔 상태로 제출받은 동의서에 의한 조합설립인가를 받은 것은 무효인 조합설립결의라고 주장하며 민사소송으로 조합설립결의의 무효확인을 구하는 소를 제기하였다.

판 지

[1] 행정청이 도시 및 주거환경정비법 등 관련 법령에 근거하여 행하는 조합설립인가처분은 단순히 사인들의 조합설립행위에 대한 보충행위로서의 성질을 갖는 것에 그치는 것이 아니라

---

1) 위 전원합의체 판결 직후 대법원 판결에서도 "도시 및 주거환경정비법상의 주택재건축정비사업조합을 상대로 관리처분계획안 또는 사업시행계획안에 대한 조합 총회결의의 효력 등을 다투는 소송의 법적 성질은 **행정소송법상 당사자소송이다**."고 판시하고 있다(대판 2009.10.15, 2008다93001).

법령상 요건을 갖출 경우 도시 및 주거환경정비법상 주택재건축사업을 시행할 수 있는 권한을 갖는 행정주체(공법인)로서의 지위를 부여하는 일종의 설권적 처분의 성격을 갖는다고 보아야 한다. 그리고 그와 같이 보는 이상 **조합설립결의**는 조합설립인가처분이라는 행정처분을 하는 데 필요한 요건 중 하나에 불과한 것이어서, **조합설립결의에 하자가 있다면** 그 하자를 이유로 **직접 항고소송의 방법으로 조합설립인가처분의 취소 또는 무효확인을 구하여야 하고**, 이와는 별도로 조합설립결의 부분만을 따로 떼어내어 그 효력 유무를 다투는 확인의 소를 제기하는 것은 원고의 권리 또는 법률상의 지위에 현존하는 불안·위험을 제거하는 데 가장 유효·적절한 수단이라 할 수 없어 특별한 사정이 없는 한 확인의 이익은 인정되지 아니한다.

[2] 도시 및 주거환경정비법상 주택재건축정비사업조합에 대한 행정청의 조합설립인가처분이 있은 후에 조합설립결의의 하자를 이유로 민사소송으로 그 결의의 무효 등 확인을 구한 사안에서, 그 소는 행정소송의 일종인 당사자소송으로 제기된 것으로 봄이 상당하고, 이송 후 관할법원의 허가를 얻어 조합설립인가처분에 대한 항고소송으로 변경될 수 있어 관할법원인 행정법원으로 이송함이 마땅하다고 한 사례.

평 가

이 판례는 종래 주택정비사업을 규율하던 (구)주택건설촉진법에서는 조합설립인가의 법적 성질과 관련하여 강학상 인가(보충행위)로 보는 견해와 판례의 입장(대결 2002.3.11, 2002그12), 그리고 강학상 특허(설권행위)로 보던 견해의 대립이 있었으나, 현행 도시정비법에서는 난맥상의 재건축시장의 문제점을 해결하고 공공성을 강화하려는 의도로 행정의 관여가 확대된 법률구조에서 조합설립인가에 행정주체적 지위를 부여하는 설권적 처분(강학상 특허)으로 보고 있다는 점이다. 이와 같이 조합설립인가를 강학상 특허가 되면 종래 기본행위에 해당하는 조합설립결의(조합설립행위)는 당연히 특허의 성립요건으로 되며, 그 요건의 하자는 법리적으로 응당 조합설립인가 처분 자체를 다투는 항고소송이어야 한다는 점을 이 판결이 보여주고 있다.

2. 확정된 부가가치세 환급세액지급청구

사실관계 당사자 사이에 다툼이 없이 부가가치세법령에 의해 직접 발생·확정된 부가가치세 환급세액 지급청구가 당사자소송의 대상인지 여부(적극) (대판 전원합의체 2013.3.21, 2011다95564)

원고 甲(신탁회사)은 소외 건설회사(이하, '丙'이라 함)로부터 공동주택 신축분양사업과 관련하여 2009.3부터 2012.1.까지 사이에 발생하는 부가가치세 환급세액 지급채권을 양도받았다. 甲은 소외 丙를 대리하여 2009.4.15. 丙을 대리하여 관할 파주세무서장(이하 '乙'이라 함)에게 위와 같은 내용의 채권양도통지를 하여 그 통지서가 乙에게 도달하였다. 원고 甲이 乙에게 양수금 청구를 하자 乙은 위 채권양도계약상 피양도채권이 특정되지 않았다는 등의 이유로 소외 丙의 확정신고 또는 경정결정에 의하여 이미 확정된 부가가치세 환급금액을 원고가 아닌 丙에게 지급하고, 甲의 청구를 거부하였다. 이에 甲은 乙을 상대로 부가가치세환급세액 지급청구권의 양수를 원인으로 하는 민사소송을 제기하였고, 제1심 법원은 원고의 청구를 일부 인용하였으나, 원심인 고등법원은 원고의 청구가 민사소송의 대상임을 전제로 하여 민사소송절차에 의하여 심리·판단한 제1심 판결을 취소하고 다시 이 사건을 행정사건 관할법원인 의정부지방법원으로 이송하는 판결을 선고하였고, 원고 甲이 이에 불복하여 상고하였다.

판 지

대법원의 〈다수의견〉은, "……납세의무자에 대한 국가의 부가가치세 환급세액 지급의무는 그 납세의무자로부터 어느 과세기간에 과다하게 거래징수된 세액 상당을 국가가 실제로 납부받았는지와 관계없이 부가가치세법령의 규정에 의하여 직접 발생하는 것으로서, 그 법적 성질은 정의와 공평의 관념에서 수익자와 손실자 사이의 재산상태 조정을 위해 인정되는 부당이득 반환의무가 아니라 부가가치세법령에 의하여 그 존부나 범위가 구체적으로 확정되고 조세 정책적 관점에서 특별히 인정되는 공법상 의무라고 봄이 타당하다. 그렇다면 납세의무자에 대한 국가의 부가가치세 환급세액 지급의무에 대응하는 국가에 대한 납세의무자의 부가가치세 환급세액 지급청구는 **민사소송이 아니라 행정소송법 제3조 제2호에 규정된 당사자소송의 절차에 따라야 한다**."고 판시하였다.

그러나 〈반대의견〉은, "……권리의 법적 성질에 공법적인 요소가 있다는 이유만으로 반드시 당사자소송의 대상으로 삼아야 할 논리필연적 당위성이 존재한다고는 볼 수 없다. 오히려 부가가치세 환급세액은, 사업자가 매입 시 지급한 부가가치세(매입세액)가 매출 시 받은 부가가치세(매출세액)보다 많을 때, 국가는 사업자가 더 낸 부가가치세를 보유할 정당한 이유가 없어 반환하는 것으로서 그 지급청구의 법적 성질을 민법상 부당이득반환청구로 구성하는 것도 가능하다. ……결국 본래 부당이득으로서 국가가 이를 즉시 반환하는 것이 정의와 공평에 합당한 부가가치세 환급세액에 관하여 부가가치세법령에 요건과 절차, 지급시기 등이 규정되어 있고 그 지급의무에 공법적인 의무로서의 성질이 있다는 이유로, 그 환급세액 지급청구를 반드시 행정법원의 전속관할로 되어 있는 행정소송법상 당사자소송으로 하여야 한다고 볼 것은 아니다."고 하였다.

평 가

(가) 위 판결에서 국가가 당초 납세의무자에게 반환하여야 할 부가가치세 환급세액에 대하여는 다툼이 없고, 다만 납세의무자의 원고에 대한 채권양도의 유효성이나 원고의 채권양도통지의 적법성이 다투어졌을 뿐이므로, 이 판결은 **'반환하여야 할 부가가치세 환급세액 자체에 대하여 다툼이 없는 경우'**에 한정되는 것으로 이해할 수 있다. 그런데 이 판결에서 **〈다수의견〉은**

「부가가치세법령의 내용, 형식 및 입법취지 등에 비추어 보면, 납세의무자에 대한 국가의 부가가치세 환급세액 지급의무는 그 납세의무자로부터 어느 과세기간에 과다하게 거래징수된 세액 상당을 국가가 실제로 납부받았는지 여부와 관계없이 부가가치세법령의 규정에 의하여 직접 발생하는 것으로서, 그 법적 성질은 정의와 공평의 관념에서 수익자와 손실자 사이의 재산상태 조정을 위해 인정되는 부당이득반환의무가 아니라 **부가가치세법령에 의하여 그 존부나 범위가 구체적으로 '확정'되고 조세 정책적 관점에서 특별히 인정되는 공법상 의무라고 봄이 타당**하다. 그렇다면, 납세의무자에 대한 국가의 부가가치세 환급세액 지급의무에 대응하는 국가에 대한 납세의무자의 부가가치세 환급세액 지급청구는 민사소송이 아니라 **행정소송법 제3조 제2호에 규정된 당사자소송의 절차**에 따라야 한다.」라고 판시함으로써, 다수의견은 마치 납세의무자가 부가가치세 환급세액을 '확정'신고하였으나 과세관청이 환급세액을 줄이는 결정을 내리거나 납부세액을 증액한 부가가치세 부과처분이 있어 상호 환급세액 자체에 다툼이 생기는 경우에도 마치 당사자소송의 절차에 따라 불복절차를 진행하여야 한다고 판시한 것으로 이해될 소지가 있고, 그래서 과오납금환급소송에서 혼란을 초래할 여지도 있다.[2]

(나) 위 판결은 당사자 사이에 부가가치세 환급세액 자체에 대하여 다툼이 없으나 국가가 그 지급의무의 존부에 대하여 타툴 경우에 한정하여, 그 지급청구소송은 **당사자소송의 절차**에 따라야 할 것이지 민사소송에 의할 것이 아니라고 최초로 판시한 것으로서 매우 타당한 판결이다. 다만 납세의무자와 국가 사이에 부가가치세 환급세액 자체에 다툼이 있을 경우에는 환급거부처분 혹은 부과처분 자체를 다투는 항고소송에 의할 것이지, 곧바로 납세의무자가 정당하다고 판단하는 환급세액의 지급을 구하는 이행소송으로서의 당사자소송 절차에 의할 수 있다는 취지로 본 판결을 이해할 수는 없을 것이다. 그런 면에서 이 판결의 적용범위는 실무적으로 매우 제한적이다.[3]

3. 지방소방공무원의 보수에 관한 법률관계

판시사항 지방소방공무원의 보수에 관한 법률관계가 공법상 법률관계인지 여부(적극) 및 지방소방공무원이 소속 지방자치단체를 상대로 초과근무수당의 지급을 구하는 소송을 제기하는 경우, 행정소송법상 당사자소송의 절차에 따라야 하는지 여부(적극) (대판 2013.3.28, 2012다102629)

판결요지 지방자치단체와 그 소속 경력직 공무원인 지방소방공무원 사이의 관계, 즉 지방소방공무원의 근무관계는 사법상의 근로계약관계가 아닌 **공법상의 근무관계**에 해당하

2) 전영준, "조세환급금 청구와 당사자소송", 변호사 제44집(2013), 559-562쪽.
3) 백현민, "확정된 부가가치세 환급세액 지급청구는 당사자 소송으로", 법률신문 2013.5.6.자(제4124호).

고, 그 근무관계의 주요한 내용 중 하나인 지방소방공무원의 보수에 관한 법률관계는 **공법상의 법률관계**라고 보아야 한다. 나아가 지방공무원법 제44조제4항, 제45조제1항이 지방공무원의 보수에 관하여 이른바 근무조건 법정주의를 채택하고 있고, 지방공무원 수당 등에 관한 규정 제15조 내지 제17조가 초과근무수당의 지급 대상, 시간당 지급 액수, 근무시간의 한도, 근무시간의 산정 방식에 관하여 구체적이고 직접적인 규정을 두고 있는 등 관계 법령의 내용, 형식 및 체제 등을 종합하여 보면, 지방소방공무원의 초과근무수당 지급청구권은 법령의 규정에 의하여 직접 그 존부나 범위가 정하여지고 법령에 규정된 수당의 지급요건에 해당하는 경우에는 곧바로 발생한다고 할 것이므로, 지방소방공무원이 자신이 소속된 지방자치단체를 상대로 초과근무수당의 지급을 구하는 청구에 관한 소송은 행정소송법 제3조 제2호에 규정된 당사자소송의 절차에 따라야 한다.

4. 지방자치단체 교부 보조금 반환청구

사실관계 보조사업자에 대한 지방자치단체의 보조금환청구소송이 당사자소송인지 여부 (대판 2011.6.9, 2011다2951)

甲은 1997.11.13. 축산물의 종합처리를 위하여 지방자치단체 乙과 영농법인 丙이 출자해서 설립한 회사이다. 甲은 단기차입금상환 등의 이유로 회사 운영자금이 부족하여 2003.12.8. 乙에게 5년 후에 원금을 상환하는 조건으로 보조금 15억 6천만원의 지원을 요청하였다. 乙은 2003.12.11. 지방의회의 의결을 거쳐 2003.12.29. 甲에게 축산물 종합처리장 경영안정자금 지원 명목으로 보조금 15억원을 지급하되, 5년 후에 원금을 일시불로 반환한다는 조건을 통보하였으며, 甲은 2008.12.31.까지 보조금을 반환하겠다고 확약하였다. 이후 해당 날짜가 지나서도 甲은 원금을 반환하지 않았고, 이에 乙은 甲에게 원금과 지연손해금에 대해서 배상하라는 소를 제기하였다.

판 지

지방자치단체가 보조금 지급결정을 하면서 일정 기한 내에 보조금을 반환하도록 하는 교부조건을 부가한 사안에서, 보조사업자의 지방자치단체에 대한 보조금 반환의무는 행정처분인 위 보조금 지급결정에 부가된 부관상 의무이고, 이러한 부관상 의무는 보조사업자가 지방자치단체에 부담하는 공법상 의무이므로, 보조사업자에 대한 지방자치단체의 **보조금반환청구는 공법상 권리관계의 일방 당사자를 상대로 하여 공법상 의무이행을 구하는 청구로서 행정소송법 제3조 제2호에 규정한** 당사자소송의 대상이라고 판시하였다.

관련판례

[판시사항] 중앙관서의 장이 「보조금의 예산 및 관리에 관한 법률」 제31조 제1항에 의한 보조금 반환을 구하는 경우, 민사소송의 방법으로 반환청구를 할 수 있는지 여부(소극): 대법원은, "보조금의 예산 및 관리에 관한 법률은 제30조 제1항에서 중앙관서의 장은 보조사업자가 허위의 신청이나 기타 부정한 방법으로 보조금의 교부를 받은 때 등의 경우 보조금 교부결정의 전부 또는 일부를 취소할 수 있도록 규정하고, ……제33조 제1항에서 위와 같이 반환하여야 할 보조금에 대하여는 국세징수의 예에 따라 이를 징수할 수 있도록 규정하고 있으므로, 중앙관서의 장으로서는 반환하여야 할 보조금을 국세체납처분의 예에 의하여 강제징수할 수 있고, 위와 같은 중앙관서의 장이 가지는 반환하여야 할 보조금에 대한 징수권은 공법상 권리로서 사법상 채권과는 성질을 달리하므로, 중앙관서의 장으로서는 보조금을 반환하여야 할 자에 대하여 민사소송의 방법으로는 반환청구를 할 수 없다고 보아야 한다."고 판시하였다(대판 2012.3.15, 2011다17328).

Ⅲ. 민사법관계와 공법관계의 경계

1. 변상금 관련 소송

사실관계 국유재산의 무단점유자에 대하여 (구)국유재산법 제51조 제1항, 제4항, 제5항에 의한 변상금 부과·징수권의 행사와 별도로 민사상 부당이득반환청구의 소를 제기할 수 있는지 여부(적극) (대판 전원합의체 2014.7.16, 2011다76402)

피고는 원고인 한국자산관리공사가 관리하는 국유지를 2005년 7월 1일부터 2008년 12월 31일까지 무단으로 점유하였다. 원고는 「'금융기관부실자산 등의 효율적 처리 및 한국자산관리공사의 설립에 관한 법률」 제26조제1항 제8호, 「국유재산법」 제42조제1항 및 동법 시행령 제38조 제3항에 의거하여 국가로부터 이 사건 토지의 관리처분 및 채권의 보전추심의 권한을 위임받았다. 이에 원고는 2010.4.경부터 세 번에 걸쳐 피고에게 이 사건 토지를 무단점유하였음을 이유로 국유재산법 제51조, 동법 시행령 제56조에 의하여 변상금을 부과하였다. 그러나 피고가 변상금을 납부하지 않자 원고는 2010년 9월 14일 민사소송으로 이 사건 부당이득반환청구소송을 제기하였다.

판 지

대법원의 〈다수의견〉은, 「(가) 국유재산의 무단점유자에 대한 변상금 부과는 공권력을 가진

우월적 지위에서 행하는 행정처분이고, 그 부과처분에 의한 변상금 징수권은 공법상의 권리인 반면, 민사상 부당이득반환청구권은 국유재산의 소유자로서 가지는 사법상의 채권이다. 또한 변상금은 부당이득 산정의 기초가 되는 대부료나 사용료의 120%에 상당하는 금액으로서 부당이득금과 액수가 다르고, 이와 같이 할증된 금액의 변상금을 부과·징수하는 목적은 국유재산의 사용·수익으로 인한 이익의 환수를 넘어 국유재산의 효율적인 보존·관리라는 공익을 실현하는 데 있다. 그리고 대부 또는 사용·수익허가 없이 국유재산을 점유하거나 사용·수익하였지만 변상금 부과처분은 할 수 없는 때에도 민사상 부당이득반환청구권은 성립하는 경우가 있으므로, 변상금 부과·징수의 요건과 민사상 부당이득반환청구권의 성립 요건이 일치하는 것도 아니다. 이처럼 ……변상금 부과·징수권은 민사상 부당이득반환청구권과 법적 성질을 달리하므로, 국가는 무단점유자를 상대로 변상금 부과·징수권의 행사와 별도로 국유재산의 소유자로서 민사상 부당이득반환청구의 소를 제기할 수 있다. 그리고 이러한 법리는 (구)국유재산법 제32조 제3항, (구)국유재산법 시행령(2009.7.27. 대통령령 제21641호로 전부 개정되기 전의 것) 제33조 제2항에 의하여 국유재산 중 잡종재산(현행 국유재산법상의 일반재산에 해당한다)의 관리·처분에 관한 사무를 위탁받은 한국자산관리공사의 경우에도 마찬가지로 적용된다. (나) 부당이득반환의 경우 수익자가 반환하여야 할 이득의 범위는 손실자가 입은 손해의 범위에 한정되고, 손실자의 손해는 사회통념상 손실자가 당해 재산으로부터 통상 수익할 수 있을 것으로 예상되는 이익 상당액이다. 그런데 국가가 잡종재산으로부터 통상 수익할 수 있는 이익은 그에 관하여 대부계약이 체결되는 경우의 대부료이므로, 잡종재산의 무단점유자가 반환하여야 할 부당이득은 특별한 사정이 없는 한 국유재산 관련 법령에서 정한 대부료 상당액이다.」라고 판시하였다.

대법원의 〈반대의견〉은, 「(가) 행정주체가 효율적으로 권리를 행사·확보할 수 있도록 관련 법령에서 간이하고 경제적인 권리구제절차를 특별히 마련해 놓고 있는 경우에는, 행정주체로서는 그러한 절차에 의해서만 권리를 실현할 수 있고 그와 별도로 민사소송의 방법으로 권리를 행사하거나 권리의 만족을 구하는 것은 허용될 수 없다고 보아야 한다. (나) (구)국유재산법 제51조에 의한 변상금 부과·징수권은 공법상의 권리이고 민사상 부당이득반환청구권은 사법상의 채권이기는 하지만, 양자 모두 국유재산의 무단점유자로부터 법률상 원인 없는 이익을 환수하는 것을 본질로 하므로, 변상금 부과·징수는 국유재산의 무단점유자에 대한 부당이득반환청구를 공법적인 형태로 규율하는 것으로 볼 수 있다. 결국 (구)국유재산법 제51조에 의한 변상금 부과·징수권과 민사상 부당이득반환청구권은 본질이 다르지 아니하다.」고 판시하였다.

평 가

(가) 위 판결의 다수의견의 핵심은 "국가는 무단점유자를 상대로 변상금 부과·징수권의 행사와 별도로 국유재산의 소유자로서 민사상 부당이득반환청구의 소를 제기할 수 있다"고 하는 내용이며, 여기서 '별도로 할 수 있다'는 해석이 문제이다. 이 쟁점과 관련하여 **종래 대법원은**

"국가가 민사상의 부당이득금 반환청구를 하는 경우 국유재산법 제51조제1항이 적용되지 않는다."(대판 1992.4.14, 91다42197)고 판시하고 있으며, 이는 변상금 부과와 민사상의 부당이득금 반환청구 중 선택적으로 하나만 할 수 있다는 의미이다. **그 후 대법원은** "국유재산의 무단사용자가 국유재산법 제51조에 의한 변상금을 체납한 경우에는 관리청은 관할 세무서장 또는 지방자치단체장에게 위임하여 국세징수법의 체납처분에 관한 규정에 의하여 징수할 수 있도록 되어 있으므로, 국유재산법 제51조제1항에 의한 변상금 부과처분을 근거로 한 변상금의 청구를 민사소송의 방법에 의할 수는 없다."(대판 2000.11.24, 2000다28568)고 판시하여, 국유재산법의 변상금을 구하는 민사소송이 불가함을 분명히 하였다.

(나) 대판 91다42197판결과 대판 2000다28567판결이 충돌하는 가운데 재판실무상 변상금소송과 관련하여 부당이득을 원인으로 하는 민사소송을 제기한 경우 하급심은 본안판단을 한 사례도 있고 각하판결을 한 사례도 있었으나, 위 대법원 판결은 변상금 부과·징수권과 민사상 부당이득반환청구소송의 병용이 가능하다고 전원합의체 판결로 정리한 점에서 의미가 있다.

(다) 다만, 국유재산법에서 변상금 부과·징수 절차를 특별히 규정하고 있는 취지(특별법 우선의 원칙)나, 소송법적 관점에서 소송물이론 및 기판력 등을 고려한다면 위 대법원의 반대의견은 여전히 경청할 만한 가치가 있다고 본다. 또한 입법론으로는 행정편의를 위한 자력구제로서 변상금의 부과·징수절차와 같은 강제집행제도 자체를 두지 않는 일본·독일의 사례도 검토할 필요가 있을 것이다.

관련판례

[판시사항] 한국자산관리공사가 국유재산의 무단점유자에 대하여 변상금 부과·징수권을 행사한 경우 민사상 부당이득반환청구권의 소멸시효가 중단되는지 여부(소극): **대법원은,** "국유재산법 제72조제1항, 제73조제2항에 의한 변상금 부과·징수권이 민사상 부당이득반환청구권과 법적 성질을 달리하는 별개의 권리인 이상 한국자산관리공사가 변상금 부과·징수권을 행사하였다 하더라도 이로써 민사상 부당이득반환청구권의 소멸시효가 중단된다고 할 수 없다."고 판시하였다(대판 2014.9.4, 2013다3576).

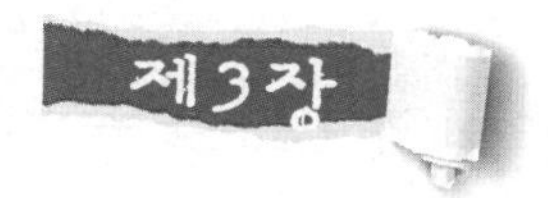

사인의 법적 지위

Ⅰ. 개인적 공권과 법률상 이익

(1) 대법원은, "일반적으로 면허나 인·허가 등의 수익적 행정처분의 근거가 되는 법률이 해당 업자들 사이의 과당경쟁으로 인한 경영의 불합리를 방지하는 것도 그 목적으로 하고 있는 경우, 다른 업자에 대한 면허나 인·허가 등의 수익적 행정처분에 대하여 미리 같은 종류의 면허나 인·허가 등의 수익적 행정처분을 받아 영업을 하고 있는 기존의 업자는 경업자에 대하여 이루어진 면허나 인·허가 등 행정처분의 상대방이 아니라 하더라도 당해 행정처분의 취소를 구할 당사자적격이 있다."고 판시하였다(대판 2010.11.11, 2010두4179).

(2) 대법원은, "담배 일반소매인의 지정기준으로서 일반소매인의 영업소 간에 일정한 거리제한을 두고 있는 것은 담배유통구조의 확립을 통하여 국민의 건강과 관련되고 국가 등의 주요 세원이 되는 담배산업 전반의 건전한 발전 도모 및 국민경제에의 이바지라는 공익목적을 달성하고자 함과 동시에 일반소매인 간의 과당경쟁으로 인한 불합리한 경영을 방지함으로써 일반소매인의 경영상 이익을 보호하는 데에도 그 목적이 있다고 보이므로, 일반소매인으로 지정되어 영업을 하고 있는 기존업자의 신규 일반소매인에 대한 이익은 단순한 사실상의 반사적 이익이 아니라 법률상 보호되는 이익이라고 해석함이 상당하다."고 판시하였다(대판 2008.3.27, 2007두23811).

(3) 대법원은, "(구)오수·분뇨 및 축산폐수의 처리에 관한 법률(2002.12.26. 법률 제6827호로 개정되기 전의 것)과 같은 법 시행령(2003.7.25. 대통령령 제18065호로 개정되기 전의 것)상 업종을 분뇨와 축산폐수 수집·운반업 및 정화조청소업으로 하여 분뇨 등 관련 영업허가를 받아 영업을 하고 있는 기존 업자의 이익이 법률상 보호되는 이익이라고 보아, 기존 업자에게 경업자에 대한 영업허가처분의 취소를 구할 원고적격이 있다."고 판시한 바 있다(대판 2006.7.28, 2004두6716).

(4) 대법원은, "채석허가를 받은 자에 대한 관할 행정청의 채석허가 취소처분에 대하여 수허

가자의 지위를 사실상 양수한 양수인이 명의변경할 수 있는 지위가 단순한 반사적 이익이나 사실상 이익이 아니라 산림법령에 의하여 보호되는 직접적이고 구체적인 이익으로서 행정청이 양도인에 대하여 채석허가를 취소하는 처분의 취소를 구할 법률상 이익이 있는지에 대해 긍정된다."고 판시하였다(대판 2003.7.11, 2001두6289).

(5) 건축법에 따른 건물건축 과정에서 위법한 사용승인처분으로 인해 피해는 입은 인접주택 소유자(제3자: 이웃주민)가 사용검사처분의 취소를 구한 사건에서 대법원은, "건물 사용승인처분은 건축허가를 받아 건축된 건물이 건축허가 사항대로 건축행정 목적에 적합한가 여부를 확인하고 사용승인서를 교부하여 줌으로써 허가받은 자로 하여금 건축한 건물을 사용·수익할 수 있게 하는 법률효과를 발생시키는 것에 불과하고, ……위 건물에 대한 사용승인처분의 취소를 받는다 하더라도 그로 인하여 건축주는 위 건물을 적법하게 사용할 수 없게 되어 사용승인 이전의 상태로 돌아가게 되는 것에 그칠 뿐이고, 위반건물에 대한 시정명령을 할 것인지 여부, 그 시기 및 명령의 내용 등은 행정청의 합리적 판단에 의하여 결정되는 것이므로, 건물이 이격거리를 유지하지 못하고 있고, 건축 과정에서 인접주택 소유자에게 피해를 입혔다 하더라도 인접주택의 소유자로서는 위 건물에 대한 사용승인처분의 취소를 구할 법률상 이익이 있다고 볼 수 없다."고 판시하였다(대판 2007.4.26, 2006두18409).

Ⅱ. 사인의 공법행위로서 신고

1. 건축신고 수리거부의 처분성

사실관계 행정청의 건축신고 반려행위 또는 수리거부행위가 항고소송의 대상이 되는지 여부(적극)(대판 전원합의체 2010.11.18, 2008두167)

원고는 청주시 상당구 월오동 임야 8,752㎡ 중 500㎡(이하, '이 사건 토지'라 한다)의 지상에 건축면적과 연면적을 각 95.13㎡로 하는 1층 단독주택을 신축할 계획으로, 2006.5.19. 경 피고(청주시 상당구청장)에게 이 사건 토지를 대지로 형질변경하여 위 건축을 하겠다는 내용의 개발행위허가신청 및 건축신고를 하였다. 피고는 2006.6.23. '이 사건 토지에 접하는 진입도로가 녹지를 가로지르는 바, 도시공원 및 녹지 등에 관한 법률 제38조 제1항, 제2항, 같은 법 시행령 제43조, 도시공원 및 녹지의 점용허가에 관한 지침 규정에 의거 건축법상 진입로를 위한 완충녹지점용이 불가하므로 국토의 계획 및 이용에 관한 법률 제58조 및 건축법 제33조의 규정에 의거 진입도로가 미확보되어 개발행위허가 및 건축신고가 불가하다'는 이유로 위 신청 등을 불허하는 이 사건 처분을 하였다. 그러자 원고는 건축법령상 이 사건 토지에 건축을 위해서는 이 사건 토지가 도로에 접해야 한다는 점을 인정하면서도, 이 사건의 토지의 경우 비록 적법한 점용허가를 받은 진입도로는 아니지만 이 사건 토지와 주변의 외관순환도로를 연결시켜주는 완충녹지 부분을 가로지르고 있는 이전부터 사실상의 도로로 사용되어 왔던 진입로가 이미 개설·확보되어 있다고 주장하며 피고의 건축신고 반려처분의 취소를 구하는 소를 제기하였다.

판 지

[1] 행정청의 어떤 행위가 항고소송의 대상이 될 수 있는지의 문제는 추상적·일반적으로 결정할 수 없고, 구체적인 경우 행정처분은 행정청이 공권력의 주체로서 행하는 구체적 사실에 관한 법집행으로서 국민의 권리의무에 직접적으로 영향을 미치는 행위라는 점을 염두에 두고, 관련 법령의 내용과 취지, 그 행위의 주체·내용·형식·절차, 그 행위와 상대방 등 이해관계인이 입는 불이익과의 실질적 견련성, 그리고 법치행정의 원리와 당해 행위에 관련한 행정청 및 이해관계인의 태도 등을 참작하여 개별적으로 결정하여야 한다.

[2] (구)건축법(2008.3.21. 법률 제8974호로 전부 개정되기 전의 것) 관련 규정의 내용 및 취지에 의하면, 행정청은 건축신고로써 건축허가가 의제되는 건축물의 경우에도 그 신고 없이 건축이 개시될 경우 건축주 등에 대하여 공사 중지·철거·사용금지 등의 시정명령을 할 수 있고(제69조 제1항), 그 시정명령을 받고 이행하지 않은 건축물에 대하여는 당해 건축물을 사용하여 행할 다른 법령에 의한 영업 기타 행위의 허가를 하지 않도록 요청할 수 있으며(제69조제2항), 그 요청을 받은 자는 특별한 이유가 없는 한 이에 응하여야 하고(제69조제3항), 나아가 행정청은 그 시정명령의 이행을 하지 아니한 건축주 등에 대하여는 이행강제금을 부과할 수 있으며(제69조의2 제1항 제1호), 또한 건축신고를 하지 않은 자는 200만 원 이하의 벌금에 처해질 수 있다(제80조제1호, 제9조). 이와 같이 건축주 등은 신고제하에서도 건축신고가 반려될 경우 당해 건축물의 건축을 개시하면 시정명령, 이행강제금, 벌금의 대상이 되거나 당해 건축물을 사용하여 행할 행위의 허가가 거부될 우려가 있어 불안정한 지위에 놓이게 된다. 따라서 건축신고 반려행위가 이루어진 단계에서 당사자로 하여금 반려행위의 적법성을 다투어 그 법적 불안을 해소한 다음 건축행위에 나아가도록 함으로써 장차 있을지도 모르는 위험에서 미리 벗어날 수 있도록 길을 열어 주고, 위법한 건축물의 양산과 그 철거를 둘러싼 분쟁을 조기에 근본적으로 해결할 수 있게 하는 것이 법치행정의 원리에 부합한다. 그러므로 건축신고 반려행위는 항고소송의 대상이 된다고 보는 것이 옳다.

평 가

위 판례는 종래부터 건축법상 건축물의 건축은 원칙적으로 허가대상이지만 예외적으로 소규모 건축물이나 경미한 건축행위 등 행정적 통제의 필요성이 크지 않는 경우에 규제완화 차원에서 건축허가에 갈음하게 하여 건축주의 시간적·경제적 부담을 경감하고 행정의 능률성을 도모하기 위한 건축신고의 경우에 자기완결적 신고로 보아 “건축을 하고자 하는 자가 적법한 요건을 갖춘 신고만 하면 행정청의 수리행위 등 별다른 조치를 기다릴 필요 없이 건축을 할 수 있는 것(대판 1999.10.22, 98두18435; 대판 2000.9.5, 99두8800 등)"으로 판시해 온 기존의 판례를 변경한 대법원의 전원합의체 판결이다. 결론적으로 말하면 이 판결의 판지에서 기술한 바와 같이 설령 건축법상 허가사항이 아닌 신고대상이라 해도 그 신고는 건축허가를 받은 것으로 갈음하도록 하도록 규정한 것이고((구)건축법 제9조: 현행 건축법 제14조), 이에 위반하여 신고사항이라 해도 건축신고가 반려되는 경우에 이를 무시하고 건축행위를 하면 처분청으로부터 시정명령, 제재로서 벌금의 부과대상이라는 점에서 원고의 건축신고에 대한 피고의 수리불허(수리거부)를 취소소송의 대상적격을 지닌 "처분"으로 보아 종래의 판례태도[1]를 변경한 것 자체는 타당하다고 본다. 다만, 건축법상 신고제도를 포함하여 행정법령상 사인의 공법행위로서 신고사항과 관련하여 위 판결을 계기로 국민의 법적 불이익이나 불안을 제거시켜 주기 위한 구제수단의 필요성의 관점에서 항고소송의 대상인 처분성을 넓게 인정하는 추세에 있음에 유의할 필요가 있다.

관련판례

(가) **〈판시사항〉 건축법의 규정에 따른 행정청의 착공신고 반려행위가 항고소송의 대상이 되는지 여부(적극)**: 위 대상판례와 같은 취지와 해석에 입각하여 착공신고 반려행위의 처분성을 긍정하고 있다(대판 2011.6.10, 2010두7321).

(나) **〈판시사항〉 건축법 제14조 제2항에 의한 인·허가의제 효과를 수반하는 건축신고가, 행정청이 그 실체적 요건에 관한 심사를 한 후 수리하여야 하는 이른바 '수리를 요하는 신고'인지 여부(적극)**: 대법원의 **〈다수의견〉은**, "건축법에서 인·허가의제 제도[2]를 둔 취지는, 인·허가의제사항과 관련하여 건축허가 또는 건축신고의 관할 행정청으로 그 창구를 단일화하고 절차를 간소화하며 비용과 시간을 절감함으로써 국민의 권익을 보호하려는 것이지, 인·허가의제사항 관련 법률에 따른 각각의 인·허가 요건에 관한 일체의 심사를 배제하려는 것으로 보기는 어렵다. 왜냐하면, 건축법과 인·허가의제사항 관련 법률은 각기 고유한 목적이 있고, 건축신고와 인·허가의제사항도 각각 별개의 제도적 취지가 있으며 그 요건 또한 달리하기 때문이다. 나아가

1) 종래 대법원은 건축법상 신고와 관련하여, "원고가 건축하고자 하는 용도 및 규모의 건축물은 관할 시장 등에게 신고함으로써 건축허가를 받은 것으로 보는 경우에 해당함이 분명하고 , 한편 이러한 건축법상 신고사항에 관하여는 건축을 하고자 하는 자가 적법한 요건을 갖춘 신고만 하면 행정청의 수리처분 동 별단의 조처를 기다릴 필요없이 건축을 할 수 있는 것이므로, 결국 원고의 위 건축신고에 대한 피고의 위 반려조치는 원고의 구체적인 권리의무에 직접 변동을 초래하는 것을 내용으로 하는 행정처분이라고 볼 수 없다."는 판시를 보여주고 있었다(대판 2000.9.5, 99두8800 등).

2) 참고로, 건축법에서는 인·허가의제 효과를 수반하는 건축신고와 관련하여 건축법 제11조제5항에서는 제1항에 따른 건축허가를 받으면 각 호(즉, '인·허가의제사항')에서 정한 허가 등을 받거나 신고를 한 것으로 본다고 규정하면서, 법 제14조제2항에서는 위 인·허가의제조항을 건축신고에 준용하고 있고, 나아가 건축법시행령 제11조제3항, 제9조제1항, 건축법시행규칙 제12조제1항 제2호에서는 건축신고를 하려는 자는 인·허가의제조항에 따른 허가 등을 받거나 신고를 하기 위하여 해당 법령에서 제출하도록 의무화하고 있는 신청서와 구비서류를 제출하여야 한다고 규정하고 있다.

인·허가의제사항 관련 법률에 규정된 요건 중 상당수는 공익에 관한 것으로서 행정청의 전문적이고 종합적인 심사가 요구되는데, 만약 건축신고만으로 인·허가의제사항에 관한 일체의 요건 심사가 배제된다고 한다면, 중대한 공익상의 침해나 이해관계인의 피해를 야기하고 관련 법률에서 인·허가 제도를 통하여 사인의 행위를 사전에 감독하고자 하는 규율체계 전반을 무너뜨릴 우려가 있다. 또한 무엇보다도 건축신고를 하려는 자는 인·허가의제사항 관련 법령에서 제출하도록 의무화하고 있는 신청서와 구비서류를 제출하여야 하는데, 이는 건축신고를 수리하는 행정청으로 하여금 인·허가의제사항 관련 법률에 규정된 요건에 관하여도 심사를 하도록 하기 위한 것으로 볼 수밖에 없다. 따라서 인·허가의제 효과를 수반하는 건축신고는 일반적인 건축신고와는 달리, 특별한 사정이 없는 한 행정청이 그 실체적 요건에 관한 심사를 한 후 수리하여야 하는 이른바 '수리를 요하는 신고'로 보는 것이 옳다."고 판시하였다(대판 전원합의체 2011.1.20, 2010두14954).

2. 주민등록 전입신고의 법적 성질 및 심사기준

사실관계 시장·군수 또는 구청장의 주민등록전입신고 수리 여부에 관한 심사의 범위와 대상 / 10년 이상 무허가 건축물에 거주한 자의 주민등록전입신고에 대해 투기나 이주대책 요구 등을 방지할 목적으로 주민등록전입신고를 거부하는 것이 주민등록법의 입법 목적과 취지 등에 비추어 허용되는지 여부(소극) (대판 전원합의체 2009.6.18, 2008두10997)

甲은 서울특별시 서초구 양재2동 X마을에 위치한 이 사건 거주지로 이사한 이후로 현재까지 가족과 함께 10년 이상 거주하고 있다. 甲은 X마을 동장인 A에게 세대주로서 본인 및 가족들의 주민등록 전입신고를 하였다. A는 甲의 거주지 일대가 市有地(시유지)로서 토지 소유자의 사용승낙 문제나 전입신고에 따른 이주대책 요구 등 파생될 문제점 등을 검토한 결과 전입신고 수리가 불가하다는 이유로 甲의 주민등록 전입신고 수리를 거부하였다(이하 '이 사건 처분'이라 함). 이에 대하여 甲은 A의 이 사건 처분이 아무런 법적 근거 없이 이루어진 것일 뿐만 아니라 A의 재량권을 일탈 또는 남용한 것으로 위법하다는 이유로, 이 사건 주민등록전입신고수리 거부처분의 취소를 구하는 소를 제기하였다.

판 지

[1] 주민들의 거주지 이동에 따른 주민등록전입신고에 대하여 행정청이 이를 심사하여 그 수리를 거부할 수는 있다고 하더라도, 그러한 행위는 자칫 헌법상 보장된 국민의 거주·이전의 자유를 침해하는 결과를 가져올 수도 있으므로, 시장·군수 또는 구청장의 주민등록전입신고 수리 여부에 대한 심사는 주민등록법의 입법 목적의 범위 내에서 제한적으로 이루어져야 한다. 한편,

주민등록법의 입법 목적에 관한 제1조 및 주민등록 대상자에 관한 제6조의 규정을 고려해 보면, 전입신고를 받은 시장·군수 또는 구청장의 심사 대상은 전입신고자가 30일 이상 생활의 근거로 거주할 목적으로 거주지를 옮기는지 여부만으로 제한된다고 보아야 한다. 따라서 전입신고자가 거주의 목적 이외에 다른 이해관계에 관한 의도를 가지고 있는지 여부, 무허가 건축물의 관리, 전입신고를 수리함으로써 당해 지방자치단체에 미치는 영향 등과 같은 사유는 주민등록법이 아닌 다른 법률에 의하여 규율되어야 하고, 주민등록전입신고의 수리 여부를 심사하는 단계에서는 고려 대상이 될 수 없다.

[2] 무허가 건축물을 실제 생활의 근거지로 삼아 10년 이상 거주해 온 사람의 주민등록 전입신고를 거부한 사안에서, 부동산투기나 이주대책 요구 등을 방지할 목적으로 주민등록전입신고를 거부하는 것은 주민등록법의 입법 목적과 취지 등에 비추어 허용될 수 없다고 한 사례.

평 가

〈쟁점1〉 주민등록전입신고의 법적 성질

(가) 수리를 요하는 신고와 자기완결적 신고

사인의 신고 자체만으로 일정한 법적 효과를 가져올 때 이를 '**자기완결적 신고**'라 하며, 사인의 신고를 전제요건으로 하여 행정청의 수리행위로써 법률효과가 발생하는 경우 이를 '**수리를 요하는 신고**'라고 한다. 자기완결적 신고가 있으면 형식적 요건에 하자가 없는 한 신고의 도달로서 신고의 효력이 발생한다. 대법원은 양자를 구별하는 기준으로서, "자기완결적 신고는 ① 법령이 신고의무만 규정할 뿐 실체적 요건에 관하여는 아무런 규정을 두지 아니하고 있는 경우, ② 법령에서 신고를 하게 한 취지가 행정청이 국민의 정보를 파악하여 관리하기 위한 경우, ③ 사회질서나 공공복리에 미치는 영향이 작거나 직접적으로 행정목적을 침해하지 아니하는 행위인 경우가 이에 해당한다"고 판시하였다.[3)]

(나) 주민등록전입신고의 법적 성질에 대한 대법원의 입장 및 비판점

대상판결은 "…시장·군수 또는 구청장의 주민등록전입신고 수리 여부에 대한 심사는 주민등록법의 입법 목적의 범위 내에서 제한적으로 이루어져야 한다."고 하여 제한적이지만 어쨌든 전입신고의 수리여부를 심사대상이라고 판시하여, 주민등록전입신고를 '수리를 요하는 신고'로 보고 있다.

〈쟁점2〉 주민등록전입신고의 수리여부 심사기준 – 학설 및 대법원의 태도 변화

(가) 협의설(판례 변경 전 대법원의 태도)

'30일 이상 거주할 목적으로 그 관할구역 안에 주소 또는 거소를 가질 것'이라 함은 단순히 외형상 그러한 요건을 갖추는 것 외에 ① 주민등록법의 입법목적, ② 주민등록의 법률상 효과,

3) 대판 전원합의체 2011.1.20, 2010두14954 판결: 다수의견에 대한 보충의견.

③ 지방자치의 이념 이라는 세 가지 요소를 충족해야 한다고 판단한다(대판 2002.7.9, 2002두1748).

(나) 광의설(판례 변경 후 대법원의 태도)

협의설이 제시한 세 가지 요건을 제거하고 주민등록전입신고 수리 여부에 대한 심사는 주민등록법의 입법 목적의 범위 내에서 제한적으로 이루어져야 한다고 주장한다. 즉, 전입신고를 받은 행정청의 심사 대상은 전입신고자가 30일 이상 생활의 근거로서 거주할 목적으로 거주지를 옮기는지 여부만으로 제한된다고 보아야 한다고 판단한다.

(다) 최광의설

행정청은 전입신고에 대해 실질적 심사권한이 없다고 한다. 즉, 당사자가 30일 이상 거주할 목적임을 밝히고 주민등록 전입신고를 한 이상 무조건 전입신고를 수리하여야 한다고 판단한다. 협의설 및 광의설이 주민등록전입신고를 '수리를 요하는 신고'로서 보는 것과 달리, 최광의설은 '자기완결적 신고'로 판단한다.

〈검토〉

종래 판례의 입장인 협의설은 국민의 거주·이전의 자유를 상당히 제약하며, 광의설은 투기 등 부정한 목적을 가지고 전입신고를 하는 자들에게 부당한 혜택을 주게 된다는 문제점이 있다. 최광의설도 광의설과 같은 결점이 있지만, 주민등록전입신고를 '자기완결적 신고'로 본다는 점이 광의설과 다르다. 즉, 최광의설은 주민등록법상의 전입신고로 인해서 주민등록자가 얻는 지위는 공법관계에 있어서 그 등록지를 주소로 한다는 사실관계가 그 전부이며, 이를 바탕으로 동법 제17조의 개별 법률에서 구체적인 권리·의무 관계를 정하고 있으므로, 사실사항만을 알려주는 사인의 행정행위에 대해서 실질적 심사가 아닌 형식적 심사에 그쳐야 한다는 주장에 기초하고 있다. 법리적으로는 일응 최광의설이 설득력이 있어 보이지만, 위 사건의 경우 30일 이상 거주사실만으로 주민등록거부처분이 위법으로 된다면 소유자로서는 불법하게 주민등록신고가 수리된 것에 대해서 행정소송을 통한 권리구제를 꾀할 수 없는 문제점이 있다. 결국 주민등록과 관련된 분쟁이 궁극적으로 소유자와 불법건축물의 적법하게 주민등록된 거주자간의 민사적 분쟁으로 되어 버린다. 그런 점에서 기능적 관점에서 주민등록법의 입법목적에 따른 최소한의 심사를 요구하고, 그 거부에 대해 항고소송의 대상으로 하는 이 사건 전원합의체 판결(광의설)의 결론이 타당하다고 본다.

관련판례

판시사항 노동조합의 설립신고에 대해 「노동조합법 및 노동관계조정법 제2조제4호 각 목」에 해당되는지 여부를 실질적으로 심사할 수 있는지 여부(적극) 및 실질적 심사의 기준: 대법원은, "[1] 노동조합 및 노동관계조정법(이하 '노동조합법'이라 한다)이 행정관청으로 하여금 설립신고를 한 단체에 대하여 같은 법 제2조 제4호 각 목에 해당하는지를 심사하도록 한 취지가 노동조합으로서의 실질적 요건을 갖추지 못한 노동조합의 난립을 방지함으로써 근로자의 자주적이고 민주적인 단결권 행사를 보장하려는 데 있는 점을 고려하면, 행정관청은 해당 단체가 노동조합법 제2조 제4호 각 목에 해당하는지 여부를 실질적으로 심사할 수 있다. 다만 행정관청에 광범위한 심사권한을 인정할 경우 행정관청의 심사가 자의적으로 이루어져 신고제가 사실상 허가제로 변질될 우려가 있는 점, 노동조합법은 설립신고 당시 제출하여야 할 서류로 설립신고서와 규약만을 정하고 있고(제10조 제1항), 행정관청으로 하여금 보완사유나 반려사유가 있는 경우를 제외하고는 설립신고서를 접수받은 때로부터 3일 이내에 신고증을 교부하도록 정한 점(제12조 제1항) 등을 고려하면, 행정관청은 일단 제출된 설립신고서와 규약의 내용을 기준으로 노동조합법 제2조 제4호 각 목의 해당 여부를 심사하되, 설립신고서를 접수할 당시 그 해당 여부가 문제된다고 볼 만한 객관적인 사정이 있는 경우에 한하여 설립신고서와 규약 내용 외의 사항에 대하여 실질적인 심사를 거쳐 반려 여부를 결정할 수 있다."고 판시하였다(대판 2014.4.10, 2011두6998).

평 가

(가) **이 사건 판결은** 노동조합설립신고를 자기완결적 신고로 보아 형식적 심사에 그치는 것으로 보던 입장에서 실질적인 심사를 거쳐야하는 것으로 방향을 전환한 것으로 볼 수 있다. 이처럼 행정법상 신고는 실정법상 그 규율의 다양성으로 인해 자기완결적신고와 수리를 요하는 신고라고 하는 2분법적 구분유형으로 포섭하기 어려운 양자의 중간영역의 신고라는 새로운 유형을 모색할 필요가 있다. 노동조합설립신고는 기본적으로 자기완결적 신고에 속하면서도 다소 완화된 형태나마 실질적 심사를 하는 이른바 하이브리드(hybrid)형 신고에 속한다고 볼 수 있다.[4)]

(나) 자기완결적 신고는 처분성이 인정되지 않는 것이 판례의 태도였으나, 대법원 전원합의체 판결에 의하여 건축신고를 자기완결적 신고로 보면서도 그 신고의 반려에 대하여 처분성을 인정한 바 있듯이, 종전에는 자기완결신고에 있어서는 형식적 심사에 그치는 것으로 보던 태도에서 탈피하려고 하는 이 사건 판결의 태도에 비추어 볼 때 신고에 관하여 종래의 2분법적인 엄격한 구분기준이 상대화 되어가는 추세라고 볼 수 있다.

(다) 자기완결적 신고라도 신청인의 실체상 권리의무관계에 직접적인 변동을 일으키지 않는다고 해도 신청인의 권리행사나 의무이행에 중대한 지장을 초래하거나 법적 지위 불안 등을 초래 경우에도 거부처분에 해당할 수 있다(즉, 개별검토설). ☜ 위에서 기술한 건축법상의 신고과 관련된 사건인 **[대판 전원합의체 2010.11.18, 2008두167 판결; 대판 전원합의체 2011.1.20, 2010두14954 판결]**도 이 범주에 속한다.

4) 김용섭, "2014년 행정법 중요 판례", 인권과정의(2015년 3월), 119쪽.

Ⅲ. 경찰부작위의 위법성과 경찰개입의무

사실관계 경찰부작위로 인한 재량수축과 국가배상청구권 (대판 2008.10.9, 2009다40031)

(가) 공동피고 乙은 2002.7경부터 헬스클럽에서 만난 소외 망 丙(여, 29세)과 사귀어온 자이며, 원고는 丙의 부모(이하, '甲'이라 함)이다. 乙은 丙에게 결혼을 제의하였으나 乙의 이혼경력과 부양자녀(2명)가 있다는 등을 이유로 丙이 거절하고 乙을 피하는 등 갈등을 빚어 오던 중, 乙은 거짓으로 중고승용차 할부구입에 자신의 신용상태가 좋지 않아 丙의 명의가 필요하다고 하여 평소 잦은 폭행·감금·협박으로 위협을 느낀 丙으로부터 인감증명서·인감도장·주민등록등본을 건네받아 마치 甲과 혼인한 것처럼 혼인신고를 마쳤다. 이 혼인신고 전후로 丙은 수시로 폭언·폭행을 당하였고 乙의 이 같은 폭력성향으로 정신병원에서 입원치료를 받기도 하여 乙에게 상해죄로 형사재판을 받도록 한 경우도 있으며, 乙을 상대로 이혼소송 제기와 함께 乙의 접근금지를 명하는 임시조치결정을 받은 사실도 있다.

(나) 乙은 2004.9.18. 12:30경 丙의 집 앞에 찾아가 자신이 타고 온 승용차 위에 구멍이 뚫려 있는 신나통과 라이터, 공기총을 든 채 올라가 '甲을 데려 오라'고 소리치고, 라이터로 신나통에 불을 붙일 것 같은 행동을 취하고, 제지하려는 사람들을 향해 총구를 들이대며 위협하는 등 행패를 부렸다. 이에 놀란 이웃주민들이 112신고를 했으나 관할 H지구대 경찰관들은 30분이나 지나서 늑장 출동하였으며, 乙이 공기총을 소지하고 주민들을 위협하는 등의 범행을 목격하고 甲(원고: 丙의 부모)으로부터 乙을 체포·연행하여 법에 따른 조치를 취하여 달라는 요청을 받고서도 아무런 조치를 취하지 아니한 채 丙이 14:40경 현장에 나타나 乙의 난동이 진정되자 출동경찰관들은 현장에서 철수하였다.

(다) 그 후 丙은 2004.9.20. 관할 경찰서에 乙이 2002.11.경부터 2003.4.29.경까지 3회에 걸쳐 폭력 등을 행사하고, 2004.5.7.경 허위로 혼인신고를 하였다는 내용의 고소장을 접수하였고, 2004.9.22. 관할 경찰서에서 고소인조사를 받으면서 더 이상 위협을 참을 수 없다고 소호하며 신변보호요청을 하였으나, 담당 경찰관은 고소사실이 남녀 간의 애정문제로 인한 갈등정도로만 판단하고 丙에 대한 신변보호조치나 乙의 소재파악 등과 같은 상응한 조치를 취하지 아니한 채 丙을 돌려보냈다.

(라) 그런 가운데, 乙은 2004.10.2. 丙의 직장인 J홈쇼핑 건물 앞으로 찾아가, 출근길의 丙에게 자신과의 사이에 임신한 태아의 상태 등을 물었으나 丙이 "엄마와 함께 병원에서 아이를 지웠다"고 말하자 이에 격분하여 차에 보관하고 있던 생선회칼로 丙의 전신에 약 50회 가량 마구 찔러 丙을 살해하였다. 이에 甲은 2004.9.18. 체포·연행의 요구 및 같은 해 9.22. 고소인조사에서의 신변보호요청에 대해 경찰이 그에 상응한 조치를 하지 않은 것은 丙의 사망과 관련하여 국가배상책임의 요건을 충족한다고 주장하며 乙과 국가를 공동피고로 하여 손해배상청구 소송

을 제기하였다.

판 지

[1] 공무원의 부작위로 인한 국가배상책임을 인정하기 위하여는 작위에 의한 경우와 마찬가지로 "공무원이 직무를 집행하면서 고의 또는 과실로 법령을 위반하여 타인에게 손해를 입힌 때"라고 하는 국가배상법 제2조제1항의 요건이 충족되어야 할 것인바, 여기서 '법령을 위반하여'라고 하는 것은 공무원의 작위의무를 명시적으로 규정한 형식적 의미의 법령을 위반한 경우만을 의미하는 것이 아니라, **형식적 의미의 법령에 작위의무가 명시되어 있지 않더라도 국민의 생명·신체·재산 등에 대하여 절박하고 중대한 위험상태가 발생하였거나 발생할 우려가 있어서 국민의 생명 등을 보호하는 것을 본래적 사명으로 하는 국가가 일차적으로 그 위험 배제에 나서지 아니하면 이를 보호할 수 없는 때에 국가나 관련 공무원에 대하여 인정되는 작위의무를 위반한 경우도 포함되어야 할 것**이나, 그와 같은 절박하고 중대한 위험상태가 발생하였거나 발생할 우려가 있는 경우가 아닌 한 원칙적으로 관련 법령을 준수하여 직무를 수행한 공무원의 부작위를 가리켜 '고의 또는 과실로 법령을 위반'하였다고 할 수는 없으므로, 공무원의 부작위로 인한 국가배상책임을 인정할 것인지 여부가 문제되는 때에 관련 공무원에 대하여 작위의무를 명하는 법령의 규정이 없다면 공무원의 부작위로 인하여 침해된 국민의 법익 또는 국민에게 발생한 손해가 어느 정도 심각하고 절박한 것인지, 관련 공무원이 그와 같은 결과를 예견하여 그 결과를 회피하기 위한 조치를 취할 수 있는 가능성이 있는지 등을 종합적으로 고려하여 판단하여야 한다.

[2] 이 사건 소송에서 대법원은 원심판결을 유지하여 국가배상책임을 인정한 것은 정당하다고 하였다(이 사건 원심판결은 '국가의 배상책임을 인정하면서도 丙 역시 경찰에 사태의 심각성을 정확히 알리고 스스로를 보호했어야 함에도 노력을 게을리 한 만큼 손해배상책임을 25%로 제한한다.'고 하여 원고 일부승소 판결을 했다).

평 가

(가) 위 판례는 국가배상법 제2조의 '법령위반'(위법성) 요건과 관련하여 경찰의 규제권한불행사, 즉 경찰부작위(작위의무)가 문제된 사건으로 위법성의 전제조건으로서 경찰의 작위의무의 법적 근거가 있어야 한다. 그리고 그 근거의 유형과 관련하여 ① 통상은 법령에서 명시적으로 작위의무를 규정하고 있는 경우, ② 법령해석상 작위의무를 인정할 수 있는 경우, ③ 조리상 작위의무가 인정되는 경우가 있다. ①의 경우는 명백하여 문제될 소지가 거의 없으나, 위 대상판결에서 "…형식적 의미의 법령에 작위의무가 명시되어 있지 않더라도 국민의 생명·신체·재산 등에 대하여 절박하고 중대한 위험상태가 발생하였거나 발생할 우려가 있어서 국민의 생명 등을 보호하는 것을 본래적 사명으로 하는 국가가 일차적으로 그 위험 배제에 나서지 아니하면

이를 보호할 수 없는 때……작위의무를 위한 경우도 포함되어야 할 것"이라고 판시한 부분의 해석에 대해서는 위 ② 또는 ③ 중 어느 유형에 해당할 것이다. 그러나 위 판례와 유사한 사건에서 ③의 입장에서 '조리상 위험방지의무'를 작위의무의 근거로 해석하는 견해도 있으나(박균성, 508쪽), 국가의 위험관리책임과 기본권보호의무가 강조되는 현실에서 '조리'는 그 의미가 추상적이므로 1차적으로는 ②의 입장에서 관계법령의 해석(위 사건에서는 경찰관직무집행법)을 통해 작위의무를 찾는 것이 타당할 것이다.

(나) 형식적 법령에서 작위의무에 관한 규정 없이 작위의무가 인정될 여지가 있다고 해도 구체적으로 어떠한 경우에 작위의무 위반으로서 위법성을 인정을 할 수 있을지 문제이다. 이 쟁점에 관해서는 작위의무가 기속행위인 경우도 있고 재량행위인 경우도 있으나, 전자에서는 특별한 문제가 없지만 후자(재량영역)는 언제 행정개입의무(경찰개입의무)가 발생하는지 논점이 된다. 위 판결 역시 경찰개입의무는 '재량'이며, 특히 위 사건에서는 3면관계(국가－乙－甲)에서의 경찰부작위, 즉 규제권한불행사의 문제이다. 재량영역에서 작위의무의 도출방법으로 두 가지 법리가 있다. 그 하나는, **〈재량권수축이론〉**으로 이 이론은 규제권한의 행사여부에는 행정청의 재량권이 인정된다는 전제에서 일정한 구체적 상황에서 국민의 피해발생의 위험성이 높아짐에 따라 재량이 0으로 수축하여 행정청의 규제권한행사는 의무화(작위의무)되며, 이러한 상황에서 규제권한의 불행사는 위법에 이른다고 하는 견해이다. 다른 하나는, **〈재량권의 소극적 남용론〉**으로 이 이론은 규제권한의 불행사가 "현저히 불합리한 경우"에는 그 부작위가 일종의 재량권의 소극적 남용이라는 의미에서 재량권의 수축이론을 적용하지 않고 곧 바로 재량하자라는 의미에서 국가배상법 제2조의 법령위반(위법성요건)의 요건을 충족한다는 것이다. 양 이론 중 전자(前者)는 재량이 0으로 수축하여 위법이 되는 요건의 고려요소로 ① 위험의 절박성, ② 예견가능성, ③ 결과회피가능성, ④ 국민의 규제권한 기대가능성, ⑤ 보충성(국민 스스로 위험을 회피할 수 없을 것)이란 요소를 종합적으로 고려하여 위법여부를 판단하나, 후자(後者)는 재량영역에서 행정의 적극적 권한행사와 마찬가지로 직접적으로 재량의 일탈·남용의 여부에 따라 부작위의 위법여부를 판단하는 것이다. 대법원의 주류적인 판례는 재량수축이론에서 제시하는 각 고려요소를 설시함이 없이 '현저히 불합리한 경우'라고 하여 〈재량권의 소극적 남용론〉의 입장이나(대판 1998.8.25, 98다16890; 대판 2010.9.9, 2008다77795 등), 최근에 재량수축이론에 입각한 판례도 보여주고 있으며, 위 판례에서 "……침해된 국민의 법익 또는 국민에게 발생한 손해가 어느 정도 심각하고 절박한 것인지, … 그와 같은 결과를 예견하여 그 결과를 회피하기 위한 조치를 취할 수 있는 가능성이 있는지 등을 종합적으로 고려하여 판단하여야 한다."고 하여 〈재량수축이론〉에 따른 판례임을 알 수 있다. 결과적으로, 위 판결은 재량행위인 경찰권 불행사와 관련하여 경찰개입의무(작위의무)의 성립요건(＝위법성의 요건)을 판단하는 고려요소에 대해 구체화하고 명확히 한 판례로서 의미가 있다고 할 수 있다.

Ⅳ. 공무수탁사인의 법적 지위

사실관계 공무수탁사인으로서 공법인은 수탁된 공무를 수행하는 범위 내에서 행정주체의 지위에 있음 (대판 2011.9.8, 2010다48240)

대한주택공사는 乙 소유의 토지(이하, '이 사건 토지')를 포함한 구역의 택지개발계획승인을 받아, 해당 택지개발사업에 편입되는 이 사건 토지를 취득하였다. 이후 이 사건 토지 위에 있던 지장물(이하, '이 사건 지장물')의 이전을 위해 소유자인 乙과 협의하였으나 협의가 성립되지 않아 중앙토지수용위원회에 재결을 신청하였고, 이 재결절차를 거쳐 약 3,300만원이 손실보상금으로 책정되었으나 乙이 금액에 불만을 갖고 수령하지 않아 대한주택공사는 해당 금액을 공탁하였다. 乙은 결국 대한주택공사를 상대로 수용재결처분 등 취소소송을 제기하여 일부 승소의 확정판결을 받았고, 이에 따라 대한주택공사는 확정판결에 의한 손실보상금을 추가로 공탁하였다. 그 후 대한주택공사는 손실보상절차가 완료되었다는 이유로 이 사건 지장물의 이전을 요청하는 계고를 4차례나 하였으나, 乙이 이에 응하지 않아 이 사건 지장물을 강제 이전한다는 내용의 대집행영장을 통지하였고, 이를 실행하였다. (이후 한국토지주택공사법에 따라 설립된 한국토지주택공사는 대한주택공사의 재산권과 채권·채무, 그 밖의 권리·의무를 포괄적으로 승계하였다). 한국토지주택공사는 (구)대한주택공사의 계고에 乙이 응하지 않았다는 사실에 근거하여 이루어진 乙 소유의 이 사건 지장물을 대상으로 한 강제이전의 대집행에 관해, 민법 제750조 불법행위에 기초하여 행정대집행비용 상당액과 이에 대한 지연손해금의 지급을 구하는 민사소송을 제기하였다.

판 지

[1] 대한주택공사(2009.5.22. 법률 제9706호 한국토지주택공사법 부칙 제8조에 의하여 원고에게 권리·의무가 포괄승계되었다)는 (구)대한주택공사법(위 한국토지주택공사법 부칙 제2조로 폐지, 이하 '법'이라 한다) 제2조, 제5조에 의하여 정부가 자본금의 전액을 출자하여 설립한 법인이고, 대한주택공사가 택지개발촉진법에 따른 택지개발사업을 수행하는 경우 이러한 사업에 관하여는 법 제9조제1항 제2호, 제9조제2항 제7호, (구)대한주택공사법 시행령(2009.9.21. 대통령령 제21744호 한국토지주택공사법 시행령 부칙 제2조로 폐지, 이하 '시행령'이라 한다) 제10조제1항 제2호, 공익사업을 위한 토지 등의 취득 및 보상에 관한 법률 제89조제2항에 따라 시·도지사나 시장·군수 또는 구청장의 업무에 속하는 대집행권한을 대한주택공사에 위탁하도록 되어 있다. 따라서 대한주택공사는 위 사업을 수행함에 있어 법령에 의하여 대집행권한을 위탁받은 자로서 공무인 대집행을 실시함에 따르는 권리·의무 및 책임이 귀속되는 행정주체의 지위에 있다고 볼 것이다.

한편 행정대집행법 제2조는 "법률(법률의 위임에 의한 명령, 지방자치단체의 조례를 포함한다. 이하 같다)에 의하여 직접 명령되었거나 또는 법률에 의거한 행정청의 명령에 의한 행위로서 타인이 대신하여 행할 수 있는 행위를 의무자가 이행하지 아니하는 경우 다른 수단으로써 그 이행을 확보하기 곤란하고 또한 그 불이행을 방치함이 심히 공익을 해할 것으로 인정될 때에는 당해 행정청은 스스로 의무자가 하여야 할 행위를 하거나 또는 제3자로 하여금 이를 하게 하여 그 비용을 의무자로부터 징수할 수 있다."고 규정하고, 같은 법 제6조 제1항은 "대집행에 요한 비용은 국세징수법의 예에 의하여 징수할 수 있다."고 규정하고 있다.

이와 같은 대한주택공사의 법인격 및 대집행권한 수탁에 따른 지위, 행정대집행의 목적, 내용 및 비용징수 등에 관한 각 규정 취지 등을 종합하면, 대한주택공사가 법 및 시행령에 의하여 대집행권한을 위탁받아 공무인 대집행을 실시하기 위하여 지출한 비용은 행정대집행법의 절차에 따라 국세징수법의 예에 의하여 징수할 수 있다고 봄이 상당하다.

[2] 원심판결 이유에 의하면, 원심은 같은 취지에서, 행정대집행법이 대집행비용의 징수에 관하여 민사소송절차에 의한 소송이 아닌 간이하고 경제적인 특별구제절차를 마련해 놓고 있으므로 민법 제750조에 기한 손해배상으로서 대집행비용의 상환을 구하는 원고의 이 사건 청구는 소의 이익이 없어 부적법하다고 판단하였다고, 이 판단은 정당하다.

평 가

일반적으로 공무수탁사인은 수탁받은 공무를 수행하는 범위 내에서는 행정주체의 지위에 서게 된다고 이해되고 있다. 과거 일부 학설에서는 공무수탁사인은 권한의 범위 내에서 행정기관이 될 뿐이고 이 경우 행정주체는 여전히 공권력을 부여한 국가 또는 지방자치단체로 보아야 한다는 견해도 있었다. 그러나 공무수탁사인은 단순히 행정사무를 대행하거나 보조하는 것이 아니라는 점에서 권한의 위탁에 따라 행정주체의 지위에서 행위하는 것으로 해석함이 타당하며, 독일의 경우에도 공무수탁사인을 수탁된 공무를 수행하는 범위에서 행정주체로 보는 것이 일반적이다(김남철, 76쪽). 따라서 위 판례에서 대집행권한을 위탁받은 대한주택공사에 대해 행정법관계에서 공권력을 행사는 행정주체로서 법적 지위를 확인하고, 에 따라 대집행에 소요된 비용을 민사소송절차에 따라 상환청구해서는 안 된다고 한 판지는 타당하다.

관련판례

한국토지공사는 (구)한국토지공사법(법률 제8340호로 개정되기 전의 것) 제2조, 제4조에 의하여 정부가 자본금의 전액을 출자하여 설립한 법인이고, 같은 법 제9조 제4호에 규정된 한국토지공사의 사업에 관하여는 공익사업을 위한 토지 등의 취득 및 보상에 관한 법률 제89조제1항, 위 한국토지공사법 제22조 제6호 및 같은 법 시행령 제40조의3 제1항의 규정에 의하여 본래 시·도지사나 시장·군수 또는 구청장의 업무에 속하는 대집행권한을 한국토지공사에게 위탁하도록 되어 있는바, 한국토지공사는 이러한 법령의 위탁에 의하여 대집행을 수권받은 자로서 공무인 대집행을 실시함에 따르는 권리·의무 및 책임이 귀속되는 행정주체의 지위에 있다고 볼 것이지 지방자치단체 등의 기관으로서 국가배상법 제2조 소정의 공무원에 해당한다고 볼 것은 아니다(대판 2010.1.28, 2007다82950). ☜ 즉, 이 대법원 판례 역시 (구)한국토지공사와 같은 공법인으로서 공무수탁사인을 행정주체로 보고 있다.

제 2 부

행정작용에 관한 법

제 1 장 행정입법

제 2 장 행정계획

제 3 장 행정행위

제 4 장 행정지도와 행정조사

제 5 장 행정상의 강제절차

행 정 입 법

Ⅰ. 위임명령의 한계

1. 위임하는 법률 측의 문제

사실관계 법률유보의 원칙과 법률에 근거 없는 위임명령의 효력 (대판 전원합의체 2015.8.20, 2012두23808)

(구)법인세법 제60조 제1항 및 제2항 제2호와 (구)소득세법 제70조 제1항 및 제4항 제3호 중 조정계산서 관련 부분(이하, '모법조항'이라 한다)은, 신고납부방식의 납세에 있어 대통령령으로 정하는 바에 따라 작성한 세무조정계산서의 제출을 요구하고 있는 바, 모법조항은 그 작성주체에 대한 제한을 설정함이 없다. 이런 가운데, 법무법인 甲 소속변호사들이 세무사 등록 후, 지방국세청장 乙에게 세무조정계산서를 작성할 수 있는 조정반으로 지정할 것을 신청하였으나, 乙은 법무법인 甲이 법인세법 시행규칙 제50조의3 제2항, 소득세법 시행규칙 제65조의3 제2항에서 규정하고 있는 조정반 지정대상에 포함되지 않는다는 이유로 지정거부처분을 하였다. 그러자 甲은 불복하여 조세심판원에 심판청구를 하였으나, 원처분과 동일한 취지로 기각재결을 받았으며, 이에 甲은 (구)법인세법과 (구)소득세법에 근거 없이 이들 법률 시행령·시행규칙에서의 조정반 지정대상에 관한 규정에 의거하여 위 지정거부는 위법하다고 주장하며 취소소송을 제기하였다.

▶ 참조조문

(구)법인세법시행령

제97조(과세표준의 신고) ⑩ 제9항에 따른 세무조정계산서를 작성할 수 있는 세무사의 요건에 관하여 필요한 사항은 기획재정부령으로 정한다.

(구)법인세법시행규칙
제50조의3(세무사) ① 영 제97조제10항에 따라 외부세무조정 대상법인의 세무조정계산서를 작성할 수 있는 세무사는 지방국세청장의 지정을 받은 조정반에 소속된 세무사로 한다.
② 제1항에서 "조정반"은 2명 이상의 세무사, 세무법인 또는 회계법인으로 하되, 조정반에는 대표자를 두어야 한다. 이 경우 세무사는 2개 이상의 조정반에 소속될 수 없다.
(구)소득세법시행령
제131조(조정계산서) ② 성실한 납세를 위하여 필요하다고 인정하여 기획재정부령으로 정하는 사업자의 경우 조정계산서는 세무사(「세무사법」 제20조의2에 따라 등록한 공인회계사를 포함한다. 이하 이 조에서 같다)가 작성하여야 한다.
④ 조정계산서를 작성할 수 있는 세무사의 요건에 관하여 필요한 사항은 기획재정부령으로 정한다.
(구)소득세법시행규칙
제65조의3(세무사) ① 영 제131조제4항에 따라 조정계산서를 작성할 수 있는 세무사는 지방국세청장의 지정을 받은 조정반(이하 이 조에서 "조정반"이라 한다)에 소속된 세무사로 한다.
② 조정반은 다음 각 호의 어느 하나에 해당하는 자 중에서 지정할 수 있다.
1. 2명 이상의 세무사(「세무사법」 제20조의2에 따라 등록한 공인회계사를 포함한다. 이하 이 조에서 같다)
2. 세무법인
3. 회계법인
④ 제2항제1호의 세무사는 2개 이상의 조정반에 소속될 수 없고, 같은 항 제2호 또는 제3호의 법인은 조정계산서를 작성할 때에 소속 세무사 2명 이상을 참여시켜야 한다.

판 지

[1] "…헌법 제59조와 제75조는 조세의 종목과 세율은 법률로 정하여야 하고, 법률의 위임은 구체적으로 범위를 정해야 한다는 한계를 제시하고 있다. 이러한 규정에 비추어 보면, 국민에게 납세의 의무를 부과하기 위해서는 조세의 종목과 세율 등 납세의무에 관한 기본적, **본질적 사항**은 국민의 대표기관인 **국회가 제정한 법률로써 규정**하여야 하고, 법률의 위임 없이 명령 또는 규칙 등의 행정입법으로 과세요건 등 납세의무에 관한 기본적, 본질적 사항을 규정하는 것은 헌법이 정한 **조세법률주의 원칙에 위배**된다고 할 것이다."

[2] "……외부세무조정제도는 국민의 기본권 및 기본적 의무와 관련된 것으로서 법률에 의해 정해져야 할 본질적 사항에 해당한다고 할 것이므로, 이러한 제도를 채택하는 법률에서는 적어도 그 적용대상 및 세무조정업무를 맡게 될 '외부'의 범위 등에 관한 기본적인 사항을 직접적으로 규정하고 있어야 한다. 이 사건 모법조항에서는 단지 '대통령령으로 정하는 바에 따라 작성한' 세무조정계산서 등을 첨부해야 한다고만 정할 뿐, 외부세무조정제도에 관하여는 아무런 규정을 두고 있지 않으므로, **이 사건 모법조항이 외부세무조정제도를 규정하고 있다고 볼 수 없다**. ……소득세법 제70조제4항 제3호가 위임한 내용은 조정계산서의 작성방식 및 내용에 관한 것일 뿐이고, 위 재무상태표 등의 각 서류와 조정계산서의 작성 주체는 모두 납세의무자라고 봄이 타당하다."

[3] "위와 같은 이 사건 모법조항의 형식과 내용, 체계 및 취지에 비추어 보면, 이 사건 모법조항의 수권을 받은 시행령에 정해질 내용은 세무조정계산서의 형식 및 그 실질적 내용 등에 관한 것이라고 예상될 뿐, 세무조정계산서의 작성 주체를 제한하는 내용까지 규정 될 것으로 예상되지는 아니한다. ……위와 같은 여러 사정들을 종합하여 보면, 이 사건 시행령 조항은 그에 관한 각 모법조항의 위임 없이 규정된 것이거나 위 **모법조항의 위임범위를 벗어난 것으로서 무효**라고 할 것이므로, 이 사건 시행령 조항의 위임에 따른 이 사건 시행규칙 조항 역시 **무효**라고 볼 수 있다. 그렇다면 **원고에게 세무조정반 지정을 거부한 이 사건 처분은 무효인 이 사건 시행령 조항 및 이 사건 시행규칙 조항에 근거하여 이루어진 것이어서 위법**하다."

평 가

(가) 위 판례는 조정반 지정거부가 처분임을 전제로, (구)법인세법·(구)소득세법(모법조항)에 근거가 없음에도 불구하고 이 사건 처분의 이유가 된 이들 법률의 시행령·시행규칙에서 2인 이상의 세무사 또는 세무·회계법인만 조정반으로 지정될 수 있도록 정하여 외부의 세무사나 회계사들에게 세무조정 업무를 반드시 의뢰하도록 강제하는 관련 시행령·시행규칙은 법률에 근거 없는 위임명령으로서 무효라고 한 판례이다. 판지[1]은 우리 헌법상 수권법률의 한계와 관련하여 본질적 사항이 법률에 규정되어야 한다는 중요사항유보설에 따르고 있음과, 특히 헌법 제59조에서 규정하고 있는 조세법률주의의 의의 및 그 한계에 대해 판시하고 있으며, 판지[2]·[3]은 모법조항의 위임범위를 벗어난 수임명령이 무효임을 분명히 하고 있다. 이 판결은 종래부터 헌법재판소에 의한 위임입법의 한계에 관한 법리를 확인한 것에 지나지 않으나(헌재 2013.11.28, 2012헌바22 등), 굳이 이 판결에 의미를 부여하면 구체적인 사건과 관련하여 대법원이 항고소송의 위법판단에 요구되는 전제적·선결적인 문제인 위임입법에 대해 적극적으로 규범통제를 가함으로써 최근 권위적인 정부에서 무분별한 행정입법에 경종을 주어 수임명령에 대한 모법의 법적 근거를 형성하는 방향으로 유도하고 있다는 점에 있을 것이다.[1)]

(구)법인세법 제60조 제1항 및 제2항 제2호와 (구)소득세법 제70조 제1항 및 제4항 제3호 중 조정계산서 관련 부분(이하, '모법조항'이라 한다)은, 신고납부방식의 납세에 있어 대통령령으로 정하는 바에 따라 작성한 세무조정계산서의 제출을 요구하고 있는 바, 모법조항은 그 작성주체에 대한 제한을 설정함이 없다.

---

1) 참고로, 이 판결이 '대법원 전원합의체 판결'인 이유는, 행정소송에 대한 대법원 판결에 의하여 명령·규칙이 헌법 또는 법률에 위반된다고 확정된 경우(위헌·위법판결)에는 대법원은 이를 행자부장관에 통보해야 하며(행정소송법 제6조제1항), 대법원의 심판권에 있어 명령·규칙의 위헌·위법을 인정함에 있어서는 '전원합의체'에서 판결하여야 함이 강제되는 것에 기인한 것이다(법원조직법 제7조제1항 제1호·제2호).

(나) 위 사건은 (구)법인세법·(구)소득세법에서 세무조정계산서 작정주체에 대해 규정이 없음에도 불구하고 모법조항에 반하는 시행령·시행규칙에 의거하여 甲의 조정반 지정신청을 거부하여 문제된 사건으로, 이 경우 상위 법률에 반하는 하자 있는 위임명령(법규명령)에 기초한 거부처분의 효력이 무효사유인지 취소사유인지 문제이나, 대법원은 「……**일반적으로 시행령이 헌법이나 법률에 위반된다는 사정은 그 시행령의 규정을 위헌 또는 위법하여 무효라고 선언한 대법원의 판결이 선고되지 아니한 상태에서는** 그 시행령 규정의 위헌 내지 위법 여부가 해석상 다툼의 여지가 없을 정도로 명백하였다고 인정되지 아니하는 이상 **객관적으로 명백한 것이라 할 수 없으므로, 이러한 시행령에 근거한 행정처분의 하자는** 취소사유에 해당할 뿐 무효사유가 되지 아니한다.」고 판시하고 있다(대판 2007.6.14, 2004두619). 다만, 위 판결은 처분의 근거인 시행령·시행규칙이 법률에 위반된다고 대법원이 판시한 사례로서 취소소송을 제기한 사례이다. 그러나 당연무효를 선언하는 의미에서 취소소송이 허용되므로(대판 1982.6.22, 81누428), 이 사건 처분을 취소함에 다른 취소소송의 요건(제소기간)을 구비하는 한, 인용판결에 아무런 문제가 없다고 할 것이다.

2. 위임된 수임명령 측의 문제

사실관계 위임이 없음에도 법령의 처분요건에 해당하는 사항을 부령에서 변경하여 규정한 경우 그 부령의 법적 성격 (대판 2013.9.12, 2011두10584)

공공기관 운영에 관한 법률(이하, '공공기관법'이라 함) 제39조(회계원칙 등) 제2항에서는 "공기업·준정부기관은 공정한 경쟁이나 계약의 적정한 이행을 해칠 것이 명백하다고 판단되는 사람·법인 또는 단체 등에 대하여 2년의 범위 내에서 일정기간 입찰참가자격을 제한할 수 있다."고 하고, 동조(同條) 제3항에서는 "제1항과 제2항의 규정에 따른 회계처리의 원칙과 입찰참가자격의 제한기준 등에 관하여 필요한 사항은 기획재정부령으로 정한다."고 규정하고 있으며, 공공기관법 제39조 제3항의 위임에 따른 기획재정부령인 공기업·준정부기관 계약사무규칙(이하, '계약사무규칙'이라 함) 제15조제1항에서는 "기관장은 경쟁의 공정한 집행이나 계약의 적정한 이행을 해칠 우려가 있거나 입찰에 참가시키는 것이 부적합하다고 인정되는 자로서 국가를 당사자로 하는 계약에 관한 법률 시행령 제76조 제1항 각 호의 어느 하나에 해당되는 계약상대자 또는 입찰참가자에 대하여는 1개월 이상 2년 이하의 범위에서 그 입찰참가자격을 제한하여야 한다"고 하고, 제2항에서 "제1항에 따른 입찰참가자격의 제한에 관한 기간, 제한기간의 가감, 그 밖에 필요한 사항은 국가를 당사자로 하는 계약에 관한 법률(이하, '국가계약법'이라 함) 시행규칙 제76조에서 정하는 바에 따른다"고 규정하고 있다. 이러한 가운데, 원고 한진중공업은 피고 한국토지주택공사가 발주하는 공공공사를 도급받아 공사시공에 참여하고 있었으나, 피고는 이 사건 공사 현장감독관에게 원고가 공사계약의 이행과 관련하여 뇌물을 제공하였는바, 이는 국가계약법 시행령 제76조 제1항 제10호, 계약사무규칙 제15조 제1항 소정의 부정당업자에 해당된다고 하여 원고에게 부정당업자로서 입찰참가자격제한조치(1.5개월의 제한)를 하였다. 이에 원고는 피고의 입찰참가자격제한조치는 공공기관법 제39조 제2항에서 정한 입찰참가제한에 관한 요건인 '공정한 경쟁이나 계약의 적정한 이행을 해칠 것이 명백하다'는 규정 및 동조 제3항의 위임조항을 매개로 구체화된 계약사무규칙 제15조 제1항에 근거한 것으로, 이 사건 처분은 결국 위임의 범위를 벗어난 부령(계약사무규칙)에 터 잡은 위법한 처분임을 주된 이유로 주장하며 취소소송을 제기하였다.

판 지

법령에서 행정처분의 요건 중 일부 사항을 부령으로 정할 것을 위임한 데 따라 시행규칙 등 부령에서 이를 정한 경우에 그 부령의 규정은 국민에 대해서도 구속력이 있는 법규명령에 해당한다고 할 것이지만, 법령의 위임이 없음에도 법령에 규정된 처분 요건에 해당하는 사항을 부령에서 변경하여 규정한 경우에는 그 부령의 규정은 행정청 내부의 사무처리 기준 등을 정한 것으로서 행정조직 내에서 적용되는 행정명령의 성격을 지닐 뿐 국민에 대한 대외적 구속력은 없다고 보아야 한다(대법원 1992.3.31. 선고 91누4928 판결 참조).[2] 따라서 어떤 행정처분이 그와 같이 법규성이 없는 시행규칙 등의 규정에 위배된다고 하더라도 그 이유만으로 처분이 위법하게 되는 것은 아니라 할 것이고, 또 그 규칙 등에서 정한 요건에 부합한다고 하여 반드시 그 처분이 적법한 것이라고 할 수도 없다. 이 경우 처분의 적법 여부는 그러한 규칙 등에서 정한 요건에 합치하는지 여부가 아니라 일반 국민에 대하여 구속력을 가지는 법률 등 법규성이 있는 관계 법령의 규정을 기준으로 판단하여야 한다.

평 가

(가) 위 판결의 핵심쟁점은 법령의 위임이 없음에도 법령에 규정된 처분요건에 해당하는 사항을 부령에서 변경하여 규정한 경우에 부령 규정의 법적 성격이 법규명령인지 아니면 행정규칙 내지 행정명령으로 볼 것인지 여부라고 할 것이다. 이 판결에서 대법원은 법령에서 행정처분의 요건 중 일부 사항을 부령으로 정할 것을 위임한 데 따라 시행규칙 등 부령에서 이를 정한 경우에 그 부령의 규정은 국민에 대해서도 구속력이 있는 법규명령에 해당한다고 보면서도 위임을 벗어나서 규정한 경우에는 그 부령규정은 행정명령의 성격을 지니는 것으로 보고 대외적 구속력이 없다고 보았다. 이 같은 판시태도는 「**검찰보존사무규칙**(1996.5.1. 법무부령 제425호로 개

---

2) 여기서 '행정명령'이란 법규성이 없는 행정규칙을 의미하는 것으로, 과거부터 판례문에서 행정규칙의 의미로 행정규칙과 함께 사용하고 있던 용어이다(대판 1997.12.26, 91누15418; 대판 2014.6.12, 2014두2157 등).

정된 것)은 비록 법무부령으로 되어 있으나, 그 중 불기소사건기록 등의 열람·등사에 대하여 제한하고 있는 부분은 위임근거가 없어 행정기관 내부의 사무처리 준칙으로서 행정규칙에 불과하므로」(대판 2004.9.23, 2003두1370)라고 판시하고 있는 것과 같은 맥락에서 내려진 판결로 볼 수 있다. 그리고 이 판결 사안으로 돌아와 살펴볼 때, '공공기관법' 제39조 제3항의 위임에 따라 제정된 기획재정부령인 '계약사무규칙' 제15조 제1항은 "경쟁의 공정한 집행이나 계약의 적정한 이행을 해칠 우려가 있거나 입찰에 참가시키는 것이 부적합하다고 인정되는 자"라고 규정하여 모법조항인 공공기관법에서 정하고 있는 "공정한 경쟁이나 계약의 적정한 이행을 해칠 것인 명백하다고 판단되는 사람 등에 대하여 입찰참가자격을 제한"할 수 있도록 그 요건을 정하고 있는 것 보다 한층 완화된 처분요건을 규정하고 있으므로, 이는 위임의 범위를 벗어나서 제정된 부령으로 행정명령이나 행정규칙으로 성질을 논할 것이 아니라 법규명령으로 헌법 제107조제2항에 의거하여 선결문제로서 기획재정부령의 효력을 인정하지 않는 방향으로 부수적 규범통제를 하는 것이 보다 간명하면서도 타당하다고 생각한다.[3)]

(나) 이 판결은 한국토지주택공사가 한진중공업을 상대로 한 부정당업자 입찰참가자격제한조치가 위법하다고 하여 취소한다고 한 사안으로, 이는 결국 공사가 행한 입찰참가자격제한조치가 처분에 해당함을 전제로 한 판결임에 유의해야 한다.[4)]

관련판례

(구)정보공개법 제7조제1항 제1호(현, 정보공개법 제9조제1항 제1호) 소정의 '법률에 의한 명령'은 법률의 위임규정에 의하여 제정된 대통령령, 총리령, 부령 전부를 의미한다기보다는 정보의 공개에 관하여 법률의 구체적인 위임 아래 제정된 법규명령(위임명령)을 의미한다고 보아야 할 것인바, **검찰보존사무규칙**(1996.5.1. 법무부부령 제425호로 개정된 것)은 비록 법무부령으로 되어 있으나, 그 중 불기소사건기록 등의 열람·등사에 대하여 제한하고 있는 부분은 위임 근거가 없어 행정기관 내부의 사무처리준칙으로서 **행정규칙**에 불과하므로, 위 규칙에 의한 열람·등사의 제한을 (구)정보공개법 제7조제1항 제1호의 '다른 법률 또는 법률에 의한 명령에 의하여 비공개사항으로 규정된 경우'에 해당한다고 볼 수 없다(대판 2004.9.23, 2003두1370).

---

3) 김용섭, "2013년 행정법 중요 판례", 인권과정의(2014년 3월), 102쪽.

4) 지방계약법·국가계약법에 의거하여 "부정당업자"에 해당하는 경우, 이에 대한 제재조치로서 부과되는 입찰참가자격 제한조치는 공권력의 행사로서 항고소송의 대상(행정처분)으로 본다(대판 2008.2.28, 2007두13791·13807; 대판 1999.3.9, 98두18565; 대판 1996.12.20, 96누14708 등 참조). 특히, 한국전력공사 등과 같은 공기업·준정부기관의 부정당업자에 대한 입찰참가자격의 제한조치에 대해서도 공권력의 행사로서 처분성을 긍정하고 있음(대판 2014.11.27, 2013두18964; 서울고법 2009.9.7, 2003누9734 등)에 유의할 필요가 있다.

Ⅱ. 법규명령과 행정규칙

1. 법규명령형식의 행정규칙

1) 제재적 처분기준이 시행령에 규정된 경우

사실관계 국민건강보험법 제85조 제1항, 제2항에 따른 같은 법 시행령 제61조 제1항 [별표 5]의 업무정지처분 및 과징금부과의 기준의 법적 성질(=법규명령) 및 여기에서 업무정지의 기간 내지 과징금의 금액의 의미(=최고한도) (대판 2006.2.9, 2005두11982)

보건복지부장관 乙이 요양기관으로 지정된 외과병원을 운영하던 외과의사 甲이 치질수술에 대한 요양급여비용을 국민건강보험공단(이하, '공단'이라 함)에 청구함에 있어 국민건강보험관련 법령에 위반하여 부당하게 과다한 금액을 공단 및 보험자에 청구·수령하였다는 이유로, 乙이 국민건강보험법 제85조 제1항·제2항과 동법 시행령 제70조 제1항에 의거한 [별표 5](업무정지처분 및 과징금부과의 기준)에서 정한 최고한도인 241일간 甲의 외과병원에 대해 업무정지처분을 하였고, 이에 불복하여 甲이 취소소송을 제기하였다.

판 지

이 사건에서 대법원은 "국민건강보험법 제85조 제1항, 제2항에 따른 **같은 법 시행령**(2001.12.31. **대통령령** 제17476호로 개정되기 전의 것) 제70조 제1항 [별표 5]의 업무정지처분 및 과징금부과의 기준은 **법규명령**이기는 하나 모법의 위임규정의 내용과 취지 및 헌법상의 과잉금지의 원칙과 평등의 원칙 등에 비추어 같은 유형의 위반행위라 하더라도 그 규모나 기간·사회적 비난 정도·위반행위로 인하여 다른 법률에 의하여 처벌받은 다른 사정·행위자의 개인적 사정 및 위반행위로 얻은 불법이익의 규모 등 여러 요소를 종합적으로 고려하여 사안에 따라 적정한 업무정지의 기간 및 과징금의 금액을 정하여야 할 것이므로 **그 기간 내지 금액은 확정적인 것이 아니라** 최고한도라고 할 것이다."고 판시하였다.

평 가

이 판례는 위임에 기초한 재량준칙으로서 제재적 처분기준이 시행령(대통령령)에 규정된 경우에 제재적 처분기준의 법적 성질을 **법규명령**으로 보면서도, **업무정지의 기간 또는 과징금의 금액은 확정적인 것이 아니라 최고 한도를 정한 것**으로 보아, 법규개념 자체를 다소 하이브리드(hybrid)하게 인식하는 이중성을 유지하고 있다.

관련판례

다른 관련 판례에서도, 위임에 기초한 제재적 처분기준이 **시행령**에 규정된 경우에 그 기준에 대해 업무정지의 기간 또는 과징금의 금액은 확정적인 것이 아니라 **최고 한도**를 정한 것(대판 2011.3.10, 2010두28731; 대판 2001.3.9, 99두5207 등)으로 본다.

예외적 판례

그러나 위 판례의 법리를 일반화할 수는 없다. 즉 **대법원은 예외적으로 국토계획법 및 동법 시행령상의 토지이용의무를 위반한 자에게 부과할 이행강제금 부과기준이 문제된 사건**에서 **〈대판 2014.11.27, 2013두8653 판결〉**은 「국토의 계획 및 이용에 관한 법률(이하 '국토계획법'이라 한다) 제124조의2 제1항, 제2항 및 국토의 계획 및 이용에 관한 법률 시행령 제124조의3 제3항이 토지이용에 관한 이행명령의 불이행에 대하여 법령 자체에서 토지이용의무 위반을 유형별로 구분하여 이행강제금을 차별하여 규정하고 있는 등 규정의 체계, 형식 및 내용에 비추어 보면, 국토계획법 및 국토의 계획 및 이용에 관한 법률 시행령이 정한 이행강제금의 부과기준은 단지 상한을 정한 것에 불과한 것이 아니라, 위반행위 유형별로 계산된 특정 금액을 규정한 것이므로 행정청에 이와 다른 이행강제금액을 결정할 재량권이 없다고 보아야 한다.」고 판시한 예외적 판례도 있다.

2) 제재적 처분기준이 시행규칙에 규정된 경우

(1) 위임에 기초한 재량준칙으로서 제재적 처분기준이 시행령이 아니라 **시행규칙**(부령 혹은 총리령)으로 규정된 경우에 이 제재적 법적 성질은 "행정청 내부의 사무처리준칙에 불과"한 것으로 "행정명령"으로서의 성질을 가진다고 한다. 즉 대법원은, 「(구)식품위생법 시행규칙(2013.3.23. 총리령 제1010호로 개정되기 전의 것, 이하 같다) 제89조에서 [별표 23]으로 (구)식품위생법(2013.3.23. 법률 제11690호로 개정되기 전의 것, 이하 같다) 제75조에 따른 행정처분의 기준을 정하였다 하더라도, 이는 행정기관 내부의 사무처리준칙을 규정한 것에 불과한 것으로서 보건복지부장관이 관계행정기관 및 직원에 대하여 직무권한행사의 지침을 정하여 주기 위하여 발한 행정명령의 성질을 가지는 것이지 같은 법 제75조 제1항의 규정에 의하여 보장된 재량권을 기속하는 것이라고 할 수 없고, 대외적으로 국민이나 법원을 기속하는 힘이 있는 것은 아니다. 따라서 **(구)식품위생법 시행규칙 [별표 23]의 행정처분기준은 행정기관 내부의 사무처리준칙을 규정한 것에 불과**하다.」고 판시하고 있다(대판 2014.6.12, 2014두2157).[5]

(2) 그러나 이때 「**처분기준(제재적 처분)이** 그 자체로 헌법 또는 법률에 합치되지 아니하거

5) 이러한 대법원의 판지는 그 이전 판례부터 유지되고 있던 판례의 태도이다(대판 1993.6.29, 93누5635; 대판 1995.3.28, 94누6925 등).

나 위 처분기준에 따른 제재적 행정처분이 그 처분사유가 된 위반행위의 내용 및 관계 법령의 규정 내용과 취지에 비추어 현저히 부당하다고 인정할 만한 합리적인 이유가 없는 한 섣불리 그 처분이 재량권의 범위를 일탈하였거나 재량권을 남용한 것이라고 판단해서는 안 된다.」는 것이 대법원 판례의 입장(대판 2007.9.20, 2007두6946)임에 유의할 필요가 있다.

2. 행정규칙형식의 법규명령

(1) 행정규칙형식의 법규명령(법령보충규칙)이란 상위법령의 **위임에 따라 고시·훈령 등과 같은 행정규칙의 형식으로 상위법령의 내용을 보충**하는 것으로, 이 경우 고시·훈령 등의 법적 성질을 행정규칙으로 볼 것인지 법규명령으로 볼 것인지 문제이다(김남철, 279쪽).

(2) 대법원 판례는 행정규칙형식의 법규명령에 대해 수권법령과 결합하여 대외적인 구속력이 있는 법규명령으로서의 효력을 인정하고 있다(대판 1994.4.26, 93누21668; 대판 1996.4.12, 95누7727; 대판 2008.3.27, 2006두3742 등).

(3) 최근 관련판례로 대법원은, ① 「산업입지 및 개발에 관한 법률 제40조 제1항, 제3항, 산업입지 및 개발에 관한 법률 시행령 제45조 제1항의 위임에 따라 제정된 '산업입지의 개발에 관한 통합지침'(2008.1.4. 건설교통부 고시 제2007-662호, 환경부 고시 제2007-205호)의 내용, 형식 및 취지 등을 종합하면, '산업입지의 개발에 관한 통합지침'은 위 법령이 위임한 것에 따라 법령의 내용이 될 사항을 구체적으로 정한 것으로서 법령의 위임 한계를 벗어나지 않으므로, 그와 결합하여 대외적으로 구속력이 있는 법규명령의 효력을 가진다.」고 판시한 바 있으며(대판 2011.9.8, 2009두23822), ② 이와 같은 입장에서 대법원은 산업자원부장관이 공업배치 및 공장설립에 관한 법률 제8조의 위임규정에 따라 공장입지의 기준을 구체적으로 정한 고시(공장입지기준고시)의 법적 성질을 법규명령으로서 효력을 가진다.」고 판시한 사례(대판 2003.9.26, 2003두2274) 등이 있다.

3. 위임에 반하는 행정규칙의 법규성 여부

1) 위임이 없는 고시의 효력

판시사항 국토해양부고시 (구) '버스·택시 유류구매 카드제 시행지침'의 법적 성격 및 노사 합의 없이 운송사업자가 운수종사자에게 자신이 지정한 주유소 또는 충전소에서만 주유 받도록 강요하는 행위를 금지하는 위 시행지침을 위반하였다고 하여 바로 (구)여객자동차 운수사업법 제51조 제

3항이 정한 거짓이나 부정한 방법으로 보조금을 받은 경우에 해당하는지 여부 (대판 2013.5.23, 2013두3207)

판결요지 (구)여객자동차 운수사업법(2012.2.1. 법률 제11295호로 개정되기 전의 것, 이하 '(구)운수사업법'이라 한다) 제50조 제1항, (구)여객자동차 운수사업법 시행규칙(2012.8.2. 국토해양부령 제507호로 개정되기 전의 것) 제94조 제4호에 따른 보조금 지급절차를 간소화·투명화하기 위한 카드제 도입과 관련하여 국토해양부장관이 제정한 (구)버스·택시 유류구매 카드제 시행지침(2012.8.16. 국토해양부고시 제2012-520호로 개정되기 전의 것, 이하 '시행지침'이라 한다)은 운송사업자가 운수종사자에게 자신이 지정한 주유소 또는 충전소에서만 주유 받도록 강요하는 행위(다만, 노사간에 합의를 통하여 지정 주유소를 운영하는 경우 제외)를 금지하면서(이하 '금지 규정'이라 한다), 이를 위반한 사실이 적발될 경우 지급된 유가보조금 전액을 환수조치하도록 규정하고 있다. 그런데 **위 시행지침은 상위법령의 위임이 없을 뿐만 아니라** 그 목적과 내용이 유류구매 카드의 사용 및 발급 절차 등을 규정하기 위한 것인 점 등에 비추어 볼 때, 유류구매 카드제의 시행에 관한 행정청 내부의 사무처리준칙을 정한 것에 불과하고 **대내적으로 행정청을 기속함은 별론으로 하되 대외적으로 법원이나 일반 국민을 기속하는 효력은 없다**. 따라서 운수사업자가 위 금지 규정을 위반하였다고 하여 바로 (구)운수사업법 제51조 제3항이 정한 거짓이나 부정한 방법으로 보조금을 받은 경우에 해당하는 것은 아니고, 그에 해당하는지는 (구)운수사업법 등 관계 법령의 규정 내용과 취지 등에 따라 별도로 판단되어야 한다.

평 가 위 판례는 앞에서 다룬 법령보충규칙(행정규칙형식의 법규명령)과 달리, 위임이 없이 정립된 고시는 실질적으로나 형식적으로 행정규칙의 성질을 지닌 것으로 행정 내부적 구속력과는 별개로 법규명령이 아니기 때문에 대외적인 효력이 없다는 점을 명확히 한 판례이다. 다만, "…재량권행사의 준칙인 행정규칙이 그 정한 바에 따라 되풀이 시행되어 행정관행이 이루어지게 되면 **평등의 원칙이나 신뢰보호의 원칙에 따라 행정기관은 상대방에 대한 관계에서 그 규칙에 따라야 할 자기구속**을 받게 되므로, 이러한 경우에는 특별한 사정이 없는 한 그를 위반하는 처분은 **평등의 원칙이나 신뢰보호의 원칙에 위배되어 재량권을 일탈·남용한 처분**이 된다."(대판 2009.12.24, 2009두7967)는 점을 최근 대법원은 종래 헌법재판소의 입장(헌재 2007.8.30, 2004헌마670 등)을 그대로 수용하는 입장에서 판시하고 있음에 유의할 필요가 있다.

2) 수임형식에 위배되는 행정규칙의 효력

[판시사항] 상위법령에서 세부사항 등을 시행규칙으로 정하도록 위임하였음에도 이를 고시 등 행정규칙으로 정한 경우, 대외적 구속력을 가지는 법규명령으로서 효력을 인정할 수 있는지 여부(소극) (대판 2012.7.5, 2010다72076)

[판결요지] 법령의 규정이 특정 행정기관에게 법령 내용의 구체적 사항을 정할 수 있는 권한을 부여하면서 권한행사의 절차나 방법을 특정하지 아니한 경우에는 수임 행정기관은 행정규칙이나 규정 형식으로 법령 내용이 될 사항을 구체적으로 정할 수 있다. 이 경우 행정규칙 등은 당해 법령의 위임한계를 벗어나지 않는 한 대외적 구속력이 있는 법규명령으로서 효력을 가지게 되지만, 이는 행정규칙이 갖는 일반적 효력이 아니라 행정기관에 법령의 구체적 내용을 보충할 권한을 부여한 법령 규정의 효력에 근거하여 예외적으로 인정되는 것이다. 따라서 그 행정규칙이나 규정이 상위법령의 위임범위를 벗어난 경우에는 법규명령으로서 대외적 구속력을 인정할 여지는 없다. 이는 행정규칙이나 규정 **'내용'이 위임범위를 벗어난 경우**뿐 아니라 상위법령의 위임규정에서 특정하여 정한 권한행사의 **'절차'나 '방식'에 위배되는 경우**도 마찬가지이므로, **상위법령에서 세부사항 등을 시행규칙으로 정하도록 위임하였음에도 이를 고시 등 행정규칙으로 정하였다면 그 역시 대외적 구속력을 가지는 법규명령으로서 효력이 인정될 수 없다**.

[평 가] 위 판례는 상위법령의 '위임'과 관련하여 행정입법은 위임의 '내용'은 물론 위임의 '절차'와 '방식(형식)'에도 행정기관이 기속됨을 설시하고, 상위법령에서 법규명령인 시행규칙으로 정하도록 위임한 것을 고시 등 행정규칙으로 수임권한을 행사하였다면, 그에 기초한 고시 등의 행정규칙은 법규명령으로서 효력이 없다고 하여 수임의 형식에 착안한 판례로서 의미를 가진다.

Ⅲ. 법규 또는 행정규칙의 처분성

1. 원칙적으로 일반·추상적인 법규·행정규칙의 처분성을 부정함

(1) 원고 甲은 오래 전부터 3급자동차정비사업을 영위하여 오던 자인데, 종래의 도로운송차량법이 자동차관리법으로 대체됨에 따라 현행 자동차관리법에서는 종전의 3급자동차정비사업을 삭제하고 허가대상에서 제외시켜 누구나 이전의 3급자동차정비사업을 경영할 수 있도록 되었으며, 이에 따라 개정된 자동차관리법시행규칙은 특히 甲과 같이 영세 자동차수리업자의 이익을 도외시한 규정들을 두고 있다고 주장하며 피고 교통부장관이 1990.11.15. 교통부령 제938

호로 개정한 자동차관리법시행규칙의 취소를 구한 사건에서 대법원은, 「행정청의 위법한 처분 등의 취소 또는 변경을 구하는 취소소송의 대상이 될 수 있는 것은 구체적인 권리의무에 관한 분쟁이어야 하고 **일반적, 추상적인 법령이나 규칙 등은 그 자체로서 국민의 구체적인 권리의무에 직접적 변동을 초래케 하는 것이 아니므로 그 대상이 될 수 없다.**」고 하여 甲의 소를 부적법한 소로 각하였다(대판 1992.3.10, 91누12639).

(2) 또한 대법원은, "의료기관의 명칭표시판에 진료과목을 함께 표시하는 경우 글자 크기를 제한하고 있는 (구)의료법 시행규칙 제31조[6]는 그 위반자에게 대하여 과태료를 부과하는 등의 **별도의 집행행위 매개 없이는 그 자체로서 국민의 구체적인 권리의무나 법률관계에 직접적인 변동을 초래하지 아니하므로** 항고소송의 대상이 되는 행정처분이라고 할 수 없다."고 한 판시한 사례가 있다(대판 2007.4.12, 2005두15168).

(3) 그리고 서울행정법원은, 서울시 종로구의 관할 행정 구역 내에 87개의 법정동과 주민센터((구)동사무소, 이하 '동사무소'라고만 한다)가 설치된 19개의 행정동이 있었는데, 피고 종로구청장은 행정의 전산화 및 온라인화 등으로 인한 급격한 행정환경의 변화와 이로 인해 단순 거리기준으로 기존의 소규모 동사무소를 유지하는 것은 인력 및 예산의 비효율을 초래할 수 있어 2007.5.25.경 이를 개선하기 위하여 기존의 동사무소(행정동)를 적정 규모로 통폐합하고 가용 인력을 재배치하기 위한 종로구 동(洞) 통합 기본계획(안)을 수립하였다. 이 기본계획(안)에 따라 피고 종로구청장은 구의회 설명회와 관련 동의 주민설명회를 거쳐 2008.8.1.부터 2008.8.28.까지 위 동 통합을 위한 서울특별시 종로구 동사무소 명칭과 소재지 및 관할구역에 관한 조례 일부개정(안)을 입법예고하였고, 그 후 피고는 종로구 의회 본회의에서 위 개정 조례안이 원안대로 가결되자 2008.9.19. 별지 기재 '서울특별시 종로구 동사무소 명칭과 소재지 및 관할구역에 관한 조례'(서울특별시 종로구 조례 제740호, 이하 '이 사건 조례'라 한다)를 공포하였다. 주민인 원고 甲은 이 사건 조례로 인해 지방자치법 제13조 제1항에서 정한 지방자치단체로부터 균등하게 행정의 혜택을 받을 권리를 침해받았다고 주장하며, 이 사건 조례의 취소를 구하는 소송을 제기하였다. 서울행정법원은 甲의 제소에 대해 '이 사건 조례'로 인해 지역주민이 지방자치법 제13조 제1항에 정한 지방자치단체로부터 균등하게 행정의 혜택을 받을 권리를 침해받았다고 할 수 없고, **위 조례 규정은 일반적·추상적 규정에 불과하여 지역주민의 구체적인 권리·의무에 직접적인 변동을 초래하는 행정처분이 아니어서 항고소송의 대상이 될 수 없다**고 하여 소 각하판결을 하였다(서울행법 2009.3.19, 2008구합41328: '서울특별시 종로구 동사무소 명칭과 소재지 및 관할구역에 관한 조례'에 관한 조례취소소송).

---

6) 동조에서는 "제29조 제4호 단서의 규정에 따라 의료기관의 명칭표시판에 진료과목을 병행하여 표시하는 경우에는 진료과목을 표시하는 글자의 크기를 의료기관명칭을 표시하는 글자 크기의 2분의1 이내로 하여야 한다."고 규정하고 있으며, 위반자에 대하여 100만원 이하의 과태료에 처한다는 규정(제71조)이 있다.

2. 예외적으로 법규 등의 처분성을 인정함

1) 일반적 행위인 고시의 처분성을 긍정한 사례

(1) 대법원은, "향정신병 치료제의 요양급여에 관한 보건복지부 고시가 다른 집행행위의 매개없이 그 자체로서 제약회사, 요양기관, 환자 및 국민건강보험공단사이의 법률관계를 직접 규율하는 성격을 가진다는 이유로 항고소송의 대상이 되는 행정처분에 해당한다."고 보았다(대결 2003.10.9, 2003무23).

(2) 대법원은, "요양급여대상 약제의 상한금액 인하에 관한 보건복지부 고시가 **일반처분의 성질**을 띠는 것이라는 원심의 판단을 그래도 받아들이는 판시를 한 사례"가 있다(대결 2004.5.12, 2003무41).

(3) 또한 대법원은, "요양급여대상 약제의 상한금액 인하에 관한 관련 보건복지부 고시인 약제급여·비급여목록 및 급여상한금액표는 다른 집행행위의 매개 없이 그 자체로서 국민건강보험가입자, 국민건강보험공단, 요양기관 등의 법률관계를 직접 규율하는 성격을 가지므로 항고소송의 대상이 되는 행정처분에 해당한다."고 판시한 경우도 있다(대판 2006.9.22, 2005두2506; 대판 2006.12.21, 2005두16161).

(4) **평가: 이상, 대법원의 약가(혹은, 약제) 관련고시의 처분성을 인정한 사례를 분석하면,** 어떠한 고시가 일반적·추상적 성격을 가질 때에는 법규명령 또는 행정규칙에 해당할 것이지만, 다른 집행행위의 매개 없이 그 자체로서 직접 국민의 구체적인 권리의무나 법률관계를 규율하는 성격을 가질 때에는 항고소송의 대상이 되는 행정처분에 해당한다고 하는 처분성의 기준으로서 당해 조례가 「**최종성 혹은 종국적인 법적 규율(endgültige Regelung)**」인지 여부에 따라 처분성 유무를 판단하고 있다고 할 것이다.

2) 공공시설에 관한 조례에 대해 처분성을 긍정한 사례

(1) 두밀분교폐지 조례사건

경기도의회가 경기도 가평군 가평읍 상색초등학교 두밀분교를 폐지하는 내용의 '개정조례'를 의결하였다. 그러자 두밀분교에 재학하고 있던 학생 甲등이 경기도의회와 경기도교육감을 각각 피고로 하는 위 조례의 무효확인을 구하는 소송을 제기하였다. 이에 대해 대법원은, "**조례가 집행행위의 개입 없이도 그 자체로서 직접 국민의 구체적인 권리의무나 법적 이익에 영향을 미치는 등의 법률상 효과를 발생하는 경우** 그 조례는 항고소송의 대상이 되는 행정처분에 해당한다."고 하여, 위 '공공시설에 관한 조례'7)의 처분성을 긍정하였다(대판 1996.9.20, 95누7994; 대

7) 지방자치법에서는 "제144조(공공시설) ① 지방자치단체는 주민의 복지를 증진하기 위하여 공공시설을 설치할 수 있다. ② 제1항의 공공시설의 설치와 관리에 관하여 다른 법령에 규정이 없으면 조례로 정한다."고

판 1996.9.20, 95누8003).

(2) 동암초등학교신설 조례사건

의정부교육청 교육장은 1999년경부터 의정부시 장암택지개발지구와 그에 인접한 일반주거지역의 대부분이 고층아파트·다세대주택단지로 개발이 진행 중이어서, 기존의 의정부시 장암동 및 신곡1동에 소재하는 3개의 초등학교만으로는 모든 학생의 수용이 어려움은 물론 과밀학급이 될 것이 예상되자, 그에 대한 대응책으로 새로 택지개발 중인 지역에 동암초등학교의 설립계획을 수립하고 도시계획결정(학교)을 받아 2003년부터 부지매입에 착수하여 2004년 공사에 착공한 이후 2005년도에 준공을 완료하였다. 그 후 경기도 교육위원회는 의정부시 장암동 37-1에 동암초등학교를 신설하는 내용의 경기도도립학교 설치조례 중 개정조례안(이하, '이 사건 조례'라 한다)을 의결하였고, 경기도교육감은 이를 공포하였다. 그러자 기존 3개 초등학교의 학부모들이 부유한 가정의 아동과 그렇지 못한 아동이 함께 교육을 받아야 하는 사정은 헌법과 법률이 보장하는 균등한 교육을 받을 권리를 침해하고, 기존 학교의 폐교위험, 특기정성교육의 부실, 급식의 어려움 등을 조례의 위법성 이유로 하여 신설 초등하교 설치에 관한 이 사건 조례의 무효확인을 구하는 소송을 제기하였다(이하, 「동암초등학교사건」이라 함). 이에 대해 법원은, "이 사건 조례는 입법행위의 형식을 취하였더라도 **조례에 기초한 행정청의 구체적 처분을 기다리지 않고 조례 그 자체에 의하여 직접 개인의 권리·의무에 직접 구체적인 효과를 발생하게 된다면** 순수한 입법에 그치지 않는 행정소송법상의 행정처분으로서 이해관계인은 항고소송을 제기하여 그 효력을 다툴 수 있다."고 하여 조례의 처분성을 긍정하였다. 다만, 이 판결에서 학부모들이 주장하는 이 사건 조례의 위법사유의 주장은 조례로 인한 직접적인 효과라고 보기에 어려운 점 등에 비추어, 학부모들이 조례로 인하여 구체적이고 직접적인 이익을 침해받았다고 보기 어렵다는 이유로 조례의 무효 등을 다툴 법률상 이익이 없다고 한 판시하였다(의정부지법 2006.1.17, 2005구합2655).

(3) 서울특별시시립학교교명제정 조례사건

또한 고등법원 판결 중에는, "甲 중학교에 재학중인 학생과 학부모 등이 '서울특별시립학교 설치 조례 일부개정조례' 중 甲 중학교 교명 부분의 무효확인을 구한 사안에서, **甲 중학교에 재학중인 학생의 학부모나 앞으로 甲 중학교에 입학예정인 초등학생과 그 부모**는 甲 중학교 교명에 대하여 추상적·간접적 권리를 갖는 데 불과하여 위 조례에 의하여 헌법과 법률이 보호하는 개별적·직접적·구체적 이익을 침해당하였다고 볼 수 없으므로 위 무효확인을 구할 법률상 이익이 없으나, **甲 중학교에 재학중인 학생들은** 학교의 교육환경을 구성하는 교명에 관하여 교육

규정하고 있다.

기본법 제12조에 의하여 보호되는 학습자로서의 권리 내지는 법적 이익을 가진다고 보아야 하고, 다른 **구체적 집행행위의 개입 없이도 위 조례에 의하여 공립 중학교가 설립되고 그 교명이 甲 중학교로 정해짐에 따라 甲 중학교에서 재학하면서 교육을 받을 학생들의 위와 같은 권리 내지 법적 이익에 구체적 영향을 미치는 법률상의 효과가 발생하므로**, 위 조례 중 甲 중학교의 교명에 관한 부분은 항고소송의 대상이 되는 행정처분에 해당하고 甲 중학교에 재학 중인 학생들은 그 부분의 무효확인을 구할 수 있는 이해관계를 가진 자로서 원고적격이 인정된다고 한 사례"도 있다(서울고법 2010.3.30, 2009누22852).

(4) 창원시청소재지 조례사건

그러나 대법원은 최근 공공시설 관련 조례에 관한 항고소송으로, 창원시 시청 소재지에 관한 조례 규정이 항고소송의 대상으로서 행정처분에 해당되는지 여부가 쟁점이 된 사건에서 처분성을 부인하였음에 주목할 필요가 있다(대판 2015.2.26, 2014두44670: 항고소송으로서 무효확인소송).8)

(5) 평가

위 조례 무효확인소송9) 관련판례들은 위의 처분적 고시와 마찬가지로 "조례가 집행행위의 개입 없이도 ……법률상의 효과를 발생하는 경우"라고 하여 조례의 행정처분 여부와 관련하여 「종국적인 법적 규율(endgültige Regelung)」이라는 기준을 채택하고 있다고 할 수 있다.

3) 기타 조례 부칙에 대해 처분성을 긍정한 사례

사실관계 제주특별자치도 개발공사 설치 조례 부칙과 무효확인소송 (대판 2016.6.10, 2013두1638)

원고는 먹는 샘물 판매업을 영위하는 주식회사 甲 법인이고 피고는 제주특별자치도지사이다. 원고는 2007.12.15. 제주특별자치도개발공사(이하, '개발공사'라 함)와 제주삼다수 판매협약(이하, '이 사건 협약'이라 함)을 체결했다. 개발공사는 제품의 제조행위 일체를 담당하고, 원고는 판매행위를 전담하기로 하는 협약이다. 협약기간은 체결일로부터 3년으로 하고, 그 이후에는 협약에 따른 구매계획물량이 이행될 경우 매년 자동으로 연장되도록 했다. 원고와 개발공사는 2008년부터 2010년까지는 구매계획물량을 미리 정해 놓았고, 그 이후 구매물량은 매년 10월말

---

8) 이 사례는 창원시 마산지역 주민 315명이 창원시장을 상대로, 기존 창원시 청사를 통합창원시의 청사로 지정한 '창원시청 소재지에 관한 조례 일부개정조례'가 무효라고 주장하며 항고소송으로서 무효확인소송을 제기한 사건에서, 위 조례가 집행행위의 개입 없이도 그 자체로서 직접 국민의 구체적인 권리·의무나 법적 이익에 영향을 미치는 행정처분에 해당한다고 볼 수 없다는 이유로 원심판결을 그대로 유지하여 각하한 판결이다.

9) 참고로, 조례에 관한 항고소송은 본질적으로 당해 조례의 무효 또는 유효인지 여부가 문제될 뿐이므로, 무효등확인소송 외에 '취소소송'을 상정할 수 없는 관계로 실무상 무효확인소송이 제기된다.

까지 상호 협의하여 정하기로 했다. 한편, 피고는 2011.11.28. 도의회 의결을 거쳐, 2011.12.7. 제주특별자치도 개발공사 설치 조례를 공포하였는데, 「위 개정조례(이하, '이 사건 조례'라 함)는 제20조 제3항에 "공사는 경영효율화를 위하여 제1항 각 호의 사업운영을 통해 생산하는 제품의 판매·유통에 대하여 민간에 위탁하여 운영할 수 있다. 이 경우 민간위탁 사업자의 '선정'은 '일반입찰'에 의하여야 한다."라는 규정을 신설하면서, 그 부칙(2011.12.7.) 제2조에서 "이 조례 시행에도 불구하고 종전에 먹는샘물 국내판매 사업자는 2012.3.14.까지 이 조례에 따른 먹는샘물 국내판매 사업자로 본다."」라는 경과규정을 두었다. 그러자 개발공사는, 경과규정 적용이 만료되는 2012.3.15.자로 원고에게 이 사건 협약을 해지한다는 통지를 하였다. 이에 원고는, 종전에 먹는 샘물 국내판매 사업자는 2012.3.14.까지 먹는 샘물 국내판매 사업자로 본다는 이 사건 조례 부칙 제2조의 무효확인을 구하는 소를 제기하였다(「제주개발공사사건」).[10)]

판 지

제1심과 원심은 이 사건 조례 부칙 제2조의 처분성을 적극적으로 인정해 본안판단을 하였다. 대법원은, "이 사건 조례의 부칙조항이 원고 주장과 같이 행정처분에 해당하고 그 조항에 원고 주장의 위법 사유가 있다고 하더라도, 원고가 그 무효확인 판결을 받는다고 하여 먹는샘물 판매사업자의 지위를 회복한다고 보기는 어려우므로, 그 무효확인으로 회복할 수 있는 다른 권리나 이익이 남아 있다는 등의 특별한 사정이 없는 한 원고가 이 사건 조례 부칙조항의 무효확인을 구할 법률상 이익이 없게 되었다고 볼 여지가 충분하다."고 설시하면서, 결론적으로 원고에게 "협약기간 자동연장조항에 따라 협약기간이 일정 시점 이후까지 자동연장되었다고 보기 어렵다는 등의 사유로 원고가 먹는샘물 판매사업자의 지위를 상실하였다면 지위 상실의 원인이 부칙조항에 의한 것이라고 보기 어려워 부칙조항의 무효확인 판결을 받더라도 판매사업자의 지위를 회복할 수 없으므로, 무효확인을 구할 법률상 이익이 없다."고 하여 원고에게 소의 이익이 없다고 판시하였다.

평 가

위 판결은 이 사건 조례 부칙 제2조를 대상으로 항고소송으로서 무효확인을 구한 사례이다. 대법원 위 조례 부칙 제2조의 처분성 여부에 대해 명시적인 판단이 없지만, 제1심(제주지법 2012.6.27, 2011구합1072)과 항소심(광주고법 2012.12.12, (제주)2012누425) 판결에서는 「종래 개발공

10) 이 사건 관련 조례는 제주특별자치도개발공사의 민간위탁사업자 선정 방식을 일반입찰 방식으로 하도록 개정하면서, 그 개정조항의 시행과 관련하여 그 시행 전 수의계약에 의한 민간위탁사업자의 지위에 관하여 다음과 같은 부칙조항을 두고 있다. [부칙 제1조(시행일) 이 조례는 공포한 날부터 시행한다. 제2조(경과조치) 이 조례 시행에도 불구하고 종전에 먹는 샘물 국내판매 사업자는 2012. 3. 14.까지 이 조례에 따른 먹는 샘물 국내판매 사업자로 본다.] 이에 따라 종래 수의계약에 의한 먹는 샘물판매업자가 개정 조례부칙에 불복하여 조례무효확인소송을 제기한 사례이다.

사의 민간위탁사업자였던 원고가 이 사건 조례 부칙 제2조로 인하여 직접 원고의 먹는 샘물 국내판매 사업자로서의 지위에 법적인 불안이 초래되었다고 볼 수 있음을 주된 근거로 이 사건 조례 부칙 제2조는 항고소송의 대상인 행정처분에 해당한다.」고 판시하였다. 생각건대, 위 사건에서 일반입찰로 판매사업자를 선정하도록 조례를 개정하면서 부칙에서 유예의 대상으로 삼은 '종전 먹는 샘물 사업자'는 바로 원고이다. 즉, 이 사건 조례 제2조는 원고를 정면으로 겨냥한 조항이다. 위 조례 부칙의 반대해석상 2012.3.15. 이후에는 원고가 먹는 샘물 국내판매 사업자의 지위를 유지하는 것이, 판매사업자를 '일반입찰'로 정하도록 한 이 사건 조례에 저촉되는 듯한 외관이 형성되었으며, 실제로 개발공사는 위 조례를 준수할 의무가 있다는 이유로, 위 조례 부칙 제2조에서 정한 2012.3.14.의 다음 날인 2012.3.15.자로 이 사건 협약 해지통지를 했다. 그렇기 때문에 위 조례 부칙은 원고를 대상으로 하여 2012.3.14.까지만 종전 사업자의 지위를 유지하고, 그 이후에는 사업자 지위를 상실시켜 원고의 법적 지위에 직접적인 영향을 끼치는 처분성을 지니고 있다고 볼 수 있다. 다만, 이와 같은 조례제정(개정)행위의 타당성이나 이 사건 조례가 지방자치법 제22조 단서에 반하여 위임이 없는 조례인지 여부 등의 쟁점은 별개이다.

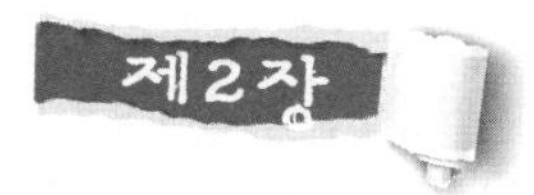

행 정 계 획

Ⅰ. 행정계획의 개념과 처분성

1. 행정계획의 개념

행정계획의 개념과 관련하여 대법원은, "행정계획이라 함은 행정에 관한 전문적·기술적 판단을 기초로 하여 도시의 건설·정비·개량 등과 같은 특정한 **행정목표**를 달성하기 위하여 서로 관련되는 **행정수단을 종합·조정**함으로써 장래의 일정한 시점에 있어서 일정한 질서를 실현하기 위한 활동기준으로 설정된 것"이라고 판시하고 있다(대판 2007.1.25, 2004두12063; 대판 2006.9.8, 2003두5426 등).

따라서 행정계획에 관한 계획법규는 법구조적으로 조건프로그램인 일반 행정행위에 관한 법규와 달리 목적프로그램(Finalprogramm: 목적－수단－정식(Zweck-Mittel-Schema))의 특징을 가지며, 그로 인해 도시환경이나 지역형성의 유지·향상을 위해 요구되는 복잡한 여러 활동 모두를 계획법규에 규정하는 것은 기술적으로 불가능하다는 입법적 한계가 있다.1)

2. 행정계획의 처분성

1) 비구속적 행정계획: 처분성 부정

(1) 도시기본계획 – 처분성 부정

[판시사항] (구)도시계획법 제10조의2 소정의 도시기본계획이 직접적 구속력이 있는지 여부(소극):

1) 朴貞勳, "토지이용계획의 수립·결정과정에서 주민참여절차의 의의와 과제", 경희법학 제51권 제1호(2016), 8쪽.

대법원은, "(구)도시계획법(1999.2.8. 법률 제5898호로 개정되기 전의 것) 제10조의2, 제16조의2, 같은법시행령(1999.6.16. 대통령령 제16403호로 개정되기 전의 것) 제7조, 제14조의2의 각 규정을 종합하면, 도시기본계획은 도시의 기본적인 공간구조와 장기발전방향을 제시하는 종합계획으로서 그 계획에는 토지이용계획, 환경계획, 공원녹지계획 등 장래의 도시개발의 일반적인 방향이 제시되지만, **그 계획은 도시계획입안의 지침이 되는 것에 불과하여 일반 국민에 대한 직접적인 구속력은 없는 것**이므로, ……."라고 판시하여 처분성을 부인하고 있다(대판 2002.10.11, 2000두8226).

[평 가] 도시기본계획은 장기성과 종합성을 특징으로 하는 도시계획의 헌법적 지위를 갖는 것으로, 개념 본질적으로 일반 국민에 대해 구속력을 갖지 않음을 당연하다. 따라서 도시기본계획은 처분성을 갖지 않는다.

(2) 관련판례

도시기본계획과 마찬가지로 '○○기본계획'은 처분성이 인정되지 않는 바, **대법원 판례는 도시기본계획 외에도**, (구)농어촌도로정비법상의 '농어촌도로기본계획'(대판 2000.9.5, 99두974), 하수도법상의 '하수도정비기본계획'(대판 2002.5.17, 2001두10578), 토지구획정리사업법의 환지계획(대판 1999.8.20, 97누6889)[2]에 대해 처분성을 부정하며, 특히 '4대강 살리기 마스트플랜'은 행정기관 내부에 사업의 기본방향을 제시한 것일 뿐 국민의 권리·의무에 직접 영향을 미치는 것이 아니라고 하여 처분성을 부정하였다(대결 전원합의체 2011.4.21, 2010무111). 그리고 헌법재판소 역시 '대학입시기본계획'(헌재 1997.7.16, 97헌마70)의 처분성을 부정하고 있다.

2) 구속적 계획 : 처분성 인정

(1) 도시·군관리계획 - 처분성 인정

[판시사항] 고시된 도시계획결정이 행정소송이 대상이 되는가(적극): 대법원은, "도시계획법 제12조 소정의 도시계획결정(현, 국토계획법상 도시·군관리계획에 해당함)이 고시되면 도시계획구역안의 토지나 건물 소유자의 토지형질변경, 건축물의 신축, 개축 또는 증축 등 권리행사가 일정한 제한을 받게 되는바 이런 점에서 볼 때 고시된 도시계획결정은 특정 개인의 권리 내지 법률상의 이익을 개별적이고 구체적으로 규제하는 효과를 가져오게 하는

2) 이 판례에서 대법원은 "토지구획정리사업법의 환지계획은 환지예정지 지정이나 환지처분의 근거가 될 뿐 국민에게 직접적인 법률효과를 주는 것은 아니어서 항고소송의 대상이 되는 처분이 아니다."고 판시하였다.

행정청의 처분이라 할 것이고, 이는 행정소송의 대상이 되는 것이라 할 것이다."고 판시하여 구속적 계획인 도시·군관리계획의 처분성을 긍정함으로써 항고소송의 대상이 된다고 한다(대판 1982.3.9, 80누105).

평 가 이 판례와 같이 도시계획결정(현, 도시·군관리계획)을 구속적 계획으로 보아 항고소송의 대상인 처분성을 인정한 것은 위 판결이 있기 이전의 대판 1978.12.26, 76누281 판결이 최초이나, 이 1978년 대법원 판결은 동년도 일본의 하급심 판결의 판지를 수용한 것(다만, 일본에서는 현재 도시계획결정 자체에 처분성을 부인하는 것이 최고재판소의 일반적 입장이다)이 계기가 되어 지금까지 도시계획결정은 물론 구속적 계획에 대해 처분성을 긍정하는 방향의 판례태도가 확립되었다. 구속적 계획의 처분으로서의 성질에 관해서는 국내에서 통상 물적 행위로서 불특정다수인에 대한 일반적 규율인 독일 행정절차법 제35조 후단의 '일반처분'의 관념에 따라 행정행위(행정처분)으로 인식하고 있다. 구속적 계획에 대해 처분성을 긍정하여 항고소송의 방식으로 권리구제를 모색하는 것은 분쟁의 합일확정이란 점에서 장점이 있지만, 계획재량의 광범성을 인정할 때 실제적으로 유효한 쟁송형태인지는 의문이 없지 않다.

(2) 관련판례

도시계획결정 이외에 구속적 계획으로서 처분성을 긍정한 대법원 판례로는, 도시개발사업계획결정에 대해 처분에 해당함을 전제로 판시하고(대판 1985.7.23, 83누727), 택지개발예정지구지정도 처분성을 인정하였으며(대판 1997.6.24, 96누1313), 토지거래계약에 관한 허가구역의 지정에 대해 처분성을 인정(대판 2006.12.22, 2006두12883)하였으며, 그 밖에 도시정비법상 주택재건축정비사업시행계획(대결 2009.11.2, 2009마596), 도시재개발법(현, 도시정비법)상 관리처분계획(환권계획·분양계획)(대판 2002.12.10, 2001두6333) 등에서 처분성을 인정하였다.

Ⅱ. 계획변경 거부의 처분성

1. 거부처분의 기본요건

국민의 적극적 신청행위에 대하여 행정청이 그 신청에 따른 행위를 하지 않겠다고 거부한 행위가 항고소송의 대상이 되는 행정처분에 해당하는 것이라고 하려면, 그 신청한 행위가 공권력의 행사 또는 이에 준하는 행정작용이어야 하고, 그 거부행위가 신청인의 법률관계에 어떤 변동을 일으키는 것이어야 하며, 그 국민에게 그 행위발동을 요구할 법규상 또는 조리상의 신청권이 있어야 한다(대판 2011.9.29, 2010두26339; 대판 2009.9.10, 2007두20638 등).

대법원은 위 판결에서 보듯이 거부처분의 성립요건으로, [① 신청의 내용이 공권력행사일 것, ② 거부로 인하여 신청인의 법률관계(권리나 법적 이익)에 직접 영향을 미치는 것일 것, ③ 신청에 따른 행위를 해줄 것을 요구할 수 있는 법규상 또는 조리상 신청권이 있을 것]이란 세 가지 요소를 요구하고 있다. 여기서 이들 거부처분의 성립요건 중 핵심은 법규상·조리상 "신청권의 존부"이다. 그리고 행정계획 영역에서 계획변경과 관련해서도 거부가 거부처분이 되는지 여부는 위 거부처분의 성립요건을 갖추어야 함은 당연하며, 여기서도 거부가 처분성을 갖기 위해서는 '계획변경 신청권의 존부'가 관건임 동일한 법리이다(대판 2003.9.23, 2001두10936 등 참조).

2. 원칙적으로 계획변경 신청권을 부정

(1) 일반적인 학설과 마찬가지로 대법원은 원칙적으로 국민에게 **행정계획의 변경신청권**은 인정되지 아니하므로, 행정계획 변경신청에 대한 거부행위는 행정처분이 아니라고 보고 있음. 즉 대법원 판례는 행정계획이 일단 확정된 후에는 일정한 사정변동이 있다고 하여 지역주민에게 일일이 그 계획의 변경 또는 폐지를 청구할 권리를 인정해 줄 수 없다고 하여, 행정계획의 변경신청권을 원칙적으로 부정하고 있다(대판 2003.9.23, 2001두10936; 대판 1995.4.28, 95누627 참조).

(2) **관련판례로 계획변경 신청 거부에 대해 거부처분성을 부정하고 있는 사례로는**, ① 도로개설공사계획의 변경신청에 대한 거부 처분의 취소를 구한 사안(대판 1993.5.25, 92누2394 판결), ② 임야의 국토이용계획상의 용도지역을 사설묘지를 설치할 수 있는 용도지역으로 변경하는 것을 허가하여 달라는 토지소유자의 신청을 반려에 대해 반려처분의 취소를 구한 사안(대판 1995.4.28, 95누627),[3] ③ 도시계획시설(도로)결정의 취소를 구한 사안(대판 2002.11.26, 2001두1192), ④ 골프장부지조성을 위하여 국토이용계획상 농림지역 또는 준농림지역을 준도시지역으로 변경하여 달라는 취지로 국토이용계획변경신청을 한 사안(대판 2003.9.26, 2003두5075) 등이 있다.

---

3) 대법원은 이 사건 판례에서 "행정청이 국민으로부터 어떤 신청을 받고서 한 거부행위가 행정처분이 된다고 하기 위하여는 국민이 행정청에 대하여 그 신청에 따른 행정행위를 하여 줄 것을 요구할 수 있는 법규상 또는 조리상의 권리가 있어야 하며, 이러한 근거 없이 한 국민의 신청을 행정청이 받아들이지 아니하고 거부한 경우에는 이로 인하여 신청인의 권리나 법적 이익에 어떤 영향을 주는 것은 아니므로 이를 행정처분이라고 할 수 없다."고 판시하였다(대판 1995.4.28, 95누627).

3. 예외적으로 계획변경 신청권을 인정한 경우

1) 사실상 수익처분의 거부에 해당하는 경우

사실관계 폐기물처리사업의 적정통보를 받은 자의 계획변경 신청권 존부와 처분성 (대판 2003. 9.23, 2001두10936)

甲은 국토이용관리법상 농림지역 또는 준농림지역에 위치한 이 사건 부동산에서 폐기물처리업을 영위하기 위해 1997.8.28. 진안군수(이하, '乙'이라 함)에게 폐기물처리 사업계획서를 제출하였다. 乙은 위 사업계획서를 검토한 다음 1997.10.20. 甲에게 사업계획이 폐기물관리법령에 적합하므로 몇 가지를 이행하는 조건으로 사업계획 적정통보를 하였고, 시설·장비 등을 갖추어 적정통보를 받은 날로부터 3년 이내에 폐기물처리업 허가를 신청하라고 통보하였다. 이행 조건은 국토이용관리법 제15조, 동법 시행령 제14조에 의하여 사업시행 전 사업계획 대상지역을 준도시지역(시설용지지구)으로 입안해야 하며, 사업개시 전 및 사업추진 중 주민의 반대 및 기타 이로 인하여 발생되는 문제에 대하여는 원만하게 사업시행주체가 해결해야 한다는 것 등 이었다. 甲은 1997.11.25. 乙에게 이 사건 부동산에 대한 용도지역을 '농림지역 또는 준농림지역'에서 '준도시지역(시설용지지구)'으로 변경하여 달라는 국토이용계획변경승인요청을 하였고, 乙은 1998.4.24. 국토이용관리법 제7조제1항, 동법 시행령 제4조제5항에 의하여 사업장일반폐기물최종처리시설 조성계획에 따라 이 사건 부동산 일대의 토지에 대한 용도지역을 준도시지역(시설용지지구)으로 변경한다는 내용의 공고(진안군 공고 1998호)를 하였다. 그러나 이 사건 부동산 인근 거주주민들이 폐기물처리시설의 설치를 반대하는 집단민원을 계속적으로 제기하자 乙은 1999.7.6. 甲에게 주민들의 집단민원이 해소되기까지는 국토이용계획변경요청을 승인할 수 없다고 통보하였다(이하, '이 사건 국토이용계획변경승인거부처분'이라 한다). 이에 甲은 국토이용계획변경승인거부처분의 취소 등을 구하는 소를 제기하였다.

판 지

국민의 적극적 신청행위에 대하여 행정청이 그 신청에 따른 행위를 하지 않겠다고 거부한 행위가 항고소송의 대상이 되는 행정처분에 해당하는 것이라고 하려면, 그 신청한 행위가 공권력의 행사 또는 이에 준하는 행정작용이어야 하고, 그 거부행위가 신청인의 법률관계에 어떤 변동을 일으키는 것이어야 하며, 그 국민에게 그 행위발동을 요구할 법규상 또는 조리상의 신청권이 있어야만 하는바(대법원 1998.7.10. 선고 96누14036 판결 참조), (구)국토이용관리법상 주민이 국토이용계획의 변경에 대하여 신청을 할 수 있다는 규정이 없을 뿐만 아니라, 국토건설종합계획의 효율적인 추진과 국토이용질서를 확립하기 위한 국토이용계획은 장기성, 종합성이 요구되는 행정계획이어서 원칙적으로는 그 계획이 일단 확정된 후에 어떤 사정의 변동이 있다고 하여 그러한 사유만으로는 지역주민이나 일반 이해관계인에게 일일이 그 계획의 변경을 신청할 권리를 인정하여 줄 수는 없을 것이지만(대법원 1995.4.28. 선고 95누627 판결 참조), 장래 일정한 기간 내에 관계 법령이 규정하는 시설 등을 갖추어 일정한 행정처분을 구하는 신청을 할 수 있는 법률상 지위에 있는 자의 국토이용계획변경신청을 거부하는 것이 **실질적으로 당해 행정처분 자체를 거부하는 결과가 되는 경우**에는 예외적으로 그 신청인에게 국토이용계획변경을 신청할 권리가 인정된다고 봄이 상당하므로, **이러한 신청에 대한 거부행위는 항고소송의 대상이 되는 행정처분에 해당**한다고 할 것이다. 피고로부터 **폐기물처리사업계획의 적정통보를 받은 원고가 폐기물처리업허가를 받기 위하여는 이 사건 부동산에 대한 용도지역을 '농림지역 또는 준농림지역'에서 '준도시지역(시설용지지구)'으로 변경하는 국토이용계획변경이 선행되어야 하고,** 원고의 **위 계획변경신청을 피고가 거부한다면 이는 실질적으로 원고에 대한 폐기물처리업허가신청을 불허하는 결과**가 되므로, **원고는 위 국토이용계획변경의 입안 및 결정권자인 피고에 대하여 그 계획변경을 신청할 법규상 또는 조리상 권리를 가진다고 할 것**이다.

그러므로, 이러한 신청에 대한 거부행위는 항고소송의 대상이 되는 행정처분에 해당한다.

평 가

위 **〈폐기물처리사업의 적정통보와 관련된 계획변경신청권사건〉의 판례**에서 보듯이 예외적으로, 일정한 기간 내에 관계법령이 정한 시설 등을 갖추어 일정한 행정처분을 구하는 신청을 할 수 있는 법률상의 지위에 있는 자는 계획변경의 신청을 거부하는 것이 실질적으로 당해 행정처분 자체를 거부하는 결과가 되는 경우에는 예외적으로 그 신청인에게 계획변경에 관한 신청권을 인정한다. 따라서 이러한 **신청에 대한 거부(반려)는 거부처분으로서 항고소송의 대상**이 된다. 즉, 이 판례는 원칙적으로 국토이용계획의 변경을 신청할 권리를 인정할 수 없지만, 장래 일정한 기간 내에 관계 법령이 규정하는 시설 등을 갖추어 일정한 행정처분을 구하는 신청을 할 수 있는 법률상 지위에 있는 자의 국토이용계획변경신청을 거부하는 것이 실질적으로 당해 행정처분 자체를 거부하는 결과가 되는 경우에는 예외적으로 그 신청인에게 국토이용계획변경 신청권이 인정된다고 판시하였음에 의미가 있는 사례이다.

관련판례

위 판례와 관련하여 행정계획의 수립·변경·폐지와 직접적인 관련성은 없지만 이와 유사한 사안으로서, 산림의 형질변경허가지 용도변경과 관련하여 **산림훼손허가를 얻은 자에게는 법규상 또는 조리상 산림훼손 용도변경신청권이 없고 따라서 산림훼손 용도변경신청을 반려한 것은 항고소송의 대상이 되는 처분에 해당하지 아니한다는 판례**가 있다(대판 1998.10.13, 97누13764).

2) 도시계획입안제안권에 근거한 도시계획변경신청권을 인정한 경우

(1) (구)도시계획법(2000.1.28. 법률 제6243호로 개정된 것)[4]은 주민의 도시계획입안 제안권(제20조),[5] 입안권자인 특별시장·광역시장·시장 또는 군수의 도시계획 재정비의무(제28조), 도시계획시설부지의 매수청구권(제40조), 도시계획시설결정의 실효(제41조)를 새로이 규정하였는데, 대법원은 이러한 규정들과 헌법상 재산권 보장의 취지에 비추어 주민에게 도시계획변경신청권을 인정하고 있으며, 따라서 이 입안제안권을 행사했음에도 불구하고 계획입안권자가 거부(반려)한 경우에는 항고소송의 대상으로서 거부처분이 된다. 즉, **계획법규에서 계획입안권자에게 주민의 입안제안권권이 인정되는 경우에 한하여**,[6] 이 경우 주민 입안 제안 신청에 대한 거부가 항고소송의 대상인 거부처분**이 된다**(대판 2004.28, 2003두1806 등).

(2) **계획입안제안과 관련하여 거부처분성이 인정된 대법원 판례로는**, ① '도시계획시설변경에 관한 계획입안을 제안한 사건'에서, 도시계획구역 내 토지 등을 소유하고 있는 주민으로서는 입안권자에게 도시계획입안을 요구할 수 있는 법규상 또는 조리상의 신청권이 있다고 할 것이고, 이러한 신청에 대한 거부행위는 항고소송의 대상이 되는 행정처분에 해당한다고 할 것이라고 판시한 판례(대판 2004.4.28, 2003두1806), ② '(구)국토계획법에 의해 기반시설의 설치를 입안할 것을 제안한 사건'에서, 피고(기반시설 계획입안권자)는 관할구역인 이 사건 신청부지에 대한 도시관리계획의 입안권자이고, 원고는 도시관리계획구역 내 토지 등을 소유하고 있는 주민으로서 이 사건 납골시설에 관한 도시관리계획의 입안을 요구할 수 있는 법규상 또는 조리상의 신청권이 있다고 할 것이어서, 이러한 원고의 입안제안을 반려한 피고의 이 사건 처분은 항고소송의 대상이 되는 행정처분에 해당하고, 한편 도시관리계획의 입안제안과 결정은 구분되는 것

---

4) 2000년도에 전면개정된 이 도시계획법은 개정과 동시에 도시지역 이외를 적용대상으로 하는 (구)'국토이용관리법'과 통합되어 통합 도시계획법으로서 '국토의 계획 및 이용에 관한 법률'(국토계획법)으로 흡수된 것으로 2000년도 전면개정 도시계획법의 내용은 현행 국토계획법에 기본적으로 그대로 계수되어 있다.

5) 다만, 이 (구)도시계획법에서는 모든 도시계획의 입안과 관련하여 당해 주민에게 '입안제안권'을 허용하는 것이 아니라, 도시계획시설 관련사항(도시계획시설의 설치·정비 또는 개량에 관한 사항) 과 지구단위계획 관련사항(지구단위계획구역의 지정·변경과 지구단위계획의 수립·변경에 관한 사항)에 한하여 계획입안권자에게 계획입안 제안권이 허용됨에 유의할 필요가 있고(법 제20조), 이점은 현행 국토계획법에서도 기본적으로 같다.

6) **참고로,** 현행 계획법규에서 계획입안제안권을 규정한 경우에는 판례·학설이 신청권을 인정하고 있음에 특별히 유의할 필요가 있으며, 그 대표적인 현행 계획법제로는 국토계획법 중에서는 도시·군관리계획 중에서 [**기반시설**의 설치·정비 또는 개량에 관한 사항, **지구단위계획구역**의 지정 및 변경과 지구단위의 수립 및 변경에 관한 사항, **개발진흥지구** 중 공업지역 또는 유통물류기능 등을 집중적으로 개발·정비하기 위한 개발진흥지구로서 대통령령으로 정하는 개발진흥지구의 지정 및 변경에 관한 사항]이라는 3가지 사항에 한하여 당해 주민에게 도시·군관리계획의 '입안제안권'을 규정하고 있으며(법 제26조제1항), 도시정비법에서는 토지등소유자에게 **정비계획**의 입안 제안권을 인정하며(법 제4조), 또한 도시개발법에서도 도시개발정비구역의 지정에 관해 일정한 자에게 지정을 제안할 수 있는 규정을 두고 있다(법 제3조·제11조). 그리고 **온천법상 온천개발계획의 수립**과 관련하여 "일정한 경우에 한하여 온천우선이용권자가 온천개발계획 수립하여 시·도지사승인(특별자치시장 및 특별자치도지사의 경우에는 수립을 말한다)을 신청할 수 있다."는 규정이 있다(법 제10조제1항).

으로 원고가 이후 이 사건 도시관리계획 결정의 목적을 이루지 못한다 하더라도 이 사건 소의 이익 유무와는 무관하다고 판시한 판례(대판 2010.7.22, 2010두5745), ③ 국토계획법상의 도시계획시설결정에 이해관계가 있는 주민에게 도시시설계획의 입안 내지 변경을 요구할 수 있는 법규상 또는 조리상의 신청권이 있으며, 이러한 신청에 대한 거부행위가 항고소송의 대상이 되는 행정처분에 해당한다."고 판시한 판례(대판 2015.3.26, 2014두42742) 등이 있다.

3) 문화재보호구역의 지정해제신청에 대한 거부회신의 경우

그리고 **대법원 판례는 문화재보호구역 지정해제와 관련하여**, 문화재보호구역 내에 있는 토지소유자 등으로서는 위 보호구역의 지정해제를 요구할 수 있는 법규상 또는 조리상의 신청권이 있고, 이러한 신청에 대한 거부행위는 항고소송의 대상이 된다고 판시한 바 있다(대판 2004.4.27, 2003두8821).

4) 도시관리계획으로 결정된 기반시설인 도시계획시설의 경우

(구)국토계획법상 도시관리계획(현, 도시·군관리계획)으로 결정된 기반시설인 도시계획시설의 경우 그 도시계획시설이 아닌 건축물이나 공작물의 설치가 제한되는데, 장기간 도시계획시설사업의 시행이 지연되고 있던 사안에서, 도시계획변경신청에 대한 거부처분에 대하여 형량명령에 의한 통제를 긍정한 사례가 있다(대판 2012.1.12, 2010두5806).[7]

Ⅲ. 계획재량과 실체적 사법심사기준 및 행정계획의 효력

1. 계획재량의 독자성과 형량명령의 원칙

사실관계 계획재량의 독자성 및 행정계획의 입안·결정과 형량명령의 원칙 (대판 2012.1.12, 2010두5806)

원고는 고양시 덕양구 벽제동 외 6필지의 토지를 소유하고 있는 자들이고, 피고는 고양시장이다. 고양시 대자동과 의정부시를 연결하는 대로 2-11호선(왕복 4차선 도로)과 인접한 토지로서 완충녹지 구역에 편입된 고양시 덕양구 벽제동 외 6필지의 토지(이하, '이 사건 토지'라고 한다)를 소유하는 자들인 원고는 2008.5 피고(고양시장)에게 이 사건 토지를 완충녹지에서 해제해 달

7) 다만, 이 사건에서 대법원은 원심에서 처분성을 긍정함으로써 대법원의 판결에서는 처분성에 관한 명시적 판시가 나가지는 아니하였다.

라는 취지의 신청을 하였다. 그러자 피고는 2008.5.~6. 원고들에게 '도시계획위원회 심의결과 해당시설을 주변 주거지역의 소음저감을 위한 완충시설로 계속하여 이 사건 토지를 완충녹지로 존치하도록 결정하였으므로 원고들의 신청은 불가하다'는 취지의 민원회신(이하, '이 사건 처분'이라고 한다)을 하였다. 원고들은 이 사건 토지 일대의 용도지역은 일반주거지역으로서 주변에 대기오염, 소음, 진동 등 공해와 자연재해가 발생할 여지가 없고, 이 사건 토지의 배후에 위치한 벽제천 및 하천부지가 완충녹지로서의 기능을 수행하고 있는 점, 이 사건 토지가 도시계획시설(완충녹지) 결정 이후 20년 동안 실제 완충녹지로 이용되지 않은 점 등을 감안하면, 이 사건 처분은 원고들의 재산권을 중대하게 침해한 것으로서 위법하다고 주장하며 이 사건 처분에 불복하여 취소소송을 제기하였다.

판 지

[1] 행정주체가 구체적인 행정계획을 입안·결정할 때에 가지는 비교적 광범위한 형성의 자유는 무제한적인 것이 아니라 행정계획에 관련되는 자들의 이익을 공익과 사익 사이에서는 물론이고 공익 상호 간과 사익 상호 간에도 정당하게 비교교량하여야 한다는 제한이 있는 것이므로, 행정주체가 행정계획을 입안·결정하면서 이익형량을 전혀 행하지 않거나 이익형량의 고려 대상에 마땅히 포함시켜야 할 사항을 빠뜨린 경우 또는 이익형량을 하였으나 정당성과 객관성이 결여된 경우에는 행정계획결정은 형량에 하자가 있어 위법하게 된다. 이러한 법리는 행정주체가 구 국토의 계획 및 이용에 관한 법률(2009.2.6. 법률 제9442호로 개정되기 전의 것) 제26조에 의한 주민의 도시관리계획 입안 제안을 받아들여 도시관리계획결정을 할 것인지를 결정할 때에도 마찬가지이고, 나아가 도시계획시설구역 내 토지 등을 소유하고 있는 주민이 장기간 집행되지 아니한 도시계획시설의 결정권자에게 도시계획시설의 변경을 신청하고, 결정권자가 이러한 신청을 받아들여 도시계획시설을 변경할 것인지를 결정하는 경우에도 동일하게 적용된다고 보아야 한다.

[2] 이 사건 토지를 완충녹지로 유지해야 할 공익상 필요성이 소멸되었다고 볼 수 있으므로, 이 사건 처분은 원고들의 재산권 행사를 과도하게 제한한 것으로서 행정계획을 입안·결정하면서 이익형량을 전혀 하지 않았거나 이익형량의 정당성·객관성이 결여된 경우에 해당한다.

평 가

(가) 계획재량이라 함은 행정청이 행정계획을 수립·변경함에 있어서 일반 재량행위와 비교하여 더욱 광범위한 판단여지 또는 형성의 자유가 인정되는 바, 이를 계획재량이라 한다. 우리 판례는 종래부터 "도시계획 등 관계법령에는 추상적인 행정목표와 절차만 규정되어 있을 뿐 행정계획의 내용에 대하여는 별다른 규정을 두고 있지 아니하므로 행정주체는 구체적인 행정계획을 입안·결정함에 있어서 비교적 광범한 형성의 자유를 가진다."고 하여(대판 1996.11.29, 96누

8567 등), 계획재량을 일반재량과 구별되는 독자성을 인정하고 있다. 위 판결에서 '행정계획을 입안·결정할 때에 가지는 비교적 광범위한 형성의 자유'라는 판지도 같은 취지이다. 다만, 계획재량이란 개념에 입각하여 일반재량과 구별하는 주된 논거 중의 하나는 그 한계·통제법리로 형량명령원칙이라는 특유한 하자이론이 존재하기 때문이다.

(나) 그리고 **계획재량의 독자성을 인정하는 전제에서 그 재량하자에 연결되는 계획의 실체적 통제법리로서 형량명령원칙**[8]이 있다. 즉, 형량명령원칙은 독일에서 계획확정절차와 함께 실체적 계획통제방안으로 제시된 이론으로, 형량하자의 유형으로 ① 형량이 전혀 없었던 경우(형량의 해태), ② 형량에 있어 반드시 고려되어야 할 특정이익이 전혀 고려되지 않은 경우(형량의 흠결), ③ 형량에 있어 관련 사익의 의미·내용 등을 오판한 경우(형량조사의 하자), ④ 공익상호간 또는 공익과 사익 사이의 비교형량에 있어 특정이익이 과도하게 평가된 경우(오형량)가 있으며, 우리 학계에서도 일반적으로 승인되고 있다. 위 판지[1]에서도 형량명령원칙이 제시고 있음을 알 수 있으며, 특히 위 사건은 형량하자에 기초하여 원고 승소판결을 받을 정도로 재판실무에서 계획의 실체적 통제기준으로 중요하다. 문제는, 대법원은 계획의 실체적 하자를 심사함에 있어서 형량하자의 개별 기준에 관한 심도 있는 판단을 하지 않은 채 대강의 기준만 나열하고 바로 이미 내려진 결론을 도출하는 형식적으로 작용하는 면을 부인할 수 없다. 여기서 실무상 형량명령원칙과 재량의 일탈·남용법리에 의한 심사의 차이점이 무엇인지 현 단계에서는 회의적이다.

(다) 끝으로, 위 판례는 피고가 보낸 민원회신의 형량하자를 심사하여 원고들이 요구한 완충녹지 지정해제의 필요성에 대한 실체적 판단을 내렸음에 의미가 있으며, 특히 주민들의 계획입안 제안 또는 변경신청을 받아들여 도시관리계획결정을 할 때는 물론 (장기간 지연되고 있던) 도시계획시설을 변경(도시계획변경신청에 의한 변경)할 것인지를 결정할 때에도 계획재량에 관한 형량의 하자이론이 적용된다는 점을 판시하고 있음에 유의할 필요가 있다고 본다. 또한 계획변경청구권의 법리를 적극적으로 수용한 판례로 볼 수 있다.

2. 행정계획의 효력으로서 인·허가의제와 집중효

사실관계 건설부장관이 관계기관의 장과의 협의를 거쳐 주택건설사업계획 승인을 한 경우 별도로 도시계획법 소정의 중앙도시계획위원회의 의결이나 주민의 의견청취 등 절차가 필요한지 여부 (대판 1992.11.10, 92누1162)

원고(학교법인)는 1978.12.22. 별지목록 기재 토지(이하, '이 사건 토지'라 함)를 학교용지로 사용

8) 계획재량의 독자성을 부인하게 되면 계획의 실체적 통제는 일반 재량행위와 마찬가지로 재량의 일탈·남용법리에 의하게 된다.

하고자 매수했으나 매수 직후부터 소유권이전등기의 말소등기절차이행청구소송에 휘말리게 되어 소유권이 미확정상태여서 도시계획법 기타 관계법령에 의한 학교용지로의 결정 및 등록절차는 거치지 않았고, 이 사건 토지는 원고 산하 대학교의 장애인을 위한 특수학교 실습지로 사용되어 왔다. 한편 피고(건설부장관)는 피고보조참가인(대한주택공사)이 이 사건 토지를 포함하여 대구시내 27,808㎡에 영구임대주택 8개동을 건립하는 것을 골자로 하는 대구 본동지구 영구임대주택건설사업계획승인 신청을 한 데 대하여 주택건설촉진법 제33조제4·5·6항에 의하여 관계기관인 대구시장과의 협의를 거쳐 1989.9.26. 위 주택건설사업계획을 승인·고시한 바 있다. 그러자 원고는 ① 피고가 위 승인에 앞서 관계기관의 장과의 협의를 거쳐야 하고, 이 사건 토지는 학교용지이므로 그 협의를 거쳐야 할 관계기관의 장에는 대구시장 외 교육부장관 및 대구시 교육위원회 교육감 등도 포함되어야 하는데 이 사건 승인처분은 위 교육부장관 등과의 협의절차를 전혀 거치지 아니한 채 이루어진 것이어서 위법하고, ② 주택건설사업계획의 승인을 위해서는 도시계획법 소정의 도시계획시설결정절차로서 주민 등의 의견청취, 관계지방의회의 의견청취 및 중앙도시계획위원회의 의결 등의 절차를 거쳐야 하는데도 이 사건 승인처분은 그와 같은 절차를 거치지 않아 위법하며, ③ 위 승인처분은 승인 및 대구시장과의 협의를 함에 있어서 형식적으로는 피고 명의로 되었으나 실질적으로는 법령에 의한 위임 없이 그 산하 국장 또는 과장의 전결로 처리된 것으로서 모두 권한 없는 자가 하였으므로 위법이라는 등을 이유로 위 주택건설사업계획승인처분의 취소를 구하는 소를 제기하였다.

판 지

위 판결 역시 여느 사건과 마찬가지로 쟁점이 많지만, 대법원의 판시사항으로서 **〈건설부장관이 관계기관의 장과의 협의를 거쳐 주택건설사업계획 승인을 한 경우 별도로 도시계획법 소정의 중앙도시계획위원회의 의결이나 주민의 의견청취 등 절차가 필요한지 여부**(소극)**〉**에 관한 판지만 살펴보면, 「(구)도시계획법(1989.12.30. 법률 제4183호로 개정되기 이전의 것) 제12조 제1항, 제16조의2 제2항 등에 의하면 도시계획을 결정하거나 변경함에 있어서는 건설부장관이 관계지방의회의 의견을 들은 후 중앙도시계획위원회의 의결을 거쳐야 하고, 시장 또는 군수가 도시계획을 입안하고자 하는 때에는 주민들의 의견을 청취하여야 하나, 주택건설촉진법(1991.3.8. 법률 제4339호로 개정되기 이전의 것. 이하 촉진법이라 줄여 쓴다)제33조 제1·4·6항에 의하면 건설부장관이 주택건설사업계획을 승인하고자 하는 경우에 그 사업계획에 제4항 각호의 1에 해당하는 사항이 포함되어 있는 때에는 관계기관의 장과 협의하여야 하고, 사업주체가 제1항에 의하여 사업계획의 승인을 얻은 때에는 도시계획법 제12조에 의한 도시계획의 결정(같은 법 제2조제1항 제1호 나, 다목의 도시계획결정에 한한다) 등을 받은 것으로 보는 바, 위 각 규정의 내용과 촉진법의 목적 및 기본원칙(제1·2조)에 비추어 보면 건설부장관이 촉진법 제33조에 따라 관계기관의 장과의 협의를 거쳐 사업계획승인을 한 이가·인가·결정·승인 등이 있는 것으로 볼 것이고, 그 절차와 별도로 도시계획법 제12조 등 소정의 중앙도시계획위원회의 의결이나 주민의 의견청취 등 절차를 거칠 필요는 없는 것이다.」라고 판시하고 있다.

평 가

행정계획이 결정되면, 많은 경우에 다른 인·허가 등의 행위를 받은 것으로 의제되어 그 다른 행위로서도 법적 구속력을 갖는 경우가 있다(도시철도법 제8조(다른 법률에 따른 인가·허가등의 의제), 주택법 제16조제4항·제11조, 택지개발촉진법 제11조(다른 법률과의 관계), 국토계획법 제92조(관련 인·허가 등의 의제)제1항 등). 이를 행정계획의 집중효라고 하고, 이 집중효는 독일에서 행정계획이 계획확정절차에 따라 확정된 경우에는 당해 행정계획에 ① 집중효(다른 법령에 의해 받게 되어 있는 인·허가를 받은 것으로 간주하는 효력), ② 배제효(주민 등 이해관계인에 대한 불가쟁력), ③ 구속효(행정청에 대한 불가변력) 등의 법적 효력이 발생하는 것과 관련된 논의로 이를 부정하는 논의가 국내에 없지 않지만, 어쨌든 국내에서는 독일의 집중효개념을 도입·인정하는 경향이 강하다. 그리고 행정계획의 효력으로서 집중효와 우리 계획법규에 인·허가의제규정이 있는 경우에 한하여 집중효를 인정한다는 전제에서 **관할집중효설**(주체상의 집중), **절차집중효설, 실체집중효설, 제한적 절차집중효설(중요절차는 보장) 등이** 있으나, 위 사건에서 보듯이 **판례는 절차집중효설**을 취하고, 실체적 요건에는 구속되는 것으로 해석(아래, 관련판례(가) 참조)된다.

관련판례

(가) **〈판시사항〉 채광계획인가의 법적 성질**(=기속재량행위), **공유수면 점용허가의 법적 성질**(=자유재량행위) **및 채광계획인가로 공유수면 점용허가가 의제될 경우, 공유수면 점용불허사유로써 채광계획을 인가하지 아니할 수 있는지 여부**(적극): 대법원은, "채광계획이 중대한 공익에 배치된다고 할 때에는 인가를 거부할 수 있고, 채광계획을 불인가 하는 경우에는 정당한 사유가 제시되어야 하며 자의적으로 불인가를 하여서는 아니 될 것이므로 채광계획인가는 기속재량행위에 속하는 것으로 보아야 할 것이나, (구)광업법(1999.2.8. 법률 제5893호로 개정되기 전의 것) 제47조의2 제5호에 의하여 채광계획인가를 받으면 공유수면 점용허가를 받은 것으로 의제되고, 이 공유수면 점용허가는 공유수면 관리청이 공공 위해의 예방 경감과 공공복리의 증진에 기여함에 적당하다고 인정하는 경우에 그 자유재량에 의하여 허가의 여부를 결정하여야 할 것이므로, 공유수면 점용허가를 필요로 하는 채광계획 인가신청에 대하여도, 공유수면 관리청이 재량적 판단에 의하여 공유수면 점용을 허가 여부를 결정할 수 있고, 그 결과 공유수면 점용을 허용하지 않기로 결정하였다면, 채광계획 인가관청은 이를 사유로 하여 채광계획을 인가하지 아니할 수 있는 것이다."고 판시하였다(대판 2002.10.11, 2001두151).

(나) **정리**: 결론적으로, **위 대판 92누1162 판결과 위 (가)의 대판 2001두151 판결을 종합하면**, 행정계획의 효력으로서 인·허가의제와 집중효 문제와 관련하여 대법원 판례의 입장은 인·허가

시 의제되는 인·허가의 절차를 생략할 수 있다고 하여 **절차집중효를 인정**하고 있는 것으로 판단되며(91누1162), 또한 판례는 의제되는 인·허가의 요건불비를 이유로 주된 인·허가신청을 거부할 수 있다고 함으로써 **실체집중효를 부정**하는 것으로 보인다(홍정선, 163쪽).

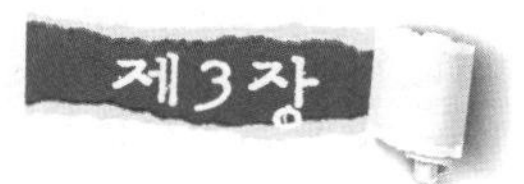

행정행위

Ⅰ. 행정행위의 의의와 종류

1. 행정행위의 의의

(1) 행정법에서 행정행위(Verwaltungsakt)는 가장 중심적인 개념의 하나이다. 판례상 '행정행위'라는 용어를 사용하는 경우도 없지 않으나,[1] 행정행위는 실정법상의 채택하는 용어가 아니라 강학상의 개념이다. 그러나 행정행위의 개념은 행정쟁송법(행정소송법과 행정심판법)상 「행정청이 행하는 구체적 사실에 관한 법집행으로서의 공권력의 행사 또는 그 거부와 그밖에 이에 준하는 행정작용」이라는 '처분'(행정소송법 제2조제1항 제1호, 행정심판법 제2조제1항 제1호)에 대체로 상응하는 개념으로 행정처분과 행정행위는 표리관계에 있다고 할 수 있다.

(2) 실정법이 채택하지 않고 있는 행정행위의 개념을 별도로 정립할 필요성은 '법적으로 명확한 이론적 체계를 가진 행정행위의 존부를 단서로 당사자의 법적 지위를 적절히 인식할 수 있으며,' 무엇보다 '행정행위라는 법적 개념을 상정함으로써 규범적으로 추상적인 것으로부터 구체적인 것으로 흐르는 행정활동을 체계적으로 이해할 수 있다'는 점에 있다.

(3) 대법원 판례는, "항고소송의 대상이 되는 행정처분이라 함은 행정청의 공법상의 행위로서 특정사항에 대하여 법규에 의한 권리의 설정 또는 의무의 부담을 명하거나 기타 법률상 효과를 발생하게 하는 등 국민의 구체적인 권리의무에 직접적인 변동을 초래하는 행위를 말하는 것"이라고 판시하고 있다(대판 2000.9.8, 99두1113; 대판 2002.5.17, 2001두10578).

---

1) 대판 2016.6.10, 2015도578; 대판 2016.2.18, 2014두6135; 대판 2015.10.29, 2015두40712 등.

2. 행정행위의 분류

1) 대인처분과 대물처분

(1) 대물처분의 판례일반

(가) **(구)유통산업발전법 제8조**에 따라 상품판매 장소와 용역제공 장소를 포함한 대규모점포의 전체 매장에 대하여 이루어지는 **'개설 등록'**은 그에 따라 대규모점포 개설자와 관련 점포의 영업주에게 대규모점포 내 매장을 운영할 수 있는 지위를 부여하는 것으로서 일정한 범위의 물적 시설의 객관적 사정을 기준으로 한 대물적 처분에 해당한다(대판 전원합의체 2015.11.19, 2015두295).

(나) **건축허가**는 대물적 성질을 갖는 것으로서 허가대상 건축물에 대한 권리변동에 수반하여 자유로이 양도할 수 있고, 그에 따라 건축허가의 효과는 허가대상 건축물에 대한 권리변동에 수반하여 이전된다. 이에 비추어 보면 (구)건축법 시행규칙 제11조의 규정은 단순히 행정관청의 사무집행의 편의를 위한 것에 지나지 아니한 것이 아니라, 허가대상 건축물의 양수인에게 건축주의 명의변경을 신고할 수 있는 공법상의 권리를 인정함과 아울러 행정관청에는 그 신고를 수리할 의무를 지게 한 것으로 봄이 타당하므로, 허가대상 건축물의 양수인이 (구)건축법 시행규칙에 규정되어 있는 형식적 요건을 갖추어 행정관청에 적법하게 건축주의 명의변경을 신고한 때에는 행정관청은 그 신고를 수리하여야지 실체적인 이유를 내세워 그 신고의 수리를 거부할 수는 없다(대판 2015.10.29, 2013두11475).

(다) **폐기물중간처리업 허가의 성질**(=대물적 허가 내지 대물적 성격이 강한 혼합적 허가) 및 영업장 소재지, 시설·장비 등이 그 허가의 대상을 이루는 중요한 요소인지 여부(적극): 대법원은, "**폐기물중간처리업 허가**는 폐기물처리를 위한 시설·장비 및 기술능력 등 객관적 요소를 주된 대상으로 하는 대물적 허가 내지는 대물적 요소가 강한 혼합적 허가로서, 그 영업장의 소재지 및 시설·장비 등은 폐기물중간처리업 허가의 대상을 이루는 중요한 요소라 할 것이다."고 판시하였다(대판 2008.4.11, 2007두17113).

(라) **(구)산림법령상 채석허가를 받은 자가 사망한 경우, 상속인이 그 지위를 승계하는지 여부(적극)**: 대법원은, "(구)산림법(법률 제6477호로 개정되기 전의 것) 제90조의2 제1항, (구)산림법 시행규칙(농림부령 제1405호로 개정되기 전의 것) 제95조의2는 채석허가를 받은 자(이하 '수허가자'라 한다)의 지위를 승계한 자는 단독으로 관할 행정청에의 명의변경신고를 통하여 수허가자의 명의를 변경할 수 있는 것으로 규정하고, 같은 법 제4조는 법에 의하여 행한 처분 등은 토지소유자 및 점유자의 승계인에 대하여도 그 효력을 미치도록 규정하고 있는 점, **채석허가**는 수허가자에 대하여 일반적·상대적 금지를 해제하여 줌으로써 채석행위를 자유롭게 할 수 있는 자유를 회복시켜 주는 것일 뿐 권리를 설정하는 것이 아니라 하더라도, 대물적 허가의 성질을 아

울러 가지고 있는 점 등을 감안하여 보면, 수허가자가 사망한 경우 특별한 사정이 없는 한 수허가자의 상속인이 수허가자로서의 지위를 승계한다고 봄이 상당하다."고 판시하였다(대판 2005.8.19, 2003두9817·9824).

(마) **석유판매업자의 지위를 승계한 자에 대하여 종전의 석유판매업자가 유사석유제품을 판매하는 위법행위를 하였다는 이유로 사업정지 등 제재처분을 취할 수 있는지 여부**(적극): 대법원은, "석유사업법 제9조 제3항 및 그 시행령이 규정하는 석유판매업의 적극적 등록요건과 제9조 제4항, 제5조가 규정하는 소극적 결격사유 및 제9조 제4항, 제7조가 석유판매업자의 영업양도, 사망, 합병의 경우뿐만 아니라 경매 등의 절차에 따라 단순히 석유판매시설만의 인수가 이루어진 경우에도 석유판매업자의 지위승계를 인정하고 있는 점을 종합하여 보면, **석유판매업 등록**은 원칙적으로 대물적 허가의 성격을 갖고, 또 석유판매업자가 같은 법 제26조의 유사석유제품 판매금지를 위반함으로써 같은 법 제13조 제3항 제6호, 제1항 제11호에 따라 받게 되는 사업정지 등의 제재처분은 사업자 개인의 자격에 대한 제재가 아니라 사업의 전부나 일부에 대한 것으로서 대물적 처분의 성격을 갖고 있으므로, 위와 같은 지위승계에는 종전 석유판매업자가 유사석유제품을 판매함으로써 받게 되는 사업정지 등 제재처분의 승계가 포함되어 그 지위를 승계한 자에 대하여 사업정지 등의 제재처분을 취할 수 있다고 보아야 하고, 같은 법 제14조 제1항 소정의 과징금은 해당 사업자에게 경제적 부담을 주어 행정상의 제재 및 감독의 효과를 달성함과 동시에 그 사업자와 거래관계에 있는 일반 국민의 불편을 해소시켜 준다는 취지에서 사업정지처분에 갈음하여 부과되는 것일 뿐이므로, 지위승계의 효과에 있어서 과징금부과처분을 사업정지처분과 달리 볼 이유가 없다."고 판시하였다(대판 2003.10.23, 2003두8005).

(바) **정리**: 대인처분과 대물처분의 중요한 구별실익은, ① **이전성 여부**, ② **물적 기초가 상실된 경우 행정행위의 철회 사유 여부 및 행정행위의 실효 여부**, ③ **권리취득 여부**,[2] ④ **제재의 승계 여부**이다. 여기서 대물처분과 관련하여 실무적으로는 영업양도의 경우에 제재처분의 승계 여부이므로, 아래에서 별도로 살펴본다.

---

2) 대법원 판례는 "종전의 토지가 단독 또는 다른 토지들과 합동으로 환지되었다면 그 환지가 제자리 환지라 하더라도 **환지처분이 대인적 처분이 아닌 대물적 처분의 성격을 가진 점에 비추어** 종전 토지소유자는 환지에 대하여 단독 또는 공동으로 소유권을 취득한다 할 것이고 사업시행자가 **종전 토지소유자가 아닌 타인을 환지받는 권리자로 지정하였다 하더라도 종전 토지소유자가 환지의 소유권을 취득**하고 이를 행사함에 있어서는 아무런 영향이 없다."(대판 1987.2.10, 86다카285)고 판시하여 환지처분은 대물처분으로서 물건의 소유자·점유자 등 관계인에게 귀속하는 것이므로 설령 처분의 상대방이 잘못된 경우에도 대물처분의 효과는 물건의 관계인에 대해 발생함을 밝히고 있다.

(2) 영업양도와 제재사유의 승계여부

사실관계 공중위생영업에 있어 그 영업을 정지할 위법사유가 있는 경우, 그 영업이 양도·양수되었다 하더라도 양수인에 대하여 영업정지처분을 할 수 있는지 여부(적극) (대판 2001.6.29, 2001두1611)

丙은 2000.4.4. 그가 경영하던 X이용원 내에서 콘돔을 보관하던 중 적발되자, 그 다음날인 같은 해 4.5. 원고 甲에게 X이용원을 매각하였고 甲은 상호를 Y이용원으로 바꾼 다음, 같은 해 4.12. 피고 乙(구청장)에게 이용업소 개설 통보를 하였다. 乙은 丙이 윤락행위에 사용될 수 있는 기구를 보관하고 있었다는 처분 이유로 같은 해 5.23. 丙이 아닌 甲에게 영업정지 2개월로 하는 이 사건 처분을 하였다. 이에 甲은 영업정지처분 취소청구소송을 제기하였다.

판 지

(구)공중위생관리법(2000.1.12. 법률 제6155호로 개정되기 전의 것) 제11조 제5항에서, 영업소폐쇄명령을 받은 후 6월이 지나지 아니한 경우에는 동일한 장소에서는 그 폐쇄명령을 받은 영업과 같은 종류의 영업을 할 수 없다고 규정하고 있고, 같은법시행규칙 제19조 [별표 7] 행정처분기준 Ⅱ. 개별기준 3. 이용업에서 업주의 위반사항에 대하여 3차 또는 4차 위반시(다만, 영업정지처분을 받고 그 영업정지기간 중 영업을 한 경우는 1차 위반시)에는 영업장폐쇄명령을 하고, 그보다 위반횟수가 적을 경우에는 영업정지, 개선명령 등을 하게 되며, 일정한 경우 하나의 위반행위에 대하여 영업소에 대한 영업정지 또는 영업장폐쇄명령을, 이용사(업주)에 대한 업무정지 또는 면허취소 처분을 동시에 할 수 있다고 규정하고 있는 점 등을 고려하여 볼 때 영업정지나 영업장폐쇄명령 모두 대물적 처분으로 보아야 할 이치이고, 아울러 (구)공중위생관리법(2000.1.12. 법률 제6155호로 개정되기 전의 것) 제3조 제1항에서 보건복지부장관은 공중위생영업자로 하여금 일정한 시설 및 설비를 갖추고 이를 유지·관리하게 할 수 있으며, 제2항에서 공중위생영업자가 영업소를 개설한 후 시장 등에게 영업소개설사실을 통보하도록 규정하는 외에 공중위생영업에 대한 어떠한 제한규정도 두고 있지 아니한 것은 공중위생영업의 양도가 가능함을 전제로 한 것이라 할 것이므로, 양수인이 그 양수 후 행정청에 새로운 영업소개설통보를 하였다 하더라도, 그로 인하여 영업양도·양수로 영업소에 관한 권리의무가 양수인에게 이전하는 법률효과까지 부정되는 것은 아니라 할 것인바, 만일 **어떠한 공중위생영업에 대하여 그 영업을 정지할 위법사유가 있다면, 관할 행정청은 그 영업이 양도·양수되었다 하더라도 그 업소의 양수인에 대하여 영업정지처분을 할 수 있다고 봄이 상당**하다.

평 가

위 판례에서 쟁점은 **영업(강학상 허가업이든 특허업이든 무관하다) 제재사유의 승계여부**이다. 어떠한 행정행위의 효과를 양도하는 경우 양도인의 행정법규 위반에 대해 양수인에 대한 제재가 가능한지 여부는 학계에서 다투어지고 있는 논점이다. 학설로는 ① 대물적 행정행위(대물처분)의 경우에는 양도 전에 존재하는 '제재사유'를 이유로 양수인에 대한 제재가 가능하다는 입장도 있고, ② 행정법규 위반의 효과는 대인적 사항이므로 명문의 특별한 규정이 없는 한 양수인에게 이전되지 않는다는 입장도 있다(박균성, 237-239쪽). 그러나 판례의 태도는 ①의 입장에 따라 대물처분(대물적 행정행위)의 경우에는 영업 '제재사유'의 승계를 일반적으로 긍정하는 입장이다.

관련판례

(가) **식품위생법상의 영업허가취소처분(영업소의 폐쇄명령의 경우도 같음)의 성질(=대물적 처분) 및 일정한 영업장소에 대하여 행정제재처분이 이루어지면 원칙적으로 위 영업장소를 인수한 새로운 영업자에게도 그 행정제재처분의 효과가 미치는지 여부(적극):** (구)식품위생법상 관련 규정들을 종합하여 살펴보면, 식품위생법은 식품위생법상의 영업허가취소처분(영업소의 폐쇄명령의 경우도 같음)을 대물적 처분으로 보아 일정한 영업장소에 대하여 행정제재처분이 이루어지면 원칙적으로 위 영업장소를 인수한 새로운 영업자에게도 그 행정제재처분의 효과가 미친다는 뜻을 규정하고 있다(청주지법 2001.11.12, 2001구230: 확정).

(나) **개인택시 운송사업의 양도·양수에 대한 인가를 한 후, 그 양도·양수 이전에 있었던 양도인에 대한 운송사업면허 취소사유를 들어 양수인의 사업면허를 취소할 수 있는지 여부(적극):** (구)여객자동차 운수사업법(법률 제8511호로 개정되기 전의 것, 이하 '법'이라고 한다) 제15조 제4항에 의하면 개인택시 운송사업을 양수한 사람은 양도인의 운송사업자로서의 지위를 승계하는 것이므로, 관할관청은 개인택시 운송사업의 양도·양수에 대한 인가를 한 후에도 그 양도·양수 이전에 있었던 양도인에 대한 운송사업면허 취소사유를 들어 양수인의 사업면허를 취소할 수 있는 것이고(대판 1998.6.26, 96누18960 판결 참조), 가사 양도·양수 당시에는 양도인에 대한 운송사업면허 취소사유가 현실적으로 발생하지 않은 경우라도 그 원인되는 사실이 이미 존재하였다면, 관할관청으로서는 그 후 발생한 운송사업면허 취소사유에 기하여 양수인의 사업면허를 취소할 수 있는 것이다(대판 2010.4.8, 2009두17018).[3]

---

3) 이 사건은 개인택시운송사업의 양도·양수가 있었고, 그에 대한 인가가 있은 후 그 양도·양수 이전에 있었던 양도인에 대한 음주운전으로 인한 개인택시 운송사업면허를 취소한 사례이다.; 이 사건과 동일 유사한 사실관계 및 판지를 보여주고 있는 대법원 판례로는 〈대판 1998.6.26, 96누18960〉 판결이 있다(개인택시운송사업의 양도·양수가 있고 그에 대한 인가가 있은 후, 그 양도·양수 이전에 있었던 양도인에 대한 운송사업면허취소사유(음주운전 등으로 인한 자동차운전면허의 취소)를 들어 양수인의 운송사업면허를 취소한 것은 정당하다).

2) 개별처분과 일반처분

(1) 개요

개별처분이란 구체적 사실에 관한 법적 규율로서 행정행위의 상대방이 특정(개별적)되어 있는 행정행위이다(개별적·구체적 규율). 이에 반해 **일반처분**은 구체적 사실에 관한 법적 규율로서 상대방이 불특정 다수인이라는 점에서 일반적인 경우를 말한다(일반적·구체적 규율). 통상은 개별처분이나, 수범자가 불특정 다수인이라는 점에서 일반적이나 그 규율대상이 시간·공간 등의 관점에서 특정되므로 구체적인 성격을 가지며, 이 일반처분 또한 행정행위의 한 유형으로 보는 것이 다수설이고 판례의 입장(대결 2004.5.12, 2003무41)도 동일하다(김남진·김연태(Ⅰ), 195-196쪽).

(2) 일반처분 관련판례

(가) 도로교통법 제10조제1항에 의거하여 지방경찰청장이 횡단보도를 설치하여 보행자의 통행방법 등을 규제하는 것은 행정청이 특정사항에 대하여 의무의 부담을 명하는 행위이고 이는 국민의 권리의무에 직접 관계가 있는 행위로서 행정처분이라고 보아야 할 것이다(대판 2000.10.27, 98두8964). ☜ 위 판례는, 물적 행정행위[4]로서의 일반처분을 인정한 것으로 본다. 다만 위 판례에서 대법원은, "일반적으로 도로는 국가나 지방자치단체가 직접 공중의 통행에 제공하는 것으로서 일반 국민은 이를 자유로이 이용할 수 있으므로 이러한 횡단보도 설치에 관한 근거 법령의 규정취지와 도로의 이용관계에 비추어 볼 때 횡단보도가 설치된 도로 인근에서 영업활동을 하는 자에게 횡단보도의 설치에 관하여 특정한 권리나 법령에 의하여 보호되는 이익이 부여되어 있다고 말할 수 없으므로, 이와 같은 사람은 **횡단보도의 설치행위를 다툴 법률상의 이익이 있다고 할 수 없다**."고 판시하여 횡단보도설치에 인접한 주민(영업자 등) 등에게 이를 다툴 원고적격을 부정하고 있음에 유의할 필요가 있다.

(나) 또한 앞에서 기술(「행정계획」 부분 참조)한 구속적 행정계획으로서 처분성이 인정되는 현행 국토계획법상의 '도시·군관리계획' 중 개발제한구역·도시자연공원구역·시가화조정구역(市街化調整區域)·수산자원보호구역의 지정 또는 변경에 관한 계획, 지구단위계획구역의 지정 또는 변경, 그 밖에 문화재보호법에 의한 문화재보호구역의 지정 및 부동산 거래신고 등에 관한 법률에 따른 토지거래허가구역의 지정 등도 물적 행정행위의 성격을 갖는 일반처분으로 보아야 할 것이다(정하중, 324쪽).

(다) 그리고 대법원은 처분적 고시로서 처분성을 긍정한 **"약제 및 치료재료의 산정기준 등에 관한 보건복지부 고시"**과 관련하여 "고시 중 상한금액부분은 그 자체로서 국민건강보험가입자

4) 물적 행정행위란, 행정행위의 직접적 규율대상이 물건이고 사람에 대해서는 물건과의 관계를 통하여 간접적으로 규율하는 행정행위를 말한다.

또는 국민건강보험공단과 요양기관에 대하여 지불하여야 하거나 상환받을 수 있는 약제비용의 증감이라는 법률상 이익에 직접적인 영향을 미치는 일반처분의 성질을 띠는 것이라고 판단"하여(대결 2004.5.12, 2003무41), 명시적으로 '일반처분'이란 용어를 채택한 바도 있다. 이와 같은 판례의 태도는 처분성이 긍정되는 고시의 경우 이 판례 이외에도 처분적 고시는 수범자가 불특정 다수인이라는 점에서 고시 그 자체로서 일반처분(일반적 행정행위)로서의 성질을 가진다고 하여야 할 것이다(鹽野宏(Ⅱ), 101쪽).

(라) 한편, 법규의 형식을 지닌 '조례'가 처분성을 갖는다고 판시한 **'두밀분교폐지 조례사건', '동암초등학교신설 조례사건' 등**(대판 1996.9.20, 95누7994; 대판 1996.9.20, 95누8003; 의정부지법 2006.1.17, 2005구합2655; 서울고법 2010.3.30, 2009누22852)의 경우에도 위 '처분적 고시'와 마찬가지로 규범의 형식에도 불구하고 처분성을 긍정한 것으로, 규범의 형식 자체에 착안할 때 불특정 다수인을 수범자로 하는 일반적 규율로서 당연히 그 성질은 **일반처분으로서의 성질**을 갖는다고 보아야 한다(박윤흔(하), 952쪽; 宇賀克也(Ⅱ), 151쪽).

3) 허가 · 특허 · 인가

(1) 허가와 특허의 구별 상대화

(가) 전통적인 행정법학의 이론에 의하면 '허가'는 명령적 행위이고 '특허'는 형성적 행위이며, 또한 허가는 원칙상 기속행위이고 특허는 원칙상 재량행위로 본다. 즉, 허가는 상대적 금지를 해제하여 사인의 자유를 회복시켜 주는 행위이므로 허가요건에 해당하면 반드시 허가하여야 할 '기속행위'로 보았다.

(나) 가령 **대법원 판례는 일반건축허가와 관련하여**, "건축허가권자는 건축허가신청이 건축법 등 관계 법규에서 정하는 어떠한 제한에 배치되지 않는 이상 당연히 같은 법조에서 정하는 건축허가를 하여야 하고, 중대한 공익상의 필요가 없는데도 관계 법령에서 정하는 제한사유 이외의 사유를 들어 요건을 갖춘 자에 대한 허가를 거부할 수는 없다."(대판 2009.9.24, 2009두8946)고 판시하여 건축허가를 기속행위로 해석하고 있다.

(다) 그러나 대법원 판례는 허가사항임에도 불구하고 산림훼손허가를 재량행위로 본 판결(대판 2003.3.28, 2002두12113),[5] 고분발굴허가를 재량행위로 본 판결(대판 2000.10.27, 99두264), 개발

---

5) **〈판시사항〉 [1] 산림훼손 금지 또는 제한 지역에 해당하지 않더라도 중대한 공익상 필요가 인정되는 경우, 법규상 명문의 근거가 없어도 산림훼손허가신청을 거부할 수 있는지 여부(적극):** 산림훼손은 국토 및 자연의 유지와 수질 등 환경의 보전에 직접적으로 영향을 미치는 행위이므로, 법령이 규정하는 산림훼손 금지 또는 제한 지역에 해당하는 경우는 물론 금지 또는 제한 지역에 해당하지 않더라도 허가관청은 산림훼손허가신청 대상토지의 현상과 위치 및 주위의 상황 등을 고려하여 국토 및 자연의 유지와 환경의 보전 등 **중대한 공익상 필요가 있다고 인정될 때**에는 허가를 **거부**할 수 있고, **그 경우 법규에 명문의 근거가 없더라도 거부처분을 할 수 있다.**

제한구역 내의 건축물의 용도변경허가를 재량행위 내지 자유재량행위로 본 판결(대판 2001.2.9, 98두17593), 석유판매업(주유소)허가는 원칙적으로 기속행위이나 예외적으로 중대한 공익상의 필요가 있는 경우에는 재량행위라고 한 판결(대판 1999.4.23, 97누14378),[6] 토지의 형질변경행위를 수반하는 건축허가를 재량행위로 본 판결(대판 2013.10.31, 2013두9625) 등에서 허가를 재량행위로 본 경우가 적지 않다.

(라) **정리:** 이상, 판례에서 보듯이 오늘날 허가와 특허의 구별은 상대화하고 있고 양자는 상호 접근하는 경향이 있다. 특히 판례가 허가사항을 재량행위로 판시하는 논거로 **'공익상의 필요' 혹은 '중대한 공익상의 필요'**를 들고 있어 특허와 비교하여 허가제도의 본질 자체가 흔들리는 면을 부인할 수 없다. 하지만 무엇보다 특허는 공익의 필요에 따라 상대방에게 새로운 권리를 창설해 주는 것이라는 점에서 상대방이 본래 가지고 있었던 자유권을 회복시켜 주는 것에 불과한 허가와 구별되어야 한다. 그런 점에서 허가의 근거법률에서 '공익상의 필요 혹은 중대한 공익상의 필요'라는 요소를 허가요건으로 구체화하여 규율하여 가급적 기속행위로 해석되도록 입법적 노력을 통해 헌법상의 기본권이 신장되는 방향으로 나아가야 할 것이다.

(2) 예외적 승인과 허가의 구별 - 국토계획법상 개발행위허가의 법적 성질

판 례

판시사항 국토의 계획 및 이용에 관한 법률에 의하여 지정된 도시지역 안에서 토지의 형질변경행위를 수반하는 건축허가의 법적 성질(=재량행위): 대법원은, "국토계획법에서 정한 도시지역 안에서 토지의 형질변경행위를 수반하는 건축허가는 건축법 제8조 제1항의 규정에 의한 건축허가와 국토계획법 제56조 제1항 제2호의 규정에 의한 토지의 형질변경허가의 성질을 아울러 갖는 것으로 보아야 할 것이고, 국토계획법 제58조 제1항 제4호, 제3항, 국토계획법 시행령 제56조 제1항 [별표 1의2] 제1호 (가)목 (3), (라)목 (1), (마)목 (1)의 각 규정을 종합하면, 국토계획법 제56조 제1항 제2호의 규정에 의한 토지의 형질변경허가는 그 금지요건이 불확정개념으로 규정되어 있어 그 금지요건에 해당하는지 여부를 판단함에 있어서 행정청에게 재량권이 부여되어 있다고 할 것이므로, 국토계획법에 의하여 지정된 도시지역 안에서 토지의 형질변경행위를 수반하는 건축허가는 결국 재량행위에 속한다."고 판시하였다(대판 2010.2.25, 2009두19960).

---

6) **〈판시사항〉 [1] 주유소 설치허가신청을 관계 법령상의 제한 이외의 중대한 공익상의 필요를 이유로 거부할 수 있는지 여부(적극):** 주유소 설치허가권자는 주유소 설치허가신청이 관계 법령에서 정하는 제한에 배치되지 않는 경우에는 특별한 사정이 없는 한 이를 허가하여야 하고, 관계 법규에서 정하는 제한사유 이외의 사유를 들어 허가를 거부할 수는 없는 것이나, 심사결과 관계 법령상의 제한 이외의 **중대한 공익상의 필요가 있는 경우**에는 그 허가를 거부할 수 있다.

평 가

(가) 예방적 금지로서 '허가'는 이른바 억제적 금지를 해제하여 주는 행위인 '예외적 승인'(=예외적 허가)과 구별된다. 즉, 허가는 자연적 자유에 대한 질서유지·위험방지 차원에서의 금지와 같은 상대적 금지(즉, 허가유보부 예방적 금지)를 전제로 함에 반하여, 예외적 승인은 반사회적·반윤리적 성격의 행위에 대한 절대적 금지(면제유보부 억제적 금지)를 전제로 하고 있다. 따라서 예외적 승인은 절대적·억제적 금지를 전제로 하므로 예외적인 경우가 아닌 한 금지의 해제를 허용하지 않기 때문에 행정청에게 금지의 해제여부에 재량권이 인정되는 **재량행위**이다. 그러나 허가는 상대적 금지의 사유가 해소되면 허가를 발급해야 하는 기속행위임이 원칙이다(김남철, 163쪽).

(나) 이상과 같은 예외적 승인과 허가의 구별 속에 국토계획법 제56조(개발행위의 허가)상의 **개발행위허가의 법적 성질**에 대해 '허가'라는 관점에서는 **기속행위**로 보고, 개발행위허가는 고전적인 허가와 달리 국토계획의 목적을 달성하기 위해 법이 금지하는 바를 예외적으로 허용하는 억제적 금지의 측면이 있는 예외적 승인이라는 관점에서는 **재량행위**로 보게 된다.

(다) 위 판례는 일반건축허가(기속행위)가 아닌 토지형질변경행위를 수반하는 건축허가(즉, 국토계획법상의 개발행위허가)를 예외적 승인으로서 재량행위로 본 것으로 추단된다.

관련판례

(가) **(구)도시계획법상 개발제한구역 안에서의 건축허가(현, 국토계획법상 '개발행위허가')의 법적 성질에 대해** 대법원은, "(구)도시계획법 제21조와 같은법시행령 제20조 제1항, 제2항 및 같은 법시행규칙 제7조 제1항 제1호 (가)목 등의 규정을 종합하여 보면, 개발제한구역 안에서는 구역 지정의 목적상 건축물의 건축 등의 개발행위는 원칙적으로 금지되고, 다만 구체적인 경우에 이와 같은 구역 지정의 목적에 위배되지 아니할 경우 예외적으로 허가에 의하여 그러한 행위를 할 수 있게 되어 있음이 그 규정의 체제와 문언상 분명하고, 이러한 예외적인 건축허가는 그 상대방에게 수익적인 것에 틀림이 없으므로 그 법률적 성질은 재량행위 내지 자유재량행위에 속하는 것이다."고 판시하였다(대판 2003.3.28, 2002두11905; 같은 취지의 다른 판례로 〈대판 2004.7.22, 2003두7606〉이 있음). ☜ **예외적 승인으로서 개발제한구역 내에서 건축허가**

(나) **학교보건법상 학교환경위생정화구역 안에서의 금지행위 및 시설을 해제하거나 계속하여 금지(해제거부)하는 조치의 법적 성질(=재량행위)과 관련하여** 대법원은, "학교보건법 제6조 제1항 단서의 규정에 의하여 시·도교육위원회 교육감 또는 교육감이 지정하는 자가 학교환경위생정화구역 안에서의 금지행위 및 시설의 해제신청에 대하여 그 행위 및 시설이 학습과 학교보건에 나쁜 영향을 주지 않는 것인지의 여부를 결정하여 그 금지행위 및 시설을 해제하거나 계속하여 **금지(해제거부)하는 조치**는 시·도교육위원회 교육감 또는 교육감이 지정하는 자의 재량행위에 속하는 것이다."고 판시하였다(대판 2010.3.11, 2009두17643; 같은 취지의 다른 판례로 〈대판 1996.10.29, 96누8253〉이 있음). ☜ **예외적 승인으로서 학교환경위생정화구역 안에서 금지행위의 해제**

(3) 특허와 인가 – 도시정비법상 조합설립인가의 법적 성질

사실관계 도시정비법상 조합설립인가처분은 행정주체(공법인)의 지위를 부여하는 일종의 설권적 처분 (대판 2010.1.28, 2009두4845)

참가인조합은 부산광역시 해운대구청장(이하, '乙'이라 함)이 도시정비법상 주택재개발정비구역으로 지정된 부산 해운대구 X동 일대의 토지 약 41,977㎡에서 주택재개발사업을 하기 위하여 설립된 정비사업조합이다. 참가인조합의 전신으로서 2005.12.7. 乙로부터 설립승인을 받은 우동6구역주택재개발정비사업조합 설립추진위원회(이하, '우동조합설립추진위원회'이라 함)는 참가인조합의 설립을 위한 창립총회를 개최한 다음, 2006.12.21. 乙에게 참가인조합에 대한 설립인가 신청을 하였고, 乙은 2007.1.24. 참가인조합의 설립을 인가(이하, '이 사건 인가처분'이라 함)하였다. 그런데 이 사건 인가처분은 우동조합설립추진위원회가 참가인조합의 설립인가를 신청하면서 도시정비법시행령 제26조 제1항에서 정한 기재사항이 누락되어 동의서로서의 효력이 인정될 수 없는 동의서를 제출함으로써 도시정비법 제16조 제1항에서 정한 조합설립에 필요한 토지등소유자의 동의요건을 갖추지 못하였음에도, 乙이 이를 받아들여 참가인조합의 설립을 인가한 것이다. 이에 위 정비구역 안의 토지 또는 건축물의 소유자들 75명은(이하, '甲'이라 함)은 이 사건 인가처분이 동의요건의 불비를 간과한 것이어서 위법하다고 주장하며 조합설립인가처분무효확인의 소를 제기하였다.

판 지

[1] 재개발조합설립인가신청에 대한 행정청의 조합설립인가처분은 단순히 사인들의 조합설립행위에 대한 **보충행위로서의 성질을 가지는 것이 아니라** 법령상 일정한 요건을 갖추는 경우 **행정주체(공법인)의 지위**를 부여하는 일종의 설권적 처분의 성질을 가진다고 보아야 한다. 그러므로 (구)도시 및 주거환경정비법(2007.12.21. 법률 제8785호로 개정되기 전의 것)상 재개발조합설립인가신청에 대하여 **행정청의 조합설립인가처분이 있은 이후에는**, 조합설립동의에 하자가 있음을 이유로 재개발조합 설립의 효력을 부정하려면 항고소송으로 조합설립인가처분의 효력을 다투어야 한다.

[2] (구)도시 및 주거환경정비법상의 재개발조합 설립에 토지 등 소유자의 서면에 의한 동의를 요구하고 그 동의서를 재개발조합설립인가신청시 행정청에 제출하도록 하는 취지는 서면에 의하여 토지 등 소유자의 동의 여부를 명확하게 함으로써 동의 여부에 관하여 발생할 수 있는 관련자들 사이의 분쟁을 미연에 방지하고 나아가 행정청으로 하여금 재개발조합설립인가신청시에 제출된 동의서에 의하여서만 동의요건의 충족 여부를 심사하도록 함으로써 동의 여부의 확인에 불필요하게 행정력이 소모되는 것을 막기 위한 데 있다. 따라서 …… [3] 재개발조합의 설립추진위원회가 토지 등 소유자로부터 받아 행정청에 제출한 동의서에 (구)도시 및 주거환경정비법 시행령(2008.12.17. 대통령령 제21171호로 개정되기 전의 것) 제26조 제1항 제1호와 제2호에

정한 '**건설되는 건축물의 설계의 개요**'와 '**건축물의 철거 및 신축에 소요되는 비용의 개략적인 금액**'에 관하여 그 내용의 기재가 누락되어 있음에도 이를 유효한 동의로 처리하여 재개발조합의 설립인가를 한 처분은 위법하고 그 하자가 중대하고 명백하여 무효이다.

평 가

(가) 주택재개발·주택재건축 등 재개발관련사항을 현행 '도시정비법'으로 개편되기 이전에 종래 주택정비사업을 규율하던 **(구)주택건설촉진법 하에서 대법원 판례(변경 전 판례)는**, "주택건설촉진법에서 규정한 바에 따른 관할시장 등의 재건축조합설립인가는 불량·노후한 주택의 소유자들이 재건축을 위하여 한 재건축조합설립행위를 보충하여 그 법률상 효력을 완성시키는 보충행위일 뿐이므로 **그 기본되는 조합설립행위에 하자가 있을 때**에는 **그에 대한 인가가 있다 하더라도 기본행위인 조합설립이 유효한 것으로 될 수 없고**, 따라서 그 기본행위는 적법유효하나 보충행위인 인가처분에만 하자가 있는 경우에는 그 인가처분의 취소나 무효확인을 구할 수 있을 것이지만 **기본행위인 조합설립에 하자가 있는 경우에는 민사쟁송으로써 따로 그 기본행위의 취소 또는 무효확인 등을 구하는 것은 별론으로 하고** 기본행위의 불성립 또는 무효를 내세워 바로 그에 대한 감독청의 인가처분의 취소 또는 무효확인을 소구할 법률상 이익이 있다고 할 수 없다(대판 2000.9.5, 99두1854)"고 판시하여 강학상 인가로 보았다.

(나) 그러나 **도시정비법 하에서 대법원 최근 종래의 판례 입장을 변경(변경 후 판례)하여**, "행정청이 도시 및 주거환경정비법 등 관련 법령에 근거하여 행하는 조합설립인가처분은 단순히 **사인들의 조합설립행위에 대한** 보충행위로서의 성질을 갖는 것에 그치는 것이 아니라 법령상 요건을 갖출 경우 도시 및 주거환경정비법상 주택재건축사업을 시행할 수 있는 권한을 갖는 행정주체(공법인)로서의 지위를 부여하는 일종의 설권적 처분의 성격을 갖는다고 보아야 한다(대판 2009.9.24, 2008다60568)"라고 판시하여 강학상 특허로 보고 있다. 이러한 판례의 입장은 대법원 전원합의체 판결(대판 전원합의체 2009.9.17, 2007다2428) 이후 위 판결에서 보듯이 계속되고 있다.

(다) 이 같은 변경 후 판례의 입장에 의할 경우 도시정비법상 "조합설립행위 → 조합설립인가 → 조합총회결의"의 과정과 관련하여 〈조합설립인가〉의 법적 성질 – 설권적 처분(강학상 특허)으로서 행정주체(공법인)의 지위부여 – 에 기초하여 쟁송형태를 이해하여야 한다. 즉, 종래 보충행위로서 인가로 보던 **조합설립인가가 특허로 변경됨으로써 조합설립행위(조합설립결의 등)는 특허로서 조합설립인가의 성립요건**이 되며, 그에 관한 하자는 인가처분이 있는 이상, **조합설립인가처분을 대상으로 항고소송**을 제기하여야 하며(대판 2009.9.24, 2008다60568), 인가처분으로 행정주체의 지위를 갖게 된 이후의 법률관계는 행정주체와의 법률관계이므로 당연히 공법관계로서 조합의 관리처분계획안·사업시행계획안 등에 대한 **조합총회결의의 하자는 행정소송법상 당사자소송**으로 다투어야 한다(대판 전원합의체 2009.9.17, 2007다2428).

4) 효과의사의 유무에 착안한 전통적 분류

(1) 준법률행위적 행정행위로서 「통지」의 처분성

가. 개요

준법률행위적 행정행위로서 '**통지**'에 대해서는 이미 오래전부터 유의하여 보아야 한다고 법률저널·고시계 등에 기고한 바 있다. 그 이유는 '통지'와 관련하여 비교적 최근 판례변경의 대법원 전원합의체 중요판례가 있을 뿐만 아니라 이를 지원해주는 관련법령이 다수 있다는 점이다. 일반적으로 "**거부처분**"으로 되어 시험에 출제된다.

나. 판시사항 (1) - 처분성 긍정한 경우

대학교원의 임용권자가 임용기간이 만료된 조교수에 대하여 재임용을 거부하는 취지로 한 임용기간만료의 통지가 행정소송의 대상이 되는 처분에 해당하는지 여부(적극): 대법원은, "기간제로 임용되어 임용기간이 만료된 국·공립대학의 조교수는 교원으로서의 능력과 자질에 관하여 합리적인 기준에 의한 공정한 심사를 받아 위 기준에 부합되면 특별한 사정이 없는 한 재임용되리라는 기대를 가지고 재임용 여부에 관하여 합리적인 기준에 의한 공정한 심사를 요구할 법규상 또는 조리상 신청권을 가진다고 할 것이니, 임용권자가 임용기간이 만료된 조교수에 대하여 재임용을 거부하는 취지로 한 임용기간만료의 통지는 위와 같은 대학교원의 법률관계에 영향을 주는 것으로서 행정소송의 대상이 되는 처분에 해당한다."고 판시하였다(대판 전원합의체 2004.4.22, 2000두7735). ☜ **〈임용권자의 대학교원임용기간만료 통지 사건〉**

다. 판시사항 (2) - 처분성 부정한 경우

당연퇴직처분이 행정소송의 대상인 행정처분인지 여부: 대법원은, "국가공무원법 제69조에 의하면 공무원이 제33조 각 호의 1에 해당할 때에는 당연히 퇴직한다고 규정하고 있으므로, 국가공무원법상 당연퇴직은 결격사유가 있을 때 법률상 당연히 퇴직하는 것이지 공무원관계를 소멸시키기 위한 별도의 행정처분을 요하는 것이 아니며, 당연퇴직의 인사발령은 법률상 당연히 발생하는 퇴직사유를 공적으로 확인하여 알려주는 이른바 관념의 통지에 불과하고 공무원의 신분을 상실시키는 새로운 형성적 행위가 아니므로 행정소송의 대상이 되는 독립한 행정처분이라고 할 수 없다."고 판시하였다(대판 1995.11.14, 95누2036). ☜ **즉, 이 판례는** 공무원에게 당연퇴직 결격사유가 있을 경우에 발하는 당연퇴직 인사발령 통지는 준법률행위적 행정행위로서 통지가 아니라, 단순한 관념의 통지이므로 행정처분성을 부정한 사례이다. 요컨대, 준법률행위적 행정행위로서 '통지'란 행정청이 특정인 혹은 불특정 다수인에게 특정사실을 알리는 행위를 말하는 것으로, 그 차제로가 독립인 하나의 행정행위(=행정처분)라는 점에서 행정행위의 효력발생요건으로서의 통지 또는 고지와는 구별된다.

라. 통지의 처분성을 긍정한 관련판례

(가) 〈소득금액변동통지의 처분성여부〉와 관련하여 종래 처분성을 부인하던 판례(대판 1993.6.8, 92누12483; 대판 2003.1.24, 2002두10360)의 입장을 변경하여, 최근 대법원은 "소득금액변동통지는 원천징수의무자인 법인의 납세의무에 직접 형향을 미치는 과세관청의 행위로서 항고소송의 대상이 되는 조세행정처분으로 봄이 상당하다."고 판시하여 처분성을 인정한다(대판 전원합의체 2006.4.20, 2002두1879).

(나) 농지처분의무통지처분취소사건에서 원심이 "농지처분의무통지는 단순한 사실의 통지에 불과한 것이므로 항고소송의 대상이 되는 처분이라고 할 수 없다."고 판시하였으나(부산고법 2001.9.14, 2001누519), 대법원은 농지처분의무통지는 법정사유가 인정되는 경우 반드시 농지처분의무통지를 하여야 한다는 점, 통지를 전제로 농지처분명령 및 이행강제금부고 등의 일련의 절차가 진행되는 점 등을 들어 "농지처분의무통지는 단순한 관념의 통지에 불과하다고 볼 수는 없고, 상대방인 농지소유자의 의무에 직접 관계되는 독립한 행정처분으로서 항고소송의 대상이 된다."고 판시하였다(대판 2003.11.14, 2001두8742).

(다) 그 밖에 재개발사업시행자가 분양신청을 하지 아니한 토지의 소유자에 대해 대지 및 건축시설을 분양하지도 아니하고 청산금도 지급하지 아니하기로 하는 분양처분고시(대판 2002.10.11, 2002다33502), 사업인정의 고시(대판 1994.11.11, 93누19375), 대집행계고(대판 1996.2.29, 95누12507),[7] 건축법상 이행강제금 납부의 최초 독촉(대판 2009.12.24, 2009두14507) 등도 처분성을 갖는다.

(2) 심의절차를 경유하지 않은 검정도서 수정명령의 위법판단기준

사실관계 검정도서에 대한 수정명령의 대상·범위와 수정명령의 내용이 이미 검정을 거친 내용을 실질적으로 변경하는 결과를 가져오는 경우 거쳐야 할 절차 (대판 2013.2.15, 2011두21485)

甲등은 주식회사 금성출판사가 발행한 고등학교 한국 근현대사 교과서의 공동저작자들이며, 교육과학기술부장관(이하, '乙'이라 함)으로부터 검정합격을 받아, 매년 교과서를 발행하여 왔다. 그런데 역사교과서 좌편향 논란 가운데 2008.6.경 일부 정치·경제·역사학자들을 중심으로 결성된 '교과서포럼' 및 대한상공회의소·통일부·국방부 등이 乙에게 교과서 수정요구사항을 제출하자 乙은 국사편찬위원회와 역사교과전문가협의회(이하, '이 사건 협의회'라고 한다)를 구성하여 수정요구안의 검토를 하였다. 이 사건 협의회는 수정권고안을 마련하였고, 乙은 이에 따라 금성출판사를 비롯한 교과서발행사들에게 검정교과서들의 일부 내용을 수정하라는 수정권고를 하였다. 그러자 甲등은 금성출판사를 통해 수정권고 사항에 관하여 상당 부분 수용할 수 없다

7) 참고로, 계고처분이 1계고, 2계고, 3계고 등으로 반복된 경우에는 **적극적 반복처분**으로서 제1계고만 처분성을 갖고 그 나머지는 대집행기한의 연기통지에 불과하여 행정처분으로 보지 않는다(대판 1994.10.28, 94누5144).

는 의견을 제시하였고, 乙은 금성출판사에 수정지시대상을 수정하도록 명하는 이 사건 처분을 하였다. 금성출판사가 이 사건 처분(수정명령)에 따라 乙에게 교과서의 수정, 보완내역을 제출하여 승인을 받고, 교과서 내용은 수정되었다. 이에 대해 甲등은 乙이 수정명령을 내리는 과정에서 '교과용 도서심의회의 심의 절차'를 경유해야 함에도 경유하지 않은 것은 위법하다고 주장하며 이 사건 수정명령 처분의 취소를 구하는 소를 제기하였다.

판 지

[3] 구 교과용도서에 관한 규정(2009.8.18. 대통령령 제21687호로 개정되기 전의 것, 이하 같다) 제26조 제1항은 '교육과학기술부장관은 교육과정의 부분개정이나 그 밖의 사유로 인하여 개편의 범위에 이르지 아니할 정도로 검정도서의 문구·문장·통계·삽화 등을 교정·증감·변경하는 등 그 내용을 수정할 필요가 있다고 인정할 때 검정도서의 수정을 명할 수 있다'는 의미이고, 이러한 수정명령의 대상이나 범위에는 문구·문장 등의 기재내용 자체 또는 전후 문맥에 비추어 명백한 표현상의 잘못이나 제본 등 기술적 사항뿐만 아니라 객관적 오류 등을 바로잡는 것도 포함된다.

[4] 구 교과용도서에 관한 규정 제26조 제1항에 따른 검정도서에 대한 수정명령의 절차와 관련하여 구 교과용도서에 관한 규정에 수정명령을 할 때 교과용도서의 검정절차를 거쳐야 한다거나 이를 준용하는 명시적인 규정이 없으므로 교과용도서심의회의 심의 자체를 다시 거쳐야 한다고 보기는 어렵지만, 헌법 등에 근거를 둔 교육의 자주성·전문성·정치적 중립성 및 교과용도서에 관한 검정제도의 취지에 비추어 보면, 수정명령의 내용이 표현상의 잘못이나 기술적 사항 또는 객관적 오류를 바로잡는 정도를 넘어서서 이미 검정을 거친 내용을 실질적으로 변경하는 결과를 가져오는 경우에는 새로운 검정절차를 취하는 것과 마찬가지라 할 수 있으므로 검정절차상의 교과용도서심의회의 심의에 준하는 절차를 거쳐야 한다. 그렇지 않으면 행정청이 수정명령을 통하여 검정제도의 취지를 훼손하거나 잠탈할 수 있고, 교과용도서심의회의 심의 등 적법한 검정절차를 거쳐 검정의 합격결정을 받은 자의 법률상 이익이 쉽게 침해될 수 있기 때문이다.

평 가

(가) 교육과학기술부장관의 도서검정행위의 법적 성질은 준법률행위적 행정행위로서 "확인행위"라고 보는 입장이 종래의 통설이다. 확인행위는 판단의 표시로서 기존의 법률사실 또는 법률관계의 존부 또는 정부를 공적인 권위로 확정하고 선언하는 행위를 말하며 이와 같은 확인행위는 행정청이 쉽게 변경할 수 없는 불가변력 내지 실질적 존속력이 발생하는 것이 일반적이다.[8)]

---

8) 신각철, "교과서 검정에 관한 법적고찰", 「법제」 1989년 9월호 참조(김용섭, "2013년 행정법 중요 판례", 인권과정의(2014년 3월), 106쪽 각주10) 재인용).

(나) 최근 역사교과서 좌편향 논란과 관련된 위 사건에 대해 **대법원은** 구체적인 판결 이유의 설시에서, "원심은 구 교과용도서에 관한 규정 제26조 제1항이 '교육과학기술부장관은 교과용도서의 내용을 검토하여 수정할 필요가 있다고 인정될 때에는 저작자 또는 발행자에게 수정을 명할 수 있다.'고 규정하고 있을 뿐, 수정명령을 함에 있어 교과용도서의 검정절차를 거쳐야 한다거나 이를 준용하도록 규정하고 있지 아니하고, 해석상 검정도서의 수정절차에 교과용도서의 검정절차를 적용하거나 준용하여야 할 필요성이나 합목적성이 있다고 보기 어렵다는 이유 등을 들어 이 사건 처분에 절차상 하자가 없다고 판단하였다."고 지적한 다음, "먼저 이 사건 처분을 통한 수정명령의 대상이나 범위에 명백한 표현상의 잘못이나 기술적 사항 또는 객관적 오류 등을 바로잡는 것을 넘어서서 이미 검정을 거친 내용을 실질적으로 변경하는 결과를 가져오는 것이 포함되어 있는지를 따져 보고, 그러한 것이 있으면 피고가 교과용도서심의회의 심의에 준하는 절차를 거쳤는지 여부를 심리한 다음 그 결과에 따라 이 사건 처분에 **절차상 하자가 있는지 여부를 판단하였어야 한다**."고 지적하면서 "원심 판단은 수정명령의 요건과 절차에 관한 법리를 오해해 필요한 심리를 다하지 않은 위법이 있다."고 하여 원고패소 판결한 원심을 깨고 이 사건을 서울고법으로 환송하였다.

(다) 위 대상판결은 교과용 도서심의회의 심의 절차를 경유하지 않은 역사교과서 수정명령의 위법성여부와 관련하여 「'(구)교과용도서에 관한 규정'에서 수정명령에 관한 별도의 심의 절차 규정이 없다고 해도, 수정명령의 내용을 실질적 관점에서 판단하여 검정절차와 동일할 정도일 경우에는 검정절차, 즉 교과용 도서심의회의 실의 절차를 경유하여야 한다.」고 하여 **절차적 적법성을 강조한 판례**로서 의미가 있다.

Ⅱ. 재량행위

1. 기속행위와 재량행위의 구별

(1) **행정행위가 기속행위인지 또는 재량행위인지 판단기준에 관해 대법원은**, 최근 "어느 행정행위가 기속행위인지 재량행위인지는 이를 일률적으로 규정지을 수는 없는 것이고, 당해 처분의 근거가 된 규정의 형식이나 체재 또는 문언에 따라 개별적으로 판단해야 한다."고 판시하였다(대판 2013.12.12, 2011두3388). 이는 이전의 대법원이 취한 "기속행위 내지 기속재량행위와 재량행위 내지 자유재량행위로 구분된다고 할 때, 그 구분은 당해 행위의 근거가 된 법규의 체재·형식과 그 문언, 당해 행위가 속하는 행정 분야의 주된 목적과 특성, 당해 행위 자체의 개별적 성질과 유형 등을 모두 고려하여 판단하여야 한다."고 판시한 판결과 기본적으로 동일한 것이다(대판 2001.2.9, 98두17593).

(2) 이 같은 **대법원의 행정행위 재량성 유무에 관한 판단기준은 요건재량설과 효과재량설을 종합하는 것**으로, 어느 행정행위가 재량인지 여부는 당해 행정행위의 근거법규의 해석문제로서 재량은 요건과 효과 양면에서 인정될 수 있다는 것이다. 다만, 대법원 판례를 분석하면 효과재량설에 입장에서 재량 유무를 판단한 경우가 적지 않음에 유의할 필요는 있다(대판 2007.7.12, 2007두6663; 대판 1990.7.13, 90누2918 등).

2. 재량행위와 사법심사방법

행정행위를 기속행위와 재량행위로 구분할 경우 양자의 사법심사방법은 전혀 다른 것으로, (1) **기속행위에 대한 사법심사방법은**, 법규에 대한 원칙적인 기속성으로 인하여 법원이 사실인정과 관련 법규의 해석·적용을 통하여 일정한 결론을 도출한 후 그 결론에 비추어 행정청이 한 판단의 적법 여부를 독자의 입장에서 판정하는 방식으로 사법심사를 한다. (2) **재량행위에 대한 사법심사방법은**, 행정청의 재량에 기한 공익판단의 여지를 감안하여 법원은 독자의 결론을 도출함이 없이 당해 행위에 재량권의 일탈·남용이 있는지 여부만을 심사하게 되고, 이러한 재량권의 일탈·남용 여부에 대한 심사는 사실오인, 비례·평등의 원칙 위배 등을 그 판단 대상으로 한다(대판 2016.1.28, 2015두52432; 대판 2014.4.10, 2012두16787; 대판 2007.6.14, 2005두1466; 대판 2005.7.14, 2004두6181 등).

3. 재량준칙의 대외적 법적 구속력

(1) 최근 판례의 경향은 일반적으로 '재량준칙'이 객관적으로 합리적이 아니라거나 타당하지 않다고 볼 만한 다른 특별한 사정이 없는 이상 행정청의 의사는 가능한 한 존중되어야 하는 것으로 판시하고 있다(대판 2011.1.27, 2010두23033).

(2) 그리고 그 동안 **재량준칙과 다른 처분을 할 수 있는 사유가 되는 "특별한 사정"**이 무엇을 의미하는지에 관한 판례는 없었으나, 최근 대법원은 "보다 우월한 공익상의 필요"가 특별한 사정이 될 수 있다는 판결을 선고한 바 있다. 즉 대법원은 **〈대판 2009.12.24, 2009두7967〉 판결에서**, 「신규 건조저장시설(DSC: Drying Storage Center)사업자의 선정요건 등을 정하는 재량준칙인 "2008년도 농림사업시행지침서"의 내용과 달리 **보다 우월한 공익상의 요청**에 따라 이 사건 지침상의 요건 외에 '시·군별 DSC 개소당 논 면적 1,000ha 이상' 요건을 추가하여 기존의 재량준칙과 달리 신규건조저장시설사업자인정신청반려처분을 한 것이 적법하다.」고 판시하였다.

4. 불확정 개념의 요건규정과 판단여지(재량)

1) 개요 – 판단여지설과 재량

법률의 요건규정에 불확정 개념을 사용하고 있어 그 요건의 구비여부의 판단에 특별히 고도의 전문적이고 기술적인 판단이 요구되어서 법관이 판단하기 어려운 한계적인 경우도 있을 수 있다. 이러한 한계적인 영역을 판단여지라고 인정하고, 이 경우에 법관이 실제상 행정청의 의사를 존중하여 예외적으로 사법심사가 제한된다는 논리를 독일에서 '판단여지이론'이라 한다(김동희(Ⅰ), 263-264쪽). 그러나 우리 대법원의 판례는 판단여지와 재량권을 구별하지 않고 판단여지가 인정될 수 있는 경우에도 재량행위이론에 입각하여 판시하고 있다. 즉, 독일 판례에 있어 전형적으로 판단여지이론을 적용한 「교과서 검정결정의 위법에 관한 판단기준」이 문제된 사건에서 대법원은, "교과서검정이 고도의 학술상, 교육상의 전문적인 판단을 요한다는 특성에 비추어 보면, 교과용 도서를 검정함에 있어서 법령과 심사기준에 따라서 심사위원회의 심사를 거치고, 또 검정상 판단이 사실적 기초가 없다거나 사회통념상 현저히 부당하다는 등 현저히 재량권의 범위를 일탈한 것이 아닌 이상 그 검정을 위법하다고 할 수 없다(대판 1992.4.24, 91누6634)"고 판시하여 재량의 문제로 인식하고, 재량의 일탈·남용의 법리에 따라 위법여부를 판단하고 있다. 즉, 대법원은 판단여지라는 개념을 인정하지 않고, 이를 재량 개념에 의해 통일적·일원적으로 해결하고 있다. 이러한 이해를 전제로 일부 학설에서 인정하는 판단여지영역에 대해 재량행위로서 인정한 경우와 부정한 경우를 아래에서 간단히 본다.

2) 불확정 개념의 요건규정에 재량을 부정한 경우

(1) 대법원은, "청소년 관람불가의 등급분류기준으로서 영상표현의 선정성에는 신체 노출, 성적 접촉, 성행위 등이 지나치게 구체적이고 직접적이며 노골적이어서 청소년에게 성적 욕구를 자극하는 경우뿐만 아니라, 청소년에게 성적 불쾌감·혐오감 등을 유발하는 경우도 포함된다고 봄이 상당하다. 그리고 영상표현의 선정성 측면에서 청소년 관람불가의 등급분류기준을 충족하는지 여부는 해당 영화를 전체적으로 관찰하여 신체 노출 및 성적 행위의 표현 정도뿐만 아니라 그 영상의 구성 및 음향의 전달방식, 영화주제와의 관련성, 영화 전체에서 성적 표현이 차지하는 비중 및 그 영화의 예술적·교육적 가치 등을 종합적으로 고려하되, 제작자의 주관적인 의도가 아니라 사회의 일반적인 통념에 따라 객관적이고 규범적으로 평가하여야 한다."고 판시하여 재량행위로 보지 않고 있다(대판 2013.11.14, 2011두11266). (2) 음주측정거부를 이유로 운전면허취소가 문제된 사건에서, '술에 취한 상태에 있다고 인정할 만한 상당한 이유가 있는지 여부 판단'에 대해 재량의 여지를 부정하고 있다(대판 2004.11.12, 2003두12042). (3) (구)독점규제

및 공정거래에 관한 법률 제23조 제1항 제7호에 정한 '현저히 유리한 조건의 거래에 해당하는지 여부 판단'에 대해 재량의 여지를 부정하고 있다(대판 2008.6.26, 2006두8792). (4) (구)출판사 및 인쇄소의 등록에 관한 법률 제5조의2 제5호 소정의 '음란 또는 저속한 간행물이나 아동에게 유해한 만화 등을 출판하여 공중도덕이나 사회윤리를 침해하였다고 인정되는지 여부 판단'에 대해 재량의 여지를 부정하고 있다(대판 1997.12.26, 97누11287).

3) 불확정 개념의 요건규정에 재량을 인정한 경우

(1) 논술형시험인 사법시험 제2차시험이 문제된 사건에서 대법원은, 사법시험 제2차시험 합격 여부 판단, 즉 응시자의 총체적인 학업성취도와 사고능력을 측정하는 고도의 전문적 식견과 학식 등에 근거한 평가는 **재량**이라고 판시하였다(대판 2007.1.11, 2004두10432). (2) 국토계획법에 의하여 지정된 도시지역 안에서 토지의 형질변경행위를 수반하는 건축허가가 문제된 사건에서 대법원은, 토지의 형질변경행위로 인한 주변환경 또는 경관이 크게 손상될 우려 여부, 즉 형질변경에 수반하는 건축물 높이·형태 및 색채가 주변건축물과 조화를 이루는지, 주변의 교통소통에 지장을 초래하지 아니하는지 등 판단은 **재량행위**로 보았다(대판 2005.7.14, 2004두6181). (3) 유적발굴허가신청이 불허가되어 문제된 사건에서 대법원은, 건설공사 시행중 그 토지 및 해저에 매장문화재가 포장된 것으로 인정된 경우로서 그 공사를 계속하기 위하여 부득이 발굴할 필요가 있는지 여부 판단, 즉 매장문화재의 원형보존에 관한 전문적·기술적 판단이란 점 등을 이유로 **재량행위**로 보았다(대판 2000.10.27, 99두264). (4) 대법원은, 그 밖에 판단여지이론을 인정하는 입장에서 판단여지영역으로 보는 시험유사결정, 각종 독립위원회의 결정 등도 **재량행위**로 보고 있다(대판 2006.12.12, 2006두12883; 대판 2008.12.24, 2008두8970; 대판 2013.12.26, 2012두19571 등).

Ⅲ. 행정행위의 효력

1. 행정행위의 효력발생요건

(1) **행정처분의 효력발생요건으로서의 도달의 의미:** 대법원은, "행정처분의 효력발생요건으로서의 도달이란 상대방이 그 내용을 현실적으로 양지할 필요까지는 없고 상대방이 양지할 수 있는 상태에 놓여 짐으로써 충분하다."고 하였다(대판 1989.1.31, 88누940).

(2) 대법원은 행정처분의 효력발생요건으로서 도달과 관련하여 위 판례와 같은 취지에서, "문화재보호법 제13조 제2항 소정의 중요문화재 가지정의 효력발생요건인 통지는 행정처분을 상대방에게 표시하는 것으로서 상대방이 인식할 수 있는 상태에 둠으로써 족하고, 객관적으로

보아서 행정처분으로 인식할 수 있도록 고지하면 되는 것이다."라고 판시한 다음, "문화재청장이 지방자치단체의 행정응원을 받아 중요문화재 가지정처분을 적법하게 통지한 것으로 본다."고 하였다(대판 2003.7.22, 2003두513).

2. 처분적 고시의 효력발생기준 시점

1) 고시 자체에 효력발생일이 정해진 경우

대법원은, "(구)청소년보호법에 따른 청소년유해매체물 결정 및 고시처분은 당해 유해매체물의 소유자 등 특정인만을 대상으로 한 행정처분이 아니라 일반 불특정 다수인을 상대방으로 하여 일률적으로 표시의무, 포장의무, 청소년에 대한 판매·대여 등의 금지의무 등 각종 의무를 발생시키는 행정처분으로서, 정보통신윤리위원회가 특정 인터넷 웹사이트를 청소년유해매체물로 결정하고 청소년보호위원회가 효력발생시기를 명시하여 고시함으로써 그 명시된 시점에 효력이 발생하였다고 봄이 상당하고, 정보통신윤리위원회와 청소년보호위원회가 위 처분이 있었음을 위 웹사이트 운영자에게 제대로 통지하지 아니하였다고 하여 그 효력 자체가 발생하지 아니한 것으로 볼 수는 없다."고 판시하였다(대판 2007.6.14, 2004두619). ☜ 즉, **고시 자체에 효력발생일이 정해진 경우(실무적으로 일반적인 경우임)에는 고시에서 정한 효력발생일에 처분적 고시의 효력이 발생**한다.[9)]

2) 고시 자체에 효력발행일이 정해지지 않은 경우

대법원은, "고시에 의한 행정처분에 이해관계를 갖는 자는 고시가 있었다는 사실을 현실적으로 알았는지 여부에 관계없이 고시가 효력을 발생한 날에 행정처분이 있음을 알았다고 보아야 하고(대법원 2006.4.14. 선고 2004두3847 판결 등 참조), 고시·공고 등 행정기관이 일정한 사항을 일반에 알리기 위한 공고문서의 경우에는 그 문서에 특별한 규정이 있는 경우를 제외하고는 그 고시 또는 공고가 있은 후 5일이 경과한 날부터 효력을 발생한다(사무관리규정 제7조 제3호, 제8조 제2항 단서)."고 판시하였다(대판 2013.3.14, 2010두2623). ☜ 즉, 고시 자체에 효력발생일이 정해지지 않은 경우에는 (구)사무관리규정에 따라 고시의 경우 공고일로부터 5일이 경과한 날부터 효력이 발생한다.[10)]

---

9) 처분적 고시의 효력발생일(넓은 의미에서 행정행위의 효력발생시점을 포함하여)을 은 취소소송의 제소기산일, 위법판단기준시와 직접 연결되는 문제이다.

10) 참고로, 종래 (구)사무관리규정이 폐지되고, 현재는 「행정 효율과 협업 촉진에 관한 규정」으로 통합된 바, 동 규정에서는 종래 사무관리규정과 같은 내용의 조항의 두고 있어 법리는 같다(행정 효율과 협업 촉진에

3. 행정행위의 효력으로서 공정력

대법원 판례에서 공정력[11)]을 인정한 대표적인 사례로는, ① "조합설립인가처분이 무효인 경우와 달리, 조합설립인가처분에 취소사유가 있는 경우에 당해 조합설립인가처분은 행정처분의 공정력으로 인하여 취소되기 전까지 유효한 것으로 취급되고, 행정청이 조합설립인가처분을 취소하거나 그 처분을 취소하는 판결이 확정되어야 비로소 그 효력을 상실한다."고 한 판결(대판 전원합의체 2014.5.22, 2012도7190), ② "과세처분이 당연무효라고 볼 수 없는 한 과세처분에 취소할 수 있는 위법사유가 있다 하더라도 그 과세처분은 행정행위의 공정력 또는 집행력에 의하여 그것이 적법하게 취소되기 전까지는 유효하다 할 것이므로, 민사소송절차에서 그 과세처분의 효력을 부인할 수 없다."고 한 판결이 있다(대판 1999.8.20, 99다20179).

4. 형사소송과 공정력 – 선결문제

1) 논의의 쟁점

형사사건에서 **행정행위의 위반이 범죄구성요건으로 되어 있는 경우와 행정행위의 효력이 없어야 비로소 범죄구성요건에 해당하는 경우**에 있어서, 형사법원이 행정행위의 위법성 여부판단 또는 효력부인을 할 수 있는지의 문제이다. 형사소송에서 선결문제는 결국 가벌성을 어디에서 도출되는지에 따라 선결문제에 대한 해결이 달라진다.

2) 위법성확인이 선결문제인 경우

(1) 행정행위의 위법성확인이 선결문제인 경우에 **판례는** 일관되게 행정행위 위반이 법죄구성요건을 이루는 경우 그 행정행위의 위법여부를 심리할 수 있다는 것을 전제로 하여 그 행정행위가 **위법**하면 위법한 명령에 따르지 않은 피고인은 **무죄**로 선고하고, 반면 그 행정행위가 **적법**하면 **유죄**를 선고하였다(대판 2009.6.25, 2006도824; 대판 1992.8.18, 90도1709).

(2) 구체적인 관련판례로, [개발제한구역 안에 건축되어 있던 비닐하우스를 매수한 자에게 구청장이 이를 철거하여 토지를 원상회복하라고 시정지시한 조치를 따르지 아니하였고 하여 도시계획법 위반죄((구)도시계획법 제92조 제4호에 정한 조치명령 등 위반죄)로 기소한 사건에서],

---

관한 규정 제6조 제3항–제2항에도 불구하고 공고문서는 그 문서에서 효력발생 시기를 구체적으로 밝히고 있지 않으면 그 고시 또는 공고 등이 있은 날부터 5일이 경과한 때에 효력이 발생한다.).

11) 최근 학계에서 공정력과 구성요건적 효력의 구별을 주장하는 견해가 유력하다.

"(구)도시계획법 제78조에 정한 처분이나 조치명령을 받은 자가 이에 위반한 경우 이로 인하여 같은 법 제92조에 정한 처벌을 하기 위하여는 **그 처분이나 조치명령이 적법한 것이라야 하고**, 그 처분이 당연무효가 아니라 하더라도 그것이 **위법한 처분으로 인정되는 한 같은 법 제92조 위반죄가 성립될 수 없다.**"고 판시하였다(대판 2004.5.14, 2001도2841).

3) 행정행위의 효력부인이 선결문제인 경우

(1) 행정행위의 효력부인이 선결문제인 경우란 **무면허, 무허가, 무등록 등 행정행위의 효력이 부인되어야 범죄구성요건을 충족하는 경우**로, 이때 대법원의 판례는 당연무효가 아닌 한 형사법원이 심리불가하다고 한다(대판 2011.11.10, 2011도11109 등).

(2) 구체적인 관련판례로, [도로교통법에 위반하여 교부된 운전면허를 취득한 자가 무면허운전죄에 해당되는지 여부와 관련된 사건에서], "연령미달의 결격자인 피고인의 소외인의 이름으로 운전면허시험에 응시·합격하여 교부받은 운전면허는 당연무효가 아니고 도로교통법 제65조 제3호의 사유(=면허의 취소·정지사유)에 해당함에 불과하여 **취소되지 않는 한 유효하므로 피고인의 운전행위는 무면허운전죄에 해당하지 아니한다.**"고 판시하여 형사법원에 의한 행정행위의 효력의 부인을 부정하였다(대판 1982.6.8, 80도2646).

5. 하자의 승계

1) 반민족행위자결정발표와 독립유공자법적용배제결정 사이의 하자승계여부

사실관계 선행처분과 후행처분이 서로 독립하여 별개의 효과를 목적으로 하는 경우에도 선행처분의 하자를 이유로 후행처분의 효력을 다툴 수 있는 경우 (대판 2013.3.14, 2012두6964)

원고는 망 소외인(이하, '망인'이라 함)의 자녀로 2007.1.경 독립유공자유족등록결정에 따른 보상금 등 수혜를 받고 있었다. 친일반민족행위진상규명위원회는 2009.11.27. 일제강점하 반민족행위 진상규명에 관한 특별법(이하, '특별법'이라 함)에 따라 친일반민족행위자를 선정·발표하였는데(이하, '이 사건 선행처분'이라 함), 그 중에 망인도 포함되었으나 직계비속인 乙에게 통지하지 아니하였다. 피고 의정부보훈지청장은 2009.12.8. 친일반민족행위자로 결정된 망인 및 원고를 포함한 망인의 유가족을 독립유공자법적용배제자로 결정(이하, '이 사건 후행처분'이라 함)하여 원고에게 통지하였다. 원고는 이에 불복하여 행정심판을 청구하였으나 2010.5.11. 기각재결을 받았다. 원고가 피고에 대해 선행처분의 위법성을 이유로 2009.12.8. 독립유공자법적용배제결정처분을 취소하는 소를 제기하였다.

판 지

[1] 두 개 이상의 행정처분을 연속적으로 하는 경우 선행처분과 후행처분이 서로 독립하여 별개의 법률효과를 목적으로 하는 때에는 선행처분에 불가쟁력이 생겨 그 효력을 다툴 수 없게 된 경우에는 선행처분의 하자가 중대하고 명백하여 당연무효인 경우를 제외하고는 선행처분의 하자를 이유로 후행처분의 효력을 다툴 수 없는 것이 원칙이다. 그러나 선행처분과 후행처분이 서로 독립하여 별개의 효과를 목적으로 하는 경우에도 선행처분의 불가쟁력이나 구속력이 그로 인하여 불이익을 입게 되는 자에게 수인한도를 넘는 가혹함을 가져오며, 그 결과가 당사자에게 예측가능한 것이 아닌 경우에는 국민의 재판받을 권리를 보장하고 있는 헌법의 이념에 비추어 선행처분의 후행처분에 대한 구속력은 인정될 수 없다.

[2] 甲을 친일반민족행위자로 결정한 친일반민족행위진상규명위원회(이하 '진상규명위원회'라 한다)의 최종발표(선행처분)에 따라 지방보훈지청장이 독립유공자 예우에 관한 법률(이하 '독립유공자법'이라 한다) 적용 대상자로 보상금 등의 예우를 받던 甲의 유가족 乙 등에 대하여 독립유공자법 적용배제자 결정(후행처분)을 한 사안에서, 진상규명위원회가 甲의 친일반민족행위자 결정 사실을 통지하지 않아 乙은 후행처분이 있기 전까지 선행처분의 사실을 알지 못하였고, 후행처분인 지방보훈지청장의 독립유공자법 적용배제결정이 자신의 법률상 지위에 직접적인 영향을 미치는 행정처분이라고 생각했을 뿐, 통지를 받지도 않은 진상규명위원회의 친일반민족행위자 결정처분이 자신의 법률상 지위에 영향을 주는 독립된 행정처분이라고 생각하기는 쉽지 않았을 것으로 보여, 乙이 선행처분에 대하여 일제강점하 반민족행위 진상규명에 관한 특별법에 의한 이의신청절차를 밟거나 후행처분에 대한 것과 별개로 행정심판이나 행정소송을 제기하지 않았다고 하여 선행처분의 하자를 이유로 후행처분의 효력을 다툴 수 없게 하는 것은 乙에게 수인한도를 넘는 불이익을 주고 그 결과가 乙에게 예측가능한 것이라고 할 수 없어 선행처분의 후행처분에 대한 구속력을 인정할 수 없으므로 선행처분의 위법을 이유로 후행처분의 효력을 다툴 수 있음에도, 이와 달리 본 원심판결에 법리를 오해한 위법이 있다.

평 가

(가) 행정이 여러 단계의 행정행위를 거쳐 행해지는 경우 후행처분에는 아무런 하자가 없으나, 선행처분에 취소할 수 있는 하자가 있다는 이유로 후행처분의 취소를 구할 수 있는지의 문제가 하자의 승계 여부이다. 하자승계의 인정범위와 관련하여 ① 행처분과 후행처분이 결합하여 동일한 하나의 법효과를 목적으로 하는 경우에 하자가 승계된다는 견해, ② 각각 별개의 법효과를 발생시킨다고 하더라도 동일한 행정목적을 달성하기 위한 목적과 수단관계에 있는 경우 하자가 승계된다는 견해, ③ 선행처분에 발생한 불가쟁력을 후행처분에 대한 구속력의 문제로 이해하는 견해가 있다. ③의 견해는, 선행처분에 불가쟁력이 발생하면 후행처분은 특별한 사정

이 없는 한 이를 토대로 하여야 할 구속력을 받는다고 보고 다만 여기에는 객관적·주관적·시간적 한계가 있으며, 여기에 더하여 예측가능성과 수인가능성이 구속력의 한계로 인정된다고 한다. 하자승계의 범위에 관해 판례는 원칙적으로 ①의 입장이나, 예외적으로 ②의 경우라도 하자승계를 부정하는 것이 당사자에게 수인한도를 넘는 가혹함을 가져오고 또 그 결과가 당사자에게 예측가능성이 없었던 경우(수인한도론-규준력설, 김남진·김연태, 313-317쪽)에도 하자가 승계된다는 ③의 입장을 취하는 예외적 판례도 있다.

(나) 위 반민족행위자결정발표와 독립유공자법적용배제결정 사이의 하자승계여부가 문제된 사건에서 이 사건 판지에서 보듯이 수인한도론(규준력설)에 입각한 예외적 입장을 보여주는 판례로서, 하자승계의 문제에 있어서 위 판례의 사실관계에 비추어 행정법관계의 안정성이나 행정의 실효성 보장이라는 요청보다 국민의 권리구제요청을 강조한 것으로 기본적으로 타당한 판례라고 생각한다.

2) 하자의 승계여부에 관한 약간의 판례들

(1) **판례의 원칙적 태도인 하나의 법효과를 목적으로 한다고 하여 하자의 승계를 긍정한 판례**로는, 부당공동행위 자진신고 감면불인정 통지처분과 시정명령 및 과징금납부명령 사이(대판 2013.6.13, 2012두26449), 표준지공시지가결정과 수용재결 사이(대판 2008.8.21, 2007두13845) 등, (2) **예외적인 판례 태도인 수인한도론에 따라 하자의 승계를 긍정한 판례**로는, 위에서 본 판례 외에도 개별공시지가결정과 과세처분 사이(대판 1994.1.15, 93누8542),[12] 수용보상금액의 증액을 청구하는 소송에서 선행처분으로서 그 수용대상 토지 가격 산정의 기초가 된 비교표준지공시지가결정의 위법을 독립한 위법사유로 주장할 수 있다고 판시한 바 있다(대판 2008.8.21, 2007두13845). (3) 그 밖에 **서로 독립하여 별개의 법효과를 목적으로 한다고 하여 하자의 승계를 부정한 판례**로는, 보충역편입처분과 공익근무요원소집처분 사이(대판 2002.12.10, 2001두5422), 부관부 공장설립승인처분과 개발행위준공 불허가처분 사이(대판 2009.7.23, 2008두15626), 선행 변상판정과 후행 변상명령 사이(대판 1963.7.25, 63누65), 선행 액화석유가스판매사업허가처분과 후행 사업개시신고반려처분 사이(대판 1991.4.23, 90누8756) 등이 있다.

---

12) 다만, 개별토지가격 결정에 대한 재조사 청구에 따른 감액조정에 대하여 더 이상 불복하지 아니한 경우, 이를 기초로 한 양도소득세 부과처분 취소소송에서 다시 개별토지가격 결정의 위법을 당해 과세처분의 위법사유로 주장할 수 없다(대판 1998.3.13, 96누6059). 즉, 개별토지가격결정에 대한 재조사 청구에 따른 감액조정과 양도소득세 부과처분 사이에는 하자의 승계를 부정한다.; 그리고 개별공시지가결정과 개발부담금부과처분 사이에도 특별한 이유의 설시 없이 하자의 승계를 긍정함에 유의할 필요가 있다(대판 1996.6.25, 93누17935).

Ⅳ. 행정행위의 하자

1. 취소의 하자와 무효의 하자

1) 일반기준 – 중대명백성

(1) 판례는 행정처분에 내재된 하자가 중대할 뿐만 아니라 외형상 객관적으로 명백하여야 무효라고 하여 무효와 취소의 하자에 관한 구별기준으로 **중대명백설**을 취하고 있다(대판 전원합의체 1995.7.11, 94누4615 등).

(2) **당연무효 사유로서 하자의 중대명백성과 관련하여 판례는**, 「하자 있는 행정처분이 당연무효가 되기 위해서는 그 하자가 법규의 중요한 부분을 위반한 중대한 것으로서 객관적으로 명백한 것이어야 하며, 하자가 중대하고 명백한지 여부를 판별함에 있어서는 그 법규의 목적, 의미, 기능 등을 목적론적으로 고찰함과 동시에 구체적 사안 자체의 특수성에 관하여도 합리적으로 고찰함을 요한다. 한편 행정청이 어느 법률관계나 사실관계에 대하여 어느 법률의 규정을 적용하여 행정처분을 한 경우에 그 법률관계나 사실관계에 대하여는 그 법률의 규정을 적용할 수 없다는 법리가 명백히 밝혀져 그 해석에 다툼의 여지가 없음에도 불구하고 행정청이 위 규정을 적용하여 처분을 한 때에는 그 하자가 **중대**하고 **명백**하다고 할 것이나, 그 법률관계나 사실관계에 대하여 그 법률의 규정을 적용할 수 없다는 법리가 명백히 밝혀지지 아니하여 그 해석에 다툼의 여지가 있는 때에는 행정관청이 이를 잘못 해석하여 행정처분을 하였더라도 이는 그 처분 요건사실을 오인한 것에 불과하여 그 하자가 **명백**하다고 할 수 없다. 그리고 행정청이 법령 규정의 문언상 처분 요건의 의미가 분명함에도 합리적인 근거 없이 그 의미를 잘못 해석한 결과, 처분 요건이 충족되지 아니한 상태에서 해당 처분을 한 경우에는 법리가 **명백히 밝혀지지 아니하여 그 해석에 다툼의 여지가 있다고 볼 수는 없다**.」는 입장을 보여주고 있다(대판 2014.5.16, 2011두27094; 대판 2009.9.24, 2009두2825; 대판 2004.10.15, 2002다68485 등 참조).

2) 예외로서 명백성보충요건의 관점

"납세자의 신고행위에 중대한 하자가 있는 경우에 이에 기초한 취득세의 납부를 고지한 사건에서" 대법원 판례는, 「취득세 신고행위는 납세의무자와 과세관청 사이에 이루어지는 것으로서 취득세 신고행위의 존재를 신뢰하는 제3자의 보호가 특별히 문제되지 않아 그 신고행위를 당연무효로 보더라도 법적 안정성이 크게 저해되지 않는 반면, 과세요건 등에 관한 중대한 하자가 있고 그 법적 구제수단이 국세에 비하여 상대적으로 미비함에도 위법한 결과를 시정하지 않고 납세의무자에게 그 신고행위로 인한 불이익을 감수시키는 것이 과세행정의 안정과 그 원활한 운영의 요청을 참작하더라도 납세의무자의 권익구제 등의 측면에서 현저하게 부당하다고 볼 만한 특별한 사정이 있는 때에는 예외적으로 이와 같은 하자 있는 신고행위가 당연무효라고 함이 타당하다.」고 판시하여 명백성보충요건설에 입각한 판단을 보여주고 있다(대판 2009.2.12, 2008두11716). 즉, 이 판례는 이해관계를 가진 제3자가 있는 경우에는 명백성을 요구하나, 행정처분의 직접적인 상대방만 존재하는 경우에는 굳이 명백성의 요건을 필요하지 않는 입장에 따라 당연무효의 하자가 고정된 기준으로서 중대명백성설에 얽매일 필요가 없음을 내보인 유일한 판례[13]이다(정하중, 277쪽; 鹽野宏(Ⅰ), 149쪽 참조).

2. 위헌 법률에 근거한 행정처분의 효력

사실관계 선행과세처분의 근거법률이 위헌결정된 경우 그 조세채권의 집행을 위한 후행 체납처분이 당연무효인지 여부(적극) (대판 전원합의체 2012.2.16, 2010두10907)

서초세무서장(이하, '乙'이라 함)은 A회사에 대해 1996사업연도 귀속 법인세 및 1997년 1기분 부가가치세를 부과하였으나, A회사(이하, 'A'라 함)는 이를 체납하였다. 그리고 A의 재산으로는 체납금을 부담하기에 부족하였다. 이에 乙은 개정되기 전의 국세기본법 제39조 제1항 2호, 가목에 따라 최대주주인 소외 丙에게 부족분을 부과하면서 동시에 같은 조항, 같은 호, 다 목에 따라, 丙과 생계를 같이하는 직계비속 甲에게도 부족분을 부과하였다(이하, '부과처분'이라 함). 그리고 이러한 부과처분에 기해 甲의 예금채권을 압류하였다(이하, '압류처분'이라 함). 甲은 압류처분에 대해 무효확인 소송을 제기함에 앞서서 국세기본법 제39조에 대해 위헌법률심사를 청구하였고 심사 결과 본 조항은 위헌이라는 결과가 나왔다. 甲은 이에 기해 압류처분에 대해 무효확인소송을 제기하였고 제1심법원과 원심법원, 그리고 대법원은 압류처분이 무효임을 확인하였다.

판 지

(가) **다수의견:** 헌법재판소법에 명시된 위헌결정의 기속력에 의해 행정청은 위헌인 법률에 근거한 처분은 내릴 수 없고, 내린다 하여도 **무효**이며, 위헌결정 전에 이미 형성된 법률관계에 기한 후속처분이라도 허용될 수 없다. 따라서 부과처분의 근거 법률이 위헌으로 선언된 경우, 비록 그에 기한 과세처분이 위헌선언 전에 이루어졌고, 이에 기한 압류처분의 근거 법률은 위헌으로 선언되지 않았다고 하여도 **압류처분 자체도 하자가 중대·명백하여 무효**이다.

13) 다만, 이 판례의 입장은 이전의 〈대판 전원합의체 1995.7.11, 94누4615〉 판결의 반대의견과 기본적인 점에서 맥락을 같이 하고 있음에 유의할 필요가 있다.

(나) **반대의견:** 부과처분의 근거 법률이 위헌으로 선언되었다고 하여도, 부과처분은 위헌선언 전에 이루어진바, 이를 하자가 중대·명백하여 무효라고 할 수는 없고, 취소인 하자에 불과하다. 또한 **부과처분의 하자는 압류처분에 이어진다고 할 수 없다.** 결과적으로 **부과처분의 근거 법률의 위헌 선언은 압류처분과는 무관한 것이며, 압류처분은 유효하게 존속**한다.

평 가

(가) 위 판례에서 쟁점은 우선 기속력의 문제로, 위헌법률에 근거하여 발하여진 행정처분이 무효인지 취소할 수 있는 행정행위인지 여부이다. 이 논점에 대해 당해 법률이 위헌으로 선언된 후에 이루어진 처분은 당해 행정청이 이미 알 수 있었기 때문에 중대·명백한 하자가 있어 무효로 봐야 함은 당연할 것이다. **문제는 위 사안과 같이 처분이 있은 다음에 근거 법률이 위헌으로 선언된 경우**이다. 위 판례에서의 부과처분이 이에 해당한다. 이 경우 종전 판례는 이를 중대·명백하여 무효 사유가 있는 것으로 보지 않고, 원칙적으로 **취소사유**가 있는 것으로 보았다(대판 2009.5.14, 2007두16202; 헌재 1994.6.30, 92헌바23).[14] 그러나 위 해당 판례의 **다수의견**은 처분이 있고 난 다음 근거 법률이 위헌으로 선언된 경우도 해당 처분은 당연무효라고 종전의 판례와는 다른 견해를 취한 반면 **반대의견**은 기존과 동일하게 **취소사유**에 불과하다는 견해를 취하고 있다.

(나) 두 번째의 문제로, 위헌법률에 근거한 처분의 집행력이다. 이 쟁점과 관련하여 학설에서는 집행력 긍정설·부정설이 있으나(박균성, 287쪽), 종래 대법원의 입장은 위헌법률에 기한 행정처분의 집행(강제징수)이나 집행력을 유지하기 위한 행위(압류해제거부)는 위헌결정의 기속력에 위반되어 허용되지 않는다(대판 2002.8.23, 2001두2959)고 하고 있으며, 위헌결정 이후의 대체압류처분(대판 2002.6.28, 2001두1925), 징수처분(대판 2002.6.28, 2001다60873) 등 모두 당연무효로 판시하였다. 그리고 위 대상판결 역시 위헌결정의 효력에 위배하여 이루어진 체납처분은 그 사유만으로 하자가 중대하고 객관적으로 명백하여 당연무효로 보아야 한다고 하여 종래 판례의 입장과 같은 결론적인 태도에서는 동일한 입장을 취하고 있다. 즉, 위헌법률에 근거한 처분의 집행력을 부정한다. 문제는 기존 판례가 원처분과 집행력 간의 하자승계 여부라는 관점에서 선행처분에 취소사유의 하자가 존재할 경우 후행처분에서 그 위법을 주장하는 것으로 통상 원처분과 압류처분 등 집행절차는 동일한 법효과를 목적으로 하지 않으므로 집행력이 부정됨에 반해, 대상판결의 다수의견은 부과처분의 하자를 무효로 보았으므로, 후행처분으로서 집행절차에 당연히 승계된다는 법리적 구조가 다를 뿐이다. 기존 판례의 입장과 대상판결의 다수의견 간에

---

14) 다만, 대법원은 "……**특별한 사정이 없는 한** 그러한 하자는 행정처분의 취소사유일 뿐 당연무효 사유라고 할 수 없다."(대판 2009.5.14, 2007두16202)고 판시하고, 헌법재판소는 "……**그 행정처분을 무효로 하더라도 법적 안정성을 크게 해치지 않는 반면에 그 하자가 중대하여 그 구제가 필요한 경우에 대하여서는 그 예외를 인정**하여 이를 당연무효사유로 보아서 쟁송기간 경과 후에라도 무효확인을 구할 수 있는 것이라고 봐야 할 것이다."(헌재 1994.6.30, 92헌바23)고 판시하여 일정한 전제가 있음에 유의할 필요가 있다.

어느 쪽이 법구조의 해석에서 타당한지 단언하기 어려움이 없지 않지만 헌법재판소법 제47조 제2항에 따른 기속력의 해석, 위헌결정의 소급효에 관한 동법 제47조제2항의 취지 등을 고려할 때 종래 판례의 태도가 합리적이고 타당하다고 본다.

Ⅴ. 행정행위의 취소와 철회

1. 직권취소의 취소

1) 수익적 행정행의 취소의 취소

(1) **〈판시사항〉 이사승인처분취소의 취소가 가능한지여부:** 대법원은, "행정처분이 취소되면 그 소급효에 의하여 처음부터 그 처분이 없었던 것과 같은 효과를 발생하게 되는바, 행정청이 의료법인의 이사에 대한 이사취임승인취소처분(제1처분)을 직권으로 취소(제2처분)한 경우에는 그로 인하여 이사가 소급하여 이사로서의 지위를 회복하게 되고, 그 결과 위 제1처분과 제2처분 사이에 법원에 의하여 선임결정된 임시이사들의 지위는 법원의 해임결정이 없더라도 당연히 소멸된다."고 판시하였다(대판 1997.1.21, 96누3401).

(2) **〈판시사항〉 광업권 취소처분 후 광업권 설정의 선출원이 있는 경우(즉, 제3자의 이해관계가 발생한 경우) 위 취소처분 취소의 효력:** 대법원은, "피고가 본건 광업권자가 1년내에 사업에 착수하지 못한 이유가 광구소재지 출입허가를 얻지 못한 때문이라는 점, 또는 위 정리요강에 의한 사전서면 통고를 하지 아니하였다는 점을 참작하여 피고가 광업권취소처분을 하지 아니하였다던가, 또는 일단취소처분을 한 후에 새로운 이해관계인이 생기기 전에 취소처분을 취소하여 그 광업권의 회복을 시켰다면 모르되 피고가 본건 취소처분을 한 후에 원고가 1966.1.19에 본건 광구에 대하여 선출원을 적법히 함으로써 이해관계인이 생긴 이 사건에 있어서, 피고가 1966.8.24자로 1965.12.30자의 취소처분을 취소하여, 소외인 명의의 광업권을 복구시키는 조치는, 원고의 선출원 권리를 침해하는 위법한 처분이라고 하지 않을 수 없을 것이므로, 원판결은 정당하고, 논지 이유없다."고 판시하였다(대판 1967.10.29, 67누126).

(3) **평가:** 위 판례에서 보듯이 원행정행위가 수익적 행위인 경우 취소의 취소를 인정함이 원칙이나, 두 번째 판례에서 알 수 있듯이 이해관계 있는 제3자가 생기기 전에 취소의 취소를 한 경우에는 원래의 수익적 행정행위가 회복되나, 이해관계 있는 제3자가 생긴 이후에는 취소의 취소에 의해 원래의 수익적 행정행위를 부활시킬 수 없다는 점을 설시하고 있음에 유의할 필요가 있다(취소의 취소 원칙긍정).

2) 침해적 행정행위의 취소의 취소

(1) **〈판시사항〉 과세관청이 부과의 취소를 다시 취소함으로써 원부과처분을 소생시킬 수 있는지 여부**: 대법원은, "국세기본법 제26조 제1호는 부과의 취소를 국세납부의무 소멸사유의 하나로 들고 있으나, 그 부과의 취소에 하자가 있는 경우의 부과의 취소의 취소에 대하여는 법률이 명문으로 그 취소요건이나 그에 대한 불복절차에 대하여 따로 규정을 둔 바도 없으므로, 설사 부과의 취소에 위법사유가 있다고 하더라도 당연무효가 아닌 한 일단 유효하게 성립하여 부과처분을 확정적으로 상실시키는 것이므로, 과세관청은 부과의 취소를 다시 취소함으로써 원부과처분을 소생시킬 수는 없고 납세의무자에게 종전의 과세대상에 대한 납부의무를 지우려면 다시 법률에서 정한 부과절차에 좇아 동일한 내용의 새로운 처분을 하는 수밖에 없다."고 판시하였다(대판 1995.3.10, 94누7027).

(2) **〈판시사항〉 행정행위(과세처분)의 취소처분의 취소가 가능한지 여부**: 대법원은, "행정행위를 일단 취소한 후에 그 취소처분 자체의 위법을 이유로 다시 그 취소처분을 취소함으로써 시초의 행정행위의 효력을 회복시킬 수 있는 것인가의 문제는 두 가지 경우로 나누어 생각해 볼 수 있다. 하나는 취소처분의 위법이 중대하고 명백하므로 인하여 그 취소처분이 절대로 무효일 경우인데 이 경우에 있어서는 그 취소처분에 대한 무효선언으로서의 취소가 가능할 것이다. 다른 하나는 그 취소처분이 절대로 무효가 되는 경우가 아닌 단순위법인 경우인데 이 경우에도 취소처분에 대하여 법률이 명문으로 소원 또는 행정소송의 제기를 허용하고 있는 때에는 그 절차에 따라 해결하면 될 것이고 법률에 그와 같은 취소처분의 취소에 관한 명문의 규정이 없는 때에는, 취소처분은 비록 위법할지라도 일단 유효하게 성립하고, 따라서 행정행위의 효력을 확정적으로 상실시키는 것이므로, **취소처분의 취소에 의하여 이미 효력을 상실한 행정행위를 소생시킬 수는 없으며, 소생시키기 위하여는 원 행정행위와 동일한 내용의 새로운 행정행위를 행할 수 밖에 없는 것으로 풀이하는 것이 타당**할 것이다."고 판시하였다(대판 1979.5.8, 77누61).

(3) **평가**: 위 두 가지 판례는 침해적 행정행위(혹은 부담적 행정행위)에 속하는 경우로 과세부과처분의 취소를 다시 직권 취소한 사안에서 취소에 대한 취소는 법리적으로 무효선언적 의미에서의 취소는 어떠한 법효과의 행정행위에도 가능하나(침해적 행정행위이든 수익적 행정행위이든), 취소에 단순위법이 있는 경우에 취소는 부정된다는 입장에서 취소의 취소만으로는 당초 침해적(부담적) 행정행위가 부활하지 않고 새로이 부담적 행정행위를 해야 한다는 입장을 취하는 것이 대법원 판례의 태도이다(취소의 취소 부정).

3) 소결

직권취소에 취소사유에 불과한 하자가 있는 경우에 이 직권취소를 취소할 경우 원래의 행정행위의 효력되는지 여부에 관한 취소의 취소 가능성에 관한 대법원 판례의 입장은 원행정행위가 수익적 행정행위인지 침해적(부담적) 행정행위인지에 따라 구별하여 살펴보아야 한다. 즉, 수익적 행정행위의 취소를 다시 취소하는 경우는 **제3자의 이해관계를 고려할 필요가 없는 경우라면 원래의 수익적 행정행위가 부활**하고, 침해적 행정행위의 경우는 **상대방의 신뢰보호 차원에서 새로이 침해적 행정행위를 다시 해야 한다**.

2. 복수운전면허의 일부철회

1) 일반기준

운전면허는 제1종 운전면허(대형·보통·소형·특수), 제2종 운전면허(보통·소형·원동기장치자전거)로 부분할 수 있고, 각 그 면허의 종류에 따라 운전 가능한 차종, 면허의 취득자격이나 요건, 시험의 내용 등이 다르다. 이러한 **운전면허 취소(즉, 철회)·정지**와 관련하여 복수의 운전면허의 경우 취소·정지할 수 있는 면허의 범위에 관해서는 도로교통법 법령상 명문의 규정이 없으나, 한 사람이 여러 종류의 자동차운전면허를 취득하는 경우뿐만 아니라, 이를 취소 또는 정지함에 있어서도 서로 별개의 것으로 취급하는 것이 원칙이다(대판 전원합의체 1995.11.16, 95누8850; 대판 2012.5.24, 2012두1891 참조). 따라서 복수 운전면허 취득자에게 운전면허 취소·정지 사유가 있는 경우 취소·정지 사유와 관련되는 운전면허만 취소·정지하여야 하고 모든 운전면허를 일괄하여 취소하여서는 안 되며,[15] 1개의 취소처분으로 복수의 운전면허를 취소하였어도 그 위법을 다투는 행정소송에서 위법한 부분만 일부 취소하여야 한다. 다만, 예외적으로 운전면허의 취소나 정지사유가 특정의 면허에 관한 것이 아니고 다른 면허와 **공통**된 것이거나 **운전면허를 받은 사람에 관한 것일 경우**에는 여러 운전면허 **전부를 취소 또는 정지할 수 있다**(대판 2012.5.24, 2012두1891). 이러한 판례법리를 전제로, 판례상 나타난 기준에 의할 때 일부취소(즉, 일부철회)를 해야 하는 경우와 전부 철회해야 하는 기준을 간단히 정리하면 아래와 같다.

2) 가분성·특정성이 인정되는 경우 – 일부철회

판례는 제1종 보통·대형·특수면허를 소지하고 있고 0.12%의 주취상태로 레이카크레인을 운전한 사안에서 특수면허만 일부 취소하여야 하고 복수 면허를 전부 취소한 것은 위법하다는 취지로 다음과 같이 판시하였다.

15) 복수운전면허에 관한 대법원의 일관된 태도에도 불구하고 경찰실무에서 경찰청은 운전면허가 대인적 경찰허가라는 점을 들어 복수 면허자의 면허를 일괄하여 취소하고 있다고 한다.

판시사항 [가] 한 사람이 여러 종류의 자동차 운전면허를 취득하는 경우뿐 아니라 이를 취소 또는 정지함에 있어서도 서로 별개의 것으로 취급하는 것이 원칙이고, 한 사람이 여러 종류의 자동차 운전면허를 취득하는 경우 1개의 운전면허증을 발급하고 그 운전면허증의 면허번호는 최초로 부여한 면허번호로 하여 이를 통합관리하고 있다고 하더라도, 이는 자동차 운전면허증 및 그 면허번호 관리상의 편의를 위한 것에 불과할 뿐 그렇다고 하여 여러 종류의 면허를 서로 별개의 것으로 취급할 수 없다거나 각 면허의 개별적인 취소 또는 정지를 분리하여 집행할 수 없는 것은 아니다. [나] 외형상 하나의 행정처분이라 하더라도 **가분성이 있거나 그 처분대상의 일부가 특정될 수 있다면 그 일부만의 취소도 가능하고 그 일부의 취소는 당해 취소부분에 관하여 효력이 생긴다고 할 것**인바, 이는 한 사람이 여러 종류의 자동차 운전면허를 취득한 경우 그 각 운전면허를 취소하거나 그 운전면허의 효력을 정지함에 있어서도 마찬가지이다(대판 전원합의체 1995.11.16, 95누8850).

3) 관련성이 있는 경우 – 전부철회

판례는 제1종 보통·대형, 제2종 원동기장치자전거 운전면허를 취득하고 혈중알콜농도 0.22%의 주취상태에서 승용차를 운전하여 귀가하다가 단속에 적발되어 운전면허를 전부 취소당한 사안에서 전부취소처분은 적법하다고 판시하였다.

판시사항 [나] 한 사람이 여러 종류의 자동차운전면허를 취득하는 경우뿐 아니라 이를 취소 또는 정지하는 경우에 있어서도 서로 별개의 것으로 취급하는 것이 원칙이기는 하나, 자동차운전면허는 그 성질이 대인적 면허일뿐만 아니라 도로교통법시행규칙 제26조 별표 14에 의하면, 제1종 대형면허 소지자는 제1종 보통면허로 운전할 수 있는 자동차와 원동기장치자전거를, 제1종 보통면허 소지자는 원동기장치자전거까지 운전할 수 있도록 규정하고 있어서 제1종 보통면허로 운전할 수 있는 차량의 음주운전은 당해 운전면허뿐만 아니라 제1종 대형면허로도 가능하고, 또한 제1종 대형면허나 제1종 보통면허의 취소에는 당연히 원동기장치자전거의 운전까지 금지하는 취지가 포함된 것이어서 **이들 세 종류의 운전면허는 서로 관련된 것이라고 할 것이므로** 제1종 보통면허로 운전할 수 있는 차량을 음주운전한 경우에 이와 관련된 면허인 제1종 대형면허와 원동기장치자전거면허까지 취소할 수 있는 것으로 보아야 한다(대판 1994.11.25, 94누9672). ☜ 이 판례는, 음주운전 당시의 차량인 승용차와 내용상 관련성이 있는 제1종 보통면허 및 대형면허를 모두 취소한 처분은 정당하다고 한 판례이다. 즉, 이 판례를 통해 운전면허의 취소나 정지사유가 **다른 면허와 관련성이 있는 경우(=공통된 경우)란** 취소하여야 할 운전면허를 가지고 운전할 수 있는 차량의 범위가 넓어서 다른 운전면허를 가지고 운전할 수 있는 차량이 완전히 포함된 경우에는 다른 운전면허[16)]도 취소할 수 있는 것이다.

4) 관련판례

판시사항 [1] 한 사람이 여러 종류의 자동차운전면허를 취득하는 경우뿐 아니라 이를 취소 또는 정지하는 경우에도 서로 별개의 것으로 취급하는 것이 원칙이고, 다만 취소사유가 특정 면허에 관한 것이 아니고 다른 면허와 **공통된 것**이거나 **운전면허를 받은 사람에 관한 것**일 경우에는 여러 면허를 **전부 취소**할 수도 있다. [2] 제1종 대형, 제1종 보통 자동차운전면허를 가지고 있는 갑이 배기량 400cc의 오토바이를 절취하였다는 이유로 지방경찰청장이 도로교통법 제93조 제1항 제12호에 따라 甲의 제1종 대형, 제1종 보통 자동차운전면허를 모두 취소한 사안에서, 도로교통법 제93조 제1항 제12호, 도로교통법 시행규칙 제91조 제1항 [별표 28] 규정에 따르면 그 취소 사유가 훔치거나 빼앗은 해당 자동차 등을 운전할 수 있는 **특정 면허에 관한 것**이며, 제2종 소형면허 이외의 다른 운전면허를 가지고는 위 오토바이를 운전할 수 없어 취소 사유가 다른 면허와 **공통된 것도 아니므로**, 甲이 위 오토바이를 훔친 것은 **제1종 대형면허나 보통면허와는 아무런 관련이 없어** 위 오토바이를 훔쳤다는 사유만으로 제1종 대형면허나 보통면허를 취소할 수 없다고 본 원심판단을 정당하다(대판 2012.5.24, 2012두1891).

Ⅵ. 행정행위의 부관

1. 부관의 종류

판시사항 공동사업관계를 탈퇴하면서 체결한 청산약정에서 출자금반환의무의 성립과 관련하여 붙인 부관의 법적 성질: 대법원은, "재건축사업을 추진하던 자들과 사업 진행에 필요한 운전자금을 출자하고 사업상의 이익에 참여하기로 하는 등의 공동사업계약을 체결하고 그들

16) 운전면허에 따라 운전할 수 있는 자동차 등의 종류는 도로교통법 시행규칙 [별표18]에 규정되어 있다.

에게 운전자금을 지급한 자가, 그 후 사업진행이 순조롭지 않자 공동사업관계에서 탈퇴하면서 '스폰서가 영입되거나 사업권을 넘길 경우나 사업을 진행할 때'에는 위 출자금을 반환받기로 하는 청산약정을 체결한 사안에서, 위 부관의 법적 성질을 거기서 정해진 사유가 발생하지 않는 한 언제까지라도 위 투자금을 반환할 의무가 성립하지 않는 **정지조건이라기보다는 불확정기한**으로 보아, 출자금반환의무는 위 약정사유가 발생하는 때는 물론이고 상당한 기간 내에 위 약정사유가 발생하지 않는 때에도 성립한다고 해석하는 것이 타당하다"고 판시하였다(대판 2009.5.14, 2009다16643).

2. 부관부 행정행위가 가능한 경우

판시사항 기속행위나 기속재량행위에 부관을 붙일 수 있는지 여부: 대법원은, 「[가] 일반적으로 **기속행위나 기속적 재량행위에는 부관을 붙일 수 없고** 가사 부관을 붙였다 하더라도 **무효**이다. [나] 건축법 소정의 건축허가권자는 건축허가신청이 건축법, 도시계획법등 관계 법규에서 정하는 어떠한 제한에 배치되지 않는 이상 당연히 같은 법조 소정의 건축허가를 하여야 하므로, 법률상의 근거 없이 그 신청이 관계 법규에서 정한 제한에 배치되는지의 여부에 대한 심사를 거부할 수 없고, 심사 결과 그 신청이 법정요건에 합치하는 경우에는 특별한 사정이 없는 한 이를 허가하여야 하며, 공익상 필요가 없음에도 불구하고 요건을 갖춘 자에 대한 허가를 관계 법령에서 정하는 제한사유 이외의 사유를 들어 거부할 수 없다.」고 판시하였다(대판 1995.6.13, 94다56883). ☜ 즉, 건축허가는 기속행위라는 것이 판례의 입장이며(대판 1995.12.12, 95누9051), 따라서 부관을 붙일 수 없다.

3. 사후부관의 가능성과 한계

사실관계 부관의 사후변경이 허용되는 경우 (대판 2007.9.21, 2006두7393)

甲은 사업장부지가 민원이 없는 지역일 것과 그 사용에 관계법령상 제한이 없을 것이라는 두 가지 선정조건을 포함한 고양시 재활용자원화시설 민간위탁 공모에 응모하여 1차 대상자로 선정되었다. 고양시장(이하, '乙'이라 함)은 甲이 사업자부지로 선정하여 응모한 고양시 덕양구 내유동 내의 4필지에 대해 민원 발생 예상 여부와 민원발생시 부지 이전 가능 여부에 대하여 질문을 하였고, 甲으로부터 대부분의 주민에게 동의서를 받아 민원발생은 예상되지 않으며 가사 민원이 발생해도 이전 부지를 마련하여 3개월 안에 이전하겠다는 답변을 받고 甲을 민간위탁 대상자로 선정하였다. 그러나 乙은 지역주민들이 반대하거나 민원해결을 위해 예산이 투입될 우려 등을 이유로 하여 甲에게 3회에 걸쳐 사업장 부지이전을 요구하였고, 甲은 내유동에서 성석동, 지영동, 마지막 사리현동으로 이전부지를 선정하였다. 乙은 사리현동 부지에 대해서 지역대표자들을 포함한 주민동의서를 제출하고, 민원이 없으며 토지사용에 제한이 없을 것이라는 유예요건을 요구하였다. 甲은 사리현동 부지에서 토목공사등 일부를 완료하고 기계설치 사업을 추진하면서 乙에게 계약체결을 촉구하였으나 乙은 유예요건 충족서류를 제출하라고 요구하였다. 甲은 주민 2명이 반대하여 주민동의서는 받지 못했으나 반대주민의 설득을 계속하겠다며 乙에게 주민 대부분이 위 사업시행에 동의하고 있다는 내용의 사리현동 2통장 작성의 주민동의서 추진현황서 등을 첨부하여 사업계약을 촉구하였고, 실제 민원이 제기된 적이 없었다. 하지만 乙은 주민동의서 추진현황서는 주민동의서로 볼 수 없어 甲이 유예조건을 갖추지 못하였음을 이유로 민간위탁대상자 선정을 취소하였다.

판 지

행정처분에 이미 부담이 부가되어 있는 상태에서 그 의무의 범위 또는 내용 등을 변경하는 **부관의 사후변경**은, 법률에 명문의 규정이 있거나 그 변경이 미리 유보되어 있는 경우 또는 상대방의 동의가 있는 경우에 한하여 허용되는 것이 원칙이지만, 사정변경으로 인하여 당초에 부담을 부가한 목적을 달성할 수 없게 된 경우에도 그 목적달성에 필요한 범위 내에서 예외적으로 허용된다. 피고(乙)가 원고(甲)를 재활용자원화시설의 민간위탁대상자로 선정할 당시와 그 선정 후 사업장 대상 부지를 지영동에서 사리현동으로 이전할 당시에는 '민원이 없을 것'만을 조건으로 내세웠다가 새로이 '주민동의서를 제출할 것'을 요구한 것은 부관의 사후변경에 해당한다고 할 것인데, 관계 법령에 주민동의서의 제출을 요하는 명문의 규정이 존재하지 아니할 뿐 아니라 그 위탁대상자 선정처분에 주민동의서 제출의무가 미리 유보되어 있었다거나 원고의 명시적 또는 묵시적 동의가 있었다고 볼 수도 없으므로, 위와 같은 부관의 사후변경은 위법하고, 따라서 이러한 위법한 부관에 위반하였음을 사유로 원고에 대한 위탁대상자 선정을 취소한 이 사건 처분 역시 위법하다.

관련판례

원고 甲은 2003.6.경 대구 수성구의 75필지에 아파트 6개동 419세대를 신축하기 위해 2003.6.30. 대구광역시(이하. '乙'이라 함)로부터 주택건설사업계획 승인을 받았다. 乙은 甲에게 이 사건 사업계획을 승인하면서 총 12개의 승인조건을 부가하였고, 그 중에는 '국유재산에 대하여는 무상귀속 협의와 용도폐지 신청하여 사용승인 전 소유권확보(유상매입 등), 도시계획도로(진입로 포함) 등 공공시설과 주변도로에 편입되는 부지는 사업준공과 병행하여 시설관리부서로부터 무상귀속 조치'가 포함되어 있다. 乙은 이 사건 사업계획의 승인조건과 관련하여 2003.12.

경 대구 수성구 외 공유지 8필지 중 이 사건 사업부지에 편입되는 토지 각 필지를 甲에게 유·무상으로 양도결정을 하는 과정에서 일부 필지가 공공시설이 아닌 폐천부지로서 무상귀속 대상이 아님에도 무상양도 결정을 함으로써 감사원의 지적을 받자 이 폐천부지의 무상귀속 결정을 번복하여 유상양도를 결정한 후 甲에게 통보하였고, 이에 甲은 乙로부터 유상양도 결정을 받은 공유재산을 매수하였고, 대금의 전부를 지급하여 문제가 된 사건에서, **대법원의 판례는**, "행정처분이 발하여진 후 새로운 부담을 부가하거나 이미 부가되어 있는 부담의 범위 또는 내용 등을 변경하는 이른바 **사후부담**은, 법률에 명문의 규정이 있거나 그것이 미리 유보되어 있는 경우 또는 상대방의 동의가 있는 경우에 허용되는 것이 원칙이다."고 판시한 바 있다(대판 2009.11.12, 2008다98006).

평 가

단순한 사후부관이든 부관의 사후변경이든 넓은 의미에서 사후에 부관을 수정한다는 점에서는 같다. 사후부관과 관련하여 학설은 부정설, 부담긍정설, 제한적 긍정설(다수설)이 있으나(김철용, 205쪽), **다수설인 제한적 긍정설의 입장은 사후부관의 가능성과 한계에 대해** ① 법령에서 명시적 규정이 있는 경우, ② 사후부관이 유보된 경우, ③ 상대방의 동의가 있는 경우에 한하여 허용된다는 입장이나, **대법원의 판례는 원칙적으로 제한적 긍정설의 입장이나, 예외적으로 이에 추가하여,** ④ **'사정변경으로 인해 당초의 부담을 부가한 목적을 달성할 수 없게 된 경우'에도 사후부관이 가능하다고 판시하여 더 넓게 사후부관을 허용하는 듯하다.** 이는 부관 본래의 유동적인 행정환경에서 탄력적이 대응이라는 기능적 측면 및 법률적합성과의 조화의 측면에서 판례의 입장이 더 명확한 기준이며 타당한 법해석으로 볼 수 있다.

4. 부관에 관한 쟁송의 가능성

사실관계 행정행위의 부관 중 부담 그 자체만으로 행정쟁송의 대상이 될 수 있는지 여부(적극) (대판 1992.1.21, 91누1264)

건설부장관은 1979.7.18. 甲에게 (구)공유수면매립법(1986.12.31. 법률 제3901호로 개정되기 전의 것) 제4조의 규정에 따라 공유수면매립면허를 함에 있어서 그 면허조건 (아)항에서 울산지방해운항만청이 울산항 항로 밑바닥에 쌓인 토사를 준설하여 공유수면에 투기한 토량을 해운항만청장이 산정·결정한 납입고지서에 의하여 납부하도록 정하였다. 울산지방해운항만청장(이하, '乙'이라 함)은 위 면허조건에 따라 1988.12.26. 위 투기토량에 대한 입방미터(㎥)당 단가를 1988년도 준설단가를 기준으로 하여 산정한 수토대금을 甲에게 부과처분하였다. 이에 甲은 乙이 위 매립면허처분의 부관에 따라 수토대부과처분을 함에 있어 그 수토대를 울산지방해운항만청이 준설한 1968년부터 1980년까지의 매년도 준설단가에 의하여 산정하여야 함에도 불구하고 부과년도인 1988년의 준설단가에 의하여 일괄, 산정하였으므로 위 부과처분은 위법하다고 주장하며, 위 수토대금부과처분 취소소송을 제기하였다.

판 지

행정행위의 부관은 행정행위의 일반적인 효력이나 효과를 제한하기 위하여 의사표시의 주된 내용에 부가되는 종된 의사표시이지 그 자체로서 직접 법적 효과를 발생하는 독립된 처분이 아니므로 현행 행정쟁송제도 아래서는 **부관 그 자체만을 독립된 쟁송의 대상으로 할 수 없는 것이 원칙**이나 행정행위의 부관 중에서도 행정행위에 부수하여 그 행정행위의 상대방에게 일정한 의무를 부과하는 행정청의 의사표시인 **부담**의 경우에는 다른 부관과는 달리 행정행위의 불가분적인 요소가 아니고 그 존속이 본체인 행정행위의 존재를 전제로 하는 것일 뿐이므로 **부담 그 자체로서 행정쟁송의 대상**이 될 수 있다.

관련판례

판시사항 행정행위의 부관은 **부담**인 경우를 제외하고는 독립하여 행정소송의 대상이 될 수 없는바, **기부채납받은 행정재산에 대한 사용·수익허가 중 사용·수익허가의 기간에 대하여 독립하여 행정소송을 제기할 수 있는지 여부(소극)**: 대법원은, "공유재산에 대한 40년간의 사용허가기간을 신청한 것에 대해 20년간 사용허가를 한 경우 사용허가기간에 대해서는 독립하여 행정소송을 제기할 수 없다고 보고, 그 나머지 기간에 대한 신청을 받아들이지 않은 처분의 취소를 구하는 주위적 청구는 각하하는 것이 타당하고, 이 사건 사용허가처분 전부에 대한 취소소송은 가능하다."고 판시하였다(대판 2001.6.15, 99두509).

평 가

부관에 관한 쟁송의 가능성 문제는 소송요건의 문제로, 학설상 분리가능성기준설·전면긍정설 등이 있지만, '부담의 경우에 한하여' 부담은 「다른 부관과 달리 행정행위의 불가분적인 요소가 아니고 그 존속의 본체인 행정행위의 존재를 전제로 하는 것일 뿐」이므로 부담만은 독립하여 쟁송으로 다툴 수 있다는 입장이다. 다만, 위 관련판례에서 보듯이 판례는 부담 이외의 다른 부관에 대해서는 부관만을 다투는 쟁송을 허용하지 않으나, 부관부 행정행위를 부관 없는 행정행위 또는 다른 내용의 부관이 부가된 행정행위로 변경해 줄 것을 변경해 줄 것을 신청한 후 이에 대한 불허가처분(=거부처분)을 기다려 그 처분을 다투는 취소소송(즉, 부관부 행정행위 전체를 다투는 것임)을 허용하고 있음에 유의할 필요가 있다(대판 2001.6.15, 99두509; 대판 1990.4.27, 89누6808; 대판 1993.10.8, 93누2032).

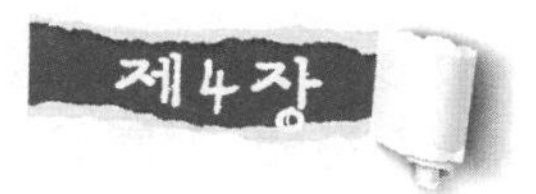

행정지도와 행정조사

Ⅰ. 행정지도

1. 처분성의 확대와 행정지도

행정소송법 제19조와 제2조제1항 제1호에서는 취소소송의 대상으로 「행정청이 행하는 구체적 사실에 관한 법집행으로서의 공권력의 행사 또는 그 거부와 그 밖에 이에 준하는 행정작용」을 '처분'이라 하고, 이를 소의 대상으로 하고 있다. 이러한 정의에 따르면 행정청의 행위에 대해서 ① 공권력성의 유무, ② 국민의 권리의무에 관한 구체적인 법적 규율의 유무인지라고 하는 관점에서 취소소송의 대상여부가 결정될 것이다. 그러나 우리 대법원은 기본적으로 이러한 정식을 유지하면서도 그 구체적인 판단에서는 이 정식으로 반드시 설명이 명쾌하지 않은 행정청의 활동(작용)에 대해서도 처분성을 긍정하는 판단을 하여, 이른바 처분성의 확대를 시도하고 있다. 그 대표적인 예로 이미 앞에서 기술한 '구속적 계획'의 처분성긍정, '법규(조례) 및 행정규칙 형식'의 처분성을 들 수 있을 것이며, 이들과 같이 처분성이 확대되어 긍정되는 경우는 전통적인 행정작용의 형식으로서 행정행위라는 행위의 '형식'이 아니라, 행위의 '실질'에 착안하여 권리구제와의 조화의 측면에서 기능적으로 처분개념을 포착한 것을 판단된다. 이 같은 처분성 확대의 경향 속에 최근 종래에는 사실행위·비권력행위의 특징을 지닌 것으로 이해해 왔던 알선·조언·지도·권고·요망·경고 등의 방법에 의한 「행정지도」라는 행정작용의 경우에도 규제적·구속적 성격을 강하게 갖는 것은 행정소송의 대상이 될 수 있다는 견해(김철용, 279쪽)와 함께 판례상에서도 실제로 처분성을 인정한 사례가 있다는 점이다. 아래에서는 규제적·구속적 성격의 행정지도의 경우에 처분성을 긍정한 판례를 간단히 보고, 그 전모에 대해서는 후술하는 행정소송에서 다루기로 한다.

2. 규제적·구속적 성격의 행정지도와 처분성

(1) **〈판시사항〉 금융기관의 (현직) 임원에 대한 금융감독원장의 문책경고가 항고소송의 대상이 되는 행정처분에 해당하는지 여부(적극)**: 대법원은, "금융기관검사 및 제재에 관한 규정(이하 '제재규정'이라 한다) 제22조는 금융기관의 임원이 문책경고를 받은 경우에는 금융업 관련 법 및 당해 금융기관의 감독 관련 규정에서 정한 바에 따라 일정기간 동안 임원선임의 자격제한을 받는다고 규정하고 있고, 은행법 제18조 제3항의 위임에 기한 (구)은행업감독규정(2002.9.23. 금융감독위원회공고 제2002-58호로 개정되기 전의 것) 제17조 제2호 (다)목, 제18조 제1호는 제재규정에 따라 문책경고를 받은 자로서 문책경고일로부터 3년이 경과하지 아니한 자는 은행장, 상근감사위원, 상임이사, 외국은행지점 대표자가 될 수 없다고 규정하고 있어서, 문책경고는 그 상대방에 대한 직업선택의 자유를 직접 제한하는 효과를 발생하게 하는 등 상대방의 권리의무에 직접 영향을 미치는 행위로서 행정처분에 해당한다."고 판시하였다(대판 2005.2.17, 2003두14765).

(2) **〈판시사항〉 (구)남녀차별금지 및 구제에 관한 법률상 국가인권위원회의 성희롱결정 및 시정조치권고가 행정소송의 대상이 되는 행정처분에 해당하는지 여부(적극)**: 대법원은, "(구)남녀차별금지 및 구제에 관한 법률(2003.5.29. 법률 제6915호로 개정되기 전의 것) 제28조에 의하면, 국가인권위원회의 성희롱결정과 이에 따른 시정조치의 권고는 불가분의 일체로 행하여지는 것인데 국가인권위원회의 이러한 결정과 시정조치의 권고는 성희롱 행위자로 결정된 자의 인격권에 영향을 미침과 동시에 공공기관의 장 또는 사용자에게 일정한 법률상의 의무를 부담시키는 것이므로 국가인권위원회의 성희롱결정 및 시정조치권고는 행정소송의 대상이 되는 행정처분에 해당한다고 보지 않을 수 없다."고 판시하였다(대판 2005.7.8, 2005두487).

(3) 그 밖의 알선·지도·권고·조언·요청·권고 등의 방법에 의한 행정지도 활동의 처분성 여부에 대해서는 후술하는 「행정소송」 부분에서 자세히 다룬다.

Ⅱ. 행정조사

1. 개요

위법한 행정조사의 결과로 취득한 자료를 바탕으로 해서 행정처분이 행하여진 경우에 위법한 행정조사가 행정처분에도 영향을 미쳐 위법하게 되는지 여부가 문제된다. 우리 대법원 판례의 태도는, 행정조사가 위법한 경우 그 행정조사에 의해 수집된 정보에 기초한 행정처분이 위법으로 되는지 여부와 관련하여, **판례는 적극적인 입장**이다(대판 2006.6.2, 2004두12070; 대판 2014.6.26, 2012두911).

2. 위법한 행정조사에 기초한 행정처분의 위법성여부

사실관계 세무조사대상 선정사유가 없음에도 세무조사대상으로 선정하여 과세자료를 수집하고 과세처분을 하는 것이 위법한지 여부(원칙적 적극) (대판 2014.6.26, 2012두911)

甲의 처 丙이 2004.6.10. 甲 소유 부동산을 매수하자, 서울지방국세청장 X는 세무신고자료나 전산자료에 나타난 丙의 재산현황에 비추어 이 사건 부동산의 취득자금 출처가 불분명하다고 보았을 뿐 甲의 신고내용 자체에 탈루나 오류의 혐의를 인정할 만한 명백한 자료가 없음에도, 실질적 증여가능성을 의심하여, 甲의 종합소득세와 부가가치세 등을 탈루 여부를 판단하기 위해 甲을 세무조사대상자로 선정, 甲에게 세무조사사전통지서를 발송하였다. 甲이 세법이 정하는 신고 등 각종 납세협력의무를 이행하지 아니하였다고 인정할 아무런 증거가 없고, 신고내용에 대한 성실도 분석결과 불성실혐의가 있다고 볼 수도 없으며, 종합소득세, 부가가치세 등으로서 과세관청의 조사결정에 의하여 과세표준과 세액이 확정되는 세목이 아니다. 이러한 세무조사 결과를 기초로 반포세무서장 乙과 강남세무서장 乙－1이 과세처분을 하였고, 이후 조세심판원의 결정에 따라 각각 감액경정처분이 있었다.

▶ 참조조문

(구)국세기본법(2006.12.30. 법률 제8139호로 개정되기 전의 것, 이하 같다)

제81조의3(납세자의 성실성 추정) 세무공무원은 납세자가 제81조의5 제2항 각 호의 어느 하나에 해당하는 경우를 제외하고는 납세자가 성실하며 납세자가 제출한 신고서 등이 진실한 것으로 추정하여야 한다.

제81조의5 ② 세무공무원은 다음 각 호의 1에 해당하는 경우에 우선적으로 세무조사대상으로 선정하여 납세자가 제출한 신고서 등의 내용에 관하여 세무조사를 할 수 있다.

1. 납세자가 세법이 정하는 신고, 세금계산서 또는 계산서의 작성·교부·제출, 지급조서의 작성·제출 등의 납세협력의무를 이행하지 아니한 경우
2. 무자료거래, 위장·가공거래 등 거래내용이 사실과 다른 혐의가 있는 경우
3. 납세자에 대한 구체적인 탈세제보가 있는 경우
4. 신고내용에 탈루나 오류의 혐의를 인정할 만한 명백한 자료가 있는 경우
5. 국세청장이 납세자의 신고내용에 대한 성실도 분석결과 불성실혐의가 있다고 인정하는 경

판 지

세무조사대상의 기준과 선정방식에 관한 (구)국세기본법 제81조의5가 도입된 배경과 취지, (구)국세기본법 제81조의5가 포함된 제7장의2에 관한 (구)국세기본법과 개별 세법의 관계 등을 종합하여 보면, (구)국세기본법 제81조의5가 마련된 이후에는 개별 세법이 정한 질문·조사권은 (구)국세기본법 제81조의5가 정한 요건과 한계 내에서만 허용된다.

또한 (구)국세기본법 제81조의5가 정한 세무조사대상 선정사유가 없음에도(2심에서 밝힌 바와 같음) 세무조사대상으로 선정하여 과세자료를 수집하고 그에 기하여 과세처분을 하는 것은 **적법절차의 원칙**을 어기고 (구)국세기본법 제81조의5와 제81조의3 제1항을 위반한 것으로서 특별

한 사정이 없는 한 **과세처분은 위법**하다.

관련판례

(가) 대법원은, "납세자에 대한 부가가치세부과처분이, 종전의 부가가치세 경정조사와 같은 세목 및 같은 과세기간에 대하여 중복하여 실시된 위법한 세무조사에 기초하여 이루어진 것이어서 **위법**하다."고 판시하였다(대판 2006.6.2, 2004두12070).

(나) 그러나 대법원 중에는, "**토양오염실태조사와 관련해서** 시료채취방식상의 위반 사정만으론 위법하지 않고, 채취된 시료의 대상지역 토양에 대한 대표성을 전혀 인정할 수 없을 정도로 그 위반의 정도가 중대하여야 비로소 위법을 가져다 줄 절차의 하가가 존재하는 것으로 본다."고 판시한 경우도 있다(대판 2009.1.30, 2006두9498). 이 판례의 입장에 의하면 행정조사절차의 하자가 경미한 경우에는 위법사유가 되지 않는 것으로 본다.

평 가

위법한 행정조사에 기초한 행정처분의 위법성여부와 관련하여 학설로서는 단순히 적극설, 소극설, 행정조사에 중대한 위법이 있는 경우에만 행정처분이 위법하다는 절충설, 절차하자설이 있지만, 위 대상판결에서 보듯이 우리 대법원 판례의 기본입장은 행정조사와 행정행위는 하나의 과정을 구성하기 때문에 적법절차의 관점에서 당해 처분은 절차적 하자가 있다는 절차하자설의 입장(鹽野宏(Ⅰ), 241쪽)을 취하는 것으로 해석된다.

행정상의 강제절차

Ⅰ. 행정상의 강제집행

1. 행정대집행

1) 개요 – 대집행의 요건

행정대집행의 실체요건은 행정대집행법 제2조에서 정하고 있는데, 구체적으로는 ① 공법상 의무의 불이행이 있을 것, ② 불이행된 의무는 대체적 작위의무일 것, ③ 다른 방법이 없을 것(보충성), ④ 공익상의 요청이 있을 것이라는 요건을 충족해야 한다. 이 중 핵심은 ②의 요건으로 대집행은 '대체적 작위의무'(타인이 대신하여 행할 수 있는 의무의 불이행이 있는 경우)를 대상으로 한다는 점이다. 그리고 행정대집행법상 대집행의 절차요건은 ① 대집행계고(법 제3조제1항) → ② 대집행영장에 의한 통지(법 제3조제2항 · 제3항) → ③ 대집행의 실행(법 제4조)라는 과정에 따라서 이루어진다. 다만, 비용징수절차는 국세징수법상 납부명령을 통해 '국세체납처분의 예'에 의한다고 되어 있고, 구체적으로는 '독촉 → 압류 → 공매 → 대금의 배당'이라는 순서를 거친다.

2) 대집행의 실체요건

(1) 부작위의무의 대집행 가능성(대체적 작위의무 관련)

가. 부작위의무에 대한 대집행계고처분 관련사례

사실관계 관계법령에 위반하여 장례식장 영업을 하고 있는 자의 장례식장 사용 중지 의무(=부작위의무)는 행정대집행법 제2조의 규정에 의한 대집행의 대상이 아니라고 한 사례 (대판 2005.9.28,

2005두7464)

甲은 2002년도에 X군의 군수 乙로부터 이 군내에 지하1층·지상6층 규모의 의료시설(병원) 건축허가를 받아 완공하여 乙로부터 지하1층 중 일부를 제2종 근린생활시설(음식점)로 하고 나머지 전체를 의료시설(병원)으로 사용승인을 받은 후, 2003년부터 전라북도도지사로부터 'S병원'이란 상호로 의료기관개설허가와 J세무서장으로부터 일반병원으로 사업자등록을 하여, 위 의료시설(병원)을 운영해 오고 있다. 그런 가운데, 甲은 2003.5.경 J세무서장으로부터 상호를 'S병원영안실', 사업자를 'L', 사업의 종류 중 업태를 '서비스·소매·음식'으로 종목을 '장례예식장, 식잡, 일반한식'으로 하여 사업자등록증을 교부받아 지하 기존 1층의 의료시설(병원)과 제2종 근린생활시설(음식점) 중 일부에서 장례식장 영법을 하고 있다. 이에 乙은 甲에게 「이 사건 건물을 다른 용도로 변경하여 사용하고자 할 경우에는 건축법 제14조 제1항에 의거 건축기준에 적합한 용도로 사용하여야 함에도 불구하고 지하1층 중 근린생활시설(일반음식점)(이하, '이 사건 용도위반부분'이라 함)을 장례식장으로 사용하는 것은 건축법 제14조, 국토의계획및이용에관한법률 제76조, 같은 법 시행령 제71조, X군계획조례 제31조의 규정을 위반한 것이므로, 2004.2.2.까지 건축법 제69조의 규정에 의거 원상회복할 것을 계고한다.」는 취지의 처분을 하였다. 그러나 甲은 乙로부터 이와 같은 원상회복명령을 받았으면서도 이 사건 용도위반부분을 장례식장으로 계속하여 사용하고 있으며, 또한 乙로부터 약 2천만원의 이행강제금의 부과처분을 받았음에도 여전히 乙의 원상회복명령에 따르지 않았다. 그러자 乙은 2004.6.14. 「이 사건 용도위반부분을 장례식장으로 사용하는 것은 국토의계획및이용에관한법률 제76조, 같은 법 시행령 제71조, X군계획조례 제31조의 규정을 위반한 것으로 이를 계속하여 장례식장으로 사용하는 것을 방치함은 심히 공익을 해할 것으로 인정된다며 행정대집행법 제2조, 3조 제1항의 규정에 근거하여 제15일 이내에 장례예식장의 사용을 중지할 것을 명하며 만일 중지하지 아니하면 대집행하겠다.」는 취지의 대집행계고처분(이하, '이 사건 처분'이라 한다)을 하였다. 이에 甲은 이 사건 처분에 따른 장례식장 사용중지의무는 부작위 의무로서 대집행의 대상이 될 수 없으므로 이 사건 처분이 위법하다고 주장하며 "장례예식장사용중지계고처분 취소소송"을 제기하였으나 제1심법원과 항소법원은 "이 사건 용도위반 부분에 대하여 장례식장으로의 사용을 중지하지 않는 경우에 피고로서는 직접 또는 제3자로 하여금 장례식장으로 사용하는 부분의 출입문을 봉쇄하는 등의 방법으로 장례식장으로의 사용을 중지시킬 수 있다고 할 것"이라는 이유를 들어 원고 甲의 위 주장을 배척하고 이 사건 처분이 적법하다고 판단하여 원고의 청구를 기각하였다.

판 지

행정대집행법 제2조는 '**행정청의 명령에 의한 행위로서 타인이 대신하여 행할 수 있는 행위를 의무자가 이행하지 아니하는 경우**'에 대집행할 수 있도록 규정하고 있는데, 이 사건 용도위반 부분을 장례식장으로 사용하는 것이 관계 법령에 위반한 것이라는 이유로 장례식장의 사용을 중지할 것과 이를 불이행할 경우 행정대집행법에 의하여 대집행하겠다는 내용의 이 사건 처분은, 이 사건 처분에 따른 '장례식장 사용중지 의무'가 원고 이외의 '타인이 대신'할 수도 없고, 타인이 대신하여 '행할 수 있는 행위'라고도 할 수 없는 **비대체적 부작위 의무**에 대한 것이므로, 그 자체로 위법함이 명백하다고 할 것인데도, 원심은 그 판시와 같은 이유를 들어 이 사건 처분이 적법하다고 판단하고 말았으니, 거기에는 대집행계고처분의 요건에 관한 법리를 오해한 위법이 있다고 할 것이다.

그러므로 원심판결을 파기하고, 사건을 다시 심리·판단하게 하기 위하여 원심법원으로 환송한다.

나. 금지규정(부작위의무)에서 작위의무 명령권 관련사례

사실관계 금지규정(부작위의무)에서 작위의무 명령권이 당연히 도출되는지 여부(소극) (대판 1996.6.28, 96누4374)

원고는 유치원 설립인가를 받아 유치원을 경영하던 중, 유치원의 남쪽에 접하고 위 아파트 단지 내 도로에 둘러싸인 삼각형 모양의 녹지의 수목을 임의로 제거하여 어린이 놀이시설을 설치한 다음 단지 내 도로와 위 유치원을 차단하는 철제 울타리를 설치하였다. 피고 관할구청장이 1995.4.13. 원고에게 주택건설촉진법 제38조 제2항 등 위반을 이유로 원상복구를 지시하였고(이하, '원상회복명령'이라 함), 원고가 이에 응하지 아니하자 같은 해 6.8. 다시 원상복구를 촉구한 다음, 같은 해 7.10. 원상복구명령과 함께 대집행계고처분을 하였다(이하, '이 사건 처분'이라 함). 이에 원고는 선행처분인 원상복구명령의 제소기간이 도과하여 후행처분인 대집행계고처분의 취소를 구하는 소송을 제기하였다.

판 지

[1] 행정대집행법 제2조는 대집행의 대상이 되는 의무를 "법률(법률의 위임에 의한 명령, 지방자치단체의 조례를 포함한다. 이하 같다)에 의하여 직접 명령되었거나 또는 법률에 의거한 행정청의 명령에 의한 행위로서 타인이 대신하여 행할 수 있는 행위"라고 규정하고 있으므로, 대집행계고처분을 하기 위하여는 법령에 의하여 직접 명령되거나 법령에 근거한 행정청의 명령에 의한 의무자의 대체적 작위의무 위반행위가 있어야 한다. 따라서 단순한 부작위의무의 위반, 즉 관계 법령에 정하고 있는 절대적 금지나 허가를 유보한 상대적 금지를 위반한 경우에는 **당해 법령에서 그 위반자에 대하여 위반에 의하여 생긴 유형적 결과의 시정을 명하는 행정처분의 권한을 인정하는 규정**(예컨대, 건축법 제69조, 도로법 제74조, 하천법 제67조, 도시공원법 제20조, 옥외광고물등관리법 제10조 등)**을 두고 있지 아니한 이상, 법치주의의 원리에 비추어 볼 때 위와 같은 부작위의무로부터 그 의무를 위반함으로써 생긴 결과를 시정하기 위한 작위의무를 당연히 끌어낼 수는 없으며**, 또 위 금지규정(특히 허가를 유보한 상대적 금지규정)으로부터 작위의무, 즉 위반결과의 시정을 명하는 권한이 당연히 추론되는 것도 아니다.

다. 평가

금지규정, 즉 부작위의무는 철거명령 등을 통해 작위의무로 전환시킨 이후에 대집행의 대상이 될 수 있다. 따라서 부작위의무 위반에 대해 대집행이 가능한지 여부는 작위의무로 전환시킬 수 있는 법적 근거인 전환규범(즉, 전환규범에 의한 전환명령)이 없다면 법률유보의 원칙상 대집행이 불가능하다고 할 수 있다. 이를 반대해석하면, 가령 건축법 위반으로 부작위의무에 반하는 건축행위를 한 경우라면 현행 건축법 제79조(위반건축물 등에 대한 조치 등)에 관한 규정이 있으므로, 이 규정에 따라 철거명령 등 작위의무를 부과하여 이 명령에 불응하게 될 경우 행정대집행이 가능할 수 있다.

(2) 인도·명도의무의 대체가능성(대체적 작위의무여부 관련)

사실관계 도시공원시설 점유자의 퇴거 및 명도의무가 행정대집행법에 의한 대집행의 대상인지 여부(소극) (대판 1998.10.23, 97누157)

관악구청장은 "① 공유재산을 정당한 이유 없이 점유……한 때에는 이를 강제로 철거할 있다. ② 지방자치단체의 장이……강제철거를 할 때에는 행정대집행법 제3조 내지 제6조의 규정을 준용한다."는 (구)지방재정법 제85조에 근거하여 도시공원시설의 매점의 공동점유자인 甲이 계약기간이 만료되었음에도 퇴거하지 아니하여 소정의 기간 내에 매점에서 퇴거하고 그 판매시설 등을 반출하지 아니할 때에는 대집행하겠다는 통지를 하였다. 이에 甲은 점유이전의무는 대집행의 대상이 될 수 없다고 주장하며 그 취소소송을 제기하였다.

판 지

도시공원시설인 매점의 관리청이 그 공동점유자 중의 1인에 대하여 소정의 기간 내에 위 매점으로부터 퇴거하고 이에 부수하여 그 판매 시설물 및 상품을 반출하지 아니할 때에는 이를 대집행하겠다는 내용의 계고처분은 그 주된 목적이 매점의 원형을 보존하기 위하여 점유자가 설치한 불법 시설물을 철거하고자 하는 것이 아니라, 매점에 대한 점유자의 점유를 배제하고 그 점유이전을 받는 데 있다고 할 것인데, 이러한 의무는 그것을 강제적으로 실현함에 있어 직접적인 실력행사가 필요한 것이지 **대체적 작위의무에 해당하는 것은 아니어서 직접강제의 방법에 의하는 것은 별론으로 하고 행정대집행법에 의한 대집행의 대상이 되는 것은 아니다**.

관련판례

법외 단체인 전국공무원노동조합의 지부가 당초 공무원 직장협의회의 운영에 이용되던 郡(군) 청사시설인 사무실을 임의로 사용하자 지방자치단체장이 자진폐쇄 요청 후 이에 불응하자 행정대집행법에 따라 행정대집행을 시도한 사건에서, 대법원은 「(구)공유재산 및 물품 관리법(법률 제10006호로 개정되기 전의 것) 제83조는 "정당한 사유 없이 공유재산을 점유하거나 이에 시설물을 설치한 때에는 행정대집행법 제3조 내지 제6조의 규정을 준용하여 철거 그 밖의 필요한 조치를 할 수 있다."라고 정하고 있는데, 위 규정은 대집행에 관한 개별적인 근거 규정을 마련함과 동시에 행정대집행법상의 대집행 요건 및 절차에 관한 일부 규정만을 준용한다는 취지에 그치는 것이고, 대체적 작위의무에 속하지 아니하여 원칙적으로 대집행의 대상이 될 수 없는 다른 종류의 의무에 대하여서까지 강제집행을 허용하는 취지는 아니다.」고 판시하여(대판 2011.4.28, 2007도7514), 건물(혹은 토지)의 명도의무가 대집행 대상이 아님을 확인하고 있다.

평 가

사람이 점유하고 있는 토지나 건물 등의 인도나 명도는 비록 존치물의 반출은 대집행의 대상이 될 수 있으나, 이는 건물 등의 명도에 따르는 부수적인 행위에 불과하고 실력으로 점유를 풀어 점유를 이전하지 않으면 그 목적을 달성할 수 없는 것인데, **이는 타인에 의해 행해질 성질의 것이 아니므로 대체적 작위의무가 아니라고 할 것**이다. 따라서 위 대상판례에서 보듯이 원칙적으로 점유자의 토지·건물에 대한 퇴거 및 명도의무는 대집행의 대상이 되지 아니한다고 하는 것이 타당하다(박윤흔(상), 602-603쪽).

3) 대집행의 절차요건

(1) **〈판시사항〉 계고처분에 대한 항고소송:** 대법원은, "대집행의 계고는 ……준법률적 행정행위라 할 것이며, 대집행의 일련의 절차의 불가결의 일부분으로 정하여진 대집행 영장교부 및 대집행실행을 적법하게 하는 필요한 전제절차로서 그것이 실제적으로 명령에 의한 기존의 의무 이상으로 새로운 의무를 부담시키는 것은 아니지만, 계고가 있으므로 인하여 대집행이 실행되어 상대방의 권리의무에 변동을 가져오는 것이라 할 것이므로, 상대방은 계고 절차의 단계에서 이의 취소를 소구할 법률상 이익이 있다할 것이고 계고는 행정소송법 소정처분에 포함된다고 보아 계고처분 자체에 위법이 있는 경우에 한하여 항고소송의 대상이 될 수 있다."고 판시하였다(대판 1966.10.31, 66누25).

(2) **〈판시사항〉 계고처분이 반복된 경우 항고소송의 대상:** 대법원은, "제1차로 철거명령 및 계고처분을 한 데 이어 제2차로 계고서를 송달하였음에도 불응함에 따라 대집행을 일부 실행한 후 철거의무자의 연기원을 받아들여 나머지 부분의 철거를 진행하지 않고 있다가 연기기한이 지나자 다시 제3차로 철거명령 및 대집행계고를 한 경우, 행정대집행법상의 철거의무는 제1차 철거명령 및 계고처분으로써 발생하였다고 할 것이고, 제3차 철거명령 및 대집행계고는 새로운 철거의무를 부과하는 것이라고는 볼 수 없으며, 단지 종전의 계고처분에 의한 건물철거를 독촉하거나 그 대집행기한을 연기한다는 통지에 불과하므로 취소소송의 대상이 되는 독립한 행정처분이라고 할 수 없다."고 판시하였다(대판 2000.2.22, 98두4665). ☜ **적극적 반복처분**이 이루어진

경우 **제1처분만이 항고소송의 대상**이고, 나머지 반복처분은 제1처분의 대집행 기한의 연기통고에 불과하여 독립한 행정처분으로 보지 않는다(여타 적극적 반복처분의 경우에도 동일함).

(3) **〈판시사항〉 계고서라는 명칭의 1장의 문서에 의한 철거명령 및 계고처분의 적부**(적극): 대법원은, "계고서라는 명칭의 1장의 문서로서 일정기간 내에 위법건축물의 자진철거를 명함과 동시에 그 소정기한 내에 자진철거를 하지 아니할 때에는 대집행할 뜻을 미리 계고한 경우라도 건축법에 의한 철거명령과 행정대집행법에 의한 계고처분은 독립하여 있는 것으로서 각 그 요건이 충족되었다고 볼 것이다."고 판시하였다(대판 1992.6.12, 91누13564).

(4) **〈판시사항〉 후행처분인 대집행영장발부통보처분의 취소청구 소송에서 선행처분인 계고처분이 위법하다는 이유로 대집행영장발부통보처분도 위법한 것이라는 주장을 할 수 있는지 여부**(적극): 대법원은, "대집행의 계고, 대집행영장에 의한 통지, 대집행의 실행, 대집행에 요한 비용의 납부명령 등은 타인이 대신하여 행할 수 있는 행정의무의 이행을 의무자의 비용부담하에 확보하고자 하는, 동일한 행정목적을 달성하기 위하여 단계적인 일련의 절차로 연속하여 행하여지는 것으로서, 서로 결합하여 하나의 법률효과를 발생시키는 것이므로, 선행처분인 계고처분이 하자가 있는 위법한 처분이라면, 비록 그 하자가 중대하고도 명백한 것이 아니어서 당연무효의 처분이라고 볼 수 없고 행정소송으로 효력이 다투어지지도 아니하여 이미 불가쟁력이 생겼으며, 후행처분인 대집행영장발부통보처분 자체에는 아무런 하자가 없다고 하더라도, 후행처분인 대집행영장발부통보처분의 취소를 청구하는 소송에서 청구원인으로 선행처분인 계고처분이 위법한 것이기 때문에 그 계고처분을 전제로 행하여진 대집행영장발부통보처분도 위법한 것이라는 주장을 할 수 있다."고 판시하여(대판 1996.2.9, 95누12507), 대집행의 각 절차요건 사이에(이 사건에서는 '계고처분과 대집행영장발부통보처분' 사이) 하자의 승계를 긍정하고 있다.

2. 행정상 강제징수

1) 개요

행정상 강제징수란 행정의무자가 '금전급부의무'를 이행하지 않을 경우에 행정청이 의무자의 재산에 실력을 가하여 의무가 실현된 것과 같은 상태를 직접적으로 실현하는 강제집행수단을 말한다. 행정상의 강제징수에 관한 법률로는 '국세징수법'과 '지방세기본법' 및 기타 개별단행법이 있으나, 실제 단행법에서는 '국세징수법'의 예에 의하여 강제징수할 것을 규정함이 통례이므로, '국세징수법'이 실질적으로 일반법적 기능을 한다. 국세징수법에 의한 강제징수절차는 ① 독촉·최고절차, ② 체납처분이며, 이 가운데 ②의 절차 중 '압류재산의 매각절차(공매절차)'가 핵심이다.

2) 공매의 성질 등

(1) **〈판시사항〉 공매의 성질 및 공매에 의하여 재산을 매수한 자가 그 공매처분이 취소된 경우 그 취소처분의 위법을 주장하여 행정소송을 제기할 법률상의 이익이 있는지 여부**: 대법원은, "과세관청이 체납처분으로서 행하는 공매는 우월한 공권력의 행사로서 행정소송의 대상이 되는 공법상의 행정처분이며 공매에 의하여 재산을 매수한 자는 그 공매처분이 취소된 경우에 그 취소처분의 위법을 주장하여 행정소송을 제기할 법률상 이익이 있다."고 판시한 바 있다(대판 1984.9.25, 84누201).

(2) **〈판시사항〉 공매통지 자체가 항고소송의 대상이 되는 행정처분인지 여부(원칙적 소극)**: 대법원은, "체납자 등에 대한 공매통지는 국가의 강제력에 의하여 진행되는 공매에서 체납자 등의 권리 내지 재산상의 이익을 보호하기 위하여 법률로 규정한 절차적 요건이라고 보아야 하며, 공매처분을 하면서 체납자 등에게 공매통지를 하지 않았거나 공매통지를 하였더라도 그것이 적법하지 아니한 경우에는 절차상의 흠이 있어 그 공매처분이 위법하게 되는 것이지만, **공매통지** 자체가 그 상대방인 체납자 등의 법적 지위나 권리·의무에 직접적인 영향을 주는 행정처분에 해당한다고 할 것은 아니므로 다른 특별한 사정이 없는 한 체납자 등은 공매통지의 결여나 위법을 들어 **공매처분**의 취소 등을 구할 수 있는 것이지 **공매통지** 자체를 항고소송의 대상으로 삼아 그 취소 등을 구할 수는 없다."고 판시하였다(대판 2011.3.24, 2010두25527). ☜ 이 판례에서 '공매(처분)'은 항고소송의 대상이 되나, '공매통지'는 항고소송의 대상이 아니라고 명확히 하였다.

(3) **〈판시사항〉 체납자 등에 대한 공매통지가 공매의 절차적 요건인지 여부(적극) 및 체납자 등에게 공매통지를 하지 않았거나 적법하지 않은 공매통지를 한 경우 그 공매처분이 위법한지 여부(적극)**: 대법원은, "……국세징수법이 압류재산을 공매할 때 공고와 별도로 체납자 등에게 공매통지를 하도록 한 이유는, 체납자 등에게 공매절차가 유효한 조세부과처분 및 압류처분에 근거하여 적법하게 이루어지는지 여부를 확인하고 이를 다툴 수 있는 기회를 주는 한편, 국세징수법이 정한 바에 따라 체납세액을 납부하고 공매절차를 중지 또는 취소시켜 소유권 또는 기타의 권리를 보존할 수 있는 기회를 갖도록 함으로써, 체납자 등이 감수하여야 하는 강제적인 재산권 상실에 대응한 절차적인 적법성을 확보하기 위한 것이다. 따라서 체납자 등에 대한 공매통지는 국가의 강제력에 의하여 진행되는 공매에서 체납자 등의 권리 내지 재산상의 이익을 보호하기 위하여 법률로 규정한 절차적 요건이라고 보아야 하며, 공매처분을 하면서 체납자 등에게 공매통지를 하지 않았거나 공매통지를 하였더라도 그것이 적법하지 아니한 경우에는 절차상의 흠이 있어 그 공매처분은 위법하다. 다만, 공매통지의 목적이나 취지 등에 비추어 보면, 체납자 등은 자신에 대한 공매통지의 하자만을 공매처분의 위법사유로 주장할 수 있을 뿐 다른 권리자에 대한 공매통지의 하자를 들어 공매처분의 위법사유로 주장하는 것은 허용되지 않는

다."고 판시하였다(대판 전원합의체 2008.11.20, 2007두18154). ☜ 이 판례는, 종래 대법원이 공매통지는 공매의 요건이 아니라 공매사실 자체를 체납자에게 알려주는데 불과하다고 하거나(대판 1971.2.23, 70누161), 공매통지는 공매의 요건이 아니라서 이를 결여한 행위는 당연무효로 볼 수 없다(대판 1996.9.6, 95누12026)고 한 판례의 태도를 변경하여, 공매에 있어서 공매통지라는 절차적 적법성을 강조한 판례로 평가할 수 있다.

(4) **〈판시사항〉 세무공무원이 체납자의 재산을 압류하기 위해 수색을 하였으나 압류할 목적물이 없어 압류를 실행하지 못한 경우에도 시효중단의 효력이 발생하는지 여부**(적극): 대법원은, "국세기본법 제28조 제1항은 국세징수권의 소멸시효의 중단사유로서 납세고지, 독촉 또는 납부최고, 교부청구 외에 '압류'를 규정하고 있는바, 여기서의 '압류'란 세무공무원이 국세징수법 제24조 이하의 규정에 따라 납세자의 재산에 대한 압류 절차에 착수하는 것을 가리키는 것이므로, 세무공무원이 국세징수법 제26조에 의하여 체납자의 가옥·선박·창고 기타의 장소를 수색하였으나 압류할 목적물을 찾아내지 못하여 압류를 실행하지 못하고 수색조서를 작성하는 데 그친 경우에도 소멸시효 중단의 효력이 있다."고 판시하여(대판 2001.8.21, 2000다12419), 압류의 기본적인 효력이 압류재산의 법률상·사실상의 처분을 금지하는데 있지만, 그 밖에 **압류의 실행 여부에 상관없이 압류에는 '시효중단의 효력'**이 있음을 확인하고 있다.

(5) 끝으로, 조세부과처분과 체납처분 사이, 그리고 소득금액변동통지와 징수처분 사이에는 판례가 하자의 승계를 긍정하지 않는다(대판 1987.9.22, 87누383; 대판 2012.1.26, 2009두14439 참조).

3. 이행강제금(집행벌)

1) 이행강제금과 행정대집행·행정형벌과의 관계

(1) **〈판시사항〉 건축법상 시정명령을 위반한 자와 관련하여 이행강제금이 대체적 작위의무의 위반으로 인한 행정대집행과 선택적 관계인지 여부**(적극) **및 이행강제금과 행정형벌의 병과가 과잉금지원칙 혹은 이중처벌금지원칙에 위배되는지 여부**(소극): 헌법재판소는, "전통적으로 행정대집행은 대체적 작위의무에 대한 강제집행수단으로, 이행강제금은 부작위의무나 비대체적 작위의무에 대한 강제집행수단으로 이해되어 왔으나, 이는 이행강제금제도의 본질에서 오는 제약은 아니며, 이행강제금은 대체적 작위의무의 위반에 대하여도 부과될 수 있다. 현행 건축법상 위법건축물에 대한 이행강제수단으로 대집행과 이행강제금(제83조제1항)이 인정되고 있는데, 양 제도는 각각의 장·단점이 있으므로 행정청은 개별사건에 있어서 위반내용, 위반자의 시정의지 등을 감안하여 대집행과 이행강제금을 선택적으로 활용할 수 있으며, 이처럼 그 합리적인

재량에 의해 선택하여 활용하는 이상 중첩적인 제재에 해당한다고 볼 수 없다. ……건축법 제78조에 의한 무허가 건축행위에 대한 형사처벌과 건축법 제83조 제1항에 의한 시정명령 위반에 대한 이행강제금의 부과는 그 처벌 내지 제재대상이 되는 기본적 사실관계로서의 행위를 달리하며, 또한 그 보호법익과 목적에서도 차이가 있으므로 헌법 제13조 제1항이 금지하는 이중처벌에 해당한다고 할 수 없다."고 결정하였다(헌재 2004.2.26, 2001헌바80·84·102·103, 2002헌바26(병합)).

(2) **〈판시사항〉 형사처벌과 별도로 시정명령 위반에 대하여 이행강제금을 부과하는 건축법 제83조 제1항이 이중처벌에 해당하는지 여부**(소극): 대법원은, 「개발제한구역 내의 건축물에 대하여 허가를 받지 않고 한 용도변경행위에 대한 **형사처벌과 건축법 제83조 제1항에 의한 시정명령 위반에 대한 이행강제금의 부과는 그 처벌 내지 제재대상이 되는 기본적 사실관계로서의 행위를 달리하며**, 또한 그 보호법익과 목적에서도 차이가 있으므로 **이중처벌에 해당한다고 할 수 없고**, 이행강제금은 위법건축물의 원상회복을 궁극적인 목적으로 하고, 그 궁극적인 목적을 달성하기 위해서는 위법건축물이 존재하는 한 계속하여 부과할 수밖에 없으며, 만약 통산부과횟수나 통산부과상한액의 제한을 두면 위법건축물의 소유자 등에게 위법건축물의 현상을 고착할 수 있는 길을 열어주게 됨으로써 이행강제금의 본래의 취지를 달성할 수 없게 될 수 있으므로, 건축법 제83조 제4항이 "허가권자는 최초의 시정명령이 있은 날을 기준으로 하여 1년에 2회의 범위 안에서 당해 시정명령이 이행될 때까지 반복하여 이행강제금을 부과·징수할 수 있다."고 규정하였다고 하여 과잉금지원칙에 반한다고 할 수도 없다.」고 판시하여(대결 2005.8.19, 2005마30), 행정형벌과 이행강제금의 병과가 과잉금지원칙 혹은 이중처벌금지원칙에 반하지 않는다고 보았다.

2) 시정명령절차와 이행강제금의 부과·징수

[판시사항] 이행강제금을 부과·징수할 때마다 그에 앞서 시정명령 절차를 다시 거쳐야 하는지 여부(소극): 대법원은, "개발제한구역의 지정 및 관리에 관한 특별조치법 제30조 제1항, 제30조의2 제1항 및 제2항의 규정에 의하면 시정명령을 받은 후 그 시정명령의 이행을 하지 아니한 자에 대하여 이행강제금을 부과할 수 있고, 이행강제금을 부과하기 전에 상당한 기간을 정하여 그 기한까지 이행되지 아니할 때에 이행강제금을 부과·징수한다는 뜻을 문서로 계고하여야 하므로, 이행강제금의 부과·징수를 위한 계고는 시정명령을 불이행한 경우에 취할 수 있는 절차라 할 것이고, 따라서 이행강제금을 부과·징수할 때마다 그에 앞서 시정명령 절차를 다시 거쳐야 할 필요는 없다."고 판시한 바 있다(대판 2013.12.12, 2012두2039).

3) 이행강제금 부과예고의 성질 등

판시사항 이행강제금 및 이행강제금 부과 예고의 법적 성격 / 사용자가 이행하여야 할 행정법상 의무의 내용을 초과하는 것을 '불이행 내용'으로 기재한 이행강제금 부과 예고서에 의하여 이행강제금 부과 예고를 한 다음 이행강제금을 부과한 경우, 이행강제금 부과 예고 및 이행강제금 부과처분이 위법한지 여부(원칙적 적극): 대법원은, "이행강제금은 행정법상의 부작위의무 또는 비대체적 작위의무를 이행하지 않은 경우에 '일정한 기한까지 의무를 이행하지 않을 때에는 일정한 금전적 부담을 과할 뜻'을 미리 '계고'함으로써 의무자에게 심리적 압박을 주어 장래를 향하여 의무의 이행을 확보하려는 간접적인 행정상 강제집행 수단이고, 노동위원회가 근로기준법 제33조에 따라 이행강제금을 부과하는 경우 그 30일 전까지 하여야 하는 이행강제금 부과 예고는 이러한 '계고'에 해당한다. 그리고 사용자가 이행하여야 할 행정법상 의무의 내용을 초과하는 것을 '불이행 내용'으로 기재한 이행강제금 부과 예고서에 의하여 이행강제금 부과 예고를 한 다음 이를 이행하지 않았다는 이유로 이행강제금을 부과하였다면, 초과한 정도가 근소하다는 등의 특별한 사정이 없는 한 이행강제금 부과 예고는 이행강제금 제도의 취지에 반하는 것으로서 위법하고, 이에 터 잡은 이행강제금 부과처분 역시 위법하다."고 판시하여(대판 2015.6.24, 2011두2170), 위법한 이행강제금 부과예고에 기초한 이행강제금 부과처분을 위법하다고 하였다.

Ⅱ. 그 밖의 강제제도

1. 과징금

1) 전형적 과징금과 변형된 과징금

(1) **〈판시사항〉 전형적 과징금의 법적 성질:** 대법원은, "(구)독점규제및공정거래에관한법률상의 과징금 부과는 비록 제재적 성격을 가진 것이기는 하여도 기본적으로는 법 위반행위에 의하여 얻은 불법적인 경제적 이익을 박탈하기 위하여 부과되는 것이고, 법 제55조의3 제1항에서도 이를 고려하여 과징금을 부과함에 있어서는 위반행위의 내용과 정도, 기간과 횟수 외에 위반행위로 인하여 취득한 이익의 규모 등도 아울러 참작하도록 규정하고 있는 것이므로, 불공정거래행위에 대하여 부과되는 과징금의 액수는 당해 불공정거래행위의 구체적 태양 등에 기하여 판단되는 그 위법성의 정도뿐만 아니라 그로 인한 이득액의 규모와도 상호 균형을 이룰 것이 요구되고, 이러한 균형을 상실할 경우에는 비례의 원칙에 위배되어 재량권의 일탈·남용에 해당

할 수가 있다고 할 것이다."고 판시하여(대판 2001.2.9, 2000두6206),[1] 전형적 과징금의 법적 성질이 행정제재와 부당이득환수이란 양면의 요소(겸유설)를 가진 것으로 보고 있다. ☜ 전형적 과징금 관련사례

(2) **〈판시사항〉 석유판매업자의 지위를 승계한 자에 대하여 종전의 석유판매업자가 유사석유제품을 판매하는 위법행위를 하였다는 이유로 사업정지 등 제재처분을 취할 수 있는지 여부(적극)**: 대법원은, "석유사업법 제9조 제3항 및 그 시행령이 규정하는 석유판매업의 적극적 등록요건과 제9조 제4항, 제5조가 규정하는 소극적 결격사유 및 제9조 제4항, 제7조가 석유판매업자의 영업양도, 사망, 합병의 경우뿐만 아니라 경매 등의 절차에 따라 단순히 석유판매시설만의 인수가 이루어진 경우에도 석유판매업자의 지위승계를 인정하고 있는 점을 종합하여 보면, 석유판매업 등록은 원칙적으로 대물적 허가의 성격을 갖고, 또 석유판매업자가 같은 법 제26조의 유사석유제품 판매금지를 위반함으로써 같은 법 제13조 제3항 제6호, 제1항 제11호에 따라 받게 되는 사업정지 등의 제재처분은 사업자 개인의 자격에 대한 제재가 아니라 사업의 전부나 일부에 대한 것으로서 대물적 처분의 성격을 갖고 있으므로, 위와 같은 지위승계에는 종전 석유판매업자가 유사석유제품을 판매함으로써 받게 되는 사업정지 등 제재처분의 승계가 포함되어 그 지위를 승계한 자에 대하여 사업정지 등의 제재처분을 취할 수 있다고 보아야 하고, 같은 법 제14조 제1항 소정의 과징금은 해당 사업자에게 경제적 부담을 주어 행정상의 제재 및 감독의 효과를 달성함과 동시에 그 사업자와 거래관계에 있는 일반 국민의 불편을 해소시켜 준다는 취지에서 사업정지처분에 갈음하여 부과되는 것일 뿐이므로, 지위승계의 효과에 있어서 과징금 부과처분을 사업정지처분과 달리 볼 이유가 없다."고 판시한 바 있다(대판 2003.10.23, 2003두8005). ☜ 이 판례는 인허가사업에 갈음하여 부과하는 이른바 '변형된 과징금'에 관한 것으로, 그 법적 성질은 전형적 과징금과 달리 행정제재의 성질을 가진다. 또한 이 판례를 통해 대물적 처분에서 영업양도의 경우에 제재처분이 승계됨을 재차 확인할 수 있다.

2) 과징금과 형사처벌의 병과 가능성

판시사항 (구)독점규제및공정거래에관한법률상 부당지원행위를 한 지원주체에 대한 과징금 규정이 이중처벌금지원칙이나 무죄추정원칙에 위반되거나 사법권이나 재판청구권을 침해하는지 여부(소극): 대법원은, "(구)독점규제및공정거래에관한법률 제23조 제1항 제7호, 같은 법 제24조의2 소정의 부당지원행위를 한 지원주체에 대한 과징금은 그 취지와 기능, 부과의 주체와 절차 등을 종합할 때 부당지원행위의 억지(억지)라는 행정목적을 실현하기 위한 입법자의

---

1) 이와 유사한 다른 사건에서도 대법원은, "…(구)독점규제및공정거래에관한법률에서 형사처벌과 아울러 과징금의 부과처분을 할 수 있도록 규정하고 있다 하더라도 **이중처벌금지원칙이나 무죄추정원칙**에 위반된다거나 사법권이나 재판청구권을 침해한다고 볼 수 없다."고 판시하였다(대판 2004.4.9, 2001두6197).

정책적 판단에 기하여 그 위반행위에 대하여 제재를 가하는 행정상의 제재금으로서의 기본적 성격에 부당이득환수적 요소도 부가되어 있는 것이라고 할 것이어서 그것이 헌법 제13조 제1항에서 금지하는 국가형벌권 행사로서의 처벌에 해당한다고 할 수 없으므로 (구)독점규제및공정거래에관한법률에서 형사처벌과 아울러 과징금의 부과처분을 할 수 있도록 규정하고 있다 하더라도 **이중처벌금지원칙이나 무죄추정원칙에 위반된다거나 사법권이나 재판청구권을 침해한다고 볼 수 없다.**"고 판시하여(대판 2004.4.9, 2001두6197), 형사처벌(특히, 벌금)과 과징금의 병과가 가능하다고 한다. 헌법재판소 역시 과징금과 벌금(형벌)의 병과는 이중처벌금지원칙에 위반된다고 볼 수 없다고 하였다(헌재 2003.7.24, 2001헌가25).

3) 과징금처분 후 과징금감면처분을 한 경우 선행처분에 대한 소의 적법성

판시사항 공정거래위원회가 부당한 공동행위를 한 사업자에게 과징금 부과처분(선행처분)을 한 뒤, 다시 자진신고 등을 이유로 과징금 감면처분(후행처분)을 한 경우, 선행처분의 취소를 구하는 소가 적법한지 여부(소극): 대법원은, "공정거래위원회가 부당한 공동행위를 행한 사업자로서 (구)독점규제 및 공정거래에 관한 법률 제22조의2에서 정한 자진신고자나 조사협조자에 대하여 과징금 부과처분(이하 '선행처분'이라 한다)을 한 뒤, 독점규제 및 공정거래에 관한 법률 시행령 제35조 제3항에 따라 다시 자진신고자 등에 대한 사건을 분리하여 자진신고 등을 이유로 한 과징금 감면처분(이하 '후행처분'이라 한다)을 하였다면, 후행처분은 자진신고 감면까지 포함하여 처분 상대방이 실제로 납부하여야 할 최종적인 과징금액을 결정하는 종국적 처분이고, 선행처분은 이러한 종국적 처분을 예정하고 있는 일종의 잠정적 처분으로서 후행처분이 있을 경우 선행처분은 후행처분에 흡수되어 소멸한다. 따라서 위와 같은 경우에 선행처분의 취소를 구하는 소는 이미 효력을 잃은 처분의 취소를 구하는 것으로 부적법하다."고 판시하였다(대판 2015.2.12, 2013두987).[2]

2. 즉시강제

1) 즉시강제와 영장주의

(1) **〈판시사항〉 (구)사회안전법 제11조 소정의 동행보호규정이 사전영장주의를 규정한 헌법**

2) 이 판례에서 처음으로 '잠정적 처분'이란 용어를 사용하고 있음에 주목할 필요가 있다.

규정에 반하는지 여부(소극): 대법원은, "사전영장주의는 인신보호를 위한 헌법상의 기속원리이기 때문에 인신의 자유를 제한하는 모든 국가작용의 영역에서 존중되어야 하지만, 헌법 제12조 제3항 단서도 사전영장주의의 예외를 인정하고 있는 것처럼 **사전영장주의를 고수하다가는 도저히 행정목적을 달성할 수 없는 지극히 예외적인 경우에는 형사절차에서와 같은 예외가 인정되므로,** (구)사회안전법(1989.6.16. 법률 제4132호에 의해 '보안관찰법'이란 명칭으로 전문 개정되기 전의 것) 제11조 소정의 동행보호규정은 재범의 위험성이 현저한 자를 상대로 긴급히 보호할 필요가 있는 경우에 한하여 단기간의 동행보호를 허용한 것으로서 그 요건을 엄격히 해석하는 한, 동 규정 자체가 사전영장주의를 규정한 헌법규정에 반한다고 볼 수는 없다."고 판시하고 있다(대판 1997.6.13, 96다56115). ☜ 즉, 행정상 즉시강제의 경우에도 법관이 발부한 영장이 필요한지 여부와 관련하여 대법원은 판례의 태도는 '절충설'의 입장이라 할 수 있다.

(2) **〈판시사항〉 관계행정청이 등급분류를 받지 아니하거나 등급분류를 받은 게임물과 다른 내용의 게임물을 발견한 경우 관계공무원으로 하여금 이를 수거·폐기하게 할 수 있도록 한 (구)음반·비디오물및게임물에관한법률 제24조 제3항 제4호 중 게임물에 관한 규정이 영장주의에 위배되는지 여부:** 헌법재판소는, "영장주의가 행정상 즉시강제에도 적용되는지에 관하여는 논란이 있으나,[3] 행정상 즉시강제는 상대방의 임의이행을 기다릴 시간적 여유가 없을 때 하명 없이 바로 실력을 행사하는 것으로서, 그 본질상 급박성을 요건으로 하고 있어 법관의 영장을 기다려서는 그 목적을 달성할 수 없다고 할 것이므로, 원칙적으로 영장주의가 적용되지 않는다고 보아야 할 것이다."고 결정하여(헌재 2002.10.31, 2000헌가12), '영장불요설'의 입장을 취하고 있다.

2) 평가

위 대법원 판결과 헌법재판소 결정에서 보듯이 행정상 즉시강제에 영장주의가 필요한지 여부에 관해 헌법재판소의 태도는 영장불요설이라면, 대법원의 입장은 다소 탄력적인 견지에서 '원칙적으로 영장필요설에 입각하면서도 행정목적의 달성을 위해 불가피하다고 인정할 만한 특별한 사유가 있을 경우에는 사전영장주의의 적용을 받지 않는다.'는 절충설의 입장을 취하고 있다. 결론적으로, 헌법 제12조제3항이나 제16조의 영장제도는 연혁적으로 형사사법작용과 관련하여 적용하여 왔으나, 영장제도가 지닌 의의는 국민의 기본권 보장에 있으므로 즉시강제와 같은 행정작용 영역에는 적용의 여지가 없다는 영장불요설는 타당하지 않다. 따라서 대법원 판례와 같이 절충적인 견해가 헌법정신에 부합하며 현대 행정에서 특별히 강조되는 적법절차원리의 측면에서도 설득력이 있는 법리해석으로 판단된다.

---

3) 참고로, (구)음반·비디오물및게임물에관한법률 제24조 제4항 및 제6항에서 이 법률에서 정한 일정한 게임물을 수거·폐기하기 위해서는 관계공무원에게 '수거증 교부' 및 '증표 제시'에 관한 규정을 두고 있을 뿐이다.

Ⅲ. 행정벌

1. 행정형벌과 행정질서벌(과태료)

판시사항 행정형벌과 행정질서벌의 차이: 대법원은, "행정질서벌과 행정형벌은 다같이 '행정법령에 위반하는데 대한 제재'라는 점에서는 같다하더라도 행정형벌은 그 행정법규 위반이 직접적으로 행정목적과 사회공익을 침해하는 경우에 과하여지는 것이므로 행정형벌을 과하는데 있어서 고의 과실을 필요로 할 것이냐의 여부의 점은 별문제로 하더라도 행정질서벌인 과태료는 직접적으로 행정목적이나 사회공익을 참해하는데 까지는 이르지 않고 다만 간접적으로 행정상의 질서에 장해를 줄 위험성이 있는 정도의 단순한 의무태만에 대한 제재로서 과하여지는데 불과한 것이다."고 판시하여(대결 1969.7.29, 69마400), 행정형벌과 행정질서벌의 구별점을 설시하고 있다.

2. 행정형벌과 법인의 책임

판시사항 지방자치단체가 양벌규정에 의한 처벌대상이 되는 법인에 해당하는지 여부: 대법원은, "국가가 본래 그의 사무의 일부를 지방자치단체의 장에게 위임하여 처리하게 하는 기관위임사무의 경우 지방자치단체는 국가기관의 일부로 볼 수 있고, 지방자치단체가 그 고유의 자치사무를 처리하는 경우 지방자치단체는 국가기관의 일부가 아니라 국가기관과는 별도의 독립한 공법인으로서 양벌규정에 의한 처벌대상이 되는 법인에 해당한다."고 판시하여(대판 2009.6.11, 2008도6530), 행정형벌도 형사범죄의 한 유형이므로 비록 법인은 범죄능력을 인정할 수 없으나, 형사책임이 귀속되기 위해서는 법주체여야 하는 바, 지방자치단체도 법주체이며 당해 지방자치단체의 '고유사무'와 관련하여 양벌규정에 따라 행정형벌의 형사책임을 지울 수 있다고 하였다.

3. 행정형벌과 통고처분

판시사항 도로교통법상 통고처분의 취소를 구하는 행정소송이 가능한지 여부: 대법원은, "도로교통법 제118조에서 규정하는 경찰서장의 통고처분은 행정소송의 대상이 되는 행정처분이 아니므로 그 처분의 취소를 구하는 소송은 부적법하고, 도로교통법상의 통고처분을 받은 자가 그 처분에 대하여 이의가 있는 경우에는 통고처분에 따른 범칙금의 납부를 이행하지 아니함으로써 경찰서장의 즉결심판청구에 의하여 법원의 심판을 받을 수 있게 될 뿐이다."고 판시하여(대판 1995.6.29, 95누4674), 통고처분의 항고소송 대상적격을 부정하고 있다.

4. 행정형벌과 행정질서벌의 병과

판시사항 행형법상의 징벌을 받은 자에 대한 형사처벌이 일사부재리의 원칙에 위반되는지 여부(소극): 대법원은, "피고인이 행형법에 의한 징벌을 받아 그 집행을 종료하였다고 하더라도 행형법상의 징벌은 수형자의 교도소 내의 준수사항위반에 대하여 과하는 행정상의 질서벌의 일종으로서 형법 법령에 위반한 행위에 대한 형사책임과는 그 목적, 성격을 달리하는 것이므로 징벌을 받은 뒤에 형사처벌을 한다고 하여 일사부재리의 원칙에 반하는 것은 아니다."고 판시하여(대판 2000.10.27, 2000도3874), 행정형벌과 행정질서벌의 병과 가가능하고, 양자를 병과한다고 해도 일사부재리원칙에 반하지 않는다고 한다. 이와 같은 취지의 판결들로는 [대판 1996.4.12, 96도158; 헌재 1994.6.30, 92헌바38 등]이 있다. 다만, 행정형벌과 행정질서벌의 병과 가능성에 강한 비판을 제기하는 유력한 견해도 있다(朴正勳(Ⅰ), 326-348쪽).

5. 과태료(행정질서벌) 부과요건으로서 고의·과실

판시사항 과태료 부과대상 질서위반행위를 한 자가 자신의 책임 없는 사유로 위반행위에 이르렀다고 주장하는 경우, 법원이 취하여야 할 조치: 대법원은, "질서위반행위규제법은 과태료의 부과대상인 질서위반행위에 대하여도 책임주의 원칙을 채택하여 제7조에서 "고의 또는 과실이 없는 질서위반행위는 과태료를 부과하지 아니한다."고 규정하고 있으므로, 질서위반행위를 한 자가 자신의 책임 없는 사유로 위반행위에 이르렀다고 주장하는 경우 법원으로서는 그 내용을 살펴 행위자에게 고의나 과실이 있는지를 따져보아야 한다."고 판시하였다(대결 2011.7.14, 2011마364). ☜ 과태료(행정질서벌) 부과와 관련하여 종래 판례에서는 「…특별한 규정이 없는 한 원칙적으로 '고의·과실'을 요하지 아니 한다.」는 입장이었으나(대결 1969.7.29, 69마400), 현행 '질서행위위반규제법'의 적용을 받는 과태료 부과는 이 법 제7조에서 명문으로 '고의·과실'을 과태료 부과요건으로 규정하고 있음에 유의할 필요가 있다.

제 3 부

행정과정에 관한 법

제 1 장 행정절차법

제 2 장 정보공개법

행정절차법

Ⅰ. 사전통지와 의견제출 절차

1. 제3자효 행정행위와 사전통지·의견제출 절차의 요부

1) 전형적인 제3자효 행정행위의 경우에서 사전통지·의견제출 절차

사실관계 행정절차법 제21조, 제22조의 절차위반 여부 (대판 2009.4.23, 2008두686)

甲등은 남양주시 화도읍에 임야를 소유하고 있는 자들이다. 건설교통부장관 乙은 (구)사회간접자본시설에대한민간투자법(이하, "민간투자법"이라 함) 제15조에 의해 건설교통부 고시로 '서울－춘천 고속도로 민간투자사업 실시계획'을 고시하였다. 이 고시에 따라 丙이 실시계획의 사업시행자로 지정되었다. 위 甲등의 임야 일부가 포함되어 있는 화도IC는 당초 계획된 고속도로의 IC기본설계안과는 달리 동쪽으로 위치가 변경되어 [비교 1안]이 실시설계안으로 정해져서 고속도로의 위치가 변경됨 따라 화도IC노선이 甲등의 임야 정중앙을 관통하게 되어 이 임야는 남북으로 양분되었다. 그러자 甲등은 임야의 가치평가절하로 인해 재산권이 침해되므로, 헌법상 적법절차를 구체화한 행정절차법 제21조 제1항, 제22조 제3항에 따른 사전통지와 의견진술 기회를 부여하여야 함에도 그러한 절차를 밟지 않았다고 주장하며 위 실시계획 승인고시 중 화도IC 실시계획안이 무효임을 확인하는 소를 제기하였다(이하, 「화도IC사건」이라 함).

판 지

대법원은, "행정절차법 제21조, 제22조는 행정청이 당사자에게 의무를 과하거나 권익을 제한하는 등 불이익한 처분을 하는 경우 '당사자 등'에게 사전통지 및 의견제출의 기회를 주도록 정하고 있고, 같은 법 제2조 제4호는 '당사자 등'을 행정청의 처분에 대하여 직접 그 상대가 되는 당사자와 행정청이 직권 또는 신청에 의하여 행정절차에 참여하게 한 이해관계인으로 정하고 있다. 그러므로 불이익처분의 직접 상대방인 당사자 또는 행정청이 참여하게 한 이해관계인이 아닌 제3자에 대하여는 사전통지 및 의견제출에 관한 같은 법 제21조, 제22조가 적용되지 않는다."고 판시하였다.

평 가

대법원은 위 사건과 같이 전형적인 제3자효 행정행위에서 불이익 효과가 발생하는 제3자와 관련한 행정절차법 제2조 제4호 및 제21조(처분의 사전통지)와 제22조(의견청취)의 상호 간의 해석과 관련해서는 "불이익처분의 직접 상대방인 당사자 또는 행정청이 참여하게 한 이해관계인 아닌 제3자에 대하여는 사전통지 및 의견제출에 관한 같은 법 제21조, 제22조가 적용되지 않는다"고 판시하여 소극설의 입장을 취하고 있다.

2) 지위승계신고와 사전통지 및 의견제출 절차

사실관계 **영업자지위승계신고 수리처분을 하는 경우, 종전의 영업자가 행정절차법 제2조 제4호 소정의 '당사자'에 해당하는지 여부(적극) 및 수리처분시 종전의 영업자에게 행정절차법 소정의 행정절차를 실시하여야 하는지 여부(적극) (대판 2003.2.14, 2001두7015)**

丙은 유흥주점을 운영하던 甲의 그 소유 유흥주점 건물을 지방세법에 의한 압류재산 매각절차에 따라 '경락'받아, 그 명의로 소유권이전등기를 경료하고, (구)식품위생법 제25조 제2항 소정의 '영업시설의 전부를 인수한 자'에 해당함을 이유로 영업자지위의 수반취득을 주장하며, 대전광역시 동구청장 乙에게 위 유흥주점의 영업자지위승계신고를 하였고, 乙은 이 신고를 수리하였다. 다만 신고의 수리에 있어서 甲이 행정절차법 제2조 제4호의 '당사자'에 해당함이 없음을 이유로, 甲에게 행정절차법 제21조·제22조상의 처분의 사전통지 및 의견제출의 기회를 부여하지 않았다. 그리하여 甲은 이 같은 절차의 하자를 이유로 乙을 상대로 위 유흥주점영업자지위승계수리 처분의 취소를 구하는 소를 제기하였다.

> ▶ 참조조문
>
> **(구)식품위생법**
>
> 제25조 (영업의 승계) ②민사소송법에 의한 경매, 파산법에 의한 환가나 국세징수법·관세법 또는 지방세법에 의한 압류재산의 매각 기타 이에 준하는 절차에 따라 영업시설의 전부를 인수한 자는 그 영업자의 지위를 승계한다. 이 경우 종전의 영업자에 대한 영업허가 또는 그가 한 신고는 그 효력을 잃는다.

판 지

행정절차법 제21조 제1항, 제22조 제3항 및 제2조 제4호의 각 규정에 의하면, 행정청이 당사자에게 의무를 과하거나 권익을 제한하는 처분을 함에 있어서는 당사자 등에게 처분의 사전통지를 하고 의견제출의 기회를 주어야 하며, 여기서 당사자라 함은 **행정청의 처분에 대하여 직접 그 상대가 되는 자를 의미한다** 할 것이고, 한편 (구)식품위생법(2002.1.26. 법률 제6627호로 개정되기 전의 것) 제25조 제2항, 제3항의 각 규정에 의하면, 지방세법에 의한 압류재산 매각절차에 따라 영업시설의 전부를 인수함으로써 그 영업자의 지위를 승계한 자가 관계 행정청에 이를 신고하여 행정청이 이를 수리하는 경우에는 종전의 영업자에 대한 영업허가 등은 그 효력을 잃는다 할 것인데, 위 규정들을 종합하면 위 행정청이 (구)식품위생법 규정에 의하여 영업자지위 승계신고를 수리하는 처분은 종전의 영업자의 권익을 제한하는 처분이라 할 것이고 따라서 **종전의 영업자는 그 처분에 대하여 직접 그 상대가 되는 자에 해당한다고 봄이 상당**하므로, 행정청으로서는 위 신고를 수리하는 처분을 함에 있어서 행정절차법 규정 소정의 당사자에 해당하는 종전의 영업자에 대하여 위 규정 소정의 행정절차를 실시하고 처분을 하여야 한다.

관련판례

위 판례와 유사한 사건인 (구)관광진흥법 또는 (구)체육시설의 설치·이용에 관한 법률의 규정에 의하여 **'공매' 등의 절차를 통해 영업을 인수한 유원시설업자 또는 체육시설업자 지위승계신고를 수리하는 처분을 하는 경우**, 종전 유원시설업자 또는 체육시설업자에 대하여 행정절차법 제21조 제1항 등에서 정한 처분의 사전통지 등 절차를 거쳐야 하는지 여부와 관련하여 대법원은, "행정절차법 제21조 제1항, 제22조 제3항 및 제2조 제4호의 각 규정에 의하면, 행정청이 당사자에게 의무를 부과하거나 권익을 제한하는 처분을 할 때에는 당사자 등에게 처분의 사전통지를 하고 의견제출의 기회를 주어야 하며, **여기서 당사자란 행정청의 처분에 대하여 직접 그 상대가 되는 자를 의미한다. 한편**……행정청이 (구)관광진흥법 또는 (구)체육시설법의 규정에 의하여 유원시설업자 또는 체육시설업자 지위승계신고를 수리하는 처분은 종전 유원시설업자 또는 체육시설업자의 권익을 제한하는 처분이고, 종전 유원시설업자 또는 체육시설업자는 그 처분에 대하여 직접 그 상대가 되는 자에 해당한다고 보는 것이 타당하므로, 행정청이 그 신고를 수리하는 처분을 할 때에는 행정절차법 규정에서 정한 당사자에 해당하는 종전 유원시설업자 또는 체육시설업자에 대하여 위 규정에서 정한 행정절차를 실시하고 처분을 하여야 한다."고 판시한 다음, 결론적으로 이 사건에서 대법원은, "행정청이 그 신고를 수리하는 처분을 할 때에는 행정절차법 규정에서 정한 당사자에 해당하는 종전 유원시설업자 또는 체육시설업자에 대하여 위 규정에서 정한 행정절차를 실시하고 처분을 하여야 한다."고 판시하였다(대판 2012.12.13, 2011두29144).

3) 소결

행정절차법은 당사자에게 의무를 부과하거나 권익을 제하는 불이익 처분절차로서 법 제21조

제1항의 사전통지절차, 제22조 제3항의 의견제출절차를 정하고, 그 절차의 상대방으로 '당사자등'이라고 규정하고 있으며, 법 제2조 제4호에서는 "당사자등"의 정의와 관련하여 '가. 행정청의 처분에 대해하여 직접 그 상대가 되는 당사자', '나. 행정청이 직권으로 또는 신청에 따라 행정절차에 참여하게 한 이해관계인'이라고 규정한다. 이 같은 행정절차법상의 사전통지·의견제출 절차의 해석상의 문제로 위 1)**의 '화도IC사건'**은 전형적인 제3자효 행정행위에서 제3자는 행정처분청이 직권으로 또는 신청에 따라 절차에 참여하게 한 이해관계인이 아닌 한 처분의 상대방인 당사자로 볼 수 없다고 하여 사전통지·의견제출 절차를 밟지 않아도 무방하다고 한 판례이다. 한편, 위 2)**의 영업자지위승계 등 지위승계신고**와 같이 수리를 요하는 신고(행정요건적 신고)의 경우에는 그것이 '공매' 등에 의해 이루어져서 지위승계인과 종래 지위자 간의 법관계가 제3자효 행정행위와 같음에도 불구하고 이 때의 신고 수리는 종래 지위자에 대한 관계에서 직접 상대방으로 해당한다고 보는 것이 행정절차법 제21조 제1항, 제22조 제3항, 제2조 제4호의 '당사자'의 해석상 타당함을 논거로 사전통지·의견제출 절차를 실시해야 한다는 '적극설'이 판례의 태도이다. **이 같이 동일한 제3자효 행정행위에서 서로 상반된 판례태도와 관련하여** ① 우선은 현행 행정절차법제21조 제1항, 제22조 제3항, 제2조 제4호의 해석으로는 제3자 행정행위에서 '제3자'를 당사자로 보아 절차를 요구하는 것은 법조항의 문리해석을 벗어나므로 곤란해 보이며, ② 나머지 위 2)**의 판례**에서 보는 것과 같은 영업상의 지위승계수리와 관련하여 종래 지위자를 직접적인 당사자로 보는 것 역시 엄밀한 법해석상 결점이 있으므로, 이 경우에는 수리 이후 제3자인 종래 지위자를 당사자로 포착하여 절차의 실시를 요구할 것이 아니라 그 이전 단계인 '공매처분'이나 '압류처분' 등의 단계에서 행정절차법상 상대방인 당사자로서 사전통지·의견제출 절차를 거치도록 함이 타당한 해석일 것이다.

2. 거부처분의 경우 사전통지·의견제출 절차의 요부

교원임용거부취소청구사건에서 대법원은, "행정절차법 제21조 제1항은 행정청은 당사자에게 의무를 과하거나 권익을 제한하는 처분을 하는 경우에는 미리 처분의 제목, 당사자의 성명 또는 명칭과 주소, 처분하고자 하는 원인이 되는 사실과 처분의 내용 및 법적 근거, 그에 대하여 의견을 제출할 수 있다는 뜻과 의견을 제출하지 아니하는 경우의 처리방법, 의견제출기관의 명칭과 주소, 의견제출기한 등을 당사자 등에게 통지하도록 하고 있는바, 신청에 따른 처분이 이루어지지 아니한 경우에는 아직 당사자에게 권익이 부과되지 아니하였으므로 특별한 사정이 없는 한 신청에 대한 거부처분이라고 하더라도 직접 당사자의 권익을 제한하는 것은 아니어서 신청에 대한 거부처분을 여기에서 말하는 '당사자의 권익을 제한하는 처분'에 해당한다고 할 수 없는 것이어서 처분의 사전통지대상이 된다고 할 수 없다."고 판시하였다(대판 2003.11.28, 2003두

674). ☜ 현행 행정절차법에서는 분명히 사전통지(법 제21조)와 의견제출(법 제22조 제3항) 절차의 대상으로 '당사자에게 의무를 부과하거나 권익을 제한하는 처분', 즉 불이익 처분(침해적 처분)에 한하고 있는 이상, 판례의 태도가 타당하다. 다만 추후 우리 행정절차법도 일본의 행정수속법과 마찬가지로 직권에 의한 처분과 신청에 의한 처분 개념이 행정절차법에 도입된다면, 거부처분은 당연히 사전통지·의견제출 절차에 포함될 것이다(宇賀克也(Ⅰ), 369쪽 이하).

Ⅱ. 이유제시 절차 – 이유제시의 정도

사실관계 주류도매업면허의 취소처분에 그 대상이 된 위반사실을 특정하지 아니하여 위법하다고 본 사례(즉, 이유제시의 정도) (대판 1990.9.11, 90누1786)

세무서장 乙이 甲에 대해 무면허 판매업자에 주류 판매시 면허를 취소한다는 부관(지정조건)을 붙여 일반주류판매업면허를 발급하였으나, 이후 甲의 영업과정에서 무면허 주류판매업자 소외 X에게 1986.5.31. 주류를 판매한 사실, 무면허 주류판매업자 소외 Y에게 1987.10.21. 주류를 판매한 사실이 적발되었다. 이에 乙은 단지 "상기 주류도매장은 무면허주류판매업자에게 주류를 판매하여 주세법 제11조 및 주세사무처리규정 제26조에 의거 지정조건위반으로 주류판매면허를 취소합니다."는 통지를 통해 일반주류도매업면허 취소처분을 하였다.

▶ 참조조문

(구)주세법

제18조 ① 주류, 국 또는 종국의 판매업자가 다음 각호의 1에 해당하는 때에는 대통령령이 정하는 구분에 의하여 정부는 그 판매업을 정지처분하거나 그 면허를 취소하여야 한다.

7. 주류제조 면허를 받지 아니한 자에게 주류제조용으로 국 또는 종국을 판매하였을 때

판 지

면허의 취소처분에는 그 근거가 되는 법령이나 취소권 유보의 부관 등을 명시하여야 함은 물론 처분을 받은 자가 어떠한 위반사실에 대하여 당해 처분이 있었는지를 알 수 있을 정도로 사실을 적시할 것을 요하며, 이와 같은 취소처분의 근거와 위반사실의 적시를 빠뜨린 하자는 피처분자가 처분 당시 그 취지를 알고 있었다거나 그 후 알게 되었다 하여도 치유될 수 없다고 할 것인바, 세무서장인 피고가 주류도매업자인 원고에 대하여 한 이 사건 일반주류도매업면허 취소통지에 "상기 주류도매장은 무면허 주류판매업자에게 주류를 판매하여 주세법 제11조 및 국세법사무처리규정 제26조에 의거 지정조건위반으로 주류판매면허를 취소합니다"라고만 되어 있어서 원고의 영업기간과 거래상대방 등에 비추어 원고가 어떠한 거래행위로 인하여 이 사건 처분을 받았는지 알 수 없게 되어 있다면 이 사건 면허취소처분은 위법하다.

평 가

(가) 행정절차법 제23조상의 이유제시 절차는 침해적 처분은 물론 수익적 처분에도 적용되는 공통된 처분절차이나(그러나 이유제시 절차가 중요한 의미를 가지는 것은 침해적 처분의 경우이다), 처분청이 처분을 함에 있어서 이유제시를 할 때, 이유제시의 정도는 처분의 '법률적 근거'와 '사실상의 이유'를 처분의 상대방이 이해할 수 있을 정도로 구체적이고 명확하게 하여야 하며, 서면으로 할 것을 요한다.

(나) 이와 같은 행정절차법 제23조(처분의 이유제시)의 본지에 따라 위 대상판례는 판결의 설시에서 이유제시의 정도와 관련하여, "면허의 취소처분에는 그 근거가 되는 법률이나 취소권유보의 부관 등을 명시하여야함은 물론 처분을 받은 자가 어떠한 위반사실에 대하여 당해 처분이 있었는지를 알 수 있을 정도로 사실을 적시할 것"을 요한다고 하고, 이를 전제로 "일반주류도매업면허취소통지에 [상기 주류도매장은 무면허 주류 판매업자에게 주류를 판매하여 주세법 제11조 및 국세법사무처리규정 제26조에 의거 지정조건위반으로 주류판매면허를 취소합니다]라고만 되어 있어서 기록에 나타난 원고의 영업기간과 거래상대방 등에 비추어 그 정도의 사실 적시만으로는 원고가 어떠한 거래행위로 인하여 이 사건 처분을 받았는지를 알 수 없다 할 것이므로 원심이 같은 취지에서 이 사건 면허취소처분이 위법하다고 판단한 것은 정당하다."고 판시하였다. 이 대상판례는 그 이전의 판례에서 "허가의 취소처분에는 그 근거가 되는 법령이나 취소권유보의 부관 등을 명시하여야 함은 물론 처분을 받은 자가 어떠한 위반사실에 대하여 당해 처분이 있었는지를 알 수 있을 정도의 사실의 적시를 요한다고 할 것이므로 이와 같은 취소처분의 근거와 위반사실의 적시를 빠뜨린 하자는 피처분자가 처분당시 그 취지를 알고 있었다거나 그 후 알게 되었다고 하여도 이로써 치유될 수는 없다."고 판시한 사건(대판 1987.5.26, 86누788: 주류판매업면허취소처분취소등)과 같이 이유제시의 정도에 대해 상대방에게 처분근거·이유가 이해될 수 있으며 권리구제를 강구할 수 있을 정도의 구체성·상세성을 가져야 한다고 하여 비교적 엄격한 기준을 제시하고 있다. 다만, 이들 이유제시의 정도에 관한 판례의 판단기준은 **행정절차법이 시행된 1994년 10월 1일 이전의 판례**임에 유의할 필요가 있다.

(다) **1994년 행정절차법 시행 이후 이유제시의 정도에 관한 판례태도를 보면**, ① "일반적으로 당사자가 근거규정 등을 명시하여 신청하는 인·허가 등을 거부하는 처분을 함에 있어 당사자가 그 근거를 알 수 있을 정도로 상당한 이유를 제시한 경우에는 당해 처분의 근거 및 이유를 구체적 조항 및 내용까지 명시하지 않았더라도 그로 말미암아 그 처분이 위법한 것이 된다고 할 수 없다"고 하여, "행정청이 토지형질변경허가신청을 불허하는 근거규정으로 '도시계획법시행령 제20조'를 명시하지 아니하고 '도시계획법'이라고만 기재하였으나, 신청인이 자신의 신청이 개발제한구역의 지정목적에 현저히 지장을 초래하는 것이라는 이유로 (구)도시계획법시행령(2000.7.1. 대통령령 제16891호로 전문 개정되기 전의 것) 제20조 제1항 제2호에 따라 불허된 것임을 알 수 있었던 경우, 그 불허처분이 위법하지 아니하다."고 판시하였다(대판 2002.5.17, 2000두

8912: 토지형질변경불허가처분취소). 이 판례는 행정절차법 시행 이후 이유제시의 정도를 밝힌 최초의 판례이자 '거부처분'에 관한 판례이다. 이 판례의 태도에 대해 한 때 거부처분 근거·이유제시 정도를 불이익처분의 근거·이유제시 정도보다 구체성을 완화한 것이라는 평석이 있었다(김철용, 346쪽). 그러나 그 후 이유제시의 정도에 관한 이 같은 취지의 판지는 '거부처분'이 아닌 '적극처분'의 경우에도 계속되어, ② 대법원은, "처분서에 기재된 내용과 관계 법령 및 당해 처분에 이르기까지의 전체적인 과정 등을 종합적으로 고려하여, 처분 당시 당사자가 어떠한 근거와 이유로 처분이 이루어진 것인지를 충분히 알 수 있어서 그에 불복하여 행정구제절차로 나아가는 데에 별다른 지장이 없었던 것으로 인정되는 경우에는 처분서에 처분의 근거와 이유가 구체적으로 명시되어 있지 않았다 하더라도 그로 말미암아 그 처분이 위법한 것으로 된다고 할 수는 없다."고 판시하여(대판 2009.12.10, 2007두20348: 도로점용변상금부과처분취소), 행정절차법 시행 이전 판례와는 달리 동법의 시행 후, 위 거부처분과 적극처분에 관한 판례와 같은 취지를 유지하여 이유제지의 정도에 대해 완화된 기준을 적용하고 있다. 그리고 이 대법원 판례에서 제시한 이유제시의 정도에 관한 판지(대판 2000두8912; 대판 2007두20348)는 지금까지 동일하게 그대로 유지되고 있다(대판 2014.9.4, 2012두12570: 과징금부과처분등취소).

(라) 결론적으로, 행정절차법 시행 후, 판례태도는 거부처분인지 불이익처분인지 관계없이 이유제시 절차의 기능을 오로지 당사자의 불복신청에 도움을 준다는 관점에서만 포착한 측면이 있다. 그러나 처분의 근거와 이유를 구체적으로 명시하도록 하는 이유제시 절차는 불복신청에 도움을 주는 것은 물론 처분의 결정과정을 투명하게 하여 당사자가 결정과정을 알 수 있도록 하고, 또한 행정청으로 하여금 보다 신중하고 공정한 처분을 하도록 하여 행정의 자기통제의 기능도 있다. 따라서 이유제시의 정도는 행정절차법 시행 이전의 위 대상판례와 같이 구체성·상세성을 가져야 한다는 판례의 기준이 타당하다고 본다.

Ⅲ. 행정절차법의 적용범위와 적용제외의 해석

1. 공무원 인사 관계법령에 따른 징계와 그 밖의 처분

사실관계 공무원 인사관계 법령에 의한 처분에 관한 사항에 대하여 행정절차법의 적용이 배제되는 범위 등 (대판 2007.9.21, 2006두20631)

학군으로 임관된 甲은 2003.9.29. 대령진급예정자로 선발·공표되었다(이하, '이 사건 대령진급 선발'이라 함). 그러나 이 사건 대령진급 선발 이후인 2004.11.17. 육군참모총장은 국방부장관에게, 甲가 이 사건 대령진급 선발 이전의 군납업자로부터의 금품수수 등에 기하여 기소유예처분 및 감봉 3월의 징계처분을 받았다는 이유로 甲의 진급낙천을 건의하였고, 이에 국방부장관은 육군참모총장의 위 건의에 따라 2004.11.30. 군인사법 제31조 등에 의거하여 甲에 대한 대령진급선발을 취소하는 처분(이하, '이 사건 처분'이라 함)을 하였다. 甲은 위와 같이 육군참모총장이 국방부장관에게 甲에 대한 진급낙천을 건의하는 과정이나 국방부장관이 甲에 대하여 대령진급선발을 취소하는 처분을 하는 과정에서 따로 의견제출 기회나 소명기회 등을 전혀 부여받지 못하였다는 점을 들어 이 사건 처분에 대한 취소소송을 제기하였다.

판 지

[1] 행정절차법 제21조 제1항, 제4항, 제22조 제1항 내지 제4항에 의하면, 행정청이 당사자에게 의무를 과하거나 권익을 제한하는 처분을 하는 경우에는 미리 처분하고자 하는 원인이 되는 사실과 처분의 내용 및 법적 근거, 이에 대하여 의견을 제출할 수 있다는 뜻과 의견을 제출하지 아니하는 경우의 처리방법 등의 사항을 당사자 등에게 통지하여야 하고, 다른 법령 등에서 필요적으로 청문을 실시하거나 공청회를 개최하도록 규정하고 있지 아니한 경우에도 당사자 등에게 의견제출의 기회를 주어야 하되, "당해 처분의 성질상 의견청취가 현저히 곤란하거나 명백히 불필요하다고 인정될 만한 상당한 이유가 있는 경우" 등에는 처분의 사전통지나 의견청취를 하지 아니할 수 있도록 규정하고 있으므로, 행정청이 침해적 행정처분을 하면서 당사자에게 위와 같은 사전통지를 하거나 의견제출의 기회를 주지 아니하였다면 사전통지를 하지 않거나 의견제출의 기회를 주지 아니하여도 되는 예외적인 경우에 해당하지 아니하는 한 그 처분은 위법하여 취소를 면할 수 없다.

한편, 행정절차법 제3조 제2항은 "이 법은 다음 각 호의 1에 해당하는 사항에 대하여는 적용하지 아니한다."고 규정하면서 그 제9호에서 '병역법에 의한 징집·소집, 외국인의 출입국·난민인정·귀화, 공무원 인사관계 법령에 의한 징계 기타 처분 또는 이해조정을 목적으로 법령에 의한 알선·조정·중재·재정 기타 처분 등 당해 행정작용의 성질상 행정절차를 거치기 곤란하거나 불필요하다고 인정되는 사항과 행정절차에 준하는 절차를 거친 사항으로서 대통령령으로 정하는 사항'을 행정절차법의 적용이 제외되는 경우로 규정하고 있고, 그 위임에 기한 행정절차법 시행령 제2조는 "법 제3조 제2항 제9호에서 '대통령령으로 정하는 사항'이라 함은 다음 각 호의 1에 해당하는 사항을 말한다"라고 규정하면서 그 제3호에서 '공무원 인사관계 법령에 의한 징계 기타 처분에 관한 사항'을 규정하고 있는바, 행정과정에 대한 국민의 참여와 행정의 공정성, 투명성 및 신뢰성을 확보하고 국민의 권익을 보호함을 목적으로 하는 행정절차법의 입법목적과 행정절차법 제3조 제2항 제9호의 규정 내용 등에 비추어 보면, 공무원 인사관계 법령에 의한 처분에 관한 사항 전부에 대하여 행정절차법의 적용이 배제되는 것이 아니라 성질상 행정절차를 거치기 곤란하거나 불필요하다고 인정되는 처분이나 행정절차에 준하는 절차를 거치도록 하고 있는 처분의 경우에만 행정절차법의 적용이 배제되는 것으로 보아야 할 것이다.

[2] ……한편 군인사법 및 그 시행령에 이 사건 처분과 같이 진급예정자 명단에 포함된 자의

진급선발을 취소하는 처분을 함에 있어 행정절차에 준하는 절차를 거치도록 하는 규정이 없을 뿐만 아니라 위 처분이 성질상 행정절차를 거치기 곤란하거나 불필요하다고 인정되는 처분이라고 보기도 어렵다고 할 것이어서 이 사건 처분이 행정절차법의 적용이 제외되는 경우에 해당한다고 할 수 없으며, 나아가 원고가 수사과정 및 징계과정에서 자신의 비위행위에 대한 해명기회를 가졌다는 사정만으로 이 사건 처분이 행정절차법 제21조 제4항 제3호, 제22조 제4항에 따라 원고에게 사전통지를 하지 않거나 의견제출의 기회를 주지 아니하여도 되는 예외적인 경우에 해당한다고 할 수 없으므로, 피고가 이 사건 처분을 함에 있어 원고에게 의견제출의 기회를 부여하지 아니한 이상, 이 사건 처분은 절차상 하자가 있어 위법하다고 할 것이다.

평 가

현행 행정절차법은 "당사자에게 의무를 부과하거나 권익을 제한하는 처분(침해적 행정처분)"에 한하여 사전통지(동법 제21조), 의견제출절차(동법 제22조 제3항) 등을 규정하고 있는데, 이 판례는 "행정청이 침해적 행정처분을 하면서 당사자에게 행정절차법상의 사전통지를 하거나 의견제출의 기회를 주지 아니했다면 사전통지를 하지 않거나 의견제출의 기회를 주지 아니하여도 되는 예외적인 경우에 해당하지 아니하는 한 그 처분은 위법해 취소를 면할 수 없다"고 하여 절차적 적법성에 대한 심사를 더욱 강조한 최근 대법원의 입장을 확인할 수 있다는 측면에서 의미가 크다고 본다.

관련판례

(가) **〈판시사항〉 공무원 인사관계 법령에 의한 처분에 관한 사항에 대하여 행정절차법의 적용이 배제되는 범위 및 그 법리가 별정직 공무원에 대한 직권면직 처분에도 적용되는지 여부**(적극): 대법원은, 5년 임기의 별정직 공무원인 대통령기록관장으로 근무하던 원고가 노무현 전 대통령의 사저로의 대통령 기록유출 혐의를 이유로 직권면직처분을 받는 과정에서 행정절차법이 규정한 사전통지나 의견제출 기회 부여 등의 절차를 따르지 않았다는 이유로 직권면직처분 취소소송을 제기한 사건에서, "행정절차법령 규정들의 내용을 행정의 공정성, 투명성 및 신뢰성을 확보하고 국민의 권익을 보호함을 목적으로 하는 행정절차법의 입법 목적에 비추어 보면, **공무원 인사관계 법령에 의한 처분에 관한 사항이라 하더라도 그 전부에 대하여 행정절차법의 적용이 배제되는 것이 아니라, 성질상 행정절차를 거치기 곤란하거나 불필요하다고 인정되는 처분이나 행정절차에 준하는 절차를 거치도록 하고 있는 처분의 경우에만 행정절차법의 적용이 배제되는 것으로 보아야 하고**, 이러한 법리는 '공무원 인사관계 법령에 의한 처분'에 해당하는 별정직 공무원에 대한 직권면직 처분의 경우에도 마찬가지로 적용된다고 할 것이다."고 판시하여 행정절차법이 적용된다고 한다(대판 2013.1.16, 2011두30687). ☜ 이 대법원은 판결에서, 행정절차법 제21조제1항, 제22조제3항을 위반한 절차상의 하자가 있어 위법하다고 판시한 사건이다.

(나) 그러나 위 판례와는 반대로 대법원은, **〈판시사항〉 국가공무원법상 직위해제처분에 처분의 사전통지 및 의견청취 등에 관한 행정절차법 규정이 적용되는지 여부**(소극): "국가공무원법상 직위해제처분은 (구)행정절차법(2012.10.22. 법률 제11498호로 개정되기 전의 것) 제3조 제2항 제9호, (구)행정절차법 시행령(2011.12.21. 대통령령 제23383호로 개정되기 전의 것) 제2조 제3호에 의하여 당해 행정작용의 성질상 행정절차를 거치기 곤란하거나 불필요하다고 인정되는 사항 또는 행정절차에 준하는 절차를 거친 사항에 해당하므로, 처분의 사전통지 및 의견청취 등에 관한 행정절차법의 규정이 별도로 적용되지 않는다."고 판시하였다(대판 2014.5.16, 2012두26180).[1]

2. 물적 일반처분과 행정절차법의 적용여부

사실관계 도로구역변경결정이 행정절차법 제21조 제1항의 사전통지나 제22조 제3항의 의견청취의 대상이 되는 처분인지 여부(소극) (대판 2008.6.12, 2007두1767)

원고는 강원도 내 임야 소유자이고 피고 乙은 강원도지사이다. 乙은 15.67km의 확·포장공사를 시행하되 그 중 1, 3공구는 국가지원사업으로 하기로 하고 2공구는 민간투자사업으로 추진하기로 하였다. 이에 시설사업기본계획을 고시하여 미시령동서관통도로 주식회사와 실시협약을 체결한 다음, 乙은 2001.6.9일 공사를 위한 도로구역을 결정, 고시하였는데 원고 소유의 2필지 토지가 2공구 도로구역에 포함되었고 2공구는 BTO방식으로 사업을 시행하기로 하였다. 그 후 乙은 2004.10.22. 도로용지폭 감소 및 교차로 신설에 따른 도로용지폭 증가를 이유로 도로구역변경결정을 하고 이를 강원도 고시 제2004-221호로 고시하였는데 원고 소유 필지 중 이전에 포함이 안 된 임야 2,767㎡가 포함되었다. 이 원고 소유의 2.767㎡는 3공구에 위치하고 있었는데 미시령동서관통도로 주식회사의 준공과 동시에 위 회사에 그 소유권이 귀속될 예정이다. 그러자 원고는 乙을 상대로 위 도로구역변경결정고시가 실체적 하자는 물론 절차적으로 행정절차법 제21조(처분의 사전통지) 제1항 등에 위배된다고 강하게 주장하며 취소소송을 제기하였다.

---

1) 이 판결의 경위는, 고용노동부가 인사제도 개선을 위해 5급 관리자 역량강화방안 프로그램을 제안함에 따라 고용노동부장관(피고)은 5급 공무원으로 승진한지 4년 이상 된 자를 다면평가의 대상자로 선정하였으며, 원고는 서울지방고용노동청 소속 5급 공무원에 해당하는 자로, 실시된 다면평가결과에서 하위권에 속하였고 그 결과 서울지방고용노동청 및 고용노동부가 지정한 역량강화 대상자에 선정되었다. 고용노동부는 역량강화 대상자를 상대로 여러 평가를 실시하여 미흡평가를 받은 자에게 보직부여를 유예한 다음, 직위해제 여부를 추가로 검토하였는데, 원고는 직무능력이 현저히 부족하다고 판단된다는 이유로 국가공무원법 제73조의3 제1항 제2호에 따라 직위해제처분(이하 '이 사건 처분'이라 함)을 받았다. 이에 대해 원고는 소청심사위원회에 소청심사를 청구하였으나 기각결정을 받자, 이후 중앙징계위원회의 의결로 직권면직처분을 받았다. 이에 원고는 자신에 대한 직위해제처분은 사전통지 및 의견청취 등에 관한 행정절차상 하자가 있다고 주장하며 취소소송을 제기한 사건이다.

판 지

[1] 도로법 제49조의2는 도로공사의 시행을 위하여 필요하다고 인정할 때 공익사업을 위한 토지 등의 취득 및 보상에 관한 법률(이하 '공익사업법'이라 한다)을 준용하여 도로구역 안에 있는 토지 등을 수용 또는 사용할 수 있다고 규정하고 있을 뿐, 사업인정 및 사업인정고시로 간주되는 도로구역의 결정 또는 변경과 도로구역의 결정 또는 변경고시를 할 때 공익사업법을 준용하도록 규정하고 있는 것은 아니다. 같은 취지의 원심 판단은 정당하고 거기에 상고이유와 같은 공익사업법 제21조의 의견청취절차 위반에 관한 법리오해 등의 위법이 없다.

[2] 행정절차법 제2조 제4호가 행정절차법의 당사자를 행정청의 처분에 대하여 직접 그 상대가 되는 당사자로 규정하고, 도로법 제25조 제3항이 도로구역을 결정하거나 변경할 경우 이를 고시에 의하도록 하면서, 그 도면을 일반인이 열람할 수 있도록 한 점 등을 종합하여 보면, 도로구역을 변경한 이 사건 처분은 행정절차법 제21조 제1항의 사전통지나 제22조 제3항의 의견청취의 대상이 되는 처분은 아니라고 할 것이다.

평 가

현행 행정절차법은 침해적 처분과 관련하여 사전통지 및 의견청취절차를 규정하고 있는데, 그렇다면 위 사건에서 쟁점이 된 도로구역변경결정고시와 같이 물적인 일반처분(일반적·구체적 규율)의 경우에도 이들 절차를 밟아야 하는지 여부가 문제된다. 판례는 이 쟁점과 관련하여 "도로구역변경결정이 행정절차법 제21조 제1항의 사전통지나 제22조 제3항의 의견청취의 대상이 되는 처분인지 여부(소극)"라고 판시하여 사전통지나 의견청취절차의 대상이 아니라고 한다. 굳이 이 판결의 정당성의 법적 근거를 찾아 제시하자면 행정절차법 제3조 제2항 제9호에서의 "……그 밖의 처분 등 해당 행정작용의 성질상 행정절차를 거치기 곤란하거나 거칠 필요가 없다고 인정되는 사항"에 포섭될 여지가 있을 것이나, 이 사건과 같은 일반처분에서 사실적이고 대략적인 논거에 의해 절차를 회피하는 것이 정당한지는 의문이 있다.[2)]

관련판례

(가) 대법원은 (구)도로법 제25조에 따른 도로구역변경처분의 취소소송에서, "도로구역결정(변경)은 (구)도로법 제25조에 따른 처분으로서 사전에 주민들의 의견청취, 공람절차 등 (구)도

---

2) 참고로, 이 사건 원심판결(고등법원판결)은 「도로법 제25조에서 도로구역의 결정 및 변경은 노선이 지정된 이후 도로의 관리청이 법령에 따라 결정·고시하고, 그 도면을 일반인이 열람할 수 있도록 조치하게 규정하고 있는 점에 비추어, 도로구역의 결정 및 변경절차에는 공익사업법 제21조의 의견청취 규정이 준용되지 않는다. 달리 소유자의 의견을 청취하도록 하는 등의 절차에 관한 규정을 두고 있지 않는 이상 원고에게 의견을 제출할 수 있는 기회를 부여하지 않았다고 해도 위법한 처분이라 할 수 없다. 또한, 행정절차법 제21조에 의한 사전통지는 당사자에게 의무를 과하거나 권익을 제한하는 처분을 하는 경우에 하도록 되어 있는 것이고, 도로법 제25조 소정의 도로구역결정 또는 변경결정은 위 행정절차법상 사전통지의 대상이 되는 행정처분이라 할 수 없다.」고 판시하고 있다(서울고법 2006.12.8, 2006누622).

시계획법 소정의 절차를 거칠 필요가 없어 이를 거치지 않았다 하여 위 처분이 위법하다고 할 수 없다."고 판시한 대법원 판례가 있다(1992.7.28, 92누4123).[3)]

(나) 그리고 하급심인 서울행정법원은 보건복지가족부장관이 청소년보호위원회가 결정한 게임아이템거래중개사이트를 청소년보호법 제22조에 따라 청소년유해매체물로 고시한 이른바 **처분적 고시의 절차적 위법을 주장하며 취소소송을 제기한 사안(청소년유해매체물지정고시 취소소송)에서**, 「행정절차법 제2조 제4호는 행정절차법의 적용대상이 되는 '당사자'라 함은 행정청의 처분에 대하여 직접 그 상대가 되는 당사자라고 규정하고 있는데, 이 사건 고시는 청소년보호법 제22조, 같은 법 시행령 제5조, 같은 법 시행규칙 제2조에 의하여 피고가 청소년보호위원회의 결정에 따라 유형, 제목, 내용으로 특정되는 게임아이템중개사이트를 청소년유해매체물로 정하고, 그 효력발생일을 2009.3.19.로 한다는 내용으로서, 개별 URL로 특정되는 한두 개 사이트의 운영자만을 상대로 한 것이 아니라 이 사건 고시에서 정한 일반적인 기준에 해당하는 불특정 다수의 사이트 운영자 전부를 상대로 한 것인 점, 이와 같이 불특정 다수인을 상대로 하는 이 사건 고시를 함에 있어서 처분의 상대방을 대상으로 개별적으로 사전에 이 사건 고시의 내용을 통지하고 그 의견을 청취하는 등의 절차를 거친다는 것은 사실상 불가능한 점 등을 종합하여 보면, 이 사건 고시는 행정절차법상 의견청취절차 등을 거쳐야 하는 처분에 해당하지 아니한다.」고 판시하여 행정절차법상 처분의 절차로서 의견청취절차 등을 거칠 필요가 없다고 하였으며, 더 나아가 **이 사건 고시(처분적 고시)의 경우 행정절차법상 입법예고절차를 밟아야 하는지 여부와 관련하여**, 「……한편, 행정절차법 제41조의 규정에 의하여 행정상 입법예고를 하여야 하는 '법령 등'의 범위에 대하여 행정절차법 시행령 제23조는 행정상 입법예고에 관하여는 법제업무운영규정이 정하는 바에 따른다고 규정하고 있고, 법제업무운영규정 제2조는 이 영에서 법령이라 함은 법률·대통령령·총리령 및 부령을 말한다고 규정하고 있는 만큼, 이 사건 고시와 같은 고시·훈령·예규 등의 행정규칙은 포함되지 아니한다.」고 판시하여, 처분적 고시의 경우 행정절차법상 입법예고절차도 적용이 없어 그러한 절차를 거치지 않아도 된다고 하였다(서울행법 2009.11.12, 2009구합20564).

3. 법령에 의한 퇴직연금의 환수결정과 행정절차법의 적용여부

판시사항 퇴직연금의 환수결정시 당사자에게 의견진술의 기회를 주지 아니한 경우, 행정절차법 제22조 제3항이나 신의칙에 위반되는지 여부(소극): 대법원은, "퇴직연금의 환수결정은 당사

3) 다만, 이 판례 당시와 달리 현행 도로법 제25조(도로구역의 결정)상의 '도로구역의 결정·변경 또는 폐지'의 경우 도면의 열람, 공고, 주민 및 관계 전문가 등의 의견청취와 같은 절차적 규정을 도로법 제25조 및 제26조에 두고 있다.

자에게 의무를 과하는 처분이기는 하나, 관련 법령에 따라 당연히 환수금액이 정하여지는 것이므로, 퇴직연금의 환수결정에 앞서 당사자에게 의견진술의 기회를 주지 아니하여도 행정절차법 제22조 제3항이나 신의칙에 어긋나지 아니한다."고 판시하였다(대판 2000. 11.28, 99두5443).

Ⅳ. 처분절차의 하자가 무효사유인지 취소사유인지 여부

1. 일반기준

판례는 절차의 하자로 위법한 경우 최근 무효사유로 본 판례(대판 2010.4.29, 2009두16979; 서울중앙지법 2013.7.25, 2012가합52699, 2013가합1285)가 있으나, 지금까지 일반적·대략적 기준의 입장에서 말하면 판례는 통상 취소원인에 불과하다고 보고 있는 것이 사실이다. 가령, 법이 정한 청문절차를 거치지 아니 한 처분일지라도 법률에서 명문의 규정이 없는 한 당연무효는 아니고 취소할 수 있는데 불과하다는 판결(대판 2001.4.13, 2000두3337 등)은 절차의 하자와 관련하여 획일적 기준제시의 곤란성을 보여주는 그 전형전인 예라고 할 수 있다. 결국, 처분절차의 하자가 있는 경우 그것이 무효사유인지 취소사유인지 여부는 개별적으로 판단할 해석의 문제이다. 그러한 이유로, 예컨대 행정청이 불이익 처분을 행하면서 의견청취절차를 전혀 밟지 않았다면 경우에 따라서는 무효원인으로 보아야 할 것이다(대판 1985.2.26, 84누380 참조).

2. 구체적인 사례

(1) **〈판시사항〉 甲 학교법인이 운영하는 대학교의 조교수로 임용된 乙이 임용기간 중에 부교수로 직위승진되었는데, 甲 법인이 위 임용기간이 만료된 후 乙에 대하여 재임용거부처분을 한 사안에서, 乙이 부교수로 승진한 때부터 임용기간이 새로이 기산되므로 乙의 임용기간 중에 이루어진 재임용거부처분은 실질적으로 면직처분에 해당함에도 甲 법인이 그 징계절차를 거치지 않아 무효라고 한 사례:** 甲학교법인이 운영하는 대학교의 조교수로 임용된 乙이 임용기간 중에 부교수로 직위승진되었는데, 甲법인이 위 임용기간이 만료된 후 乙에 대하여 재임용거부처분을 한 사안에서 법원은, "사립학교법 제53조의2 제3항, 교육공무원임용령 제5조의3 제1항의 규정에 의하면 乙이 부교수로 승진한 때부터 임용기간이 새로이 기산되므로, 甲법인이 乙의 임용기간 중에 한 위 재임용거부처분은 실질적으로 면직처분 또는 이에 준하는 처분에 해당하여 사립

학교법에서 정한 징계절차를 거쳐야 함에도 甲법인이 그 징계절차를 거치지 않았으므로 무효이고, 이는 그 자체로 사립학교법을 위반한 것이므로 객관적 주의의무를 결하여 정당성을 상실한 것으로서 乙에 대한 불법행위를 구성한다."고 판시하여 징계절차를 경유하지 않은 재임용거부처분을 '무효'라고 하였다(서울중앙지법 2013.7.25, 2012가합52699, 2013가합1285).[4]

(2) **〈판시사항〉 (구)환경영향평가법상 환경영향평가를 실시하여야 할 사업에 대하여 환경영향평가를 거치지 아니하였음에도 승인 등 처분을 한 경우, 그 처분의 하자가 행정처분의 당연무효사유에 해당하는지 여부**(적극): 대법원은, "(구)환경영향평가법……의 규정 취지는 환경영향평가를 실시하여야 할 사업(이하 '대상사업'이라 한다)이 환경을 해치지 아니하는 방법으로 시행되도록 함으로써 당해 사업과 관련된 환경공익을 보호하려는 데 그치는 것이 아니라, 당해 사업으로 인하여 직접적이고 중대한 환경피해를 입으리라고 예상되는 환경영향평가대상지역 안의 주민들이 전과 비교하여 수인한도를 넘는 환경침해를 받지 아니하고 쾌적한 환경에서 생활할 수 있는 개별적 이익까지도 보호하려는 데에 있는 것이다. 그런데 환경영향평가를 거쳐야 할 대상사업에 대하여 환경영향평가를 거치지 아니하였음에도 불구하고 승인 등 처분이 이루어진다면, 사전에 환경영향평가를 함에 있어 평가대상지역 주민들의 의견을 수렴하고 그 결과를 토대로 하여 환경부장관과의 협의내용을 사업계획에 미리 반영시키는 것 자체가 원천적으로 봉쇄되는바, 이렇게 되면 환경파괴를 미연에 방지하고 쾌적한 환경을 유지·조성하기 위하여 환경영향평가제도를 둔 입법 취지를 달성할 수 없게 되는 결과를 초래할 뿐만 아니라 환경영향평가대상지역 안의 주민들의 직접적이고 개별적인 이익을 근본적으로 침해하게 되므로, 이러한 행정처분의 하자는 법규의 중요한 부분을 위반한 중대한 것이고 객관적으로도 명백한 것이라고 하지 않을 수 없어, 이와 같은 행정처분은 당연무효이다."고 판시하여(대판 2006.6.30, 2005두14363), 환경영향평가를 실시하여야 할 대상사업임에도 불구하고 환경영향평가를 거치지 않은 사업승인 등의 처분을 하였다면 그 처분의 하자가 당연무효사유에 해당한다고 보았다.[5]

(3) **〈판시사항〉 (구)환경영향평가법에서 정한 환경영향평가 절차를 거쳤으나 그 환경영향평가의 내용이 부실한 경우, 그 부실로 인하여 환경영향평가 대상사업에 대한 승인 등 처분이 위법하게 되는지 여부**(한정 소극): 환경영향평가법상 환경영향평가 실시 대상사업임에도 평가절차

4) 다만, 이 사건은 재임용거부처분무효확인등·부당이득반환소송으로서 '민사소송'이었다.

5) 이 사건은 (구)환경영향평가법상 환경영향평가사업인 '국방군사시설사업실시계획승인의 무효확인을 구한 사건의 판례이나, 이 사건에서 다툰 별도의 쟁점으로서 「국방·군사시설 사업에 관한 법률 및 (구)산림법에서 보전임지를 다른 용도로 이용하기 위한 사업에 대하여 승인 등 처분을 하기 전에 미리 산림청장과 협의를 하라고 규정한 의미 및 이러한 협의를 거치지 아니한 승인처분이 당연무효인지 여부(소극)」와 관련하여 "국방·군사시설 사업에 관한 법률 및 (구)산림법(2002.12.30. 법률 제6841호로 개정되기 전의 것)에서 보전임지를 다른 용도로 이용하기 위한 사업에 대하여 승인 등 처분을 하기 전에 미리 산림청장과 협의를 하라고 규정한 의미는 그의 자문을 구하라는 것이지 그 의견을 따라 처분을 하라는 의미는 아니라 할 것이므로, **이러한 협의를 거치지 아니하였다고 하더라도 이는 당해 승인처분을** 취소할 수 있는 원인이 되는 하자 정도에 불과**하고 그 승인처분이 당연무효가 되는 하자에 해당하는 것은 아니라고 봄이 상당**하다."하다고 판시하고 있음에 유의할 필요가 있다.

자체를 하지 않은 위 판례의 경우와 달리 환경영향평가를 거쳤지만 그 내용이 부실한 경우와 관련하여 대법원은, “(구)환경영향평가법에서 정한 환경영향평가를 거쳐야 할 대상사업에 대하여 그러한 환경영향평가를 거치지 아니하였음에도 승인 등 처분을 하였다면 그 처분은 위법하다 할 것이나, 그러한 절차를 거쳤다면, 비록 그 환경영향평가의 내용이 다소 부실하다 하더라도, 그 부실의 정도가 환경영향평가제도를 둔 입법 취지를 달성할 수 없을 정도이어서 환경영향평가를 하지 아니한 것과 다를 바 없는 정도의 것이 아닌 이상 그 부실은 당해 승인 등 처분에 재량권 일탈·남용의 위법이 있는지 여부를 판단하는 하나의 요소로 됨에 그칠 뿐, 그 부실로 인하여 당연히 당해 승인 등 처분이 위법하게 되는 것이 아니다.”고 판시하고 있음에 유의할 필요가 있다(대판 2001.6.29, 99두9902).

(4) **〈판시사항〉 건설부장관이 관계 중앙행정기관의 장과 협의를 거치지 아니하고 택지개발예정지구를 지정한 경우, 위 지정처분이 당연무효인지 여부**(소극): 대법원은, “(구)택지개발촉진법(1999.1.25. 법률 제5688호로 개정되기 전의 것)에 의하면, 택지개발은 택지개발예정지구의 지정(제3조), 택지개발계획의 승인(제8조), 이에 기한 수용재결 등의 순서로 이루어지는바, 위 각 행위는 각각 단계적으로 별개의 법률효과가 발생되는 독립한 행정처분이어서 선행처분에 불가쟁력이 생겨 그 효력을 다툴 수 없게 된 경우에는 선행처분에 위법사유가 있다고 할지라도 그것이 당연무효의 사유가 아닌 한 선행처분의 하자가 후행처분에 승계되는 것은 아니라고 할 것인데, 같은 법 제3조에서 건설부장관이 택지개발예정지구를 지정함에 있어 미리 관계중앙행정기관의 장과 협의를 하라고 규정한 의미는 그의 자문을 구하라는 것이지 그 의견을 따라 처분을 하라는 의미는 아니라 할 것이므로 이러한 협의를 거치지 아니하였다고 하더라도 이는 위 지정처분을 취소할 수 있는 원인이 되는 하자 정도에 불과하고 위 지정처분이 당연무효가 되는 하자에 해당하는 것은 아니다.”고 판시한 바 있다(대판 2000.10.13, 99두653). 즉 **법령상 다른 행정청의 협력·협의를 요구되는 행정처분에서 그러한 절차를 결여한 경우**에 학설은 일반적으로 무효사유로 보지만 대법원 판례는 취소사유의 하자로 판단하고 있으며, 이러한 판례는 그 이후에도 계속되고 있다(대판 2006.6.30, 2005두14363 참조).

Ⅴ. 행정처분의 형식

1. 가산세부과처분과 납세고지의 방식

(1) **〈판시사항〉 가산세의 법적 성질 및 가산세 부과처분이 본세의 부과처분과 별개의 과세처분인지 여부**(적극): 대법원은, “가산세는 과세권의 행사와 조세채권의 실현을 용이하게 하기 위하여 세법에 규정된 의무를 정당한 이유 없이 위반한 납세자에게 부과하는 일종의 행정상 제재

이므로, 징수절차의 편의상 당해 세법이 정하는 국세의 세목으로 하여 그 세법에 의하여 산출한 본세의 세액에 가산하여 함께 징수하는 것일 뿐, 세법이 정하는 바에 의하여 성립 확정되는 국세와 본질적으로 그 성질이 다른 것이므로, 가산세부과처분은 본세의 부과처분과 별개의 과세처분이다."이라고 판시하였다(대판 2005.9.30, 2004두2356). ☜ 즉, 이 이 사건은 **가산세**는 세법상의 협력의무위반에 대한 **행정제재**이며, 본질적으로 본세와 성질이 다른 별개의 과세처분임을 명확히 한 판례이다. 다만, 종래 가산세 부과처분에 관해 국세기본법이나 개별세법 어디에도 그 납세고지의 방식 등에 관한 별도의 규정이 없었다. 하여, 종래 가산세 부과처분은 본세와 함께 부과하면서 그 세액만 병기하고, 가산세의 종류가 여러 가지인 경우에도 그 합계액만 표시하는 것이 오랜 관행이었다. 이 같은 가산세 부과방방식과 관련하여 최근 대법원의 전원합의체 판결로 조세법률주의의 관점에서 가산세 납세고지의 방식이 어떠해야 적법한지를 보여주는 판례가 있다. 이 판례에 관해서는 바로 아래에서 소개한다.

(2) **〈판시사항〉 [1] 납세고지서에 해당 본세의 과세표준과 세액의 산출근거 등이 제대로 기재되지 않은 경우** 과세처분의 적법 여부(**원칙적 소극**) **및 하나의 납세고지서에 의하여 복수의 과세처분을 하는 경우** 납세고지서 기재의 방식 / **[2] 납세고지에 관한 (구)국세징수법 제9조 제1항의 규정이나 개별 세법의 규정 취지가** 가산세의 납세고지에도 적용되는지 여부(**적극**) **및 하나의 납세고지서로 본세와 가산세를 함께 부과하거나 여러 종류의 가산세를 함께 부과하는 경우** 납세고지서 기재의 방식: 대법원은, "[1] (구)국세징수법(2011.4.4. 법률 제10527호로 개정되기 전의 것, 이하 '국세징수법'이라 한다)과 개별 세법의 납세고지에 관한 규정들은 헌법상 적법절차의 원칙과 행정절차법의 기본 원리를 과세처분의 영역에도 그대로 받아들여, 과세관청으로 하여금 자의를 배제한 신중하고도 합리적인 과세처분을 하게 함으로써 조세행정의 공정을 기함과 아울러 납세의무자에게 과세처분의 내용을 자세히 알려주어 이에 대한 불복 여부의 결정과 불복신청의 편의를 주려는 데 그 근본취지가 있으므로, 이 규정들은 강행규정으로 보아야 한다. 따라서 납세고지서에 해당 본세의 과세표준과 세액의 산출근거 등이 제대로 기재되지 않았다면 특별한 사정이 없는 한 그 과세처분은 위법하다는 것이 판례의 확립된 견해이다. 판례는 여기에서 한발 더 나아가 설령 부가가치세법과 같이 개별 세법에서 납세고지에 관한 별도의 규정을 두지 않은 경우라 하더라도 해당 본세의 납세고지서에 국세징수법 제9조 제1항이 규정한 것과 같은 세액의 산출근거 등이 기재되어 있지 않다면 그 과세처분은 적법하지 않다고 한다. 말하자면 개별 세법에 납세고지에 관한 별도의 규정이 없더라도 국세징수법이 정한 것과 같은 납세고지의 요건을 갖추지 않으면 안 된다는 것이고, 이는 적법절차의 원칙이 과세처분에도 적용됨에 따른 당연한 귀결이다. 같은 맥락에서, 하나의 납세고지서에 의하여 복수의 과세처분을 함께 하는 경우에는 과세처분별로 그 세액과 산출근거 등을 구분하여 기재함으로써 납세의무자가 각 과세처분의 내용을 알 수 있도록 해야 하는 것 역시 당연하다고 할 것이다. [2] 가산세 부과처분에 관해서는 국세기본법이나 개별 세법 어디에도 그 납세고지의 방식 등에 관하여 따로 정한 규정이

없다. 그러나 가산세는 비록 본세의 세목으로 부과되기는 하지만(국세기본법 제47조 제2항 본문), 그 본질은 과세권의 행사와 조세채권의 실현을 용이하게 하기 위하여 세법에 규정된 의무를 정당한 이유 없이 위반한 납세의무자 등에게 부과하는 일종의 행정상 제재라는 점에서 적법절차의 원칙은 더 강하게 관철되어야 한다. 더욱이 가산세는 본세의 세목별로 그 종류가 매우 다양할 뿐 아니라 부과기준 및 산출근거도 제각각이다. ……따라서 납세고지서에 가산세의 산출근거 등이 기재되어 있지 않으면 납세의무자로서는 무슨 가산세가 어떤 근거로 부과되었는지 파악하기가 쉽지 않은 것이 보통일 것이다. 이와 같은 점에 비추어 보면, 납세고지에 관한 (구)국세징수법(법률 제10527호로 개정되기 전의 것) 제9조 제1항의 규정이나 (구)상속세 및 증여세법(법률 제9916호로 개정되기 전의 것) 제77조 등 개별 세법의 규정 취지는 가산세의 납세고지에도 그대로 관철되어야 마땅하다. 한편 본세의 부과처분과 가산세의 부과처분은 각 별개의 과세처분인 것처럼, 같은 세목에 관하여 여러 종류의 가산세가 부과되면 그 각 가산세 부과처분도 종류별로 각각 별개의 과세처분이라고 보아야 한다. 따라서 하나의 납세고지서에 의하여 본세와 가산세를 함께 부과할 때에는 납세고지서에 본세와 가산세 각각의 세액과 산출근거 등을 구분하여 기재해야 하는 것이고, 또 여러 종류의 가산세를 함께 부과하는 경우에는 그 가산세 상호간에도 종류별로 세액과 산출근거 등을 구분하여 기재함으로써 납세의무자가 납세고지서 자체로 각 과세처분의 내용을 알 수 있도록 하는 것이 당연한 원칙이다."고 판시하였다(대판 전원합의체 2012.10.18, 2010두12347: 증여세부과처분취소소송－가산세 부실 납세고지 사건). ☜ 위 대상판결은, 가산세와 관련된 납세고지서의 불합리한 관행을 개선케 함으로써 과세관청에 대하여는 자의를 배제한 신중하고 합리적인 가산세 부과처분을 하게 하여 조세행정의 공정을 기하고, 납세의무자에 대하여는 절차적 권리를 강화시키고 불복신청의 편의를 주도록 했다는 점에서 큰 의미가 있다.[6]

2. 행정처분과 형식(서면형식)의 하자

1) 행정절차법 제24조의 규정

행정절차법 제24조(처분의 방식) ① 행정청이 처분을 할 때에는 다른 법령등에 특별한 규정이 있는 경우를 제외하고는 문서로 하여야 하며, 전자문서로 하는 경우에는 당사자등의 동의가 있어야 한다. 다만, 신속히 처리할 필요가 있거나 사안이 경미한 경우에는 말 또는 그 밖의 방법으로 할 수 있다. 이 경우 당사자가 요청하면 지체 없이 처분에 관한 문서를 주어야 한다. ② 처분을 하는 문서에는 그 처분 행정청과 담당자의 소속·성명 및 연락처(전화번호, 팩스번호, 전자

6) 정종채, "가산세 종류와 산출근거 등 기재하지 않은 납세고지는 위법", 법률신문 4080호(2012.11).

우편주소 등을 말한다)를 적어야 한다.

2) 판시사항

행정청의 처분의 방식을 규정한 행정절차법 제24조를 위반하여 행해진 행정청의 처분이 무효인지 여부(원칙적 적극) / 집합건물 중 일부 구분건물의 소유자인 피고인이 관할 소방서장으로부터 소방시설 불량사항에 관한 시정보완명령을 받고도 따르지 아니하였다는 내용으로 기소된 사안에서, 담당 소방공무원이 행정처분인 위 명령을 구술로 고지한 것은 당연 무효이므로 명령 위반을 이유로 행정형벌을 부과할 수 없는데도, 위 명령이 유효함을 전제로 유죄를 인정한 원심판결에는 법리오해의 위법이 있다고 한 사례: 대법원은, "[2] 행정절차법 제24조는, 행정청이 처분을 하는 때에는 다른 법령 등에 특별한 규정이 있는 경우를 제외하고는 문서로 하여야 하고 전자문서로 하는 경우에는 당사자 등의 동의가 있어야 하며, 다만 신속을 요하거나 사안이 경미한 경우에는 구술 기타 방법으로 할 수 있다고 규정하고 있는데, 이는 행정의 공정성·투명성 및 신뢰성을 확보하고 국민의 권익을 보호하기 위한 것이므로 위 규정을 위반하여 행하여진 행정청의 처분은 하자가 중대하고 명백하여 원칙적으로 무효이다. [3] 집합건물 중 일부 구분건물의 소유자인 피고인이 관할 소방서장으로부터 소방시설 불량사항에 관한 시정보완명령을 받고도 따르지 아니하였다는 내용으로 기소된 사안에서, 담당 소방공무원이 행정처분인 위 명령을 구술로 고지한 것은 행정절차법 제24조를 위반한 것으로 하자가 중대하고 명백하여 당연 무효이고, 무효인 명령에 따른 의무위반이 생기지 아니하는 이상 피고인에게 명령 위반을 이유로 소방시설 설치유지 및 안전관리에 관한 법률 제48조의2 제1호에 따른 행정형벌을 부과할 수 없는데도, 이와 달리 위 명령이 유효함을 전제로 유죄를 인정한 원심판결에는 행정처분의 무효와 행정형벌의 부과에 관한 법리오해의 위법이 있다."고 판시하였다(대판 2011.11.10, 2011도11109).

3) 평가

(1) 이 판례에서는 소방공무원에 의한 형식의 하자를 지닌 행정처분인 위 명령을 구술로 고지한 것은 당연 무효이므로 이러한 명령 위반을 이유로 행정형벌을 부과할 수 없는데도, 위 명령이 유효함을 전제로 유죄를 인정한 원심판결에는 법리오해의 위법이 있다고 한 판시하여, 이 사건에서의 계쟁쟁점인 (구)소방시설 설치유지 및 안전관리에 관한 법률 제9조에 의한 소방시설 등의 설치 또는 유지·관리에 대한 구술의 시정보완명령을 무효라고 판시하였다.

(2) 결국, 우리 판례는 통설과 마찬가지로 행정절차법 제24조에서의 처분의 방식으로서 행정처분의 서면요청규정을 엄격하게 해석하여 이를 결여하는 경우에 무효사유로 판단하고 있음에 유의할 필요가 있다.

3. 행정절차·형식의 하자치유 등

(1) **〈판시사항〉 세액산출근거가 누락된 납세고지서에 의한 하자있는** 과세처분의 치유요건(**하자치유의 시적 한계**): 대법원은, "과세처분시 납세고지서에 과세표준, 세율, 세액의 산출근거 등이 누락된 경우에는 늦어도 과세처분에 대한 불복여부의 결정 및 불복신청에 편의를 줄 수 있는 상당한 기간내에 보정행위를 하여야 그 하자가 치유된다 할 것이므로, 과세처분이 있은지 4년이 지나서 그 취소소송이 제기된 때에 보정된 납세고지서를 송달하였다는 사실이나 오랜 기간(4년)의 경과로써 과세처분의 하자가 치유되었다고 볼 수는 없다."고 판시하였다(대판 1983.7.26, 82누420). ☜ 즉, 이 판례는 하자치유의 시간적 한계로서 행정심판 등 행정쟁송 제기 전까지만 허용된다고 하였다.[7)]

(2) **〈판시사항〉 토지 11필지에 대한 재산세납세고지서에 과세객체를 "동자동 14-80 외"라고만 기재하고 과세표준액도 그 총금액만 기재하여 한 과세처분의 적법 여부**(소극) / **이 같은** 하자있는 납세고지서에 의한 과세처분의 경우 **과세대상의 토지와 그 대상별 구체적 세액산출근거를 사전에** 구두로 예고해 주었다면 그 하자가 치유되는지 여부(**소극**): 대법원은, 「[나]. 토지 11필지에 대한 재산세납세고지서에 과세객체(대상)를 "동자동 14-80 외"라고만 기재하고 그 과세표준액도 그 총금액만 기재하였다면, 이는 과세대상을 특정하지 아니하여 어느 재산에 대한 과세인지를 알 수 없을 뿐 아니라, 어느 재산의 과세표준액이 얼마인지도 알아볼 수 없는 내용이어서 이를 위 "가"항의 관계법령에서 요구하는 세액의 산출근거를 밝힌 기재라 할 수 없으므로 그 과세처분은 위법하며, 이 경우 적용될 세율이 균일하다 하더라도 과세대상토지 마다 면적과 등급(등급가)이 달라 최소한 그 과세표준액은 알려주어야 그 세액의 산출근거를 알 수 있는 것이므로 마찬가지이다. [다]. 납세고지는 서면(납세고지서)으로 하여야 하는 것이므로 위 "나"항의 경우 설사 과세대상의 토지와 그 대상별 구체적 세액산출근거를 사전에 구두로 예고해 주었더라도 그 하자가 치유되지 아니한다.」고 판시하였다(대판 1991.3.27, 90누3409). ☜ 즉, 판례는 서면으로 해야 할 납세고지서의 하자는 사전에 구두로 예고해 주었다고 해도 하자의 치유가 허용되지 않는다고 하여 조세법률주의에 기초한 서면형식의 하자를 엄격히 판단하고 있다.

(3) **〈판시사항〉 절차상 또는 형식상 하자로 무효인 행정처분에 대하여 행정청이 적법한 절차 또는 형식을 갖추어 동일한 행정처분을 한 경우, 종전의 무효인 행정처분에 대하여 무효확인을 구할 법률상 이익이 있는지 여부**(소극): 대법원은, "절차상 또는 형식상 하자로 무효인 행정처분

---

7) 이러한 대법원의 판지는 "세액산출근거가 누락된 납세고지서에 의한 과세처분의 하자의 치유를 허용하려면 늦어도 과세처분에 대한 불복여부의 결정 및 불복신청에 편의를 줄 수 있는 상당한 기간내에 하여야 한다고 할 것이므로 위 과세처분에 대한 전심절차가 모두 끝나고 상고심의 계류중에 세액산출근거의 통지가 있었다고 하여 이로써 위 과세처분의 하자가 치유되었다고는 볼 수 없다."고 한 다른 판례에서 다시 확인할 수 있다(대판 1984.4.10, 83누393).

에 대하여 행정청이 적법한 절차 또는 형식을 갖추어 다시 동일한 행정처분을 하였다면, 종전의 무효인 행정처분에 대한 무효확인 청구는 과거의 법률관계의 효력을 다투는 것에 불과하므로 무효확인을 구할 법률상 이익이 없다"고 판시하였다(대판 2010.4.29, 2009두16879).

정보공개법

Ⅰ. 정보공개거부와 취소소송의 주요 쟁점

1. 사건의 개요

사실관계 정보공개청구대상정보의 특정, 보유·관리하고 있지 않은 정보, 입증책임 등 (대판 2013.1.24, 2010두18918)

원고 제이유 네트워크 주식회사와 대표이사 주수도는 피고 국가정보원장에게 2009.6.8. 피고의 국내 정보수집팀인 '부패척결 태스크포스(TF)팀'에서는 2004.6. 경부터 ○○그룹 관련 비리혐의를 포착하고 그 관련정보를 수집하였다. 이에 원고는 이를 바탕으로 금품살포혐의에 대한 내부보고서 및 리스트에 대한 정보공개를 청구하였다. 그러자 피고는 2009.6.17. 비공개결정을 하였고, 원고는 이 사건 정보공개거부처분의 취소를 구하는 소를 제기하였다. 원고는 1심과 항소심에서 ① 정보공개법 제9조제1항제1호, 국가정보원법 제6조에 의한 '법률에 의하여 비밀 또는 비공개 사항으로 규정된 정보'로서, ② 정보공개법 제9조제1항제6호의 사생활의 비밀 또는 자유를 침해할 우려가 있다고 인정되는 정보라는 이유로 패소하였으나, 대법원은 이를 파기 환송하였다.

2. 판결요지

[1] 공공기관의 정보공개에 관한 법률(이하, '정보공개법'이라 함)에서 말하는 공개대상 정보는 정보 그 자체가 아닌 정보공개법 제2조 제1호에서 예시하고 있는 매체 등에 기록된 사항을 의미하고, 공개대상 정보는 원칙적으로 공개를 청구하는 자가 정보공개법 제10조 제1항 제2호에 따라 작성한 정보공개청구서의 기재내용에 의하여 특정되며, 만일 공개청구자가 특정한 바와

같은 정보를 공공기관이 보유·관리하고 있지 않은 경우라면 특별한 사정이 없는 한 해당 정보에 대한 공개거부처분에 대하여는 취소를 구할 법률상 이익이 없다. 이와 관련하여 공개청구자는 그가 공개를 구하는 정보를 공공기관이 보유·관리하고 있을 상당한 개연성이 있다는 점에 대하여 입증할 책임이 있으나, 공개를 구하는 정보를 공공기관이 한때 보유·관리하였으나 후에 그 정보가 담긴 문서들이 폐기되어 존재하지 않게 된 것이라면 그 정보를 더 이상 보유·관리하고 있지 않다는 점에 대한 증명책임은 공공기관에 있다.

[2] (구)국가정보원법(2011.11.22. 법률 제11104호로 개정되기 전의 것, 이하 같다) 제6조는 "국가정보원의 조직·소재지 및 정원은 국가안전보장을 위하여 필요한 경우에는 이를 공개하지 아니할 수 있다."고 규정하고 있다. 여기서 '국가안전보장'이란 국가의 존립, 헌법의 기본질서의 유지 등을 포함하는 개념으로서 국가의 독립, 영토의 보전, 헌법과 법률의 기능 및 헌법에 의하여 설치된 국가기관의 유지 등의 의미로 이해할 수 있는데, 국외 정보 및 국내 보안정보(대공, 대정부전복, 방첩, 대테러 및 국제범죄조직에 관한 정보)의 수집·작성 및 배포 등을 포함하는 국가정보원의 직무내용과 범위(제3조), 그 조직과 정원을 국가정보원장이 대통령의 승인을 받아 정하도록 하고 있는 점(제4조, 제5조 제2항), 정보활동의 비밀보장을 위하여 국가정보원에 대한 국회 정보위원회의 예산심의까지도 비공개로 하고 국회 정보위원회 위원으로 하여금 국가정보원의 예산 내역을 공개하거나 누설하지 못하도록 하고 있는 점(제12조 제5항) 등 구 국가정보원법상 관련 규정의 내용, 형식, 체계 등을 종합적으로 살펴보면, 국가정보원의 조직·소재지 및 정원에 관한 정보는 특별한 사정이 없는 한 국가안전보장을 위하여 비공개가 필요한 경우로서 구 국가정보원법 제6조에서 정한 비공개 사항에 해당하고, 결국 공공기관의 정보공개에 관한 법률 제9조 제1항 제1호에서 말하는 '다른 법률에 의하여 비공개 사항으로 규정된 정보'에도 해당한다고 보는 것이 타당하다.

3. 평석 – 관련쟁점을 포함하여

1) 정보공개청구시 공개대상정보의 특정정도

정보공개를 청구하는 자는 정보공개청구서에 '공개를 청구하는 정보의 내용' 등을 특정하여야 하는데(제8조제1항, 현 제10조제1항), 대법원은 청구대상정보를 기재함에 있어서는 **사회일반인의 관점에서 청구대상정보의 내용과 범위를 확정할 수 있을 정도로 특정되어 있으면 족하다**(대판 2007.6.1, 2007두2555 참조)고 하면서 '신고에 대한 조치 내용 통지의 근거서류 일체'라는 기재로도 청구대상정보가 특정되었다고 하였다(대판 2003.3.28, 2000두9212).[1] 정보공개를 청구하는

1) 대법원은 이 쟁점과 관련하여 특히, "정보공개청구를 거부하는 경우라 할지라도 대상이 된 정보의 내용을

자로서는 공공기관의 지배영역 내에 있는 정보의 구체적인 표목이나 작성매체를 자세히 알 수 없는 것이 보통이고, 국민에게 정보공개청구권을 인정한 취지가 국민의 알권리, 국정참여권과 국정운영의 투명성을 보장하기 위하여 일반적으로 입수하기 어려운 공공기관의 정보에 접근할 수 있는 길을 열어주는데 있는 점에 비추어 공개대상정보를 구체적으로 특정할 것을 기대하기는 어렵다는 점을 고려한 취지이다.

2) 원고적격과 소의 이익

(1) 원고적격

행정소송법은 "취소소송은 처분등의 취소를 구할 법률상 이익이 있는 자가 제기할 수 있다"고 규정하여(제12조), 처분등의 취소를 구할 법률상 이익이 있는 자에게만 원고적격을 인정하고 있다. 그러나 정보공개법은 "모든 국민은 정보공개청구권을 가진다"고 규정하여(제5조제1항), 원고적격을 법률상 이익이 있는 자에게 한정하지 않고 있다. 따라서 정보공개를 청구하여 정보공개의 거부나 부작위로 인하여 불이익을 받은 자는 '누구라도' 공개청구된 정보에 대해 이해관계가 있는지 여부를 묻지 않고 모두 원고적격을 갖는다. 판례 역시 "정보공개청구권은 법률상 보호되는 구체적인 권리이므로 **청구인이 공공기관에 대하여 정보공개를 청구하였다가 거부처분을 받은 것 자체가 법률상 이익의 침해에 해당**한다."고 판시하고 있다(대판 2004.9.23, 2003두1370; 대판 2003.12.12, 2003두8050).

따라서 위 대상판결에서 국민인 정보공개청구권자가 거부처분을 받은 후 행정소송을 제기한 경우 행정소송법상 법률상의 이익이 침해된 것이므로 당연히 원고적격이 인정될 것이다. 그러므로 이 사건에서 원고적격을 인정함에는 아무런 문제가 없다.

(2) 협의의 소익

청구인이 공공기관에 대하여 정보공개를 청구하였다가 "거부처분"(비공개결정)을 받은 것 자체가 법률상 이익의 침해에 해당하지만(대판 2004.9.23, 2003두1370), 위 대상판례에서 보듯이 **당해 공공기관이 그 정보를 보유·관리하고 있지 아니한 경우에는 특별한 사정이 없는 한 정보공개거부처분의 취소를 구할 법률상의 이익이 없다는 것이 판례의 입장**이다. 또한 **판례는** 정보공개청구를 거부하는 처분이 있는 후 **대상정보가 폐기되었다든가 하여 공공기관이 그 정보를 보유·관리하지 않게 된 경우에도** 특별한 사정이 없는 한 정보공개거부처분의 취소를 구할 **법률**

구체적으로 확인·검토하여 어느 부분이 어떠한 법익 또는 기본권과 충돌되어 같은 법 제7조 제1항(현 제9조 제1항) 몇 호에서 정하고 있는 비공개사유에 해당하는지를 주장·입증하여야만 할 것이며, 그에 이르지 아니한 채 **개괄적인 사유만을 들어 공개를 거부하는 것은 허용되지 아니한다.**"고 판시하고 있음에 주목할 필요가 있다(대판 2003.12.11, 2001두8827).

상의 이익이 없다고 본다(대판 2006.1.13, 2003두9459).

따라서 협의의 소익과 관련해서는 사안에서 거부(비공개결정)된 정보를 공공기관이 보유·관리하고 있지 않다면 소의 이익이 부정될 것이고, 보유·관리하고 있다면 소의 이익이 인정될 것이다. 그리고 한 때 공공기관이 보유·관리하였던 공개청구대상정보를 폐기 등으로 인하여 당해 정보를 보유·관리하지 않게 된 경우에도 소의 이익이 부정된다.[2] 즉, 공공기관이 보유·관리하고 있다는 점에 대한 사실판단이 선행되어야 소의 이익의 여부가 결정될 것이므로 이 논점은 다음 항에 검토한다.

3) 공공기관이 보유·관리하는 정보라는 점에 대한 증명책임의 소재

공개를 구하는 정보를 공공기관이 보유·관리하는 점에 대한 증명책임의 소재와 관련하여, **공개청구자**는 그가 공개를 구하는 정보를 공공기관이 **보유·관리하고 있을 상당한 개연성**이 있다는 점에 대하여 입증할 책임이 있으나, 공개를 구하는 정보를 공공기관이 한때 보유·관리하였으나 후에 그 정보가 담긴 문서들이 폐기되어 존재하지 않게 된 것이라면 **그 정보를 더 이상 보유·관리하고 있지 않다는 점에 대한 증명책임은 공공기관**에 있다(대판 2004.12.9, 2003두12707). 이와 더불어 대법원은 (구)국가정보원법 제6조에 의한 **국가정보원의 조직·소재지 및 정원에 관한 정보**가 공공기관의 정보공개에 관한 법률 제9조제1항 제1호에서 말하는 '다른 법률에 의하여 비공개 사항으로 규정된 정보'에 해당한다고 판시하였다(대판 2013.1.24, 2010두18918).

Ⅱ. 그 밖의 정보공개청구소송의 추가 쟁점들

1. 공공기관의 정보공개방법의 선택권

대법원은, "정보공개를 청구하는 자가 공공기관에 대해 정보의 사본 또는 출력물의 교부의 방법으로 공개방법을 선택하여 정보공개청구를 한 경우에 공개청구를 받은 공공기관으로서는 법 제8조제2항(현 제13조제2항)에서 규정한 정보의 사본 또는 복제물의 교부를 제한할 수 있는

---

2) 참고로, 정보공개청구의 거부에 대한 취소소송에서 협의의 소익과 관련하여 대법원은, "공개청구의 대상이 되는 정보가 이미 다른 사람에게 공개되어 널리 알려져 있다거나 인터넷이나 관보 등을 통하여 공개되어 인터넷 검색이나 도서관에서의 열람 등을 통하여 쉽게 알 수 있다고 하여 소의 이익이 없다고 할 수 없다."고 판시한 바 있으며(대판 2008.11.27, 2005두15694: 이른바 '이미 공개된 정보'에 대한 정보공개거부처분취소소송의 소의 이익을 긍정함), 그리고 정보공개청구대상정보는 "공공기관이 직무상 작성 또는 취득하여 현재 보유·관리하고 있는 문서에 한정되는 것이기는 하나, 그 문서가 반드시 원본일 필요는 없다."고 판시하여(대판 2006.5.25, 2006두3049), 공개대상정보의 '원본주의'를 취하지 않는다.

사유에 해당하지 않는 한 정보공개청구자가 선택한 공개방법에 따라 정보를 공개하여야 하므로 그 공개방법을 선택할 재량권이 없다."고 판시함으로써 공공기관이 임의로 정보공개방법을 변경할 수 없도록 하였다(대판 2003.12.12, 2003두8050; 대판 2003.3.11, 2002두2918 등).

2. 정보공개청구권의 남용 – 권리남용금지의 원칙

(1) 대법원은 1995.7.1.부터 1999.3.31.까지 사이의(대판 2003.3.11, 2001두6425 판결), 2000.1.부터 2000.6.까지 사이의(대판 2003.4.22, 2002두7661 판결), 1998.1.부터 2000.6.까지 사이의(대판 2003.4.22, 2002두8664 판결; 대판 2003.6.27, 2002두9087 판결), 2000.10.부터 2000.12.까지 사이의(대판 2003.5.30, 2002두10926 판결) **업무추진비관련자료의 공개**에 대하여 법 제8조제2항(현 제13조제2항) 소정의 청구량이 과다하여 정상적인 업무수행에 현저한 지장을 초래할 우려가 있는 경우에 해당하지 않는다고 하였다.[3)]

(2) 그러나, 대법원은 최근 "정보공개청구권의 행사가 권리의 남용에 해당된다고 본 경우"가 있다. 즉 대법원은, "일반적인 정보공개청구권의 의미와 성질, (구)공공기관의 정보공개에 관한 법률(2013.8.6. 법률 제11991호로 개정되기 전의 것, 이하 '정보공개법'이라 한다)의 규정 내용과 입법목적, 정보공개법이 정보공개청구권의 행사와 관련하여 정보의 사용 목적이나 정보에 접근하려는 이유에 관한 어떠한 제한을 두고 있지 아니한 점 등을 고려하면, 국민의 정보공개청구는 정보공개법 제9조에 정한 비공개 대상정보에 해당하지 아니하는 한 원칙적으로 폭넓게 허용되어야 하지만, 실제로는 해당 정보를 취득 또는 활용할 의사가 전혀 없이 정보공개 제도를 이용하여 사회통념상 용인될 수 없는 부당한 이득을 얻으려 하거나, 오로지 공공기관의 담당공무원을 괴롭힐 목적으로 정보공개청구를 하는 경우처럼 권리의 남용에 해당하는 것이 명백한 경우에는 정보공개청구권의 행사를 허용하지 아니하는 것이 옳다."고 판시하였다(대판 2014.12.24, 2014두9349).[4)] ☜ 이 판례는 원고의 이 사건 정보공개청구가 권리남용에 해당할 여지가 크다고 보아, 정보공개거부처분을 일부 취소한 원심판결 중 피고 패소부분을 파기환송한 사안이다. 그리고 이 판례는 정보비공개결정 취소소송에서 권리남용의 법리에 근거하여 비공개결정(공개거부)을 인정한 최초의 판례라는 점에서 의의가 있다.

---

3) 박해식, "정보공개청구사건에 대한 대법원 판례의 개관", 법률신문 3234호(2004.1.12) 참조.

4) 이 사건은 교도소에 수감 중인 원고가 특정 변호사를 정보공개청구의 소송대리인으로 선임하여 소송비용 확정판결을 통해 소송비용에 관한 변호사보수를 서로 배분하기로 약속한 상태에서 계속하여 정보공개청구를 반복하여 왔고, 전국 각 법원에 다수의 정보공개청구소송을 제기하여 공개·부분공개 결정의 판결을 받았으나 당해 정보를 수령도 하지 않을 뿐만 아니라, 그러한 상황에서 또 다시 서울중앙지방검찰청 검사장을 상대로 자신과 관련된 검찰수사기록에 대한 정보공개를 청구하여 거부되자, 이에 대해 정보비공개결정 취소소송을 제기하여 문제가 사안이다.

3. 부분공개의 의미와 판결주문의 기재방법

1) 부분공개의 의미

판시사항 정보공개법 제14조(부분 공개)의 의미('공개청구의 취지에 어긋나지 아니하는 범위 안에서 비공개대상 정보에 해당하는 부분과 공개가 가능한 부분을 분리할 수 있다'는 요건의 의미): 대법원은 정보공개법 제14조(부분 공개)의 의미와 관련하여, "법원이 행정기관의 정보공개거부처분의 위법 여부를 심리한 결과 공개를 거부한 정보에 비공개대상 정보에 해당하는 부분과 공개가 가능한 부분이 혼합되어 있고 공개청구의 취지에 어긋나지 아니하는 범위 안에서 두 부분을 분리할 수 있음을 인정할 수 있을 때에는 청구취지의 변경이 없더라도 공개가 가능한 정보에 관한 부분만의 일부취소를 명할 수 있다 할 것이고, 공개청구의 취지에 어긋나지 아니하는 범위 안에서 비공개대상 정보에 해당하는 부분과 공개가 가능한 부분을 분리할 수 있다고 함은, 이 두 부분이 물리적으로 분리가능한 경우를 의미하는 것이 아니고 당해 정보의 공개방법 및 절차에 비추어 당해 정보에서 비공개대상 정보에 관련된 기술 등을 제외 내지 삭제하고 그 나머지 정보만을 공개하는 것이 가능하고 나머지 부분의 정보만으로도 공개의 가치가 있는 경우를 의미한다고 해석하여야 한다."고 판시하였다(대판 2004.12.9, 2003두12707).[5)]

2) 부분공개와 판결주문의 기재방법

판시사항 행정청이 공개를 거부한 정보에 비공개대상정보와 공개가 가능한 부분이 혼합되어 있고 공개청구의 취지에 어긋나지 않는 범위 안에서 두 부분을 분리할 수 있는 경우 판결 주문 기재 방법: 대법원은 부분공개에서 판결주문의 표시방법과 관련하여, "판결의 주문은 그 자체에 의하여 그 내용을 특정할 수 있어야 하고 한편, 정보공개법 제14조는 공개청구한 정보가 제9조 제1항 각 호 소정의 비공개대상정보에 해당하는 부분과 공개가 가능한 부분이 혼합되어 있는 경우에는 공개청구의 취지에 어긋나지 아니하는 범위 안에서 두 부분을 분리할 수 있는 때에는 비공개대상정보에 해당하는 부분을 제외하고 공개하여야 한다고 규정하고 있는바, 법원이 행정청의 정보공개거부처분의 위법 여부를 심리한 결과 공개를 거부한 정보에 비공개대상정보에 해당하는 부분과 공개가 가능한

5) 〈참조조문〉 정보공개법 제14조(부분 공개) 공개 청구한 정보가 제9조제1항 각 호의 어느 하나에 해당하는 부분과 공개 가능한 부분이 혼합되어 있는 경우로서 공개 청구의 취지에 어긋나지 아니하는 범위에서 두 부분을 분리할 수 있는 경우에는 제9조제1항 각 호의 어느 하나에 해당하는 부분을 제외하고 공개하여야 한다.

부분이 혼합되어 있고 공개청구의 취지에 어긋나지 아니하는 범위 안에서 두 부분을 분리할 수 있음을 인정할 수 있을 때에는, 위 정보 중 공개가 가능한 부분을 특정하고 판결의 주문에 행정청의 위 거부처분 중 공개가 가능한 정보에 관한 부분만을 취소한다고 표시하여야 한다."고 판시한 바 있다(대판 2009.4.23, 2009두2702; 대판 2003.3.11, 2001두6425).

4. 당초의 정보공개거부처분사유와 본안에서 처분사유의 추가·변경

1) 개요

취소소송에서 계쟁된 처분을 한 시점에 근거로 내세운 처분사유(이유)를 처분청(피고)이 본안에서 추가적 혹은 교환적으로 주장하는 것을 할지 여부의 문제가 처분사유의 추가·변경이다. 이 같은 처분사유의 추가·변경은 본안에서 **피고**의 주장허용 범위(주장제한)에 관한 쟁점으로, 판례는 "처분청은 당초의 처분사유와 기본적 사실관계에 있어서 동일성이 인정되는 한도내에서만 새로운 처분사유를 추가하거나 변경할 수 있고, 기본적 사실관계와 동일성이 전혀 없는 별개의 사실을 들어 처분사유로 주장함은 허용되지 아니하며, 법원으로서도 당초 처분사유와 기본적 사실관계의 동일성이 없는 사실을 처분사유로 인정할 수 없다."고 판시하여(대판 1995.10.12, 95누4704), 피고의 처분사유 주장허용범위에 관해 '**기본적 사실관계의 동일성**'을 기준으로 판단하고 있다(대판 2013.8.22, 2011두28301 등 참조).

2) 정보공개법 제9조 제1항 각호와 처분사유의 추가·변경

(1) **〈판시사항〉 당초의 정보공개거부처분사유인 정보공개법 제7조 제1항(현 제9조 제1항) 제4호 및 제6호의 사유는 새로이 추가된 같은 항 제5호의 사유와 기본적 사실관계의 동일성이 인정되지 않는다고 한 사례:** 대법원은, "당초의 정보공개거부처분사유인 공공기관의정보공개에관한법률 제7조 제1항 제4호 및 제6호의 사유는 새로이 추가된 같은 항 제5호의 사유와 기본적 사실관계의 동일성이 없다."고 판시하였다(대판 2003.12.11, 2001두8827). 즉, 대법원은 정보공개법 제9조 제1항 각호 비공개대상정보 사유 간에는 기본적 사실관계의 동일성이 없다고 하여 처분사유의 추가·변경을 허용하지 않는다. 이 같은 대법원 판례의 태도는 이후 하급심의 판결에서도 "당초의 정보공개거부처분사유인 공공기관의정보공개에관한법률 제7조 제1항 제2호, 제4호, 제3호, 제6호 본문의 사유는 소송 계속중 추가된 같은 항 제1호의 사유와 기본적 사실관계의 동일성이 인정되지 않으므로 그 추가는 허용되지 아니한다."고 판시하여 같은 입장을 견지하고

있다(서울행법 2004.2.3, 2002구합24499).[6)]

(2) **〈판시사항〉 당초의 정보공개거부처분사유인 검찰보존사무규칙 제20조 소정의 신청권자에 해당하지 아니한다는 사유와 새로이 추가된 거부처분사유인 공공기관의정보공개에관한법률 제7조 제1항 제6호(현 제9조 제1항 제6호)의 사유가 기본적 사실관계의 동일성이 있는지 여부(적극)**: 앞의 판례에서 보듯이 대법원은 정보공개법상 비공개대상정보를 정하고 있는 법 제9조 제1항 각호 간에는 처분사유의 추가·변경을 부정한다. **그러나 대법원은**, "피고(법무부장관 등)가 그 정보공개거부처분의 당초 처분사유 근거로 내세운 검찰보존사무규칙 제20조는 재판확정기록의 열람·등사를 피고인이었던 자 또는 그와 같이 볼 수 있는 자(피고인이었던 법인의 대표자, 형사소송법 제28조의 규정에 의한 특별대리인 또는 그 변호인·법정대리인·배우자·직계친족·형제자매·호주)에게만 일반적으로 허용하고, 나머지 사건 관계자들(고소인·고발인·피해자 및 참고인 또는 증인으로 진술한 자)에 대하여는 본인의 진술이 기재되거나 본인이 제출한 서류 등에 대하여만 열람·등사를 허용하는 내용으로서, 전체적으로 보아 특정인을 식별할 수 있는 개인에 관한 정보를 본인 이외의 자에게 공개하지 아니하겠다는 취지이므로, **결국 원고가 위 규칙 제20조에 해당하는 자가 아니라는 당초의 처분사유는 정보공개법 제7조 제1항 제6호의 사유와 그 기초적 사실관계를 같이 한다고 봄이 상당하다.**"고 판시하여(대판 2003.12.11, 2003두8395), 피고가 당초 정보공개거부처분의 처분사유로 제시한 검찰보존사무규칙 제20조와 달리 새로이 정보공개거부처분사유로 추가하여 정보공개법 제7조 제1항 제6호(현 제9조 제1항 제6호)를 주장하는 것은 기본적 사실관계의 동일성을 긍정하여 처분사유의 추가·변경을 허용하고 있음에 유의할 필요가 있다.

(3) 정보공개거부사유에서의 처분사유의 추가·변경과 관련된 부가적 쟁점으로, **특히** 대법원은, "추가 또는 변경된 사유가 당초 처분시에 그 사유를 명시하지 않았을 뿐 처분시에 이미 존재하고 있었고 당사자도 그 사실을 알고 있었다 하여 당초의 처분사유와 동일성이 있는 것이라 할 수 없다."고 판시하고 있음에 주목할 필요가 있다(대판 2006.1.13, 2004두12629; 대판 2003.12.11, 2003두8395 등).

Ⅲ. 정보공개법 제9조 제1항의 주요 비공개대상정보 해석

1. 다른 법령에서 비밀·비공개로 규정된 사항(제1호)

(1) **〈판시사항〉 정보공개법 제9조 제1항 제1호의 입법 취지 및 '법률에 의한 명령'의 의미[=**

6) 이 사건은 'KAL 858 비행기 폭파 사건과 관련된 정보 중 외교관계 등 국가의 중대한 이익을 해할 우려가 있거나 검거된 남파 간첩들의 안전을 현저히 해할 우려가 있는 등의 정보를 제외한 나머지 정보는 원칙적으로 공개거부사유에 해당되지 않는다.'고 판시한 사안이다(서울행법 2004.2.3, 2002구합24499).

법규명령(위임명령)]: 대법원은, 「정보공개법 제9조 제1항 본문은 "공공기관이 보유·관리하는 정보는 공개대상이 된다"고 규정하면서 그 단서 제1호에서는 "다른 법률 또는 법률이 위임한 명령(국회규칙·대법원규칙·중앙선거관리위원회규칙·대통령령 및 조례에 한한다)에 의하여 비밀 또는 비공개 사항으로 규정된 정보"는 이를 공개하지 아니할 수 있다고 규정하고 있는바, 그 입법취지는 비밀 또는 비공개 사항으로 다른 법률 등에 규정되어 있는 경우는 이를 존중함으로써 법률 간의 마찰을 피하기 위한 것이고, 여기에서 '**법률에 의한 명령**'은 정보의 공개에 관하여 법률의 구체적인 위임 아래 제정된 **법규명령**(위임명령)을 의미한다.」고 판시하였다(대판 2010.6.10, 2010두2913).

(2) 그리고 정보공개법 제9조 제1항 제1호의 '다른 법령에서 비밀·비공개로 규정된 사항'에 의한 정보인지 여부와 관련하여, ① 관련법령에 의한 "**학교폭력대책자치위원회 회의록**"은 '다른 법률 또는 법률이 위임한 명령에 의하여 비밀 또는 비공개 사항으로 규정된 정보'에 해당한다고 판시하였고(대판 2010.6.10, 2010두2913), ② "**국가정보원의 조직·소재지 및 정원에 관한 정보**는 특별한 사정이 없는 한 국가안전보장을 위하여 비공개가 필요한 경우로서 (구)국가정보원법 제6조에서 정한 비공개 사항에 해당하고, 결국 정보공개법 제9조 제1항 제1호에서 말하는 '다른 법률에 의하여 비공개 사항으로 규정된 정보'에도 해당한다고 보는 것이 타당하다."고 판시한 바 있다(대판 2013.1.24, 2010두18918). 정보공개법 제9조 제1항 제1호의 '다른 법령에서 비밀·비공개로 규정된 사항'과 관련하여 '법률에 의한 명령', 즉 법규명령(위임명령)으로 보지 않은 아래의 판례에 주목할 필요가 있다.

(3) **〈판시사항〉 검찰보존사무규칙 제22조의 법적 성질**(=행정기관 내부의 사무처리준칙) **및 같은 규칙상의 열람·등사의 제한이 정보공개법 제9조 제1항 제1호의 '다른 법률 또는 법률에 의한 명령에 의하여 비공개사항으로 규정된 경우'에 해당하는지 여부**(소극): 대법원은, "검찰보존사무규칙이 검찰청법 제11조에 기하여 제정된 법무부령이기는 하지만, 그 사실만으로 같은 규칙 내의 모든 규정이 법규적 효력을 가지는 것은 아니다. 기록의 열람·등사의 제한을 정하고 있는 같은 규칙 제22조는 **법률상의 위임근거가 없어 행정기관 내부의 사무처리준칙으로서 행정규칙에 불과**하므로, 위 규칙상의 열람·등사의 제한을 정보공개법 제9조 제1항 제1호의 '다른 법률 또는 법률에 의한 명령에 의하여 비공개사항으로 규정된 경우'에 해당한다고 볼 수 없다."고 판시하였다(대판 2006.5.25, 2006두3049).[7] 그리고 ① 이 판례와 유사사건으로 '제3자의 확정된 수사기록에 대한 정보공개청구'와 관련하여, 대법원이 "검찰보존사무규칙(1998.4.4. 법무부령 제459호로 개정된 것)은 법무부령으로 되어 있으나, 그 중 재판확정기록 등의 열람·등사에 대하여 제한하고 있는 부분은 **위임근거가 없어 행정기관 내부의 사무처리준칙으로서 행정규칙에 불과**하므로, 위 규칙에 의한 열람·등사의 제한을 정보공개법 제4조 제1항의 '정보의 공개에 관하여 다

7) 검찰보존사무규칙에 관한 같은 취지의 판례로 〈대판 2012.6.28, 2011두16735〉가 있다.

른 법률에 특별한 규정이 있는 경우' 또는 제7조 제1항 제1호(현 제9조 제1항 제1호)의 '다른 법률 또는 법률에 의한 명령에 의하여 비공개사항으로 규정된 경우'에 해당한다고 볼 수는 없다."고 판시하였으며(대판 2003.12.26, 2002두1342), 또한 같은 판지의 다른 사건으로 ② 교육공무원법 제13조, 제14조의 위임에 따라 제정된 교육공무원승진규정은 정보공개에 관한 사항에 관하여 구체적인 법률의 위임에 따라 제정된 명령이라고 할 수 없고, 따라서 교육공무원승진규정 제26조에서 근무성적평정의 결과를 공개하지 아니한다고 규정하고 있다고 하더라도 위 교육공무원승진규정은 정보공개법 제9조 제1항 제1호에서 말하는 법률이 위임한 명령에 해당하지 아니하므로 위 규정을 근거로 정보공개청구를 거부하는 것은 잘못이다."고 판시하여 교육공무원승진규정을 정보공개법 제9조 제1항 제1호의 법규명령(위임명령)이 아니라고 하였다(대판 2006.10.26, 2006두11910).

2. 재판·범죄수사 등 관련정보(제4호)

(1) **〈판시사항〉 정보공개법 제9조 제1항 제4호에서 '수사'에 관한 사항으로서 공개될 경우 직무수행을 현저히 곤란하게 한다고 인정할 만한 상당한 이유가 있는 정보를 비공개대상정보의 하나로 규정한 취지와 그에 해당하는 정보 및 수사기록 중 의견서 등이 비공개대상정보에 해당하기 위한 요건:** 대법원은, "정보공개법 제9조 제1항 제4호는 '수사'에 관한 사항으로서 공개될 경우 그 직무수행을 현저히 곤란하게 한다고 인정할 만한 상당한 이유가 있는 정보를 비공개대상정보의 하나로 규정하고 있다. 그 취지는 수사의 방법 및 절차 등이 공개되어 수사기관의 직무수행에 현저한 곤란을 초래할 위험을 막고자 하는 것으로서, 수사기록 중의 의견서, 보고문서, 메모, 법률검토, 내사자료 등(이하 '의견서 등'이라 한다)이 이에 해당한다고 할 수 있으나(헌재 1997.11.27. 선고 94헌마60 전원재판부 결정, 대법원 2003.12.26. 선고 2002두1342 판결 등 참조), 공개청구대상인 정보가 의견서 등에 해당한다고 하여 곧바로 정보공개법 제9조 제1항 제4호에 규정된 비공개대상정보라고 볼 것은 아니고, 의견서 등의 실질적인 내용을 구체적으로 살펴 수사의 방법 및 절차 등이 공개됨으로써 수사기관의 직무수행을 현저히 곤란하게 한다고 인정할 만한 상당한 이유가 있어야만 위 비공개대상정보에 해당한다고 봄이 타당하다."고 판시하였다(대판 2012.7.12, 2010두7048).

(2) **〈판시사항〉 법원 이외의 공공기관이 공공기관의 정보에 관한 법률 제9조 제1항 제4호에서 정한 '진행 중인 재판에 관련된 정보'에 해당한다는 사유로 정보공개를 거부할 수 있는 정보의 범위:** 대법원은, "정보공개법의 입법 목적, 정보공개의 원칙, 위 비공개대상정보의 규정 형식과 취지 등을 고려하면, 법원 이외의 공공기관이 위 규정이 정한 '진행 중인 재판에 관련된 정보'에 해당한다는 사유로 정보공개를 거부하기 위하여는 반드시 그 정보가 진행 중인 재판의

소송기록 그 자체에 포함된 내용의 정보일 필요는 없으나, **재판에 관련된 일체의 정보가 그에 해당하는 것은 아니고 진행 중인 재판의 심리 또는 재판결과에 구체적으로 영향을 미칠 위험이 있는 정보에 한정된다고 할 것이다**."고 판시하였다(대판 2012.4.12, 2010두24913).8)

(3) **〈판시사항〉 정보공개법 제9조 제1항 제4호에서 비공개대상으로 규정한 '형의 집행, 교정에 관한 사항으로서 공개될 경우 그 직무수행을 현저히 곤란하게 하는 정보'의 의미:** 대법원은, "정보공개법 제9조 제1항 제4호에서 비공개대상으로 규정한 '형의 집행, 교정에 관한 사항으로서 공개될 경우 그 직무수행을 현저히 곤란하게 하는 정보'란 당해 정보가 공개될 경우 재소자들의 관리 및 질서유지, 수용시설의 안전, 재소자들에 대한 적정한 처우 및 교정·교화에 관한 직무의 공정하고 효율적인 수행에 직접적이고 구체적으로 장애를 줄 고도의 개연성이 있고, 그 정도가 현저한 경우를 의미한다."고 판시하였다(대판 2009.12.10, 2009두12785).

(4) **〈판시사항〉 (구)정보공개법 제7조 제1항 제4호에서 규정하고 있는 '공개될 경우 그 직무수행을 현저히 곤란하게 한다고 인정할 만한 이유가 있는 정보'의 의미 및 판단 방법:** 대법원은, "(구)정보공개법(법률 제7127호로 전문 개정되기 전의 것, 이하 '구법'이라 한다) 제7조 제1항 제4호에서 규정하고 있는 '공개될 경우 그 직무수행을 현저히 곤란하게 한다고 인정할 만한 상당한 이유가 있는 정보'라 함은 구법 제1조의 정보공개제도의 목적 및 구법 제7조 제1항 제4호의 규정에 의한 비공개대상정보의 입법 취지에 비추어 볼 때 당해 정보가 공개될 경우 범죄의 예방 및 수사 등에 관한 직무의 공정하고 효율적인 수행에 직접적이고 구체적으로 장애를 줄 고도의 개연성이 있고, 그 정도가 현저한 경우를 의미한다고 할 것이며, 여기에 해당하는지 여부는 비공개에 의하여 보호되는 업무수행의 공정성 등의 이익과 공개에 의하여 보호되는 국민의 알권리의 보장과 국정에 대한 국민의 참여 및 국정운영의 투명성 확보 등의 이익을 비교·교량하여 구체적인 사안에 따라 신중하게 판단되어야 한다."고 판시하였다(대판 2008.11.27, 2005두15694).

3. 내부의사형성과정 등 행정업무수행 정보(제5호)

사실관계 독립유공자서훈 공적심사위원회의 회의록 정보공개 여부 (대판 2014.7.24, 2013두20301)

甲이 친족인 망인 乙등에 대한 독립유공자 포상신청을 하였다가 독립유공자서훈 공적심사위원회(이하, '공적심사위원회'라 한다)의 심사를 거쳐 포상에 포함되지 못하였다는 내용의 공적심사

8) 같은 취지의 대법원 판례로 "정보공개법 제9조 제1항 제4호에서 정한 '진행 중인 재판에 관련된 정보'에 해당한다는 사유로 정보공개를 거부하기 위하여는 반드시 그 정보가 진행 중인 재판의 소송기록 자체에 포함된 내용일 필요는 없다. 그러나 **재판에 관련된 일체의 정보가 그에 해당하는 것은 아니고 진행 중인 재판의 심리 또는 재판결과에 구체적으로 영향을 미칠 위험이 있는 정보에 한정**된다고 보는 것이 타당하다."고 판시한 바 있다(대판 2011.11.24, 2009두19021).

결과를 통지받자 국가보훈처장에게 '망인들에 대한 공적심사위원회의 심의·의결 과정 및 그 내용을 기재한 회의록' 등의 정보공개를 청구하였는데, 국가보훈처장이 위 회의록은 공공기관의 정보공개에 관한 법률(이하, '정보공개법'이라 한다) 제9조 제1항 제5호(내부의사형성과정정보)에 따라 공개할 수 없다는 통보(정보공개거부)를 하자 甲이 국가보훈처장을 피고로 하여 취소소송을 제기한 사건이다.

판 지

[1] 정보공개법 제9조 제1항 제5호에서 규정하고 있는 '공개될 경우 업무의 공정한 수행에 현저한 지장을 초래한다고 인정할 만한 상당한 이유가 있는 경우'란 같은 법 제1조의 정보공개제도의 목적 및 같은 법 제9조 제1항 제5호의 규정에 의한 비공개대상정보의 입법 취지에 비추어 볼 때 공개될 경우 업무의 공정한 수행이 객관적으로 현저하게 지장을 받을 것이라는 고도의 개연성이 존재하는 경우를 의미한다. 여기에 해당하는지 여부는 비공개에 의하여 보호되는 업무수행의 공정성 등의 이익과 공개에 의하여 보호되는 국민의 알권리의 보장과 국정에 대한 국민의 참여 및 국정운영의 투명성 확보 등의 이익을 비교·교량하여 구체적인 사안에 따라 신중하게 판단되어야 한다.

[2] ……독립유공자 등록에 관한 신청당사자의 알권리 보장에는 불가피한 제한이 따를 수밖에 없고 관계 법령에서 제한을 다소나마 해소하기 위해 조치를 마련하고 있는 점, 공적심사위원회의 심사에는 심사위원들의 전문적·주관적 판단이 상당 부분 개입될 수밖에 없는 심사의 본질에 비추어 공개를 염두에 두지 않은 상태에서의 심사가 그렇지 않은 경우보다 더 자유롭고 활발한 토의를 거쳐 객관적이고 공정한 심사 결과에 이를 개연성이 큰 점 등 위 회의록 공개에 의하여 보호되는 알권리의 보장과 비공개에 의하여 보호되는 업무수행의 공정성 등의 이익 등을 비교·교량해 볼 때, 위 회의록(즉, 독립유공자서훈 공적심사위원회의 심의·의결 과정 및 그 내용을 기재한 회의록)은 정보공개법 제9조 제1항 제5호에서 정한 '공개될 경우 업무의 공정한 수행에 현저한 지장을 초래한다고 인정할 만한 상당한 이유가 있는 정보'에 해당함에도 이와 달리 본 원심판결에 비공개대상정보에 관한 법리를 오해한 위법이 있다고 판시한 사례이다.[9)]

평 가

위 대상판결은, 정보공개법 제9조 제1항 제5호에서 비공개사항으로 규정한 '공개될 경우 업무의 공정한 수행에 현저한 지장을 초래한다고 인정할 만한 상당한 이유가 있는 경우'의 의미와 그에 해당되는지 여부의 판단방법과 관련하여, 종래부터 대법원이 유지해 온 비공개에 의하여 보호되는 업무수행의 공정성 등의 이익과 공개에 의하여 보호되는 국민의 알권리의 보장과

9) 이 판결은 원심판결(서울고법 2013.9.4, 2013누11286) 중 피고 패소부분을 파기하여 원심법원에 환송한 판결이다.

국정에 대한 국민의 참여 및 국정운영의 투명성 확보 등의 이익을 비교·교량하여 구체적인 사안에 따라 신중하게 판단되어야 한다는 원칙적 기준을 재확인하고 있으며, 이러한 전제에서 이 사건의 공개 여부에 관한 개별적 심사를 통해 '독립유공자서훈 공적심사위원회의 심의·의결 과정 및 그 내용을 기재한 회의록'의 공개가 정보공개법 제9조 제1항 제5호에서 정한 '공개될 경우 업무의 공정한 수행에 현저한 지장을 초래한다고 인정할 만한 상당한 이유가 있는 정보'에 해당한다고 하여 원심판결을 파기하여 비공개결정을 정당한 것으로 판시한 사례로, 정보공개법 제9조 제1항 제5호의 구체적 해석에 관한 단면을 보여주고 있음에 의미가 있다.

관련판례

(가) 우선, 정보공개법 제9조 제1항 제5호에서 비공개대상정보로 규정한 사항이 열거한 것인지 예시적인지와 관련하여 판례는, "정보공개법 제9조 제1항 제5호에서의 '감사·감독·검사·시험·규제·입찰계약·기술개발·인사관리·의사결정과정 또는 내부검토과정에 있는 사항'은 비공개대상정보를 예시적으로 열거한 것이라고 할 것이므로, 의사결정과정에 제공된 회의관련자료나 의사결정과정이 기록된 회의록 등은 의사가 결정되거나 의사가 집행된 경우에는 더 이상 의사결정과정에 있는 사항 그 자체라고는 할 수 없으나, 의사결정과정에 있는 사항에 준하는 사항으로서 비공개대상정보에 포함될 수 있다."고 하여, 예시적 사항이라고 판시하고 있음에 유의할 필요가 있다(대판 2015.2.26, 2014두43356).

(나) 위 대법원과 같이 비공개정을 긍정한 판지의 판결로, ① 학교환경위생구역 내 금지행위(숙박시설) 해제결정에 관한 **학교환경위생정화위원회의 회의록에 기재된 발언내용에 대한 해당 발언자의 인적사항 부분에 관한 정보**는 (구)정보공개법 제7조 제1항 제5호 소정의 비공개대상에 해당한다고 한 사례(대판 2003.8.22, 2002두12946), ② '**학교폭력대책자치위원회 회의록**'이 정보공개법 제9조 제1항 제5호의 '공개될 경우 업무의 공정한 수행에 현저한 지장을 초래한다고 인정할 만한 상당한 이유가 있는 정보'에 해당한다고 한 사례(대판 2010.6.10, 2010두2913), ③ **경찰관의 직무유기 혐의 고소사건에 대한 내부감사과정에서 경찰관들에게서 받은 경위서**를 공개하라는 고소인 甲의 정보공개신청에 대하여 관할 경찰서장이 정보공개법 제9조 제1항 제5호 등의 사유로 비공개결정을 한 사안에서, 위 경위서가 위 법 제9조 제1항 제5호의 비공개대상정보에 해당하지 않는다고 본 원심판결에 비공개대상정보에 관한 법리오해의 위법이 있다고 하여 비공개결정이 정당하다고 보아 원심판결의 파기·환송한 사례(대판 2012.10.11, 2010두18758) 등이 있다.

4. 개인정보(제6호)

(1) **〈판시사항〉 정보공개법 제9조 제1항 제6호 본문에서 정한 '당해 정보에 포함되어 있는**

이름·주민등록번호 등 개인에 관한 사항으로서 공개될 경우 개인의 사생활의 비밀 또는 자유를 침해할 우려가 있다고 인정되는 정보'의 의미와 범위: 대법원 전원합의체 **〈다수의견〉**은, "정보공개법의 개정 연혁, 내용 및 취지 등에 헌법상 보장되는 사생활의 비밀 및 자유의 내용을 보태어 보면, 정보공개법 제9조 제1항 제6호 본문의 규정에 따라 비공개대상이 되는 정보에는 (구)정보공개법(2004.1.29. 법률 제7127호로 전부 개정되기 전의 것, 이하 같다)의 이름·주민등록번호 등 정보 형식이나 유형을 기준으로 비공개대상정보에 해당하는지를 판단하는 **'개인식별정보'**뿐만 아니라 그 외에 정보의 내용을 구체적으로 살펴 '개인에 관한 사항의 공개로 개인의 내밀한 내용의 비밀 등이 알려지게 되고, 그 결과 인격적·정신적 내면생활에 지장을 초래하거나 자유로운 사생활을 영위할 수 없게 될 위험성이 있는 정보'도 포함된다고 새겨야 한다. **따라서 불기소처분 기록 중 피의자신문조서 등에 기재된 피의자 등의 인적사항 이외의 진술내용 역시 개인의 사생활의 비밀 또는 자유를 침해할 우려가 인정되는 경우 정보공개법 제9조 제1항 제6호 본문 소정의 비공개대상에 해당**한다."고 판시하였다(대판 전원합의체 2012.6.18, 2011두2361).[10)11)] ☜ 이 판례는 정보공개법 제9조 제1항 제6호에서 정하고 있는 비공개대상정보에는 개인정보보호법(제2조)·정보통신망법(제2조)·위치정보법(제2조) 등에서 개인정보의 규율방식인 '개인식별정보'보다는 넓은 의미에서 인격적·정신적으로 사생활침해를 야기할 위험성이 있는 정보까지 포함된다고 하였다는 점에서 의미가 있다. 또한 이 판결에서 불기소처분 기록 중 피의자신문조서 등에 기재된 피의자 등의 인적사항 이외의 진술내용은 정보공개법 제9조 제1항 제6호에 해당되어 비공개대상정보라고 판시하였다.

(2) **〈판시사항〉 정보공개법 제9조 제1항 제6호 단서 (다)목의 '공개하는 것이 개인의 권리구제를 위하여 필요하다고 인정되는 정보'에 해당하는지 여부의 판단방법:** 대법원은, "정보공개법 제9조 제1항 제6호 단서 (다)목은 '공공기관이 작성하거나 취득한 정보로서 공개하는 것이 공익 또는 개인의 권리구제를 위하여 필요하다고 인정되는 정보'를 비공개대상정보에서 제외한다고 규정하고 있는데, 여기에서 '공개하는 것이 개인의 권리구제를 위하여 필요하다고 인정되는 정보'에 해당하는지 여부는 비공개에 의하여 보호되는 개인의 사생활의 비밀 등의 이익과 공개에 의하여 보호되는 개인의 권리구제 등의 이익을 **비교·교량**하여 구체적 사안에 따라 신중히 판단하여야 한다."고 판시하였다(대판 2012.6.28, 2011두16735; 그 외 대판 2009.10.29, 2009두14224; 대판 2003.3.11, 2001두6425 등 참조).

---

10) 참고로, 이 사건 대법원 전원합의체 다수의견과 같은 판지를 보여는 판례로 〈대판 2012.6.28, 2011두16735〉가 있다.

11) 참고로, 이 사건의 별개의견은 "(구)정보공개법 제7조 제1항 제6호 본문 소정의 '당해 정보에 포함되어 있는 이름·주민등록번호 등에 의하여 특정인을 식별할 수 있는 개인에 관한 정보'와 다르지 않다고 새기는 것이 정보공개법의 문언뿐 아니라 개정 경위 및 취지, 종래 대법원판례가 취한 견해, 관련 법령과의 조화로운 해석에 두루 부합하면서 국민의 알권리를 두텁게 보호하는 합리적인 해석이다."이라고 판시하고 있다.

Ⅳ. 정보공개 여부에 관한 구체적 사례(제9조 제1항 각호 관련)

(1) 대법원은, 정보공개를 요구받은 공공기관이 (구)정보공개법 제7조 제1항 몇호 소정의 비공개사유에 해당하는지를 주장·입증하지 아니한 채 개괄적인 사유만을 들어 그 공개를 거부할 수 없다고 보았다(대판 2003.12.11, 2001두8827).

(2) 대법원은, 국가정보원이 직원에게 지급하는 현금급여 및 월초수당에 관한 정보가 정보공개법 제9조 제1항 제1호의 비공개대상정보인 '다른 법률에 의하여 비공개 사항으로 규정된 정보'에 해당한다고 보았다(대판 2010.12.23, 2010두14800).[12)]

(3) 하급심 법원은, 한·미 FTA 추가협상 과정에서 작성·교환된 문서는 외교관계에 관한 사항으로서 공개될 경우 국가의 중대한 이익을 현저히 해할 우려가 있다고 인정되므로, 정보공개법 제9조 제1항 제2호에 정한 비공개대상정보에 해당한다고 판시하였다(서울행법 2008.4.16, 2007구합31478).

(4) 대법원은, **보안관찰관련 통계자료**는 그 분석에 의하여 대남공작활동이 유리한 지역으로 보안관찰처분대상자가 많은 지역을 선택하는 등으로 이 사건 정보가 북한정보기관에 대한 간첩의 파견, 포섭, 선전선동을 위한 교두보의 확보 등 북한의 대남전략에 매우 중요한 자료로 악용될 우려가 있는 있으므로 이 사건 정보는 정보공개법 제9조 제1항 제2호의 정보와 제3호의 정보에 해당한다고 하였다(대판 전원합의체 2004.3.18, 2001두8254).

(5) 대법원은, 정보공개법 제9조 제1항 제4호와 관련하여 "재소자가 교도관의 가혹행위를 이유로 형사고소 및 민사소송을 제기하면서 그 증명자료 확보를 위해 '근무보고서'와 '징벌위원회 회의록' 등의 정보공개를 요청하였으나 교도소장이 이를 거부한 사안에서, 근무보고서는 비공개대상정보에 해당한다고 볼 수 없고, **징벌위원회** 회의록 중 **비공개 심사·의결 부분**은 비공개사유에 해당하지만 **징벌절차 진행 부분**은 비공개사유에 해당하지 않는다고 보아 분리 공개가 허용된다."고 판시하였다(대판 2009.12.10, 2009두12785).

(6) 대법원은, (구)정보공개법 제9조 제1항 제5호상의 시험에 관한 사항(시험정보)와 관련하여 "사법시험 제2차 시험의 답안지 열람은 시험문항에 대한 채점위원별 채점 결과의 열람과 달리 사법시험업무의 수행에 현저한 지장을 초래한다고 볼 수 없어 공개하여야 한다."고 하였다(대판 2003.3.14, 2000두6114).

(7) 대법원은, "**공무원이 직무와 관련 없이 개인적인 자격으로 간담회·연찬회 등 행사에 참석하고 금품을 수령한 정보**는 (구)정보공개법 제7조제 1항 제6호 단서(다)목 소정의 '공개하는

---

12) 참고로, 대법원은 또한 "국가정보원의 조직·소재지 및 정원에 관한 정보"가 공공기관의 정보공개에 관한 법률 제9조제1항 제1호에서 말하는 '다른 법률에 의하여 비공개 사항으로 규정된 정보'에 해당한다."고 판시하였다(대판 2013.1.24, 2010두18918).

것이 공익을 위하여 필요하다고 인정되는 정보'에 해당하지 않는다."고 판시하였다(대판 2003.12.12, 2003두8050).

(8) 대법원은, "지방자치단체의 업무추진비 세부항목별 집행내역 및 그에 관한 증빙서류에 포함된 개인에 관한 정보는 '공개하는 것이 공익을 위하여 필요하다고 인정되는 정보'에 해당하지 않는다."고 보았다(대판 2003.3.11, 2001두6425).

(9) 대법원은, '공정거래위원회 제143회 심사조정회의에 상정된 서류 등'은 (구)정보공개법 제7조 제1항 제5호 및 제7호 소정의 비공개대상정보나 공정거래법 제62조 소정의 '사업자의 비밀'로서 보호할 가치가 있는 것에 해당하지 않는다고 판시한 바 있다(대판 2003.3.28, 2000두9212).

(10) 대법원은, 「**KBS추적 60분 정보공개청구사건**－가제 "새튼은 특허를 노렸나"」사건에서 "정보공개법 제2조 제3호 등에 따라 한국방송공사(KBS)는 특별법에 의하여 설립된 특수법인으로서 정보공개 대상기관인 공공기관에 해당한다."고 명확히 판시한 다음,[13] 이를 전제로 "방송사의 취재활동을 통하여 확보한 결과물이나 그 과정에 관한 정보 또는 방송프로그램의 기획·편성·제작 등에 관한 정보가 정보공개법 제9조 제1항 제7호에서 정한 '법인 등의 경영·영업상 비밀에 관한 사항'에 해당하고 공개를 거부할 만한 정당한 이익이 있는지 여부(한정 적극)에 대해 "정보공개법에 의한 정보공개청구의 방법으로 방송사가 가지고 있는 방송프로그램의 기획·편성·제작 등에 관한 정보 등을 제한 없이 모두 공개하도록 강제하는 것은 방송사로 하여금 정보공개의 결과로서 야기될 수 있는 각종 비난이나 공격에 노출되게 하여 결과적으로 방송프로그램 기획 등 방송활동을 위축시킴으로써 방송사의 경영·영업상의 이익을 해하고 나아가 방송의 자유와 독립을 훼손할 우려가 있다. 따라서 방송프로그램의 기획·편성·제작 등에 관한 정보로서 방송사가 공개하지 아니한 것은, 사업활동에 의하여 발생하는 위해로부터 사람의 생명·신체 또는 건강을 보호하기 위하여 공개할 필요가 있는 정보나 위법·부당한 사업활동으로부터 국민의 재산 또는 생활을 보호하기 위하여 공개할 필요가 있는 정보를 제외하고는, **정보공개법 제9조 제1항 제7호에 정한 '법인 등의 경영·영업상 비밀에 관한 사항'에 해당할 뿐만 아니라 그 공개를 거부할 만한 정당한 이익도 있다고 보아야 한다**."고 판시하였다(대판 2010.12.23, 2008두13101).

---

13) 다만, 대법원은 '한국증권업협회'는 정보공개법 시행령 제2조 제4호의 '특별법에 의하여 설립된 특수법인'에 해당한다고 보기 어렵다고 하여 정보공개 대상기관이 아니라고 판시하고 있음에 주목할 필요가 있다(대판 2010.4.29, 2008두5643).

제 4 부

행정쟁송에 관한 법

제 1 장 행정심판

제 2 장 행정소송

행정심판

제1절 행정심판의 절차

Ⅰ. 행정심판과 이의신청·진정 절차의 관계

1. 개요

강학상으로 이의신청은 처분청 자체에 제기하는 것이며, 모든 위법 또는 부당한 처분 등에 대하여 인정되는 것이 아니라 각 개별법이 정하고 있는 처분 등에 대해서만 인정된다는 점에서 원칙적으로 행정심판과 구별된다.[1] 진정은 법정의 형식·절차에 의하지 않고 행정청에 대하여 어떠한 희망을 진술하는 행위로 위법·부당한 행정처분을 바로잡는 수단으로 이용될 여지도 있으나, 진정은 사실상의 행위에 불과하고 권리행사가 아니며, 그에 대한 회답은 별다른 법률적 의미를 가지지 못한 점에서 행정심판과 다르다(박윤흔(상), 811-812쪽).

2. 이의신청과 행정심판

1) 개별공시지가에 대한 이의신청과 행정심판

판시사항 개별공시지가에 대한 이의신청이 행정심판인지 여부: 대법원은, "부동산 가격공시

1) 학문상으로는 이의신청이라는 용어를 사용하지만, 실정법상으로는 불복신청·재심사청구 등 다양한 용어가 사용되고 있다.

및 감정평가에 관한 법률(이하, '가격공시법'이라 함) 제12조, 행정소송법 제20조 제1항, 행정심판법 제3조 제1항의 규정 내용 및 취지와 아울러 가격공시법에 행정심판의 제기를 배제하는 명시적인 규정이 없고 가격공시법에 따른 이의신청과 행정심판은 그 절차 및 담당 기관에 차이가 있는 점을 종합하면, 가격공시법이 이의신청에 관하여 규정하고 있다고 하여 이를 행정심판법 제3조 제1항에서 행정심판의 제기를 배제하는 '다른 법률에 특별한 규정이 있는 경우'에 해당한다고 볼 수 없으므로, 개별공시지가에 대하여 이의가 있는 자는 곧바로 행정소송을 제기하거나 가격공시법에 따른 이의신청과 행정심판법에 따른 행정심판청구 중 어느 하나만을 거쳐 행정소송을 제기할 수 있을 뿐 아니라, 이의신청을 하여 그 결과 통지를 받은 후 다시 행정심판을 거쳐 행정소송을 제기할 수도 있다고 보아야 하고, 이 경우 행정소송의 제소기간은 그 행정심판 재결서 정본을 송달받은 날부터 기산한다."고 판시하여(대판 2010.1.28, 2008두19987), 가격공시법상 개별공지지가에 대한 이의신청을 행정심판과는 다른 절차로 보고 있다.

2) 수용재결에 대한 이의절차와 행정심판

판시사항 토지수용위원회의 수용재결에 대한 이의절차가 행정심판인지 여부: 대법원은, "토지수용위원회의 수용재결에 대한 이의절차는 실질적으로 행정심판의 성질을 갖는 것이므로 토지수용법에 특별한 규정이 있는 것을 제외하고는 행정심판법의 규정이 적용된다고 할 것이다."고 판시하여(대판 1992.6.9, 92누565), 수용재결에 대한 이의절차를 행정심판의 성질을 가진 것으로 판단하였다.

3) 관련판례

그 밖에 대법원은 ① 민원사무처리에 관한 법률(이하, '민원사무처리법'이라 함)에서 정한 민원 이의신청의 대상인 거부처분에 대하여는 민원 이의신청과 상관없이 행정심판 또는 행정소송을 제기할 수 있으며, 또한 민원 이의신청은 민원사무처리에 관하여 인정된 기본사항의 하나로 처분청으로 하여금 다시 거부처분에 대하여 심사하도록 한 절차로서 행정심판법에서 정한 행정심판과는 성질을 달리한다."고 판시하여(대판 2012.11.15, 2010두8676), 민원사무처리법에 의한 민원 이의신청은 행정심판과 다른 성질의 절차라고 하였으며, ② 하급심법원은, "「공공감사에 관한 법률」에 의한 감사결과통보에 대한 재심의신청 내지 이의신청은 자체감사를 실시한 중앙행정기관 등의 장으로 하여금 감사결과나 그에 따른 요구사항의 적법·타당 여부를 스스로 다시 심사하도록 한 절차로서, 행정심판법상의 행정심판과는 그 성질을 달리하고 또한 사안의 전문성과 특수성을 살리기 위하여 특별한 필요에 따라 둔 행정심판에 대한 특별 또는 특례 절차라 할 수도 없다."고 판시하여(대판 2014.4.24, 2013두10809; 광주고법 2013.4.25, 2013누368), 공공감사에 관한 법률에 의한 재심의신청 내지 이의신청을 행정심판 절차로 보지 않는다.

4) 평가

행정심판과 이의신청은 행정처분에 대한 불복절차라는 점에서 공통점이 있다. 실정법상 이의신청 등과 행정심판의 관계는, ① 이의신청 등을 행정심판으로 보도록 규정한 사례(국민연금, 고용보험, 산재보험), ② 이의신청 등에 불복하여 행정심판을 제기할 수 있음을 명시한 사례(장애인복지 및 노인복지), ③ 이의신청 등을 규정하되 이의신청 등을 거치지 아니하고 행정심판을 청구할 수 있음을 명문으로 규정한 사례(정보공개), ④ 이의신청 등을 할 수 있도록 하고 이 경우 행정심판을 청구할 수 없도록 명시한 사례(불법체류자 강제퇴거관련 이의신청)가 있으나, ⑤ 대부분의 개별법에서는 양자 간의 관계에 대하여 아무런 규정도 두고 있지 않고 있는 실정이다. 그러므로 ⑤의 경우 행정심판과의 관계가 문제이나 위 판례를 분석하면 이의신청이 실질적인 관점에서 준사법적 절차가 보장되면 행정심판의 성질을 가진다고 할 수 있지만(수용재결에 대한 이의절차), 강학상의 이의신청과 같이 그러한 절차가 보장되지 않는 개별법의 경우에는 행정심판으로 볼 여지가 없음이 원칙이라 할 수 있다.

3. 진정과 행정심판

판시사항 '진정서'라는 제목의 서면 제출이 행정심판청구로 볼 수 있다고 한 사례: 대법원은, "비록 제목이 '진정서'로 되어 있고, 재결청의 표시, 심판청구의 취지 및 이유, 처분을 한 행정청의 고지의 유무 및 그 내용 등 행정심판법 제19조 제2항 소정의 사항들을 구분하여 기재하고 있지 아니하여 행정심판청구서로서의 형식을 다 갖추고 있다고 볼 수는 없으나, 피청구인인 처분청과 청구인의 이름과 주소가 기재되어 있고, 청구인의 기명이 되어 있으며, 문서의 기재 내용에 의하여 심판청구의 대상이 되는 행정처분의 내용과 심판청구의 취지 및 이유, 처분이 있은 것을 안 날을 알 수 있는 경우, 위 문서에 기재되어 있지 않은 재결청, 처분을 한 행정청의 고지의 유무 등의 내용과 날인 등의 불비한 점은 보정이 가능하므로 위 문서를 행정처분에 대한 행정심판청구로 보는 것이 옳다."고 판시하여(대판 2000.6.9, 98두2621), 진정이란 표제를 쓰고 있어도 그 내용의 실질이 행정심판에 해당하면 행정심판으로 처리하여야 한다는 입장이다.

Ⅱ. 행정심판의 청구기간과 심리절차

1. 행정심판의 청구기간

(1) **〈판시사항〉 (구)행정심판법상 행정처분의 상대방이 아닌 제3자가 당해 처분이 있음을 알았거나 쉽게 알 수 있는 경우, 행정심판의 청구기간(즉, 제3자의 행정심판 청구기간)**: 대법원은, "행정처분의 상대방이 아닌 제3자는 일반적으로 처분이 있는 것을 바로 알 수 없는 처지에 있으므로 처분이 있은 날로부터 180일이 경과하더라도 특별한 사유가 없는 한 (구)행정심판법(1995. 12.6. 법률 제5000호로 개정되기 전의 것) 제18조 제3항 단서(현 제27조 제3항 단서) 소정의 정당한 사유가 있는 것으로 보아 심판청구가 가능하나, 그 제3자가 어떤 경위로든 행정처분이 있음을 알았거나 쉽게 알 수 있는 등 같은 법 제18조 제1항 소정의 심판청구기간 내에 심판청구가 가능하였다는 사정이 있는 경우에는 그 때로부터 60일(현 90일) 이내에 심판청구를 하여야 하고, 이 경우 제3자가 그 청구기간을 지키지 못하였음에 정당한 사유가 있는지 여부는 문제가 되지 아니한다."고 판시하였다(대판 2002.5.24, 2000두3641). ☜ 평가: 결국, 이 판결은 제3자효 행정행위에 있어서 제3자의 행정심판 청구기간과 관련하여 행정심판법 제27조(심판청구의 기간)에서의 객관적 심판청구기간은 원칙적 청구기간인 180일의 예외적 기간으로서 '정당한 사유'(제27조 제3항 단서)에 해당되나, 어떤 경위로든 제3자가 행정처분이 있음을 알았거나 쉽게 알 수 있는 등 심판청구기간 내에 '심판청구가 가능하였다는 사정'이 있다면 그에 따라 주관적 심판기간(법 제27조 제1항, 현 90일)의 적용을 받는다는 입장을 명확히 한 사안이다.

(2) **〈판시사항〉 재결청의 재조사결정에 따른 심사청구기간이나 심판청구기간 또는 행정소송의 제소기간의 기산점(=후속 처분의 통지를 받은 날)**: 부가가치세부과처분 취소소송에서 대법원 전원합의체 **〈다수의견〉은**, "이의신청 등에 대한 결정의 한 유형으로 실무상 행해지고 있는 재조사결정은 처분청으로 하여금 하나의 과세단위의 전부 또는 일부에 관하여 당해 결정에서 지적된 사항을 재조사하여 그 결과에 따라 과세표준과 세액을 경정하거나 당초 처분을 유지하는 등의 후속 처분을 하도록 하는 형식을 취하고 있다. 이에 따라 재조사결정을 통지받은 이의신청인 등은 그에 따른 후속 처분의 통지를 받은 후에야 비로소 다음 단계의 쟁송절차에서 불복할 대상과 범위를 구체적으로 특정할 수 있게 된다. 이와 같은 재조사결정의 형식과 취지, 그리고 행정심판제도의 자율적 행정통제기능 및 복잡하고 전문적·기술적 성격을 갖는 조세법률관계의 특수성 등을 감안하면, 재조사결정은 당해 결정에서 지적된 사항에 관해서는 처분청의 재조사결과를 기다려 그에 따른 후속 처분의 내용을 이의신청 등에 대한 결정의 일부분으로 삼겠다는 의사가 내포된 변형결정에 해당한다고 볼 수밖에 없다. 그렇다면 재조사결정은 처분청의 후속 처분에 의하여 그 내용이 보완됨으로써 이의신청 등에 대한 결정으로서의 효력이 발생한

다고 할 것이므로, 재조사결정에 따른 심사청구기간이나 심판청구기간 또는 행정소송의 제소기간은 이의신청인 등이 후속 처분의 통지를 받은 날부터 기산된다고 봄이 타당하다."고 판시하였다(대판 전원합의체 2010.6.25, 2007두12514).

2. 행정심판의 심리절차

판시사항 항고소송에서 행정청이 처분의 근거 사유를 추가하거나 변경하기 위한 요건인 '기본적 사실관계의 동일성' 유무의 판단 방법 및 이러한 법리가 행정심판 단계에서도 적용되는지 여부(적극): 대법원은, "행정처분의 취소를 구하는 항고소송에서 처분청은 당초 처분의 근거로 삼은 사유와 기본적 사실관계가 동일성이 있다고 인정되는 한도 내에서만 다른 사유를 추가 또는 변경할 수 있고, 이러한 기본적 사실관계의 동일성 유무는 처분사유를 법률적으로 평가하기 이전의 구체적 사실에 착안하여 그 기초인 사회적 사실관계가 기본적인 점에서 동일한지에 따라 결정되므로, 추가 또는 변경된 사유가 처분 당시에 이미 존재하고 있었다거나 당사자가 그 사실을 알고 있었다고 하여 당초의 처분사유와 동일성이 있다고 할 수 없다. 그리고 이러한 법리는 행정심판 단계에서도 그대로 적용된다."고 판시하였다(대판 2014.5.16, 2013두26118). ☞ 평가: 이 사건 판결은 처분사유의 추가·변경의 허용성과 관련한 판단척도인 기본적사실관계의 동일성의 인정은 처분사유를 법률적으로 평가하기 이전의 구체적 사실에 착안하여 그 기초인사회적 사실관계가 기본적인 점에서 동일한지여부에 따라 객관적으로 판단하여야 하고 추가 또는 변경된 사유가 처분 당시에 이미 존재하고 있었다거나 당사자가 그 사실을 알고 있었는지 여부라고 하는 주관적 측면을 고려할 수 없다는 것을 강조한 것이다. 특히, 이 사건 판결은 항고소송에서 당초 처분사유와 기본적 사실관계가 동일성이 있다고 인정되는 한도로 제한된다는 **처분사유의 추가·변경의 제한 법리가 행정심판 단계에서도 동일하게 적용된다고 밝힌 최초의 판례**로서 의미가 있다.[2)]

2) 대법원은, 「산업재해보상보험법상 심사청구에 관한 절차」에 관한 판단에서 처분사유의 추가·변경과 관련하여, "처분청이 스스로 당해 처분의 적법성과 합목적성을 확보하고자 행하는 자신의 내부 시정절차에서는 당초 처분의 근거로 삼은 사유와 기본적 사실관계의 동일성이 인정되지 않는 사유라고 하더라도 이를 처분의 적법성과 합목적성을 뒷받침하는 처분사유로 추가·변경할 수 있다고 보는 것이 타당하다."고 판시하였으나(대판 2012.9.13, 2012두3859), 산업재해보상보험법상의 심사청구절차는 행정심판 이전 단계의 절차로서 행정심판과 구별된다는 점에서 이 판결과 달리 이해하여야 할 것이다.

제 2 절 재결의 기속력과 직접처분

Ⅰ. 재결의 기속력과 재처분의무의 범위

1. 재결의 기속력의 범위

판시사항 재결의 기속력의 범위 / 새로운 처분의 처분사유와 종전 처분에 관하여 위법한 것으로 재결에서 판단된 사유가 기본적 사실관계에 있어 동일성이 없으므로 새로운 처분이 종전 처분에 대한 재결의 기속력에 저촉되지 않는다고 한 사례: 대법원은, "[1] 재결의 기속력은 재결의 주문 및 그 전제가 된 요건사실의 인정과 판단, 즉 처분 등의 구체적 위법사유에 관한 판단에만 미친다고 할 것이고, 종전 처분이 재결에 의하여 취소되었다 하더라도 종전 처분시와는 다른 사유를 들어서 처분을 하는 것은 기속력에 저촉되지 않는다고 할 것이며, 여기에서 동일 사유인지 다른 사유인지는 종전 처분에 관하여 위법한 것으로 재결에서 판단된 사유와 기본적 사실관계에 있어 동일성이 인정되는 사유인지 여부에 따라 판단되어야 한다. [2] 새로운 처분의 처분사유와 종전 처분에 관하여 위법한 것으로 재결에서 판단된 사유가 기본적 사실관계에 있어 동일성이 없으므로 새로운 처분이 종전 처분에 대한 재결의 기속력에 저촉되지 않는다."고 판시하였다(대판 2005.12.9, 2003두7705).

2. 교원소청심사위원회 결정의 기속력과 항고소송

사실관계 사립학교교원의 징계처분에 관한 교원소청심사위원회결정의 기속력의 범위와 항고소송 (대판 2013.7.25, 2012두12297)

원고는 사립학교법인이고, 피고는 교원소청심사위원회이다. 사립학교법인은 대학을 운영하고 있는바, 피고보조참가인(이하, '참가인'이라 한다)은 1997.3.1. 원고가 운영하는 대학의 전임강사로 임용된 후 2000.10.1. 조교수로 승진하고 2005.3.1. 부교수로 승진한 사립학교 교원인데, 원고는 참가인에 대하여 2010.7.2. 재학생·조교와 다른 교수 등을 허위사실로 고소하여 이 사실을 언론에 유포하고 피고소인들이 혐의없음 처분을 받음으로써 구성원간의 불신과 불협화음을 조성함은 물론, 학교의 명예와 교원의 품위를 심히 손상하였다는 징계사유로 참가인을 해임하는 처분(이하, '이 사건 해임처분'이라 한다)을 하였다. 그러자 피고는 2010.10.26. 참가인의 소청심사청구에 대해 해임처분의 근거가 된 모든 징계사유와 관련하여 "이 징계사유가 인정되지 않는다"는 이유로 이 사건 해임처분을 취소하였다. 이에 원고가 피고의 해임처분취소결정처분의 취소를 구하는 소를 제기하였다.

판 지

대법원은, 「**교원소청심사위원회 결정의 기속력 범위 및 징계처분을 받은 사립학교 교원의 소청심사청구에 대하여 교원소청심사위원회가 징계사유 자체가 인정되지 않는다는 이유로 징계처분을 취소하는 결정을 하고, 그에 대하여 학교법인 등이 제기한 행정소송 절차에서 심리한 결과 징계사유 중 일부 사유는 인정된다고 판단되는 경우, 법원이 내려야 할 판결의 내용**」과 관련하여, "교원소청심사위원회(이하 '위원회'라 한다)의 결정은 처분청에 대하여 기속력을 가지고 이는 그 결정의 주문에 포함된 사항뿐 아니라 그 전제가 된 요건사실의 인정과 판단, 즉 처분 등의 구체적 위법사유에 관한 판단에까지 미친다. 따라서 위원회가 사립학교 교원의 소청심사청구를 인용하여 징계처분을 취소한 데 대하여 행정소송이 제기되지 아니하거나 그에 대하여 학교법인 등이 제기한 행정소송에서 법원이 위원회 결정의 취소를 구하는 청구를 기각하여 위원회 결정이 그대로 확정되면, 위원회 결정의 주문과 그 전제가 되는 이유에 관한 판단만이 학교법인 등 처분청을 기속하게 되고, 설령 판결 이유에서 위원회의 결정과 달리 판단된 부분이 있더라도 이는 기속력을 가질 수 없다. 그러므로 사립학교 교원이 어떠한 징계처분을 받아 위원회에 소청심사청구를 하였고, 이에 대하여 위원회가 그 징계사유 자체가 인정되지 않는다는 이유로 징계양정의 당부에 대해서는 나아가 판단하지 않은 채 징계처분을 취소하는 결정을 한 경우, 그에 대하여 학교법인 등이 제기한 행정소송 절차에서 심리한 결과 징계사유 중 일부 사유는 인정된다고 판단이 되면 법원으로서는 위원회의 결정을 취소하여야 한다. 이는 설령 인정된 징계사유를 기준으로 볼 때 당초의 징계양정이 과중한 것이어서 그 징계처분을 취소한 위원회 결정이 결론에 있어서는 타당하다고 하더라도 마찬가지이다. 위와 같이 행정소송에 있어 확정판결의 기속력은 처분 등을 취소하는 경우에 그 피고인 행정청에 대해서만 미치는 것이므로, 법원이 위원회 결정의 결론이 타당하다고 하여 학교법인 등의 청구를 기각하게 되면 결국 행정소송의 대상이 된 위원회 결정이 유효한 것으로 확정되어 학교법인 등도 이에 기속되므로, 위원회 결정의 잘못은 바로잡을 길이 없게 되고 학교법인 등도 해당 교원에 대한 적절한 재징계를 할 수 없게 되기 때문이다."고 판시하였다.

평 가

(가) 제1심(서울행법 2011.6.2, 2011구합2668)은 원고의 청구를 '기각'하였으나, 항소심(서울고법 2012.5.2, 2011누21760)은 "위 징계사유 중 일부(재학생 4인 및 조교 1인에 관한 부분)는 인정되는데도 피고가 징계사유 전부가 인정되지 않는다고 하여 이 사건 해임을 취소한 것은 위법하므로 이 사건 처분은 취소되어야 한다고 원고의 청구를 '인용'하였다. 즉, 피고의 이 사건 결정의 취

지는 "징계사유가 아예 인정되지 않는다."는 것이나, 항소심법원의 판결이유는 "당초 원고가 내세운 징계사유 중 일부는 인정되므로 이 사건 결정은 위법하다."는 것이었다.

(나) 피고는 〈상고이유의 주장〉에서 이 사건 결정의 결론 자체는 타당하므로 원고의 청구를 '기각'하여야 한다는 입장으로, 그 논거로는 「이 사건 결정을 취소한 원심판결(항소심)이 그대로 확정되면 그 형성력에 따라 이 사건 결정은 소급하여 소멸하게 되고, 이에 따라 이 사건 해임처분이 부활하게 된다. 그런데 피고에게는 재처분의무가 없으므로,[3] 결과적으로 이 사건 해임처분이 그대로 확정되게 되고, 참가인에 대한 적정한 징계양정을 구현할 수 없게 된다.」는 것이다. 이에 반해 〈항소심의 입장〉은 이 사건 결정의 이유 중의 판단이 잘못된 이상 이 사건 해임처분을 취소한 그 결론이 타당하다고 하더라도 원고의 청구를 '인용'하여 이 사건 결정을 취소해야 한다는 입장으로, 그 논거로는 「법원에서 원고의 청구를 '기각'하면 그러한 판결에는 어떠한 형성력이나 기속력도 인정되지 않는 것이므로, 이 사건 결정이 그대로 확정된다.[4] 그리고 이에 따라 원고로서는 이 사건 결정의 기속력에 의하여 이 사건 결정의 취지에 반하는 처분을 할 수 없게 된다. 즉 징계사유가 인정되지 않는다는 이 사건 결정의 취지에 기속되는 원고로서는 참가인에 대한 어떠한 재징계도 불가능하게 되는 것이다.」는 점, 그리고 반대로 〈항소심의 입장〉을 유지할 경우 「참가인은 피고에게 이 사건 해임처분에 대한 소청심사청구를 한 상태인데, 그에 대한 답변에 해당하는 이 사건 결정이 법원의 판결로 취소되는 것으로 확정된다면 소청심사청구만 남게 되고 이에 대한 피고의 답변은 없는 상태가 된다. 행정소송법상 이러한 경우 피고에게 '재처분의무'가 있음을 명시적으로 규정하지는 않았지만, 참가인의 소청심사청구가 여전히 유효한 이상 피고는 이에 대한 답변을 해야 할 의무가 있다. 그리고 이 경우 피고는 확정된 판결의 기속력에 의하여 판결의 취지에 따른 처분만을 할 수 있다. 결국 징계사유 자체는 일부 인정된다고 보고 이에 대한 적정한 양정을 하여 새로 판단을 하면 적정한 징계양정의 구현이 가능하다.」는 점을 판결이유의 정당성으로 제시한다.

(다) 이 사건 대상판결에서 대법원은 〈항소심의 입장〉을 채택하여, 위원회의 심사대상인 징계처분 등이 국공립학교 교원에 대한 것인지 사립학교 교원에 대한 것인지에 따라 위원회가 내리는 결정의 성질이 달라진다는 점을 설시한 뒤, 사립학교 교원에 대한 징계처분의 경우에는 위원회의 결정 자체가 행정소송의 심판대상이 되는 것이므로 법원이 위원회의 결정을 취소하는 판결이 확정되면 위원회는 그 소청심사청구사건을 재심사하여야 한다는 점을 분명히 밝혔다. 그리고 그러한 전제하에, 사립학교 교원이 어떠한 징계처분을 받아 위원회에 소청심사청구를

3) 행정소송법 제30조 제2항에서 "판결에 의하여 취소되는 처분이 당사자의 신청을 거부하는 것을 내용으로 하는 경우에는 그 처분을 행한 행정청은 판결의 취지에 따라 다시 이전의 신청에 대한 처분을 하여야 한다."고 규정하여, 행정청의 거부처분이 확정판결로 취소되는 경우에만 행정청의 재처분의무를 인정하고 있다.

4) 설령 판결 이유에서 징계사유가 일부는 인정이 된다는 취지로 판단하였다고 하더라도, '이 사건 해임처분을 취소한다.'는 이 사건 결정의 주문뿐만 아니라 '징계사유가 인정되지 않는다.'는 그 이유 중의 판단도 그대로 확정된다.

하였고, 이에 대해 위원회가 그 징계사유 자체가 인정되지 않는다는 이유로 징계처분취소결정을 한 경우, 그에 대하여 학교법인 등이 제기한 행정소송절차에서 심리한 결과 징계사유 중 일부 사유는 인정된다고 판단이 되면 법원으로서는, 설령 그 징계처분을 취소한 위원회 결정이 결론에 있어서는 타당하다고 하더라도, 위원회의 결정을 취소하여야 한다는 점을 분명히 하였다.

(라) 이 판결은, 행정청의 재처분의무는 거부처분을 취소하는 판결이 확정된 경우에 인정된다는 행정소송법 제30조 제2항과 관련하여, 소청심사청구에 대한 위원회의 결정이 법원의 판결로 취소된 경우에도 위원회는 특별한 사정이 없는 한 당초의 소청심사청구에 대하여 재처분을 하여야 한다는 점을 최초로 밝혔다는 점에서 의의가 있다.

관련판례

판시사항 교원소청심사위원회 결정의 기속력 범위 / 교원소청심사위원회가 사립학교 교원의 소청심사청구를 인용하여 재임용거부처분을 취소한 데 대하여 학교법인 등이 제기한 행정소송에서 교원소청심사위원회의 결정이 그대로 확정되는 경우, 판결이유에서 교원소청심사위원회의 결정과 달리 판단한 부분이 기속력을 가지는지 여부(소극): 대법원은, "교원소청심사위원회(이하, '심사위원회'라 한다) 결정의 기속력은 그 결정의 주문에 포함된 사항뿐 아니라 그 전제가 된 요건사실의 인정과 판단, 즉 처분 등의 구체적 위법사유에 관한 판단에까지 미치므로, 심사위원회가 사립학교 교원의 소청심사청구를 인용하여 재임용거부처분을 취소한 데 대하여(행정소송이 제기되지 아니하거나 그에 대하여) 학교법인 등이 제기한 행정소송에서 법원이 심사위원회 결정의 취소를 구하는 청구를 기각하여 심사위원회의 결정이 그대로 확정되면, 심사위원회 결정의 주문과 그 전제가 되는 이유에 관한 판단만이 학교법인 등 처분권자를 기속하게 되고, 설령 판결 이유에서 심사위원회의 결정과 달리 판단된 부분이 있더라도 이는 기속력을 가질 수 없다."고 판시한 바 있다(대판 2016.1.28, 2013두26897).

3. 거부처분 취소재결과 재처분의무

판시사항 거부처분을 취소하는 재결의 효력(즉, 거부처분 취소재결의 경우에 재처분의무가 인정되는지 여부): 대법원은, "당사자의 신청을 거부하는 처분을 취소하는 재결이 있는 경우에는 행정청은 그 재결의 취지에 따라 이전의 신청에 대한 처분을 하여야 하는 것이므로 행정청이 그 재결의 취지에 따른 처분을 하지 아니하고 그 처분과는 양립할 수 없는 다른 처분을 하는 것은 위법한 것이라 할 것이고 이 경우 그 재결의 신청인은 위법한 다른 처분의 취소를 소구할 이익이 있다."고 판시하였다(대판 1988.12.13, 88누7880). ☜ 반대견해가 없지 않으나 행정심판법상 거부처분에 대해서는 의무이행심판과 취소심판 중에서 양자택일로 선택적으로 제기할 수 있다는 것이 일반적인 견해이자 행정심판실무이다. 그러나 거부처분의 경우에 취소심판을 제기하여 인용재결을 받았다고 할 때, 이 재결에 대해 처분청의 재처분의무를 인정하는 명문의 규정이 없다. 그러한 이유로, 거부처분 취소심판의 인용재결이 있을 경우 처분청은 행정심판법 제49조 제1항에 의해 재처분의무를 부담하는지 여부와 관련하여 학설에서는 긍정설·부정설의 대립이 있지만, 위 판례는 거부처분 취소재결(인용재결)이 있는 경우에 '긍정설'의 입장에서 재처분의무를 긍정하고 있음을 알 수 있다.

Ⅱ. 행정심판위원회의 직접처분

사실관계 의무이행심판에서 직접처분의 요건 (대판 2002.7.23, 2000두9151)

甲이 지방자치단체장 A에게 토석채취허가신청을 하였으나, 대상 토지의 실소유자의 진정이 있음을 이유로 거부처분이 이루어졌고, 이에 甲이 관할 행정심판위원회(이하, '乙'이라 함)에 의무이행심판을 청구하였다. 乙은 A가 관련법규에서 정한 허가요건을 검토하지 않고 거부한 재량의 일탈·남용이 있음을 이유로 거부처분을 취소하고 허가를 이행하라는 인용재결(즉, 처분명령재결)을 하였다. 그러나 이 같은 재결이 있음에도 불구하고 A는 대상 토지가 평야지대의 젖줄인 하천의 상단부에 위치하며, 도립공원 연접지역으로 보존의 공익이 크다는 점을 이유로 토석채취허가 거부처분을 하였다. 이에 甲이 乙에 대하여 인용재결직접처분신청을 하였으나, 乙은 A가 재결에 따른 처분을 하였음을 이유로 동 신청에 대하여 거부처분을 하였다.

판 지

대법원은, "행정심판법 제37조 제2항, 같은법 시행령 제27조의2 제1항(현 행정심판법 제50조 제1항[5]))의 규정에 따라 재결청이 직접처분을 하기 위하여는 **처분의 이행을 명하는 재결이** 있었음에도 **당해 행정청이 아무런 처분을 하지 아니하였어야** 하므로, **당해 행정청이 어떠한 처분을**

5) 종래의 행정심판법 제37조 제2항과 동법 시행령 제27조의2 제1항의 규정을 합체하여 2010년 1월 25일 행정심판법 전부개정에서 현행 행정심판법 제50조(직접처분) 제1항으로 개편된 것에 지나지 않아 규정의 내용은 동일하다.

하였다면 그 처분이 재결의 내용에 따르지 아니하였다고 하더라도 재결청이 직접처분을 할 수는 없다."고 판시하였다.

평 가

현행 행정심판법 제50조(위원회의 직접 처분)상의 행정심판위원회의 직접처분에 관한 규정은 의무이행심판을 청구하여 인용재결로서 처분명령재결(=이행명령재결(이행재결))을 받았음에도 처분청이 이 재결에 따라 아무런 처분을 하지 않는 때, 그 재결의 실효성을 확보하려는 제도이다. 그러나 행정심판위원회의 직접처분을 위해서는 행정심판법 제50조 제1항에서 「위원회는 피청구인이 제49조제2항에도 불구하고 '처분을 하지 아니하는 경우'에는 ……」라고 하여, 의무이행심판을 통해 처분명령재결 인용재결을 받았으나 처분청이 아무런 처분을 하지 않은 것이 아니라 그것이 당초 처분과 동일한 거부처분이라도 처분청이 어떠한 처분을 한 경우에는 직접처분의 요건을 갖춘 것이 아니라는 점을 확인한 판결로서 의미가 있다. 다만, 위 사건에서 직접처분의 요건을 충족하고 있지 않지만 심판청구인 甲은 乙의 재결의 취지에 반하여 A가 다시 거부하는 처분을 한 것은 무효사유의 하자가 있는 처분으로 행정소송을 제기할 할 수 있으며(홍정선, 600쪽), 위 사안의 경우 乙은 직접처분은 불가능하지만 A에 대해 시정명령을 할 수 있다(행정심판법 제50조 제1항).

제 3 절 행정심판과 행정소송의 관계

Ⅰ. 행정심판 임의주의

행정심판과 행정소송의 관계와 관련하여 종래에는 행정심판을 행정소송의 앞에 두어 행정심판을 경유하지 않으면 행정소송을 제기할 수 없도록 하는 '행정심판전치주의'를 취하고 있었으나, 1998년 3월 1일을 기점으로 행정심판을 임의적으로 선택할 수 있도록 하는 행정심판 임의주의로 바뀌었다. 즉, 현행 행정소송법 제18조(행정심판과의 관계)는 「① 취소소송은 법령의 규정에 의하여 당해 처분에 대한 행정심판을 제기할 수 있는 경우에도 이를 거치지 아니하고 제기할 수 있다. 다만, 다른 법률에 당해 처분에 대한 행정심판의 재결을 거치지 아니하면 취소소송을 제기할 수 없다는 규정이 있는 때에는 그러하지 아니하다.」고 규정하여 행정심판 임의주의를 원칙으로 하고, 예외적으로 필요적으로 행정심판을 거쳐야 하는 행정심판전치주의를 취하고 있다.

Ⅱ. 행정심판 전치주의 – 예외

1. 예외적 행정심판 전치주의의 경우

현행 법제상 행정소송법 제18조 제1항 단서에 따라 다른 법률이 필요적 전치주의를 취하는 예외적인 경우는 ① 국세에 관한 소송(국세청장 또는 국세심판원), 단 지방세에 관한 소송은 임의적 전치주의이다(헌법재판소는 지방세에 대한 행정심판전치주의에 대해 위헌결정을 하였다.: 헌재 2001.6.28, 2000헌바30). 그리고 ② 공무원에 대한 징계 등 불이익처분 역시 헌법재판소가 필요적 전치주의를 합헌으로 결정(헌재 2007.1.7, 2005헌바86)하여 여전히 행정심판 전치주의이다(소청심사위원회: 국가공무원법 제16조, 교육공무원법 제53조, 지방공무원법 제20조의2). 그 밖에 ③ 운전면허의 취소·정지 등의 처분(행정심판위원회: 도로교통법 제142조) 및 ④ 외국선박등에 대한 시정조치명령 등 처분(해양수산부장관: 선박안전법 제68조)도 행정심판 전치주의를 취하고 있다.

2. 행정심판 전치주의가 적용되는 행정소송

예외적으로 처분의 근거가 되는 개별 법률이 행정심판 전치주의를 채택하고 있는 경우에도 행정소송 제기 이전에 행정심판을 거쳐야 하는 것은 취소소송과 부작위위법확인소송뿐이고(행정소송법 제18조, 제38조제2항), 무효확인소송의 제기에는 행정심판을 거칠 필요가 없고(행정소송법 제18조, 제38조제1항), 성질상 공법상의 법률관계에 관한 당사자소송도 마찬가지이다. 민중소송과 기관소송은 행정심판 전치주의를 요할 수도 있으나, 구체적인 내용은 그 소송을 인정하고 있는 개별 법률의 입법태도의 문제이다.

3. 재결주의와 행정심판

그러나 현행법상 중앙노동위원회의 재심판정에 대한 불복(노동위원회법 제27조제1항), 감사원의 변상판정에 대한 재심 판정에 대한 불복(감사원법 제40조), 특허심판원의 재심판정에 대한 불복(특허법 제189조) 등과 같이 원처분이 아니라 행정심판 「재결」만이 행정소송의 대상되는 사건의 경우(재결주의) 행정심판을 거쳐야 하는 것이 불가피하나, 이는 각 개별법률에서 행정소송의 대상에 관하여 '원처분주의'가 아닌 '재결주의'를 채택한데 따른 결과일 뿐이므로 필요적 행정

심판 전치주의(행정심판전치주의)의 예로 볼 수는 없다.[6)]

Ⅲ. 행정심판과 행정소송의 제소기간

1. 일반기준

행정소송법 제20조 제1항에 의하면, 취소소송은 처분 등이 있음을 안 날부터 90일 이내에 제기하여야 하는데, 행정심판청구를 할 수 있는 경우에 행정심판청구가 있은 때의 기간은 재결서의 정본을 송달받은 날부터 기산한다. 그리고 대법원 판례는 "여기에서 말하는 '행정심판'은 행정심판법에 따른 **일반행정심판**과 이에 대한 특례로서 다른 법률에서 사안의 전문성과 특수성을 살리기 위하여 특히 필요하여 일반행정심판을 갈음하는 특별한 행정불복절차를 정한 경우의 **특별행정심판**(행정심판법 제4조)을 뜻한다."고 판시하여 행정소송법 제20조 제1항에서 말하는 행정심판의 의미를 제한적으로 보았다(대판 2014.4.24, 2013두10809).

2. 특별행정심판인지 여부

(1) **〈판시사항〉「공공감사에 관한 법률」상의 재심의신청과 이의신청이 행정심판인지 여부:** 대법원은, "甲 광역시 교육감이 공공감사에 관한 법률(이하, '공공감사법'이라 한다) 등에 따라 을 학교법인이 운영하는 丙 고등학교에 대한 특정감사를 실시한 후 丙 학교의 학교장과 직원에 대하여 징계(해임)를 요구하는 처분을 하였는데, 乙 법인이 위 처분에 대한 이의신청을 하였다가 기각되자 위 처분의 취소를 구하는 소를 제기한 사안에서, 공공감사법상의 재심의신청 및 (구) 甲 광역시교육청 행정감사규정상의 이의신청은 자체감사를 실시한 중앙행정기관 등의 장으로 하여금 감사결과나 그에 따른 요구사항의 적법·타당 여부를 스스로 다시 심사하도록 한 절차로서 행정심판을 거친 경우의 제소기간의 특례가 적용될 수 없다고 보고, 이의신청에 대한 결과통지일이 아니라 乙 법인이 위 처분이 있음을 알았다고 인정되는 날부터 제소기간을 기산하여 위 소가 제소기간의 도과로 부적법하다고 본 원심판단을 정당하다."고 판시하였다(대판 2014.4.24, 2013두10809). ☜ 즉, 판례는 공공감사법상의 재심의신청·이의신청 절차를 행정심판법

6) 참고로 헌법재판소는, "위법한 원처분을 소송의 대상으로 하여 다투는 것보다는 행정심판에 대한 재결을 다투는 것이 당사자의 권리구제에 보다 효율적이고, 판결의 적정성을 더욱 보장할 수 있는 경우에는 행정심판에 대한 재결에 대하여만 제소하도록 하는 것이 국민의 재판청구권의 보장이라는 측면에서 더욱 바람직한 경우도 있으므로, 개별법률에서 이러한 취지를 정하는 때에는 원처분주의의 적용은 배제되고 재결에 대해서만 제소를 허용하는 이른바 '재결주의'가 인정된다."고 판시하였다(헌재 2001.6.28, 2000헌바77).

제20조 제1항의 특별행정심판으로 보지 않는다.

(2) **〈판시사항〉「자본시장과 금융투자업에 관한 법률」상 과징금부과처분에 관한 이의신청이 행정심판인지 여부**: 대법원은, "「자본시장과 금융투자업에 관한 법률」(이하, '자본시장법'이라 함)상 과징금부과처분에 관한 이의신청 역시 그 근거 법률조항(같은 법률 제432조)이 그 절차적 근거만을 두고 있을 뿐 이의신청 판단기관의 독립성과 공정성, 대심적 심리구조, 당사자의 절차적 권리 등에 관한 규정을 두고 있지 않는 점에 비추어 행정소송법 제20조 제1항의 행정심판에 해당하지 아니한다."고 보고, 제소기간 준수 여부를 판단한 원심판결을 유지하였다(대판 2014.4. 24, 2013두26590). ☜ 즉, 판례는 자본시장법상의 과징금부과처분에 관한 이의신청 역시 행정심판법 제20조 제1항의 특별행정심판으로 보지 않는다.

(3) **〈판시사항〉 민원사항에 대한 행정기관의 장의 거부처분에 불복하여 민원사무처리에 관한 법률 제18조 제1항에 따라 이의신청을 한 경우, 이의신청에 대한 결과를 통지받은 날부터 취소소송의 제소기간이 기산되는지 여부**(소극): 대법원은, "민원사무처리법에서 정한 민원 이의신청의 대상인 거부처분에 대하여는 ……행정심판법에서 정한 행정심판과는 성질을 달리하고 또한 사안의 전문성과 특수성을 살리기 위하여 특별한 필요에 따라 둔 행정심판에 대한 특별 또는 특례 절차라 할 수도 없어 행정소송법에서 정한 행정심판을 거친 경우의 제소기간의 특례가 적용된다고 할 수도 없으므로, 민원 이의신청에 대한 결과를 통지받은 날부터 취소소송의 제소기간이 기산된다고 할 수 없다."고 판시하였다(대판 2012.11.15, 2010두8676). ☜ 즉, 민원사무처리법에 의한 이의신청 역시 행정소송법 제20조 제1항의 특별행정심판으로 보지 않는다.

Ⅳ. 취소심판·취소소송에서 '변경'의 해석

1. 취소소송과 적극적 변경의 가능성

취소심판이란 '행정청의 위법 또는 부당한 처분을 취소하거나 변경하는 행정심판'이다(행정심판법 제5조 제1호). 그리고 취소심판을 제기하여 그 취소 또는 변경을 구하는 심판청구에 이유가 있다고 인정하면 처분을 취소 또는 다른 처분으로 변경하거나 처분을 다른 처분으로 변경할 것을 피청구인에게 명하는 재결이 가능하다(법 제43조 제3항). 따라서 취소심판을 제기한 경우의 인용재결로는 처분취소재결은 물론 처분변경재결 및 처분변경명령재결이 가능하며, 여기서 말하는 처분취소재결에서의 「취소」에는 '전부취소'와 '일부취소'(6개월의 영업정지처분이 행정심판 절차를 통해 3개월의 영업정지처분으로 감경된 경우)를 포함하며, 처분변경재결과 처분변경명령재결에서 「변경」은 원처분과 질적으로 다른 '적극적 변경'(공무원에 대한 3월의 정직처분이 소청심사 절차에서 감봉처분으로 감경된 경우)을 의미한다.

한편, 행정소송법은 취소심판과 유사하게 취소소송의 정의에 대해 '행정청의 위법한 처분등을 취소 또는 변경하는 소송'이라 규정하고 있다(법 제4조 제1호). 여기서 '변경'에는 문언적으로는 처분의 일부취소라는 의미의 '소극적 변경'과 원처분(당초처분)에 갈음하여 새로운 처분을 행하는 '적극적 변경'이 포함될 수 있다. 그러나 취소소송에서의 「변경」에는 '적극적 변경'은 권력분립의 관점에서 허용되지 않는다. 따라서 행정소송법상 취소소송의 정의에서 「변경」은 '일부취소'라는 뜻의 소극적 변경으로 이해하는 것이 통설이자 판례의 입장이다(대판 1962.6.14, 62누14; 대판 1989.5.23, 88누8135). 즉, 행정소송법 제4조 제1호에서 「취소 또는 변경하는 소송」의 의미는 "전부취소 또는 일부취소하는 소송"으로 해석해야 한다.

2. 변형된 과징금 등과 취소쟁송

변형된 과징금이란 인허가사업을 하는 자가 행정법규에 위반한 경우 그 위반자에게 당해 사업의 취소·정지에 '갈음하여' 사업을 계속함으로써 얻는 이익을 박탈하는 제재금를 말하는 것으로, 식품위생법[7]·축산물위생관리법·화학물질관리법 등에 규정되어 있다. 이 경우 관련법규 위반으로 영업의 취소 혹은 정지를 받은 자가 영업손실 등을 이유로, 이에 갈음하여 과징금을 부과받고자 영업의 취소나 정지에 대해 취소쟁송으로 다투려고 할 경우에 상술한 취소쟁송에서의 '변경'의 해석을 고려한다면 적극적 변경이 허용되지 않는 취소소송보다는 행정심판으로서 취소심판의 선택지가 효과적인 쟁송수단이 될 수 있다. 그러한 이유로 행정쟁송실무상 영업의 취소·정지와 함께 변형된 과징금에 관한 규정이 존재하는 경우에는 행정심판(취소심판)을 제기하는 경향이 일반적인 것 같다. 또한 공무원이 파면처분이나 해임처분과 같은 징계처분을 받은 경우에 징계사유를 인정하면서도 징계수위에 불복하여 정직 또는 감봉처분을 기대하며 취소쟁송을 제기하려고 할 경우에도 '적극적 변경'이 불가능한 취소소송보다는 소청절차를 선택하는 것이 합리적인 권리구제수단이 될 수 있다. 그 밖에도 권리구제의 수단으로서 취소소송보다 취소심판이 효과적인 상황으로는, 제재적인 원처분에 갈음하여 감경된 적극적 변경으로서 새로운 처분을 청구하거나 기대하는 경우이며, 이 같은 상황은 쟁송실무에서는 빈번하게 직면하는 문제이다.[8]

---

7) 가령, 식품위생법에서는 「제82조(영업정지 등의 처분에 갈음하여 부과하는 과징금 처분) ① 식품의약품안전처장, 시·도지사 또는 시장·군수·구청장은 영업자가 제75조제1항 각 호 또는 제76조제1항 각 호의 어느 하나에 해당하는 경우에는 대통령령으로 정하는 바에 따라 영업정지, 품목 제조정지 또는 품목류 제조정지 처분을 갈음하여 10억원 이하의 과징금을 부과할 수 있다.」고 규정하고 있다.

8) 결국, 행정심판 임의주의 하에서 취소심판을 경유하지 않고 곧 바로 취소소송을 제기하는 경우는 전부취소를 구하거나 '양적으로 가분적인 처분'을 대상으로 하여 일부취소(소극적 변경)라도 기대할 수 있는 상황일 것이다.

행정소송

제1절 항고소송의 소송요건 (1) - 소송의 대상(처분성)

Ⅰ. 처분성의 기본개념과 처분성의 확대

1. 처분성의 기본개념

(1) 항고소송의 대상에 관해 행정소송법 제2조 제1항 제1호, 제3조 제1호, 제19조, 제38조에서 항고소송의 대상으로서 처분성에 관한 관련규정을 두고 있다. 특히 처분성과 관련하여 행정소송법 제2조 제1호(처분등)에서는 "행정청이 행하는 구체적 사실에 관한 법집행으로서의 공권력의 행사 또는 그 거부와 그 밖에 이에 준하는 행정작용(이하 "처분"이라 한다) 및 행정심판에 대한 재결을 말한다."고 하여, '처분'과 '재결'을 항고소송의 대상으로서 처분성이라 할 수 있으나, 이하에서는 '처분'을 중심으로 처분성에 관한 판례를 다룬다.

(2) 대법원은 처분성이 문제되는 경우 대개 '행정처분'에 관하여 일반적인 정의를 판시한 다음, 구체적인 사안이 이에 해당하는지 여부를 판단하고 있는데, 종래 판례가 제시하는 행정처분의 개념은 대체로 실체적법적 개념설에 가까운 태도를 유지하고 있다. 즉, 대법원은, "항고소송의 대상이 되는 행정처분은 행정청의 공법상 행위로서 특정사항에 대하여 법규에 의한 권리의 설정 또는 의무의 부담을 명하거나, 기타 법률상 효과를 발생하게 하는 등 국민의 권리의무에 직접 관계가 있는 행위를 가리키는 것이고, 상대방 또는 기타 관계자들의 법률상 지위에 직접적인 영향을 미치지 않는 행위는 항고소송의 대상이 되는 행정처분이 아니다."고 판시하였다(대판 2007.11.15, 2007두10198).[1] 판례상 행정처분의 기본개념(전형적인 처분정식)을 해석하면, 「① 행

1) 참고로, 이 대법원 판례는 '정부의 수도권 소재 공공기관의 지방이전시책을 추진하는 과정에서 도지사가 도

정청의 행위, ② 공권력적 행위, ③ 구체적 집행행위, ④ 국민의 권리의무에 직접 영향이 있는 법적 행위」라는 요소를 요구한다고 볼 수 있다.

(3) 그러나 대법원은, 항고소송의 대상인 처분성의 요소로서 행정청의 의의와 관련하여 "(구)대한주택공사 시행한 택지개발사업 및 이에 따른 이주대책에 관한 처분은 항고소송의 대상이 된다."고 판시한 바 있으며(대판 1992.11.27, 92누3681),[2] 또한 대법원은, **[행정규칙에 근거한 처분이라도 상대방의 권리의무에 직접 영향을 미치는 경우 항고소송의 대상이 되는 행정처분에 해당하는지 여부**(적극) **및 행정청의 어떤 행위가 항고소송의 대상이 될 수 있는지 판단하는 기준]**에 관해, "항고소송의 대상이 되는 행정처분이란 원칙적으로 행정청의 공법상 행위로서 특정 사항에 대하여 법규에 의한 권리 설정 또는 의무 부담을 명하거나 기타 법률상 효과를 발생하게 하는 등으로 일반 국민의 권리의무에 직접 영향을 미치는 행위를 가리키는 것이지만, 어떠한 처분의 근거가 **행정규칙**에 규정되어 있다고 하더라도, 그 처분이 상대방에게 권리 설정 또는 의무 부담을 명하거나 기타 법적인 효과를 발생하게 하는 등으로 상대방의 권리의무에 직접 영향을 미치는 행위라면, 이 경우에도 항고소송의 대상이 되는 행정처분에 해당한다고 보아야 한다. 한편 행정청의 어떤 행위가 항고소송의 대상이 될 수 있는지는 추상적·일반적으로 결정할 수 없고, 구체적인 경우 행정처분은 행정청이 공권력 주체로서 행하는 구체적 사실에 관한 법집행으로서 국민의 권리의무에 직접적으로 영향을 미치는 행위라는 점을 염두에 두고, 관련 법령의 내용과 취지, 행위의 주체·내용·형식·절차, 그 행위와 상대방 등 이해관계인이 입는 불이익과의 실질적 견련성, 그리고 법치행정 원리와 당해 행위에 관련한 행정청 및 이해관계인의 태도 등을 참작하여 개별적으로 결정해야 한다."고 판시(대판 2012.9.27, 2010두3541)한 경우도 있다(대판 2004.11.26, 2003두10251·10268[3]; 대판 2002.7.26, 2001두3532; 대판 전원합의체 2010.11.18, 2008두167 등 참조).

(4) 이상의 대법원 판례에 비추어 처분성의 개념으로 요구되는 요소를 단순화하여 압축하면, [① 공권력성, ② 개별적·구체적인 법적 지위의 변동]이라 할 수 있고, 이 같은 처분개념은 판례상 항고소송의 대상으로서 처분성의 확대와 맥락을 같이 하는 것이다.

내 특정시를 공공기관이 이전할 혁신도시 최종입지로 선정한 행위는 항고소송의 대상이 되는 행정처분이 아니라고 본 사례'이다.

2) 참고로, 행정처분의 개념과 관련한 행정청에는 행정조직법적 의미의 행정기관뿐만 아니라, 행정소송법 제2조 제2항에서는 "이 법을 적용함에 있어서 행정청에는 법령에 의하여 행정권한의 위임 또는 위탁을 받은 행정기관, 공공단체 및 그 기관 또는 사인이 포함된다."고 규정하고 있다.

3) 이 사건에서 대법원은, "처분의 근거가 행정규칙에 규정되어 있더라도 그 처분이 상대방의 권리의무에 직접 영향을 미치는 행위라면 이 경우에도 항고소송의 대상이 되는 행정처분에 해당한다. 따라서 정부 간 항공노선의 개설에 관한 잠정협정 및 비밀양해각서와 건설교통부 내부지침에 의한 항공노선에 대한 운수권배분처분이 항고소송의 대상이 되는 행정처분에 해당한다."고 판시하였다(대판 2004.11.26, 2003두10251·10268).

2. 처분성의 확대

(1) 대법원은 항고소송의 대상으로서 행정처분의 의미와 관련하여 처분성의 기본개념 내지 정형적인 처분정식을 유지하면서도 항고소송의 '기능적 관점'에서 처분성을 넓게 확대하여 왔다. 처분성의 확대방향은 ① 구속적 계획의 처분성 긍정(대판 1982.3.9, 80누105; 대판 2006.12.22, 2006두12883; 대결 2009.11.2, 2009마596 등), ② 조례와 고시와 같은 법규 및 행정규칙에 대한 처분성 인정 사례(대판 1996.9.20, 95누7994; 대판 1996.9.20, 95누8003; 대결 2004.5.12, 2003무41; 대판 2006.12.21, 2005두16161 등), ③ 행정기관의 권고 등에 대한 처분성 긍정(대판 2005.2.17, 2003두14765; 대판 2013.12.26, 2011두4930 등)을 대표적으로 사례로 들 수 있다(상세한 내용은 후술함). 그런 가운데, 대법원은 최근 국민의 **법적 불이익이나 불안을 제거시켜 주기 위한 구제수단의 필요성**이라는 기능적 관점에서 항고소송의 대상인 처분성을 넓게 인정하는 경향의 건축법 관련신고제도에 관한 판례가 있는 등 판례상 처분성은 확대되는 경향은 분명해 보인다. 건축법 관련신고제도에 관한 판례를 아래에서 소개한다.

(2) **〈판시사항〉 행정청의 건축신고 반려행위 또는 수리거부행위가 항고소송의 대상이 되는지 여부(적극)**: 대법원은, "(구)건축법(2008.3.21. 법률 제8974호로 전부 개정되기 전의 것) 관련 규정의 내용 및 취지에 의하면, 행정청은 건축신고로써 건축허가가 의제되는 건축물의 경우에도 그 신고 없이 건축이 개시될 경우 건축주 등에 대하여 공사 중지·철거·사용금지 등의 시정명령을 할 수 있고(제69조 제1항), 그 시정명령을 받고 이행하지 않은 건축물에 대하여는 당해 건축물을 사용하여 행할 다른 법령에 의한 영업 기타 행위의 허가를 하지 않도록 요청할 수 있으며(제69조 제2항), 그 요청을 받은 자는 특별한 이유가 없는 한 이에 응하여야 하고(제69조 제3항), 나아가 행정청은 그 시정명령의 이행을 하지 아니한 건축주 등에 대하여는 이행강제금을 부과할 수 있으며(제69조의2 제1항 제1호), 또한 건축신고를 하지 않은 자는 200만 원 이하의 벌금에 처해질 수 있다(제80조 제1호, 제9조). 이와 같이 건축주 등은 신고제하에서도 건축신고가 반려될 경우 당해 건축물의 건축을 개시하면 시정명령, 이행강제금, 벌금의 대상이 되거나 당해 건축물을 사용하여 행할 행위의 허가가 거부될 우려가 있어 불안정한 지위에 놓이게 된다. 따라서 건축신고 반려행위가 이루어진 단계에서 당사자로 하여금 반려행위의 적법성을 다투어 그 법적 불안을 해소한 다음 건축행위에 나아가도록 함으로써 장차 있을지도 모르는 위험에서 미리 벗어날 수 있도록 길을 열어 주고, 위법한 건축물의 양산과 그 철거를 둘러싼 분쟁을 조기에 근본적으로 해결할 수 있게 하는 것이 법치행정의 원리에 부합한다. 그러므로 건축신고 반려행위는 항고소송의 대상이 된다고 보는 것이 옳다."고 판시하였다(대판 전원합의체 2010.11.18, 2008두167).

(3) 위 건축신고 반려행위 또는 수리거부행위가 항고소송의 대상이라는 판례와 동일한 판지

에 따라 「건축법에 의한 행정청의 착공신고 반려행위가 항고소송의 대상이 되는지 여부(적극)」가 문제된 사건에서 "행정청의 착공신고 반려행위는 항고소송의 대상이 된다고 보는 것이 옳다."고 판시한 바 있다(대판 2011.6.10, 2010두7321).

Ⅱ. 처분성이 문제되는 중요 유형

1. 거부처분

1) 거부처분의 요건

판시사항 거부행위가 항고소송의 대상이 되는 행정처분에 해당하기 위한 요건: 대법원은, "국민의 적극적 신청행위에 대하여 행정청이 그 신청에 따른 행위를 하지 않겠다고 **거부**한 행위가 항고소송의 대상이 되는 행정처분에 해당하는 것이라고 하려면, 그 신청한 행위가 공권력의 행사 또는 이에 준하는 행정작용이어야 하고, 그 거부행위가 신청인의 법률관계에 어떤 변동을 일으키는 것이어야 하며, 그 국민에게 그 행위발동을 요구할 법규상 또는 조리상의 신청권이 있어야 한다"고 판시하였으며(대판 2009.9.10, 2007두20638), 여기서 거부(반려)가 거부처분이 되기 위한 요건 중에서 핵심적 요소는 법규상 또는 조리상의 신청권 존부이다.

2) 법규상 또는 조리상의 신청권 존부

(1) 대법원은 '새만금사건'에서 제3자에 대한 수익적 행정행위(행정처분)를 취소해 달라는 신청에 대한 거부처분의 취소를 구하는 경우에도 '조리상 신청권'을 인정하고 있다(대판 전원합의체 2006.3.16, 2006두330 참조). ☜ 이 사건은 제3자에 대한 규제권한불행사와 관련된 사건임에 유의할 필요가 있다.

(2) (구)도시계획법(2000.1.28. 법률 제6243호로 개정되어 2002.2.4. 법률 제6655호 국토계획법 부칙 제2조로 폐지되기 전의 것)은 ……, 도시계획입안제안과 관련하여서는 **주민이 입안권자에게 '1. 도시계획시설의 설치·정비 또는 개량에 관한 사항 2. 지구단위계획구역의 지정 및 변경과 지구단위계획의 수립 및 변경에 관한 사항**'에 관하여 '도시계획도서와 계획설명서를 첨부'하여 도시계획의 **입안을 제안**할 수 있고, 위 입안제안을 받은 입안권자는 그 처리결과를 제안자에게 통보하도록 규정하고 있는 점(제20조 제1항, 제2항) 등과 헌법상 개인의 재산권 보장의 취지에 비추어 보면, 도시계획구역 내 토지 등을 소유하고 있는 주민으로서는 입안권자에게 도시계획입안

을 요구할 수 있는 법규상 또는 조리상의 신청권이 있다고 할 것이고, 이러한 신청에 대한 거부행위는 항고소송의 대상이 되는 행정처분에 해당한다고 할 것이다(대판 2004.4.28, 2003두1806: 도시계획시설변경입안의제안거부처분취소).[4] ☜ 이 판례는 계획입안제안권에 근거하여 법규상 또는 조리상의 신청권을 인정함으로써 그 신청에 대한 거부행위의 처분성을 긍정한 사례이다.

(3) 위 (2)의 판례와 같은 사례에서 동일한 판례 법리에 따라 최근 대법원은, "대법원은, "국토계획법상의 도시계획시설결정에 이해관계가 있는 주민에게 도시시설계획의 입안 내지 변경을 요구할 수 있는 법규상 또는 조리상의 신청권이 있으며, 이러한 신청에 대한 거부행위가 항고소송의 대상이 되는 행정처분에 해당한다."고 판시하였다(대판 2015.3.26, 2014두42742). ☜ 국토계획법에서는 주민(이해관계자 포함)에게 도시·군관리계획의 입안권자에게 「기반시설의 설치·정비 또는 개량에 관한 사항, 지구단위계획구역의 지정 및 변경과 지구단위계획의 수립 및 변경에 관한 사항」[5]에 대하여 도시·군관리계획도서와 계획설명서를 첨부하여 도시·군관리계획의 입안을 제안할 권리를 부여하고 있으며(법 제26조), 이와 같이 '계획입안제안권'이 인정되는 경우에는 '계획변경 신청권'을 긍정하는 것이 종래부터 판례의 태도이다(대판 2010.7.22, 2010두5745; 대판 2004.4.28, 2003두1806).

(4) **임용기간이 만료된 국·공립대학교원에 대한 재임용 거부행위**에 대하여 종래 항고소송의 대상이 되는 거부처분에 해당되지 않는다고 판시하여 오다가(대판 1997.6.27, 96누4305 참조), 최근 대법원은 전원합의체 판결로 그 판례를 변경하여 "기간제로 임용되어 임용기간이 만료된 국·공립대학의 조교수는 교원으로서의 능력과 자질에 관하여 합리적인 기준에 의한 공정한 심사를 받아 위 기준에 부합되면 특별한 사정이 없는 한 재임용되리라는 기대를 가지고 재임용 여부에 관하여 합리적인 기준에 의한 공정한 심사를 요구할 법규상 또는 조리상 신청권을 가진다고 할 것이니, **임용권자가 임용기간이 만료된 조교수에 대하여 재임용을 거부하는 취지로 한 임용기간만료의 통지는 행정소송의 대상이 되는 처분에 해당한다.**"고 판시하였다(대판 전원합의체 2004.4.22, 2000두7735: 교수재임용거부처분취소).

(5) 원고가 경기도교육감을 상대로 교사임용거부처분취소를 구한 사건에서 "……이 사건에 있어, 원고 및 선정자들(이하 '원고 등'이라 한다)이 피고가 관할하는 경기도의 각 초등학교 병설유치원에 임시강사로 채용되어 3년 이상 근무하여 온 자들로서 정교사 자격증을 가지고 있어 교육공무원법 제12조 및 교육공무원임용령 제9조의2 제2호의 규정에 의한 특별채용 대상자로서의 자격을 갖추고 있고, 원고 등과 유사한 지위에 있는 전임강사에 대하여는 피고가 정규교

---

4) 참고로, **대법원 판례는 문화재보호구역 지정해제와 관련하여**, 문화재보호구역 내에 있는 토지소유자 등으로서는 위 보호구역의 지정해제를 요구할 수 있는 법규상 또는 조리상의 신청권이 있고, 이러한 신청에 대한 거부행위는 항고소송의 대상이 된다고 판시한 바 있다(대판 2004.4.27, 2003두8821).

5) 다만, 현행 국토계획법에서는 여기에 추가하여 '개발진흥지구 중 공업기능 또는 유통물류기능 등을 집중적으로 개발·정비하기 위한 개발진흥지구로서 대통령령으로 정하는 개발진흥지구의 지정 및 변경에 관한 사항'에 대해서도 입안제안권을 인정하고 있다(법 제26조 제1항 제3호).

사로 특별채용한 전례가 있다 하더라도 그러한 사정만으로 **임용지원자에 불과한 원고 등에게** 피고에 대하여 교사로의 특별채용을 요구할 법규상 또는 조리상의 권리가 있다고 할 수는 없으므로, 피고가 원고 등의 특별채용 신청을 거부하였다고 하여도 그 거부로 인하여 원고 등의 권리나 법적 이익에 어떤 영향을 주는 것이 아니어서 그 거부행위가 항고소송의 대상이 되는 행정처분에 해당한다고 할 수 없다."고 판시하였다(대판 2005.4.15, 2004두11626).

(6) 대법원은, '국·공립대학교원 임용지원자는 임용권자에게 임용여부에 대한 응답을 신청할 법규상 또는 조리상 권리가 없다.'고 하였다(대판 2003.10.23, 2002두12489).

(7) 대법원은 위 (6)의 경우와 달리, "**국·공립대학교 대학교원의 신규채용에 있어서 유일한 면접심사 대상자로 선정된 임용지원자에 대한 교원신규채용 중단조치**에 대해서는 임용지원자에게 임용을 해 줄 것을 요청할 조리상의 권리가 있다고 보아 **항고소송의 대상되는 행정처분에 해당**한다."고 판시하고 있음에 주목할 필요가 있다(대판 2004.6.11, 2001두7053).

(8) 대법원은, 학력인정 학교형태의 평생교육시설의 설치자 명의변경 신청에 대한 행정청의 거부처분이 항고소송의 대상이 되는지 여부와 관련하여 "평생교육법은 제8조, 제20조 제4항, 제29조등에서 평생교육시설 설치자의 법적 지위에 관하여 규정하고 있을 뿐만 아니라 현실적으로 설치자의 지위승계를 허용하여야 할 필요성도 있다고 할 것이므로 법규에 따른 적법성과 타당성의 요건을 구비하는 한 설치자의 지위승계가 허용된다고 보아야 할 것이고, 따라서 법규상 내지 조리상으로 신청인에게 학력인정 학교형태의 평생교육시설 설치자 명의의 변경을 요구할 권리가 있다고 할 것이며, 이러한 신청에 대한 거부처분은 신청인의 법률관계에 영향을 주는 것으로서 항고소송의 대상이 된다"고 판시하였다(대판 2003.4.11, 2001두9929).

(9) 수도권 소재 甲 주식회사가 본사와 공장을 광주광역시로 이전하는 계획 하에 광주광역시장에게 **'(구)지방자치단체의 지방이전기업유치에 대한 국가의 재정자금지원기준'** (**2010.1.4. 지식경제부 고시 제2009-335호로 개정되기 전의 것**) 제7조에 따라 입지보조금 등 지급을 신청하였고 이에 따라 광주광역시장이 지식경제부장관에게 지급신청을 하였는데, 이후 지식경제부장관이 광주광역시장에게 甲 회사가 지원대상요건을 충족하지 못한다는 이유로 반려하자 광주광역시장이 다시 甲 회사에 같은 이유로 반려한 사안에서, 국가균형발전 특별법 제19조 제1항, 제3항, 국가균형발전 특별법 시행령 제17조 제2항, 제3항 등 관련 규정들의 형식 및 내용에 의하면, 지식경제부장관에 대한 국가 보조금 지급신청권은 해당 지방자치단체장에게 있고, 지방이전기업은 해당 지방자치단체장에게 국가 보조금 지급신청을 할 수 있을 뿐 지식경제부장관에게 국가 보조금 지급을 요구할 법규상 또는 조리상 신청권이 있다고 볼 수 없다는 이유로, 지식경제부장관의 반려회신은 항고소송 대상이 되는 행정처분에 해당하지 않고, 광주광역시장의 반려처분은 항고소송 대상이 되는 행정처분에 해당한다고 한 판례가 있다(대판 2011.9.29, 2010두26339: 지원금지급신청반려처분취소).

(10) 대법원은, 「**건축법상 건축계획심의신청에 대한 반려처분이 항고소송의 대상이 되는지**

여부」가 문제된 사건에서, "국민의 적극적 행위 신청에 대하여 행정청이 그 신청에 따른 행위를 하지 않겠다고 거부한 행위가 항고소송의 대상이 되는 행정처분에 해당하는 것이라고 하려면, 그 신청한 행위가 공권력의 행사 또는 이에 준하는 행정작용이어야 하고, 그 거부행위가 신청인의 법률관계에 어떤 변동을 일으키는 것이어야 하며, 그 국민에게 그 행위발동을 요구할 법규상 또는 조리상의 신청권이 있어야 한다고 할 것인바, 여기에서 '신청인의 법률관계에 어떤 변동을 일으키는 것'이라는 의미는 신청인의 실체상의 권리관계에 직접적인 변동을 일으키는 것은 물론, 그렇지 않다 하더라도 신청인이 실체상의 권리자로서 권리를 행사함에 중대한 지장을 초래하는 것도 포함한다고 해석함이 상당하다"고 하여 **건축계획심의신청에 대한 반려처분이 항고소송의 대상이 되는 행정처분에 해당**한다고 판시하였다(대판 2007.10.11, 2007두1316). ☞ 다만, 이 사건은 거부처분의 요건과 관련하여 법규상·조리상의 신청권이 당연히 있음을 전제로, '신청인의 법률관계에 어떤 변동을 일으키는 것'이란 요소의 의미에 대해 '신청인의 실체상의 권리관계에 직접적인 변동을 일으키는 것은 물론, 그렇지 않다 하더라도 신청인이 실체상의 권리자로서 **권리를 행사함에 중대한 지장을 초래**하는 것도 포함한다'고 해석하고 있음에 주목할 필요가 있다.

(11) 대법원은, "문화재구역 내 토지 소유자 甲이 문화재청장에게 (구)공익사업법 제30조 제1항에 의한 재결신청 청구를 하였으나, 문화재청장이 위 법 제30조 제2항에 따른 관할 토지수용위원회에 대한 재결신청 의무를 부담하지 않는다는 이유로 거부 회신을 한 사안에서, 甲에게 문화재청장으로 하여금 관할 토지수용위원회에 재결을 신청할 것을 청구할 법규상의 신청권이 인정된다고 할 수 없어, 위 거부 회신은 항고소송의 대상이 되는 거부처분에 해당하지 않는다." 고 판시한 바 있다(대판 2014.7.10, 2012두22966).

3) 반복된 거부처분(소극적 반복행위)

(1) 반복된 거부처분의 경우

반복된 거부처분은, 국민이 신청할 수 있는 회수 등을 제한하는 법규가 없는 이상, 동일한 내용을 수차 신청할 수 있고, 그에 따라 거부처분이 수회 있을 수 있는바, 이러한 거부처분은 **새로운 거부처분**이 있는 것이므로 **각 독립적인 처분으로서 각각 항고소송의 대상이 된다**는 것이 대법원 판례의 입장이다. 즉 대법원은, "1998.6.18. 피고로부터 압류해제 거부처분을 받은 바 있는 원고가 1999.2.19. 동일한 내용의 압류해제신청을 한 것에 대하여 **피고는 1999.2.22. "원고의 위 압류해제신청과 관련한 압류는 정당하므로 압류해제가 불가능함이 이미 통보한 바와 같다." 는 취지의 회신을 한 사실이 있다면, 피고의 원고에 대한 1999.2.22.자 회신은 독립한 압류해제 거부처분으로 취소소송의 대상이 된다**"고 판시하였다(대판 2002.3.29, 2000두6084).

(2) 비교 - 적극적 반복행위의 경우

반복된 거부처분(소극적 반복행위)과 반대로, **적극적 반복행위의 경우**에 후행행위(제2차 혹은 제3차 행위)는 **당초 처분의 연기에 지나지 않아 항고소송의 대상이 되는 독립한 행정처분으로 볼 수 없다**는 것이 대법원 판례의 태도이다. 즉 대법원은, "지방병무청장이 보충역 편입처분을 받은 자에 대하여 복무기관을 정하여 공익근무요원 소집통지를 한 이상 그것으로써 공익근무요원으로서의 복무를 명하는 병역법상의 공익근무요원 소집처분이 있었다고 할 것이고, 그 후 지방병무청장이 공익근무요원 소집대상자의 원에 의하여 또는 직권으로 그 기일을 연기한 다음 다시 공익근무요원 소집통지를 하였다고 하더라도 이는 최초의 공익근무요원 소집통지에 관하여 다시 의무이행기일을 정하여 알려주는 연기통지에 불과한 것이므로, 이는 항고소송의 대상이 되는 독립한 행정처분으로 볼 수 없다."고 판시하였다(대판 2005.10.28, 2003두14550). 또한 대법원은, "건물의 소유자에게 위법건축물을 일정기간까지 철거할 것을 명함과 아울러 불이행할 때에는 대집행한다는 내용의 철거대집행 계고처분을 고지한 후 이에 불응하자 다시 제2차, 제3차 계고서를 발송하여 일정기간까지의 자진철거를 촉구하고 불이행하면 대집행을 한다는 뜻을 고지하였다면 행정대집행법상의 건물철거의무는 제1차 철거명령 및 계고처분으로서 발생하였고 제2차, 제3차의 계고처분은 새로운 철거의무를 부과한 것이 아니고 다만 대집행기한의 연기통지에 불과하므로 행정처분이 아니다."고 판시한 바도 있다(대판 1994.10.28, 94누5144). ☜ 적극적 반복행위는 '거부처분'에 관한 쟁점이 아니다. 다만, 행정청의 반복행위를 통일적으로 파악하기 위해 비교차원에서 기술한 것이다.

2. 국민의 권리의무와 관련이 있는 공부(公簿) 기재행위

1) 토지대장직권말소의 처분성

사실관계 지적공부 소관청이 토지대장을 직권으로 말소한 행위가 항고소송의 대상이 되는 행정처분에 해당하는지 여부(적극) (대판 2013.10.24, 2011두13286)

피고(남양주시 풍양출장소장)는 2009.6.26. 원고에게, 원고의 부 소외인 소유로 등재된 남양주시 소재 임야(이하, '이 사건 토지'라 한다)가 토지대장과 등기부는 존재하나 지적미복구된 실체가 없고 그 위치를 알 수 없는 등록사항정정대상토지에 해당하므로, 상속인인 원고로 하여금 2009.7.31.까지 이 사건 토지의 등록사항정정(=토지대장말소) 신청을 할 것을 통지하였다. 피고는 2009.8.3. 위 통지서에서 정한 기한 이내에 원고의 등록사항정정신청이 없자, 직권으로 (구)지적법에 따라 이 사건 토지에 대한 토지대장을 직권으로 말소하였다. 이에 원고는 위 토지대장을 회복하려고 피고를 상대로 토지대장 직권말소행위를 항고소송으로 다투었다.

판 지

토지대장은 토지에 대한 공법상의 규제, 개발부담금의 부과대상, 지방세의 과세대상, 공시지가의 산정, 손실보상가액의 산정 등 토지행정의 기초자료로서 공법상의 법률관계에 영향을 미칠 뿐만 아니라, 토지에 관한 소유권보존등기 또는 소유권이전등기를 신청하려면 이를 등기소에 제출해야 하는 점 등을 종합해 보면, 토지대장은 토지의 소유권을 제대로 행사하기 위한 전제요건으로서 토지 소유자의 실체적 권리관계에 밀접하게 관련되어 있으므로, 이러한 토지대장을 직권으로 말소한 행위는 국민의 권리관계에 영향을 미치는 것으로서 항고소송의 대상이 되는 행정처분에 해당한다.[6]

관련판례

위 대상판례는, ① 행정청이 건축물에 관한 건축물대장을 직권말소한 행위가 항고소송의 대상이 되는 행정처분인지 여부가 문제된 사건에서 "건축물대장은 건축물의 소유권을 제대로 행사하기 위한 전제요건으로서 건축물 소유자의 실체적 권리관계에 밀접하게 관련되어 있으므로, 이러한 건축물대장을 직권말소한 행위는 국민의 권리관계에 영향을 미치는 것으로서 항고소송의 대상이 되는 행정처분에 해당한다."고 판시한 사례(대판 2010.5.27, 2008두22655)와 같은 판지이다. 그 밖에 국민의 권리의무에 영향을 미친다고 하여 장부 기재행위의 처분성을 긍정한 사례로, ② 주민등록의 직권말소행위에 대하여 처분성을 인정하였으며(대판 2005.3.25, 2004두11329), ③ 행정청이 건축물 대장의 작성신청을 거부한 행위 역시 항고소송의 대상이 되는 행정처분에 해당한다고 하였고(대판 2009.2.12, 2007두17359), 또한 ④ 행정청이 건축허가대상 건축물 양수인이 한 건축주명의변경신고에 대해 수리를 거부한 사건에서 건축주는 건축법상의 각종 권리의무의 주체가 되며 보존등기명의인이 되는 것이므로 건축주명의변경 신고수리거부행위는 취소소송의 대상이 되는 처분이라고 한 판례(대판 1992.3.31, 91누4911) 등이 있다.

평 가

위 대상판결과 관련판례에서 보듯이 향후 행정청의 토지대장 이외 다른 지적공부 등 각종 공부(장부)의 말소나 변경(정정) 행위도 국민의 실체적 권리의무와 밀접한 관련이 있다면 처분성을 인정하여 이를 항고소송으로 다툴 수 있는 가능성이 확대되고 있다고 할 것이다.

---

6) 이 사건 대법원 판결은, '소관청이 토지대장 등재사항을 직권으로 정정하였다고 하여도 이는 당해 토지에 대한 실체상의 권리관계에 변동을 가져오는 것이 아님을 주된 이유로, 원고 소유 이 사건 토지에 관한 토지대장을 직권으로 말소한 피고의 행위는 행정처분이 아니다'고 한 원심판결(서울고법 2011.5.24, 2010누38280)을 파기한 사건이다.

2) 지목변경신청거부행위의 처분성

판시사항 지적공부 소관청의 지목변경신청 반려행위가 항고소송의 대상이 되는 행정처분에 해당하는지 여부(적극): 대법원은, "(구)지적법(2001.1.26. 법률 제6389호로 전문 개정되기 전의 것) 제20조, 제38조 제2항의 규정은 토지소유자에게 지목변경신청권과 지목정정신청권을 부여한 것이고, 한편 지목은 토지에 대한 공법상의 규제, 개발부담금의 부과대상, 지방세의 과세대상, 공시지가의 산정, 손실보상가액의 산정 등 토지행정의 기초로서 공법상의 법률관계에 영향을 미치고, 토지소유자는 지목을 토대로 토지의 사용·수익·처분에 일정한 제한을 받게 되는 점 등을 고려하면, 지목은 토지소유권을 제대로 행사하기 위한 전제요건으로서 토지소유자의 실체적 권리관계에 밀접하게 관련되어 있으므로 지적공부 소관청의 지목변경신청 반려행위는 국민의 권리관계에 영향을 미치는 것으로서 항고소송의 대상이 되는 행정처분에 해당한다."고 판시하였다(대판 전원합의체 2004.4.22, 2003두9015). ☜ 이 판결에서는 지목변경신청거부행위 및 지적공부 소관청이 **직권변경으로 변경한 지목의 변경(정정)신청거부행위**에 대해서도 항고소송의 대상이라고 판시하고 있는 점에 유의할 필요가 있다. 즉, 이 대법원 전원합의체 판결은 종래 지목변경(정정이나 등록전환 등 포함) 신청에 대한 거부행위를 항고소송의 대상인 행정처분에 해당하지 않는다고 한 판례(대판 1995.12.5, 94누4295 등)와 지적공부 소관청이 직권으로 지목변경한 것에 대한 변경(정정) 신청 거부행위를 항고소송의 대상인 행정처분에 해당하지 않는다고 한 판결(대판 1985.5.14, 85누25 등)의 판시태도를 변경하여 항고소송의 대상인 행정처분으로 본 것이다.

3) 기타 공부(장부) 작성과 관련하여 처분성을 긍정한 사례

그 밖에 **각종 공부 작성 관련행위와 관련하여 처분성을 긍정하는 대법원 판례로는**, ① 건축물대장 합병행위(대판 2009.5.28, 2007두19775), ② 건축물대장 용도변경신청 거부행위(대판 2009.1.30, 2007두7277), ③ 실용신안권 회복등록신청 거부행위(대판 2002.11.22, 2000두9229), ④ 환지등기촉탁 거부행위(대판 2000.12.22, 99두11349), ⑤ 토지분할신청 거부행위(대판 1992.12.8, 92누7542), ⑥ 건축물대장의 지번정정신청 거부행위(대판 2013.7.26, 2011두24309), ⑦ 지적공부상 토지면적 정정신청 거부행위(대판 2011.8.25, 2011두3371) 등이 있다.

3. 알선·지도·조언·요청·요구·권고 등의 처분성

1) 개요

행정지도라 함은 행정기관이 그 소관 사무의 범위에서 일정한 행정목적을 실현하기 위하여 특정인에게 일정한 행위를 하거나 하지 아니하도록 지도, 권고, 조언 등을 하는 행정작용을 말한다(행정절차법 제2조 제3호). 행정실무상 행정지도는 지도·권고·조언 이외에도 알선·요청·요구·주의·경고 등 다양하며, 일반적인 법리로는 행정지도의 경우 '국민의 권리 또는 의무에 영향을 미치지 아니하며, 따라서 아무런 법적 효과도 발생하지 아니하는 비권력적 사실행위'로서 항고소송의 대상이 아니다. 하지만 현실적으로 행정청이 국민에 대한 우월적 내지 지배적 지위에서 하는 행정지도가 규제적·구속적 성질 갖는 경우에는 항고소송의 대상으로서 "그 밖에 이에 준하는 행정작용"(행정소송법 제2조)으로 보아 처분성을 인정할 필요가 있다. 특히 실정법에서 행정지도에 따르지 않음을 이유로 어떠한 다른 처분이나 제재 등 행정지도를 강제하는 수단이 마련되어 있는 경우에는 당해 행정지도를 처분으로 인식하는 하나의 기준이 될 것이다. 즉, 행정청이 행정지도의 일환으로 행하는 지도·조언·요구·요청·권고 등은 일률적으로 처분성 유무를 논하는 것은 타당하지 않고 근거법령의 종합적·구조적 해석에 따라 개별적으로 검토하여야 한다. 판례의 태도 또한 기본적으로 동일하다.

2) 개별적 검토

(1) 판례는 허가관청의 유흥전문음식점에 대한 영업시간준수지시가 문제된 사건에서 "유흥전문음식점업의 소관관서인 광주시장이 그 허가에 부쳐진 영업시간의 준수지시를 할 수 있음은 말할 나위도 없으며 이 영업시간의 준수지시는 새로운 의무를 원고에게 부과하는 것이 아니라 이미 허가조건에 부쳐진 사항의 이행을 지시 경고하는데 지나지 아니하는 본건 피고의 주간영업행위 금지지시는 행정처분이라고 할 수 없다(대판 1982.12.28, 82누366)"고 판시한 바 있다. (×)

(2) 위 판례와 마찬가지로 행정청이 전기·전화의 공급자에게 위법건축물에 대해 공급중단을 요청(권고)한 사건에서 "행정청이 위법 건축물에 대한 시정명령을 하고 나서 위반자가 이를 이행하지 아니하여 전기·전화의 공급자에게 그 위법 건축물에 대한 전기·전화공급을 하지 말아줄 것을 요청한 행위는 권고적 성격의 행위에 불과한 것으로서 전기·전화공급자나 특정인의 법률상 지위에 직접적인 변동을 가져오는 것은 아니므로 이를 항고소송의 대상이 되는 행정처분이라고 볼 수 없다(대판 1996.3.22, 96누433)."고 하여 처분성을 부정한 판례도 있다. (×)

(3) 금융감독원장이 종합금융주식회사의 전 대표이사에게 재직 중 위법·부당행위 사례를 첨

부하여 금융관련법규를 위반하고 신용질서를 심히 문란하게 한 사실이 있다는 내용으로 '문책경고장(상당)'을 보낸 행위와 관련하여 판례는 "피고로부터 같은 내용을 통보받은 소외 주식회사가 금융기관검사및제재에관한규정시행세칙 제64조 제2항에 따라 인사기록부에 원고의 위법·부당사실 등을 기록·유지함으로 인하여 원고가 소외 주식회사이나 다른 금융기관에 취업함에 있어 지장을 받는 불이익이 있다고 하더라도, 이는 이 사건 서면 통보행위로 인한 것이 아닐 뿐만 아니라 사실상의 불이익에 불과한 것이고, 원고가 주장하는 취업 제한 자체도 불분명하며, 문책경고를 받은 자는 문책경고일로부터 3년간 은행장 또는 상임이사 등이 될 수 없다는 내용이 담긴 은행업감독규정은 실제로 문책경고의 제재처분을 받은 자에 대하여 적용되는 규정이므로 원고와는 무관하고, 불안감이라는 것도 원고가 주장하는 취업제한의 내용에 비추어 볼 때 은행 고위 임원을 선임함에 있어 그러한 제한을 인식하여야 할 선임권자 등의 범위는 매우 제한적이어서 그들의 법의식 수준이 위 서면 통보만으로도 이를 문책경고의 법적 효력이 있다고 오해할 것이라고 보기 어려우며, 달리 위 통보행위로 인하여 이미 소외 주식회사으로부터 퇴직한 후의 원고의 권리의무에 직접적 변동을 초래하는 하등의 법률상의 효과가 발생하거나 그러한 법적 불안이 존재한다고 할 수 없으므로, 이 사건 서면 통보행위는 항고소송의 대상이 되는 행정처분에 해당하지 않는다(대판 2005.2.17, 2003두10312)."고 판시하였다. (×)

(4) 그리고 해외에서 구매대행사이트를 운영하는 원고가 (구)정보통신윤리위원회를 상대로 제기한 전기통신차단명령 취소소송에서 (구)전기통신사업법(2007.1.3. 법률 제8193호로 개정되기 전의 것) 제53조의2 제4항 제2호에 따른 정보통신윤리위원회의 시정요구에 대해 대법원은 "이 사건 시정요구는 피고가 건전한 정보문화를 창달하고 전기통신의 올바른 이용환경을 조성하기 위하여 가지는 정보심의권에 기하여 불법의 의심이 있는 정보에 대한 자발적인 시정을 촉구하는 권고적 성격의 행위에 불과한 것으로서 전기통신사업자나 이용자의 법률상 지위에 직접적인 변동을 가져오는 것이 아니라 할 것이고, 이를 항고소송의 대상인 행정처분이라고 볼 수도 없다(대판 2009.2.26, 2008두18663)."고 하여 시정요구의 처분성을 부정하였다. (×)

(5) 한편, 위 (3)과 유사하게 금융기관의 임원에 대한 금융감독원장의 문책경고가 항고소송의 대상여부인지 문제된 사건에서 판례는 "금융기관검사및제재에관한규정(이하 '제재규정'이라 한다) 제22조는 금융기관의 임원이 문책경고를 받은 경우에는 금융업 관련 법 및 당해 금융기관의 감독 관련 규정에서 정한 바에 따라 일정기간 동안 임원선임의 자격제한을 받는다고 규정하고 있고, 은행법 제18조 제3항의 위임에 기한 구 은행업감독규정(2002.9.23. 금융감독위원회공고 제2002-58호로 개정되기 전의 것) 제17조 제2호 (다)목, 제18조 제1호는 제재규정에 따라 문책경고를 받은 자로서 문책경고일로부터 3년이 경과하지 아니한 자는 은행장, 상근감사위원, 상임이사, 외국은행지점 대표자가 될 수 없다고 규정하고 있어서, 문책경고는 그 상대방에 대한 직업선택의 자유를 직접 제한하는 효과를 발생하게 하는 등 상대방의 권리의무에 직접 영향을 미치는 행위로서 행정처분에 해당한다(대판 2005.2.17, 2003두14765)."고 하여 처분성을 긍정하였다. (○)

(6) 권익위의 성희롱 결정과 이에 따른 시정조치의 권고에 대해 "(구)남녀차별금지및구제에관한법률(2003.5.29. 법률 제6915호로 개정되기 전의 것) 제28조에 의하면, 국가인권위원회의 성희롱결정과 이에 따른 시정조치의 권고는 불가분의 일체로 행하여지는 것인데 국가인권위원회의 이러한 결정과 시정조치의 권고는 성희롱 행위자로 결정된 자의 인격권에 영향을 미침과 동시에 공공기관의 장 또는 사용자에게 일정한 법률상의 의무를 부담시키는 것이므로 국가인권위원회의 성희롱결정 및 시정조치권고는 행정소송의 대상이 되는 행정처분에 해당한다고 보지 않을 수 없다(대판 2005.7.8, 2005두487)."고 판시하여 처분성을 긍정하였다. (○)

(7) 판례는 (구)표시·광고의 공정화에 관한 법률 위반을 이유로 한 공정거래위원회의 경고의결에 대해 "(구)표시·광고의 공정화에 관한 법률(2011.9.15. 법률 제11050호로 개정되기 전의 것) 위반을 이유로 한 공정거래위원회의 경고의결은 당해 표시·광고의 위법을 확인하되 구체적인 조치까지는 명하지 않는 것으로 사업자가 장래 다시 표시·광고의 공정화에 관한 법률 위반행위를 할 경우 과징금 부과 여부나 그 정도에 영향을 주는 고려사항이 되어 사업자의 자유와 권리를 제한하는 행정처분에 해당한다(대판 2013.12.26, 2011두4930)."고 판시하고, 같은 사건에서 (구)표시·광고의 공정화에 관한 법률 제7조 제1항 제4호의 '기타 위반행위의 시정을 위하여 필요한 조치'의 의미 및 표시·광고의 공정화에 관한 법률 위반행위에 따른 "경고" 역시 이 법률 위반행위에 따른 과징금 부과 여부나 그 정도에 영향을 미칠 수 있다고 보아 "경고처분"으로 보고 있다. (○)

(8) 하급심판례 중에서도 공정거래위원회의 '표준약관 사용권장행위'에 대해 "(구)약관의 규제에 관한 법률(2010.3.22. 법률 제10169호로 개정되기 전의 것) 제19조의2 제5항, 제6항, 제34조 제2항에 의하면, 공정거래위원회의 '표준약관 사용권장행위'는 통지를 받은 해당 사업자 등에게 표준약관과 다른 약관을 사용할 경우 표준약관과 다르게 정한 주요내용을 고객이 알기 쉽게 표시하여야 할 의무를 부과하고, 불이행에 대하여는 과태료에 처하도록 하고 있다. 따라서 이는 사업자 등의 권리·의무에 직접 영향을 미치는 행정처분으로서 항고소송의 대상이 된다(서울고법 2011.4.6, 2010누35571)."고 하여 처분성을 인정하였으며, 방송통신심의위원회가 정보통신망법 제44조의7에 따른 인터넷게시물의 '시정요구'와 관련하여 "방송통신심의위원회는 대통령이 위촉하는 9인으로 구성되고 위원들은 국가공무원법상 결격사유가 없어야 하고 그 신분이 보장되며, 국가로부터 운영에 필요한 경비를 지급받을 수 있고 그 규칙이 제정·개정·폐지될 경우 관보에 게재·공표되는 등의 사정에 비추어 행정청에 해당하고, 인터넷 포털사이트 등에 대한 방송통신심의위원회의 게시물의 삭제 등의 시정요구는 단순히 비권력적 사실행위인 행정지도에 불과한 것이 아니라 의무의 부담을 명하거나 기타 법률상 효과를 발생하게 하는 것으로서 항고소송의 대상이 되는 행정처분에 해당한다(서울행법 2010.2.11, 2009구합35924)."고 하여 위 (4)와 유사한 시정요구에 대해 처분성을 긍정한 바 있다. (○)

(9) 헌법재판소는 (구)방송통신위원회의 설치 및 운영에 관한 법률 제21조 제4호 위헌제청

사건에서 방송통신심의위원회의 시정요구와 관련하여 "행정기관인 방송통신심의위원회의 시정요구는 정보통신서비스제공자 등에게 조치결과 통지의무를 부과하고 있고, 정보통신서비스제공자 등이 이에 따르지 않는 경우 방송통신위원회의 해당 정보의 취급거부·정지 또는 제한명령이라는 법적 조치가 예정되어 있으며, 행정기관인 방송통신심의위원회가 표현의 자유를 제한하게 되는 결과의 발생을 의도하거나 또는 적어도 예상하였다 할 것이므로, 이는 단순한 행정지도로서의 한계를 넘어 규제적·구속적 성격을 갖는 것으로서 헌법소원 또는 항고소송의 대상이 되는 공권력의 행사라고 봄이 상당하다(헌재 2012.2.23, 2011헌가13)."고 하여 이 경우 시정요구의 항고소송 대상적격을 인정한다. (○)

(10) 「경기도선관위사건」에서 판례는 "국민권익위원회법이 원고에게 피고 위원회의 조치요구에 따라야 할 의무를 부담시키는 외에 별도로 그 의무를 이행하지 아니할 경우 과태료나 형사처벌의 제재까지 규정하고 있는데, 이와 같이 국가기관 일방의 조치요구에 불응한 상대방 국가기관에게 그와 같은 중대한 불이익을 직접적으로 규정한 다른 법령의 사례를 찾기 어려운 점, 그럼에도 원고가 피고 위원회의 조치요구를 다툴 별다른 방법이 없는 점 등에 비추어 보면, 피고 위원회의 이 사건 조치요구의 처분성이 인정되는 이 사건에서 이에 불복하고자 하는 원고로서는 이 사건 조치요구의 취소를 구하는 항고소송을 제기하는 것이 유효·적절한 수단이라고 할 것(대판 2013.7.25, 2011두1214)"이라고 판시하여 처분성을 인정하였다. (○)

(11) 대법원은, "재단법인 한국연구재단이 甲 대학교 총장에게 연구개발비의 부당집행을 이유로 '해양생물유래 고부가식품·향장·한약 기초소재 개발 인력양성사업에 대한 2단계 두뇌한국(BK)21 사업' 협약을 해지하고 연구팀장 乙에 대한 대학자체 징계 **요구** 등을 통보한 사안에서, 재단법인 한국연구재단이 甲 대학교 총장에게 乙에 대한 대학 자체징계를 요구한 것은 법률상 구속력이 없는 권유 또는 사실상의 통지로서 乙의 권리, 의무 등 법률상 지위에 직접적인 법률적 변동을 일으키지 않는 행위에 해당하므로, 항고소송의 대상인 행정처분에 해당하지 않는다고 본 원심판단을 정당하다."고 판시하여(대판 2014.12.11, 2012두28704), 한국연구재단이 甲 대학교 총장에게 한 당해 대학교의 연구팀장인 교원 乙에 대한 **대학 자체징계 요구**의 처분성을 부정하였다. (×)

4. 준법률행위적 행정행위로서 "통지"의 처분성

1) 개요

"통지"에 대해서는 최근 약 10년간의 각종 국가고시에서 종종 출제되었다. 그 이유는 '통지'와 관련된 중요 판례가 있을 뿐만 아니라, 이들 판례를 지원해주는 관련법령이 다수 있다는 점에 있다. 일반적으로 '통지'는 주로 거부처분으로 연결되는 경우가 많다.

2) 구체적 · 개별적인 사안의 경우

(1) **〈판시사항〉 대학교원의 임용권자가 임용기간이 만료된 조교수에 대하여 재임용을 거부하는 취지로 한 임용기간만료의 통지가 행정소송의 대상이 되는 처분에 해당하는지 여부**(적극): 대법원은, "기간제로 임용되어 임용기간이 만료된 국·공립대학의 조교수는 교원으로서의 능력과 자질에 관하여 합리적인 기준에 의한 공정한 심사를 받아 위 기준에 부합되면 특별한 사정이 없는 한 재임용되리라는 기대를 가지고 재임용 여부에 관하여 합리적인 기준에 의한 공정한 심사를 요구할 법규상 또는 조리상 신청권을 가진다고 할 것이니, **임용권자가 임용기간이 만료된 조교수에 대하여 재임용을 거부하는 취지로 한 임용기간만료의 통지**는 위와 같은 대학교원의 법률관계에 영향을 주는 것으로서 **행정소송의 대상이 되는 처분에 해당**한다."고 판시하였다(대판 전원합의체 2004.4.22, 2000두7735). ☜ 이 사건은 종래 임용권자의 기간제 대학교원임용기간 만료 통지(즉, 재임용거부통지)에 대해 처분성을 부정하던 판례의 태도를 변경한 것이다.

(2) **〈판시사항〉 과세관청의 원천징수의무자인 법인에 대한 소득금액변동통지가 항고소송의 대상이 되는 조세행정처분인지 여부**(적극): 대법원은, "과세관청의 소득처분과 그에 따른 소득금액변동통지가 있는 경우 원천징수의무자인 법인은 소득금액변동통지서를 받은 날에 그 통지서에 기재된 소득의 귀속자에게 당해 소득금액을 지급한 것으로 의제되어 그때 원천징수하는 소득세의 납세의무가 성립함과 동시에 확정되고, 원천징수의무자인 법인으로서는 소득금액변동통지서에 기재된 소득처분의 내용에 따라 원천징수세액을 그 다음달 10일까지 관할 세무서장 등에게 납부하여야 할 의무를 부담하며, 만일 이를 이행하지 아니하는 경우에는 가산세의 제재를 받게 됨은 물론이고 형사처벌까지 받도록 규정되어 있는 점에 비추어 보면, **소득금액변동통지는** 원천징수의무자인 법인의 납세의무에 직접 영향을 미치는 과세관청의 행위로서, **항고소송의 대상이 되는 조세행정처분이라고 봄이 상당**하다."고 판시하였다(대판 전원합의체 2006.4.20, 2002두1878). ☜ 이 사건을 계기로 종래 원천징수의무자인 법인에 대한 소득금액변동통지는 항고소송의 대상인 처분으로 볼 수 없다는 판례의 입장이 변경되었다. 다만, (구)소극세법 시행령에 따른 **소득의 귀속자에 대한 소득금액변동통지는 항고소송의 대상인 행정처분이 아니다**고 판시하고 있음에 유의해야 한다(대판 2015.3.26, 2013두9267; 대판 2015.1.29, 2013두4118; 대판 2014.7.24, 2011두14227).

(3) **〈판시사항〉 (구)농지법상 농지처분의무통지가 독립한 행정처분으로서 항고소송의 대상이 되는지 여부**(적극): 대법원은, "(구)농지법(2002.1.14. 법률 제6597호로 개정되기 전의 것) 제10조 제1항 제7호, 제2항, 제11조에 의하면, 농지의 소유자가 정당한 사유 없이 같은 법 제8조 제2항의 규정에 의한 농업경영계획서의 내용을 이행하지 아니하였다고 시장 등이 인정한 때에는 그 사

유가 발생한 날부터 1년 이내에 당해 농지를 처분하여야 하고, 시장 등은 농지의 처분의무가 생긴 농지의 소유자에게 농림부령이 정하는 바에 의하여 처분대상농지·처분의무기간 등을 명시하여 해당 농지를 처분하여야 함을 통지하여야 하며, 위 통지에서 정한 처분의무기간 내에 처분대상농지를 처분하지 아니한 농지의 소유자에 대하여는 6개월 이내에 당해 농지를 처분할 것을 명할 수 있는바, 시장 등 행정청은 위 제7호에 정한 사유의 유무, 즉 농지의 소유자가 위 농업경영계획서의 내용을 이행하였는지 여부 및 그 불이행에 정당한 사유가 있는지 여부를 판단하여 그 사유를 인정한 때에는 반드시 농지처분의무통지를 하여야 하는 점, 위 통지를 전제로 농지처분명령, 같은 법 제65조에 의한 이행강제금부과 등의 일련의 절차가 진행되는 점 등을 종합하여 보면, 농지처분의무통지는 단순한 관념의 통지에 불과하다고 볼 수는 없고, 상대방인 농지소유자의 의무에 직접 관계되는 독립한 행정처분으로서 항고소송의 대상이 된다."고 판시하였다(대판 2003.11.14, 2001두8742).

(4) **〈판시사항〉 (구)부당한 공동행위 자진신고자 등에 대한 시정조치 등 감면제도 운영고시 제14조 제1항에 따른 시정조치 등 감면신청에 대한 감면불인정 통지가 항고소송의 대상이 되는 행정처분에 해당하는지 여부(적극)**: 대법원은, "독점규제 및 공정거래에 관한 법률(이하, '독점규제법'이라 함) 제22조의2 제1항, (구)독점규제법 시행령(2009.5.13. 대통령령 제21492호로 개정되기 전의 것) 제35조 제1항, (구)부당한 공동행위 자진신고자 등에 대한 시정조치 등 감면제도 운영고시(2009.5.19. 공정거래위원회 고시 제2009-9호로 개정되기 전의 것, 이하 '고시'라 한다) 등 관련 법령의 내용, 형식, 체제 및 취지를 종합하면, 부당한 공동행위 자진신고자 등에 대한 시정조치 또는 과징금 감면 신청인이 고시 제11조 제1항에 따라 자진신고자 등 지위확인을 받는 경우에는 시정조치 및 과징금 감경 또는 면제, 형사고발 면제 등의 법률상 이익을 누리게 되지만, 그 지위확인을 받지 못하고 고시 제14조 제1항에 따라 감면불인정 통지를 받는 경우에는 위와 같은 법률상 이익을 누릴 수 없게 되므로, 감면불인정 통지가 이루어진 단계에서 신청인에게 그 적법성을 다투어 법적 불안을 해소한 다음 조사협조행위에 나아가도록 함으로써 장차 있을지도 모르는 위험에서 벗어날 수 있도록 하는 것이 법치행정의 원리에도 부합한다. 따라서 부당한 공동행위 자진신고자 등의 시정조치 또는 과징금 감면신청에 대한 감면불인정 통지는 항고소송의 대상이 되는 행정처분에 해당한다고 보아야 한다."고 판시하였다(대판 2012.9.27, 2010두3541). ☜ 이 판례는 독점규제법령에 따른 감면신청에 대한 감면불인정통지의 처분성을 긍정한 사건이다.

(5) **〈판시사항〉 요양급여의 적정성 평가 결과 전체 하위 20% 이하에 해당하는 요양기관이 건강보험심사평가원으로부터 받은 입원료 가산 및 별도 보상 적용 제외 통보가 항고소송의 대상이 되는 행정처분인지 여부(적극)**: 대법원은, "(구)국민건강보험법……관계법령과 요양급여의 적정성평가 및 요양급여비용의 가감지급 기준(2010.4.14. 보건복지부고시 제2010-13호) 제12조, 건강보험 행위 급여·비급여 목록표 및 급여 상대가치 점수 개정(2009.11.30. 보건복지부고시 제

2009-216호) 제3편 라항, 마항, 사항, 아항 등의 내용에 비추어 볼 때, 요양급여의 적정성 평가결과 전체 하위 20% 이하에 해당하는 요양기관이 평가결과와 함께 그로 인한 입원료 가산 및 별도 보상 제외 통보를 받게 되면, 해당 요양기관은 평가결과 발표 직후 2분기 동안 요양급여비용 청구 시 입원료 가산 및 별도 보상 규정을 적용받지 못하게 되므로, 결국 위 통보는 해당 요양기관의 권리 또는 법률상 이익에 직접적인 영향을 미치는 공권력의 행사이고, 해당 요양기관으로 하여금 개개의 요양급여비용 감액 처분에 대하여만 다툴 수 있도록 하는 것보다는 그에 앞서 직접 위 통보의 적법성을 다툴 수 있도록 함으로써 분쟁을 조기에 근본적으로 해결하도록 하는 것이 법치행정의 원리에도 부합한다. 따라서 위 통보는 항고소송의 대상이 되는 처분으로 보는 것이 타당하다."고 판시하였다(대판 2013.11.14, 2013두13631).

3) 비교 - 권리의무와 관계없는 결정이나 단순한 관념의 통지

(1) **〈판시사항〉 당연퇴직처분이 행정소송의 대상인 행정처분인지 여부**: 대법원은, "국가공무원법 제69조에 의하면 공무원이 제33조 각 호의 1에 해당할 때에는 당연히 퇴직한다고 규정하고 있으므로, 국가공무원법상 당연퇴직은 결격사유가 있을 때 법률상 당연히 퇴직하는 것이지 공무원관계를 소멸시키기 위한 별도의 행정처분을 요하는 것이 아니며, 당연퇴직의 인사발령은 법률상 당연히 발생하는 퇴직사유를 공적으로 확인하여 알려주는 이른바 관념의 통지에 불과하고 공무원의 신분을 상실시키는 새로운 형성적 행위가 아니므로 행정소송의 대상이 되는 독립한 행정처분이라고 할 수 없다."고 판시하였다(대판 1995.11.14, 95누2036). ☜ 이 사건에서 당연퇴직 인사발령(통지)은 관념의 통지에 지나지 않아 항고소송의 대상인 처분성을 부정하였다.

(2) **〈판시사항〉 개별토지가격합동조사지침 제12조의3 소정의 개별공시지가 경정결정신청에 대한 행정청의 정정불가 결정 통지가 항고소송의 대상이 되는 처분인지 여부(소극)**: 대법원은, "개별토지가격합동조사지침(1991.3.29. 국무총리훈령 제248호로 개정된 것) 제12조의3은 행정청이 개별토지가격결정에 위산·오기 등 명백한 오류가 있음을 발견한 경우 직권으로 이를 경정하도록 한 규정으로서 토지소유자 등 이해관계인이 그 경정결정을 신청할 수 있는 권리를 인정하고 있지 아니하므로, 토지소유자 등의 토지에 대한 개별공시지가 조정신청을 재조사청구가 아닌 경정결정신청으로 본다고 할지라도, 이는 행정청에 대하여 직권발동을 촉구하는 의미밖에 없으므로, 행정청이 위 조정신청에 대하여 정정불가 결정 통지를 한 것은 이른바 관념의 통지에 불과할 뿐 항고소송의 대상이 되는 처분이 아니다."고 판시하였다(대판 2002.2.5, 2000두5043).

(3) **〈판시사항〉 국세징수법상 가산금 또는 중가산금의 고지가 항고소송의 대상이 되는 처분인지 여부(소극)**: 대법원은, "국세징수법 제21조, 제22조가 규정하는 가산금 또는 중가산금은 국세를 납부기한까지 납부하지 아니하면 과세청의 확정절차 없이도 법률 규정에 의하여 당연히 발생하는 것이므로 가산금 또는 중가산금의 고지가 항고소송의 대상이 되는 처분이라고 볼 수

없다."고 판시하였다(대판 2005.6.10, 2005다15482).

(4) **〈판시사항〉 (구)소득세법 시행령 제192조 제1항 단서에 따른 소득의 귀속자에 대한 소득금액변동통지가 항고소송의 대상이 되는 행정처분인지 여부**(소극): 대법원은, "(구)소극세법 관련법령 및 (구)국세기본법 등에 따른 경정청구를 통해서도 소득처분에 따른 원천납세의무의 존부나 범위를 충분히 다툴 수 있는 점 등에 비추어 보면, (구)소득세법 시행령 제192조 제1항 단서에 따른 **소득의 귀속자에 대한 소득금액변동통지**는 원천납세의무자인 소득 귀속자의 법률상 지위에 직접적인 법률적 변동을 가져오는 것이 아니므로, **항고소송의 대상이 되는 행정처분이라고 볼 수 없다.**"고 판시하였다(대판 2015.3.26, 2013두9267; 대판 2015.1.29, 2013두4118; 대판 2014.7.24, 2011두14227). ☜ 이 사건은 소득의 귀속자에 대한 소득금액변동통지가 문제된 사례로, 소득세 원천징수의무자(법인)에 대한 소득금액변동통지를 행정처분으로 보는 판례(대판 전원합의체 2006.4.20, 2002두1879)와 구별된다는 점에서 유의해야 한다.

5. 경정처분과 항고소송의 대상

1) 개요

과세관청이 당초과세처분을 한 뒤에 과세표준과 세액에 오류 또는 탈루가 있음을 발견하고 이를 경정하는 처분을 한 경우에는 **감액경정처분**과 **증액경정처분**이 있고, 이 경우 당초처분과 경정처분 사이에 어느 것이 항고소송의 대상인지 문제이다. 그리고 과세처분에서의 경정처분의 쟁점은 과징금부과처분 및 각종 부담금부과처분의 경우에도 같은 문제를 야기하나 그 이외 징계처분이나 영업정지처분 등 제재처분에서도 찾아 볼 수 있다.

2) 감액경정처분의 경우

감액경정처분인 경우에 당초의 처분 전부를 취소하고 새로이 처분을 한 것이 아니라, 당초처분의 일부 효력을 취소하는 처분으로, **소송의 대상**은 경정처분으로 인하여 감액되고 남아 있는 당초의 처분으로 본다(대판 2014.3.13, 2012두7370; 대판 2012.9.27, 2011두27247; 대판 1991.9.13, 91누391 등). ☜ 즉, 감액경정처분의 경우에 항고소송의 대상은 '감액되고 남아 있는 당초의 처분'으로 역흡수설(경정처분은 당초처분에 흡수되어 경정처분에 의하여 수정된 당초의 처분이 소송의 대상이라는 견해)의 입장이다. 따라서 이 경우 제소기간의 준수 여부도 감액경정처분이 아니라 당초처분을 기준으로 판단하여야 한다.

3) 증액경정처분의 경우

이 경우에는 당초처분은 증액결정처분에 흡수되어 독립한 존재가치를 상실하므로 당연히 상실하고, 증액경정처분만이 소송의 대상이다(대판 2004.2.13, 2002두9971; 대판 2010.6.24, 2007두16493). 그러나 증액경정처분이 제척기간 도과 후에 이루어진 경우에는 증액부분만이 무효로 되고 제척기간 도과 전에 있었던 당초 처분은 유효한 것이므로, 납세의무자로서는 그와 같은 증액경정처분이 있었다는 이유만으로 당초 처분에 의하며 이미 확정되었던 부분에 대하여 다시 위법 여부를 다툴 수는 없다(대판 2004.2.13, 2002두9971). ☜ 즉, 증액경정처분의 경우에 항고소송의 대상은 '증액경정처분'으로 흡수설(당초처분은 경정처분에 흡수되어 소멸하고, 경정처분만이 효력을 가지며 소송의 대상이 된다는 견해. 이에 따르면 징수권의 소멸시효의 기산일도 경정처분에서 정한 납기일을 기준으로 하고 당초처분에 기한 체납처분이나 가산금징수처분도 모두 무효로 된다.)의 입장이다.

4) 증액경정처분의 항고소송과 당초신고의 하자

(1) 판시사항

증액경정처분의 취소를 구하는 항고소송에서 과세관청의 증액경정사유뿐만 아니라 당초신고에 관한 과다신고사유도 함께 주장하여 다툴 수 있는지 여부(적극): 대법원은, "과세표준과 세액을 증액하는 증액경정처분은 당초 납세의무자가 신고하거나 과세관청이 결정한 과세표준과 세액을 그대로 둔 채 탈루된 부분만을 추가로 확정하는 처분이 아니라 당초신고나 결정에서 확정된 과세표준과 세액을 포함하여 전체로서 하나의 과세표준과 세액을 다시 결정하는 것이므로, 당초신고나 결정에 대한 불복기간의 경과 여부 등에 관계없이 오직 증액경정처분만이 항고소송의 심판대상이 되는 점, 증액경정처분의 취소를 구하는 항고소송에서 증액경정처분의 위법 여부는 그 세액이 정당한 세액을 초과하는지 여부에 의하여 판단하여야 하고 당초신고에 관한 과다신고사유나 과세관청의 증액경정사유는 증액경정처분의 위법성을 뒷받침하는 개개의 위법사유에 불과한 점, 경정청구나 부과처분에 대한 항고소송은 모두 정당한 과세표준과 세액의 존부를 정하고자 하는 동일한 목적을 가진 불복수단으로서 납세의무자로 하여금 과다신고사유에 대하여는 경정청구로써, 과세관청의 증액경정사유에 대하여는 항고소송으로써 각각 다투게 하는 것은 납세의무자의 권익보호나 소송경제에도 부합하지 않는 점 등에 비추어 보면, 납세의무자는 증액경정처분의 취소를 구하는 항고소송에서 과세관청의 증액경정사유뿐만 아니라 당초신고에 관한 과다신고사유도 함께 주장하여 다툴 수 있다고 할 것이다."고 판시하였다(대판 전원합의체 2013.4.18, 2010두11733: 부가가치세부과처분취소).

(2) 평가

(가) 이 판결의 쟁점은 당초 신고내용에 하자가 있었는데, 그 후 증액경정처분이 있는 경우 납세의무자는 그 처분에 대한 불복절차에서 당초 신고내용의 하자를 다툴 수 있는지, 아니면 그 불복과 별도로 당초 신고내용의 하자를 이유로 경정청구를 하여야 하는지 여부이다. 이 판결의 원심은 신고납세방식의 조세인 부가가치세에 있어서는 납세의무자가 매출로 신고한 부분은 그대로 확정되는 것이어서 매출세액이 과다신고된 경우라면 납세의무가 감액경정청구의 절차를 밟아야 한다는 대판 2005.11.10, 2004두9193 판결에 터 잡아 신고에 의하여 확정된 과세표준과 세액은 증액경정처분을 다투는 소송에서는 더 이상 다툴 수 없다고 판시하였다(서울고법 2010.5.27, 2009누35605).

(나) 그러나 이 판결에서는 과세표준과 세액을 증액하는 증액경정처분은 당초 납세의무자가 신고하거나 과세관청이 결정한 과세표준과 세액을 그대로 둔 채 탈루된 부분만을 추가로 확정하는 처분이 아니라 당초신고나 결정에서 확정된 과세표준과 세액을 포함하여 전체로서 하나의 과세표준과 세액을 다시 결정하는 것이므로, (a) 당초신고나 결정에 대한 불복기간의 경과 여부 등에 관계없이 오직 증액경정처분만이 항고소송의 심판대상이 된다는 점, (b) 증액경정처분의 취소를 구하는 항고소송에서 증액경정처분의 위법여부는 그 세액이 정당한 세액을 초과하는지 여부에 의하여 판단하여야 하고 당초신고에 관한 과다신고사유나 과세관청의 증액경정사유는 증액경정처분의 위법성을 뒷받침하는 개개의 위법사유에 불과한 점 등에 비추어 볼 때 납세의무자는 증액경증처분의 취소를 구하는 항고소송에서 과세관청의 증액경정사유뿐만 아니라 당초신고에 관한 과다신고사유도 함께 주장하여 다툴 수 있다고 판시하였다.[7)]

(다) 결론적으로, 위 대법원 전원합의체 판례는 증액경정처분의 경우에 항고소송의 대상이 증액경정처분이라는 기존의 흡수설을 유지하면서도 원고에게 증액경정처분사유는 물론 납세자의 권익보호와 소송경제의 관점에서 당초 신고내용의 하자를 이유로 감액경정청구의 절차를 밟지 않고서도 소송의 대상인 증액경정처분을 다투면서 원고의 주장문제로서 당초신고에 관한 과다신고사유도 함께 주장할 수 있다는 것이다. 즉, 이 판례는 당초처분과 증액경정처분의 관계에서 소송의 대상이 증액경정처분임에도 불구하고 당초처분에 관한 신고내용의 하자(과다신고사유)를 본안심리에서 원고의 주장범위 내에 있다고 판시한 점에 의미가 있다.

7) 백제흠, "[2013년 분야별 중요판례분석](22)조세법", 법률신문(2014.8.7) 참조.

6. 기타 항고소송의 대상으로서 처분성

1) 처분의 상대방이 행정주체인 경우

사실관계 건축법상 공용건축물에 대한 건축협의 취소의 처분성 (대판 2014.2.27, 2012두22980)

지방자치단체인 서울시(이하, '甲'이라 함)는 강원도 양양 소재의 자연공원(낙산도립공원) 내에 장애인과 그 가족들을 위한 휴양시설을 건축할 목적으로 그 일대 토지를 매수하여 공원관리청인 양양군수 乙에게 주용도 숙박시설 등을 내용으로 하는 건축법 제29조에 따른 건축협의신청을 하였고, 이에 乙은 관련부서의 법리검토를 거쳐 甲과 건축협의를 하였다. 그 후 건축협의를 한 토지의 인근 주민인 丙등이 숙박시설이라는 이유로 乙에게 민원을 제기하자 乙은 자연공원법상 숙박시설이 가능하지만, 노유자시설이라고 판단하여 자연공원 내 용도지구별 행위기준에 부적합하다고 하며 위 건축협의를 취소하였다. 그러자 甲은 원고로서 위 건축협의취소에 대해 乙을 피고로 하여 취소를 구하는 소를 제기하였다.

> ▶ 참조조문
>
> **건축법**
>
> 제29조(공용건축물에 대한 특례) ① 국가나 지방자치단체는 제11조, 제14조, 제19조, 제20조 및 제83조에 따른 건축물을 건축·대수선·용도변경하거나 가설건축물을 건축하거나 공작물을 축조하려는 경우에는 대통령령으로 정하는 바에 따라 미리 건축물의 소재지를 관할하는 허가권자와 협의하여야 한다.
> ② 국가나 지방자치단체가 제1항에 따라 건축물의 소재지를 관할하는 허가권자와 협의한 경우에는 제11조, 제14조, 제19조, 제20조 및 제83조에 따른 허가를 받았거나 신고한 것으로 본다.

판 지

(구)건축법 제29조 제1항에서 정한 건축협의의 취소가 처분에 해당하는지 여부(적극) 및 지방자치단체 등이 건축물 소재지 관할 허가권자인 지방자치단체의 장을 상대로 건축협의취소의 취소를 구할 수 있는지 여부(적극): 대법원은, "(구)건축법(2011.5.30. 법률 제10755호로 개정되기 전의 것) 제29조 제1항, 제2항, 제11조 제1항 등의 규정 내용에 의하면, 건축협의의 실질은 지방자치단체 등에 대한 건축허가와 다르지 않으므로, 지방자치단체 등이 건축물을 건축하려는 경우 등에는 미리 건축물의 소재지를 관할하는 허가권자인 지방자치단체의 장과 건축협의를 하지 않으면, 지방자치단체라 하더라도 건축물을 건축할 수 없다. 그리고 (구)지방자치법 등 관련 법령을 살펴보아도 지방자치단체의 장이 다른 지방자치단체를 상대로 한 건축협의 취소에 관하여 다툼이 있는 경우에 법적 분쟁을 실효적으로 해결할 구제수단을 찾기도 어렵다. 따라서 건축협의 취소는 상대방이 다른 지방자치단체 등 행정주체라 하더라도 '행정청이 행하는 구체적 사실에 관한 법집행으로서의 공권력 행사'(행정소송법 제2조 제1항 제1호)로서 처분에 해당한다고 볼 수 있고, 지방자치단체인 원고가 이를 다툴 실효적 해결 수단이 없는 이상, 원고는 건축물 소재지

관할 허가권자인 지방자치단체의 장을 상대로 항고소송을 통해 건축협의 취소의 취소를 구할 수 있다."고 판시하였다.

평 가

위 판결은 건축법상 공용건축물에 관한 건축협의의 실질은 지방자치단체 등에 대한 건축허가와 다르지 않으므로, 지방자치단체라도 건축물을 건축하려는 경우에는 미리 건축물의 소재지를 관할하는 허가권자인 지방자치단체의 장과 건축협의를 하지 않으면 건축물을 건축할 수 없고, 관련 법령에서 지방자치단체의 장이 다른 지방자치단체를 상대로 한 건축협의 취소에 관하여 다툼이 있는 경우, 그에 대한 법적 분쟁을 실효적으로 해결할 구제수단을 찾기도 어려우므로 취소소송의 처분성을 인정해야 한다고 한 사례이다. 이 같은 위 대상판결의 판지와 관련하여 건축협의 및 건축협의의 취소와 같이 행정내부의 절차로 볼 여지가 있음에도 건축협의의 취소에 대하여 처분성을 인정하였다는 점에 의미가 있고, 또한 건축협의의 실질에 착안하여 권리구제의 확충을 도모한 것으로 평가하는 견해가 있다.[8] 그러나 위 판결은 지방자치단체와 같은 행정주체의 법적 지위도 행정조직법상 '행정권의 주체'로서만이 아니라, '재산권의 주체' 또는 '권리의무의 주체'로서의 지위를 갖고 있는 경우도 있으며, 이때에는 사인과 마찬가지로 항고소송을 통해 재판적 보호해야 할 고유한 이익이 존재하므로 '처분성'은 물론 '원고적격'을 인정할 수 있다(櫻井敬子·橋本博之, 266-267쪽; 宇賀克也(Ⅱ), 110-111쪽). 따라서 지방자치법상 법주체로서 서울시는 건축법 제29조상의 공용건축물과 관련된 건축협의는 재산권 또는 권리의무의 주체로서 지위인바, 처분성을 긍정한 판례의 태도가 타당하다.

관련판례

비록 하급심판결이나, 서울특별시장이 여론조사기관을 통해 산하 25개 자치구와 소방서 등에 대한 위생·세무·주택 등 7개 민생취약분야의 2000년도 반부패지수를 조사하여 그 결과를 발표하자, 이에 반발한 서울특별시 강남구가 위 반부패지수발표관련 자료의 공개를 서울시장에게 청구하였다가 거부당하자 서울시장을 상대로 위 관련자료 비공개결정의 취소를 구하는 소를 제기한 사건에서, 법원은 "정보공개법상 정보공개청구권자인 '국민'에는 자연인은 물론 법인도 포함되며, 위 법인에 대한 특별한 제한이 없으므로, 지방자치단체인 자치구의 경우에도 다른 지방자치단체 기타 공공기관이 보유·관리하는 정보의 공개를 청구할 권리가 있다."고 판시하여 대상적격으로서 처분성과 원고적격을 인정한 바 있다(서울행법 2001.10.23, 2001구12764).

---

8) 김용섭, "2014년 행정법 중요 판례", 인권과정의(2015년 3월), 128쪽.

2) 권력적 사실행위

사실관계 교도소장의 '접견내용 녹음·녹화 및 접견시 교도관 참여대상자' 지정행위가 항고소송의 대상이 되는지 여부(적극) (대판 2014.2.13, 2013두20899)

원고 甲은 수형자이며, 피고 乙은 천안교도소장이다. 乙은 甲에 대해 '접견내용 녹음.녹화 및 접견시 교도관 참여대상자로 지정'하였고, 그 이후 교도관이 甲의 모든 접견에 참여하여 접견내용을 청취·기록·녹음·녹화하였다(이하, '접견제한조치'라 한다). 이에 甲은 '乙이 甲에 대하여 한 교도관 접견 참여 및 접견내용 청취·기록·녹음·녹화 대상 수용자 지정 처분'(이하, '지정행위'라 한다)을 취소하는 행정소송을 제기하였다. 그러자 제1심에서 乙은 교도관의 접견 참여 및 접견내용의 청취·기록·녹음·녹화는 사실행위로 취소소송의 대상이 되는 행정처분이 아니라는 취지로 항변하였다.

판 지

이 사건 대법원은, 위 **지정행위는 수형자의 구체적 권리의무에 직접적인 변동을 가져오는 행정청의 공법상 행위로서 항고소송의 대상이 되는 '처분'에 해당**한다고 본 원심판결을 유지하였다. 다만 대법원은, 위 지정행위가 '처분'에 해당하는 논거로 원심판결을 인용하여 "乙의 위와 같은 **지정행위**를 함으로써 甲의 접견 시마다 사생활의 비밀 등 권리에 제한을 가하는 교도관의 참여, 접견내용의 청취·기록·녹음·녹화가 이루어졌으므로 이는 乙이 그 우월적 지위에서 수형자인 원고에게 일방적으로 강제하는 성격을 가진 **공권력적 사실행위의 성격**을 갖고 있는 점, 위 지정행위는 그 효과가 일회적인 것이 아니라 오랜 기간 동안 지속되어 왔고, 원고로 하여금 이를 수인할 것을 강제하는 성격도 아울러 가지고 있는 점, 위와 같이 계속성을 갖는 공권력적 사실행위를 취소할 경우 장래에 이루어질지도 모르는 기본권의 침해로부터 수형자들의 기본적 권리를 구제할 실익이 있는 것으로 보이는 점을 종합하면, 위의 지정행위는 수형자의 구체적 권리의무에 직접적 변동을 초래하는 행정청의 공법상 행위로서 항고소송의 대상이 되는 '처분'에 해당한다."고 판시하였다.

평 가

권력적 사실행위가 항고소송의 대상이 되는 처분에 해당한다는 것이 우리나라 다수설이다. 다수설의 논거는 항고쟁송의 대상이 되는 처분은 "구체적 사실에 관한 법집행으로서의 공권력의 행사 또는 그 거부와 그 밖에 기타 이에 준하는 행정작용"을 요소로 하고 있을 뿐이고, 외부에 대한 직접적 법률효과를 필요로 하지 않다는데 있다. 이와 같이 다수설에 의할 때에도 실질적으로 권력적 사실행위가 항고쟁송으로 다투어지는 경우는 단기간에 집행이 종료되지 아니한 채 계속적인 권력적 사실행위에 한정될 것이다. 이에 반하여, 사실행위는 그것이 권력적 사실행이든 비권력적 사실행위이든, 항고소송의 대상이 될 수 없다는 소수설이 있다. 소수설의 논거는 사실행위는 법적 행위가 아니므로 법률효과의 발생을 취소하는 것이 불가능하다는 데 있다. 그리고 소수설 중에는 권력적 사실행위가 수인하명이라는 법적 효과를 발생시킨다고 보고 그러한 수인하명이 항고쟁송의 대상이 되는 것으로 설명하는 견해도 있다(김남진·김연태(Ⅰ), 375쪽). 그러나 권력적 사실행위가 지향하는 주된 내용이 수인하명이 아니라는 점에서 이 같은 소수설에 찬성하기 어렵다(김철용, 275쪽).

관련판례

(가) 우선, 지금까지 사실행위와 항고소송의 대상성 여부와 관련하여 개괄적으로 판례의 동향을 살펴보면, 재산압류(대판 1969.4.29, 69누120), 접골사 자격증의 반납지시와 회수(대판 1979.10.10, 96누193), 단수조치(대법 1979.12.28, 79누218), 미결 수용자에 대한 이송(대결 1992.8.7, 92두30), 동장의 주민등록직권말소행위(대법 1994.8.26, 94누3223), 교도소장의 수형자 서신검열행위(헌재 1998.8.27, 96헌마398) 등의 경우 **처분성을 긍정**하였다. 다른 한편, 감사원의 감사를 받은 자의 직무에 관하여 이해관계인으로부터 심사청구를 받은 감사원이 이 심사청구에 의하여 관계기관에게 통지하는 시정결정이나 이유없다고 기각하는 결정(대법 1967.6.27, 67누44),[9] 국가보훈처장의 기포상자에게 한 훈격재심사계획이 없다는 회신(대판 1989.1.24, 88누3116), 경계측량 및 표지의 설치 등 공공시설의 설치행위(대판 1989.10.13, 92누2325) 등은 항고소송의 대상이 아니라고 하여 **처분성을 부정**하였다.

(나) 그 다음으로, 최근의 사실행위와 항고소송에 관해 ① 대법원은, 구청장이 사회복지법인에 특별감사 결과 지적사항에 대한 시정지시와 그 결과를 관계서류와 함께 보고하도록 지시한 경우, 그 **시정지시**는 비권력적 사실행위가 아니라 항고소송의 대상이 되는 행정처분에 해당한다고 한 판시한 바 있으며(대판 2008.4.24, 2008두3500), 그리고 ② 대법원은, 교육감이 학교법인에 대한 감사 실시 후 처리지시를 하고 그와 함께 그 시정조치에 대한 결과를 증빙서를 첨부한 문서로 보고하도록 한 것은, 의무의 부담을 명하거나 기타 법률상 효과를 발생하게 하는 것으로서 항고소송의 대상이 되는 행정처분에 해당한다고 판시하였다(대판 2008.9.11, 2006두18362). 한편, ③ 대법원은, "방송통신위원회가 지상파 방송사인 甲 주식회사에 뉴스보도에서 횡령 혐의자의 보석 석방 소식을 전하면서 피고인의 실루엣으로 乙 의원의 사진을 사용하여 시청자를 혼동케 하고 乙 의원의 명예를 훼손함으로써 지상파 방송으로서의 품위를 유지하지 못하였다는 이유로 방송법 제100조 제1항, 제4항에 따라 제재조치명령과 함께 고지방송명령을 한 사안에

9) 이 사건에서 대법원은, 「…특별한 사정이 없는 한, 행정권내부에 있어서의 행위라던가 알선, 권유, 사실상의 통지등과 같이 상대방 또는 기타 관계자들의 법률상 지위에 직접적으로 법률적 변동을 일으키지 않는 행위 등은 항고소송의 대상이 될 수 없다고 해석하여야 할 것이다. …그러므로 감상원의 변상판정에 대한 재심사 판정과는 다르다.」고 판시하여 처분성을 부인하였다(대판 1967.6.27, 67누77 참조).

서, 고지방송명령은 권고적 효력만을 가지는 비권력적 사실행위에 해당할 뿐 항고소송의 대상이 되는 행정처분에 해당하지 않는다."고 판시한 바 있다(대판 2015.3.12, 2014두43974).

3) 세무조사결정

사실관계 세무조사결정이 항고소송의 대상이 되는 행정처분에 해당하는지 여부(적극) (대판 2011. 3.10, 2009두23617·23624)

변호사인 원고 甲은 4년 동안의 부가가치세 및 종합소득세를 서대전세무서장 乙에 신고 납부하였는바, 이전에 甲의 사무장으로 근무하였던 丙의 제보를 받고 납부로부터 약 2년 뒤, 乙은 甲에 대한 세무조사를 실시하였고 누락 금액에 대한 부가가치세를 추가로 각 부과처분하였다. 이에 불복하여 甲은 국세심판원에 심판청구를 하여 일부인용을 받았는데, 그 후 丙이 다시 乙에게 성공보수금 관련 누락을 제보하여 乙은 원고 甲에게 조사대상 기간에 대한 세무조사를 추가로 실시하겠다고 통지하였다. 그러자 甲은 '이 사건 세무조사결정'이 처분에 해당한다고 하여 국세청장에게 세무조사결정에 대한 심사청구를 하였으나 각하되었다. 甲은 乙을 상대로 이 사건 세무조사결정에 대해 취소를 구하는 소를 제기하였다.

판 지

부과처분을 위한 과세관청의 질문조사권이 행해지는 세무조사결정이 있는 경우 납세의무자는 세무공무원의 과세자료 수집을 위한 질문에 대답하고 검사를 수인하여야 할 법적 의무를 부담하게 되는 점, 세무조사는 기본적으로 적정하고 공평한 과세의 실현을 위하여 필요한 최소한의 범위 안에서 행하여져야 하고, 더욱이 동일한 세목 및 과세기간에 대한 재조사는 납세자의 영업의 자유 등 권익을 심각하게 침해할 뿐만 아니라 과세관청에 의한 자의적인 세무조사의 위험마저 있으므로 조세공평의 원칙에 현저히 반하는 예외적인 경우를 제외하고는 금지될 필요가 있는 점, 납세의무자로 하여금 개개의 과태료 처분에 대하여 불복하거나 조사 종료 후의 과세처분에 대하여만 다툴 수 있도록 하는 것보다는 그에 앞서 세무조사결정에 대하여 다툼으로써 분쟁을 조기에 근본적으로 해결할 수 있는 점 등을 종합하면, 세무조사결정은 납세의무자의 권리·의무에 직접 영향을 미치는 공권력의 행사에 따른 행정작용으로서 항고소송의 대상이 된다.

평 가

행정조사결정과 이에 기초한 구체적인 실행행위로서 '행정처분'은 구분해야 하는데, 이러한 판례의 입장을 견지할 경우 사실행위로서 행정조사와 행정처분의 관계, 그리고 행정처분의 외부적 효과 요소 등의 측면에서 문제점이 있다고 본다.

Ⅲ. 최근 처분성 여부와 관련된 중요 판례

1. 처분성을 긍정한 사례의 경우

① 한국환경산업기술원장이 환경기술개발사업 협약을 체결한 甲 주식회사 등에게 연차평가 실시 결과 절대평가 60점미만으로 평가되었다는 이유로 한 연구개발 중단 조치 및 연구비 집행중지 조치의 처분성(대판 2015.12.24, 2015두264). ② 건축물 소재지를 관할하는 건축허가권자인 지방자치단체의 장이 국가나 다른 지방자치단체에 대하여 하는 '건축협의'의 처분성(대판 2014.2.27, 2012두22980), ③ 환경영향평가대상사업의 시행지 인근 주민들의 공사 중지명령 신청에 대한 행정청의 민원회신 형식의 거부행위의 처분성(대판 2014.2.27, 2011두25449), ④ 공익사업법상의 공익사업자가 하는 이주대책대상자 확인·결정의 처분성(대판 2014.2.27, 2013두10885), ⑤ 권력적 사실행위(교도소장이 원고를 '접견내용 녹음·녹화 및 접견 시 교도관 참여대상자'로 지정한 행위 및 원고에 대하여 한 접견내용의 기록 등 제반 감시조치)의 처분성(대판 2014.2.13, 2013두20899), ⑥ 토지대장 직권말소 행위의 처분성(대판 2013.10.24, 2011두13286), ⑦ 건강보험심사평가원이 하는 요양기관의 요양급여 적정성 평가 결과 및 그에 따른 입원료 가산 및 별도 보상제외 통보행위의 처분성(요양급여비용 감액 처분 이전 단계 행위의 처분성 긍정)(대판 2013.11.14, 2013두13631), ⑧ 독점규제법령상 자진신고 감면불인정 통지(시정조치 또는 과징금부과 처분 이전 단계 행위의 처분성)(대판 2012.9.27, 2010두3541),[10] ⑨ 진실·화해를 위한 과거사정리 기본법상 과거사정리위원회의 진실규명결정의 처분성(대판 2013.1.16, 2010두22856),[11] ⑩ 한국보건산업진흥원장이 자신이 지원하는 대학교 산학협력단의 주관연구책임자인 甲에게 '한의약연구개발사업 참여제한 2년, 행정제재기간 이후 선정평가 시 감점 2점'을 내용으로 하는 행정제재를 한 사안에서, 위 처분이 제재기간 동안 국가연구개발사업에 대한 甲의 참여를 제한하는 점 등에 비추어 항고소송의 대상이 되는 행정처분이라고 본 사례(대판 2012.6.14, 2010두23002), ⑪ 건축법상 착공신고 반려행위의 처분성(대판 2011.6.10, 2010두7321), ⑫ 세무조사결정의 처분성(대판 2011.3.10, 2009두23617·23624), ⑬ 건축법상 건축신고 반려행위의 처분성(대판 전원합의체 2010.11.18, 2008두167), ⑭ 건축물대장 직권말소 행위의 처분성(대판 2010.5.27, 2008두22655), ⑮ 방산물자 지정취소의 처분성(대판 2009.12.24, 2009두12853), ⑯ 친일반민족행위자재산조사위원회 재산조사개시결정의 처분성(대판 2009.10.15, 2009두6513), ⑰ 상수원보호구역에 있는 토지 및 시설 매수신청에 대한 거부행위의 처분성(대판 2009.9.10, 2007두20638), ⑱ 건축법상 건축계획심의 신청

10) 처분성 확대의 추세에 따라 ⑦과 ⑧의 경우는 행정청의 **여러 단계의 행위 중 선행 행위의 처분성**을 긍정한 사례이다.

11) 이 사건에서 대법원은 과거사(사실) 확인행위가 그 본래의 효력(사실 증명력)이 없더라도, 그 확인행위에 관한 법규의 취지를 살펴 처분성을 긍정하였다.

반려행위의 처분성(대판 2007.10.11, 2007두1316), ⑲ (구)정보통신윤리위원회가 특정 인터넷사이트를 청소년유해매체물로 결정한 행위의 처분성(대판 2007.6.14, 2005두4397), ⑳ 과세관청의 원천징수의무자인 법인에 대한 소득금액변동통지의 처분성(대판 전원합의체 2006.4.20, 2002두1878).

2. 처분성을 부정한 사례의 경우

① (구)도시개발법에서 정한 환지방식에 의한 도시개발사업을 시행할 목적으로 조직된 비법인 사단인 甲 도시개발사업 지주조합이 사유지 소유자들에게서 도시개발사업 시행에 대한 동의서를 받은 후 도시개발구역 내 국공유지 관리청인 乙 구청장에게 동의를 요청하였으나 乙 구청장이 동의서 발급이 불가하다고 회신 및 통지를 한 사안에서, 甲 조합의 동의 요청에 대한 乙 구청장의 회신(대판 2015.12.23, 2013두8806), ② 상표권자인 법인에 대한 청산종결등기가 되었음을 이유로 한 상표권의 말소등록행위(대판 2015.10.29, 2014두2362), ③ 국가유공자 등 예우 및 지원에 관한 법률(이하, '국가유공자법'이라 함) 제74조의18 제1항이 정한 이의신청을 받아들이지 아니하는 결정(대판 2016.7.27, 2015두45953), ④ 업무상 재해를 당한 甲의 요양급여 신청에 대하여 근로복지공단이 요양승인 처분을 하면서 사업주를 乙 주식회사로 보아 요양승인 사실을 통지하자, 乙 회사가 甲이 자신의 근로자가 아니라고 주장하면서 사업주 변경신청을 하였으나 근로복지공단이 거부 통지를 한 사안에서, 위 거부 통지(대판 2016.7.14, 2014두47426), ⑤ 공공기관 입찰의 낙찰적격 심사기준인 점수를 감점한 조치(대판 2014.12.24, 2010두6700), ⑥ 재단법인 한국연구재단이 甲 대학교 총장에게 연구개발비의 부당집행을 이유로 '해양생물유래 고부가식품·향장·한약 기초소재 개발 인력양성사업에 대한 2단계 두뇌한국(BK)21 사업'협약을 해지하고 연구팀장 乙에 대한 대학자체 징계 요구 등을 통보한 사안에서, 乙에 대한 대학자체 징계 요구(대판 2014.12.11, 2012두28704), ⑦ (구)소득세법 시행령에 따른 소득의 귀속자에 대한 소득금액변동통지(대판 2015.3.26, 2013두9267; 대판 2015.1.29, 2013두4118; 대판 2014.7.24, 2011두14227), ⑧ 지방계약직 공무원인 옴부즈만 채용의 법적 성격(공법상 계약)과 그 채용거절 통고(대판 2014.4.24, 2013두6244), ⑨ 민원사무처리법상 사전심사결과 통보(대판 2014.4.24, 2013두7834), ⑩ 민원사무처리법 제18조 제1항에서 정한 '거부처분에 대한 이의신청'을 받아들이지 않는 취지의 기각 결정 내지는 그 취지의 통지(대판 2012.11.15, 2010두8676), ⑪ 토지대장의 소유자 명의변경신청 거부행위(대판 2012.1.12, 2010두12354), ⑫ 법무법인의 공증증서 작성행위(대판 2012.6.14, 2010두19720), ⑬ 등교하던 중 학교 복도에서 쓰러진 후 사망한 고등학생 甲의 아버지 乙이 서울특별시학교안전공제회에 甲에 대한 요양급여 등의 지급을 구하는 학교안전공제보상심사청구를 하였으나 공제회가 심사청구를 기각하는 결정을 한 사안에서, 보상심사청구 기각결정(대판 2012.12.13, 2010두

20874),[12] ⑭ 공무원연금관리공단이 공무원연금법령의 개정에 따라 퇴직연금 중 일부 금액에 대하여 지급거부의 의사표시를 한 경우, 그 의사표시(대판 2004.12.24, 2003두15195),[13] ⑮ 검사의 공소제기(대판 2003.3.26, 99두11264[14])).

Ⅳ. 원처분주의와 재결주의

1. 변경(수정)명령재결과 원처분주의

사실관계 행정청이 식품위생법령에 따라 영업자에게 행정제재처분을 한 후 당초 처분을 영업자에게 유리하게 변경하는 처분을 한 경우, 취소소송의 대상 및 제소기간 판단 기준이 되는 처분(=당초 처분) (대판 2007.4.27, 2004두9302)

원고는 2001.11.1. 전주시 완산구 소재 1층 점포 약 25평의 소유자인 소외 1과 위 점포에 대한 임대차계약을 체결하고, 2001.11.9. 전 영업자인 소외 2로부터 영업자지위승계를 받아 신고하였는데, 피고(전주시 완산구청장)는 2002.12.26. 전영업자인 소외 2로부터 영업자지위를 승계받은 소외 3이 2001.8.26. 접대부를 고용하였다는 이유로 원고에 대하여 3월의 영업정지처분을 하였다. 이에 대하여 원고가 행정심판을 청구함에 따라, 재결청은 2003.3.6. "피고가 원고에 대하여 한 3월의 일반음식점영업정지처분을 2월의 영업정지에 갈음하는 과징금부과처분으로 변경하라"는 일부인용의 이행재결을 하였고, 2003.3.10. 그 재결서 정본이 원고에게 도달하였다. 피고는 재결청의 재결내용에 따라 2003.3.12. 식품위생법 제65조와 같은 법 시행령 제38조 [별표 1] 2. 과징금기준에 따라 원고에 대하여 5,600,000원의 과징금부과처분을 하였고, 이에 대하여 원고는 2003.6.12. 이 사건 과징금부과처분취소의 소를 제기하였다.

---

12) 이 사건에서 대법원은 처분성을 부정하는 논거로 '공제회는 행정청 또는 그 소속기관이나 법령에 의하여 행정권한을 위임받은 공공단체가 아니다는 점과 보상심사청구 기각결정은 공권력의 발동으로서 하는 공법상의 행위로 볼 수 없다'는 이유를 설시하고 있다.

13) 이 사건에서 대법원은 '공무원연금관리공단이 공무원연금법령의 개정 사실과 퇴직연금 수급자가 퇴직연금 중 일부 금액의 지급정지 대상자가 되었다는 사실을 통보한 경우, 위 통보'에 대해서도 또한 항고소송의 대상인 행정처분이 아니라고 하였다.

14) 대법원은 검사의 공소제기와 관련하여, '행정소송법 제2조 소정의 행정처분이라고 하더라도 그 처분의 근거 법률에서 행정소송 이외의 다른 절차에 의하여 불복할 것을 예정하고 있는 처분은 항고소송의 대상이 될 수 없다.'는 이유로 처분성을 부정하였다. 즉, "형사소송법에 의하면 검사가 공소를 제기한 사건은 기본적으로 법원의 심리대상이 되고 피의자 및 피고인은 수사의 적법성 및 공소사실에 대하여 형사소송절차를 통하여 불복할 수 있는 절차와 방법이 따로 마련되어 있으므로 검사의 공소제기가 적법절차에 의하여 정당하게 이루어진 것이냐의 여부에 관계없이 검사의 공소에 대하여는 형사소송절차에 의하여서만 이를 다툴 수 있고 행정소송의 방법으로 공소의 취소를 구할 수는 없다."고 판시하였다. 결국, 검사의 공소제기는 행정소송 이외의 다른 절차에 의하여 불복을 할 것을 예정하고 있는 경우로서, 형사소송절차에 의해서만 이를 다툴 수 있고 행정소송의 방법으로 공소의 취소를 구할 수 없다는 것이다.

판 지

행정청이 식품위생법령에 기하여 영업자에 대하여 행정제재처분을 한 후 그 처분을 영업자에게 유리하게 변경하는 처분을 한 경우(이하, 처음의 처분을 '당초처분', 나중의 처분을 '변경처분'이라 한다), 변경처분에 의하여 당초처분은 소멸하는 것이 아니고 당초부터 유리하게 변경된 내용의 처분으로 존재하는 것이므로, 변경처분에 의하여 유리하게 변경된 내용의 행정제재가 위법하다 하여 그 취소를 구하는 경우 그 취소소송의 대상은 변경된 내용의 당초처분이지 변경처분은 아니고, 제소기간의 준수 여부도 변경처분이 아닌 변경된 내용의 당초처분을 기준으로 판단하여야 한다. ……이 사건 후속 변경처분에 의하여 유리하게 변경된 내용의 행정제재인 과징금부과가 위법하다 하여 그 취소를 구하는 이 사건 소송에 있어서 위 청구취지는 이 사건 후속 변경처분에 의하여 당초부터 유리하게 변경되어 존속하는 2002.12.26.자 과징금부과처분의 취소를 구하고 있는 것으로 보아야 할 것이고, 일부기각(일부인용)의 이행재결에 따른 후속 변경처분에 의하여 변경된 내용의 당초처분의 취소를 구하는 이 사건 소 또한 행정심판재결서 정본을 송달받은 날로부터 90일 이내 제기되어야 하는데 원고가 위 재결서의 정본을 송달받은 날로부터 90일이 경과하여 이 사건 소를 제기하였다는 이유로 이 사건 소가 부적법하다고 판단한 원심판결은 정당하고, 상고이유는 받아들일 수 없다.

평 가

위 판결은, 적극적인 **변경명령재결에 따른 변경처분의 경우**에 항고소송의 대상에 관한 문제이다. 즉, 사안에서 보듯이 원고가 당초처분인 3월의 영업정지처분에 대해 취소심판을 제기하여 "피고가 원고에 대하여 한 3월의 일반음식점영업정지처분을 2월의 영업정지에 갈음하는 과징금부과처분으로 변경하라"는 일부인용의 이행재결(=변경명령재결)을 받은 후 행정청이 재결의 취지에 따라 변경처분(2월의 영업정지에 갈음하는 과징금부과처분)을 한 경우, 변경처분과 변경된 당초처분(원처분) 중 어느 행위를 대상으로 항고소송을 제기하여야 하는지가 쟁점이다. 이 쟁점에 대해 위 대상판결의 판지에서 보듯이 행정심판을 통한 변경명령재결에 따라 처분청이 변경처분을 한 경우에도 항고소송의 대상은 '원처분주의'에 기초하여 변경처분이 아니라 변경(수정)된 내용의 당초처분(원처분)이라는 것이 판례의 태도이다. 그리고 제소기간 역시 변경처분이 아니라 변경된 내용의 당초처분(재결서 정본의 송달을 받은 날)을 기준으로 판단해야 한다.

2. 일부인용재결 · 수정재결과 원처분주의

(1) 당초 1년의 사업정지처분을 6개월의 사업정지로 하는 처분재결 혹은 공무원에 대한 징계

처분으로서 3월의 정직처분이 소청심사에 의해 1월의 정직처분으로 감경되는 처분재결과 같이 원처분(당초처분)과 재결 사이에 질적인 차이는 없고 양적인 차이만 있는 **일부인용재결(일부취소재결)**, 그리고 사업허가취소처분이 재결을 통해 1년의 사업정지처분으로 바뀐 경우 혹은 공무원에 대한 3월의 정직처분이 소청심사절차에서 감봉처분으로 감경된 경우와 같이 원처분과 재결 사이에 질적인 변화를 수반하는 **수정재결(변경재결)**에 있어서 당사자가 일부인용재결이나 수정재결에 불복하여 항고소송을 제기한다면 무엇이 소송의 대상인지 문제이다.

(2) **일부인용재결(일부취소재결)**의 경우 비록 하급심 판례이지만 원처분주의에 입각하여 공무원에 대한 3월의 징계처분을 소청심사위원회가 감봉 1월로 감경한 경우 원처분청을 피고로 하여 감봉 1월의 처분에 대하여 취소소송을 제기한 사건에서 본안판단을 한 사례가 있다(서울고법 1998.5.14, 97구36479: 이는 감봉 1월로 일부 취소되고 남은 당초처분(원처분)을 취소소송의 대상으로 삼았다는 의미이다). 그리고 **수정재결(변경재결)**의 경우에도 대법원 판례는, 감봉처분을 견책처분으로 변경한 사례(대판 1993.8.24, 93누5673) 및 해임처분을 정직처분으로 변경한 사례(대판 1997.11.14, 97누7325)에서 원처분주의에 따라 처분청을 피고로 재결에 의해 수정된 당초처분(원처분)을 대상으로 취소소송을 제기하여야 한다고 하였다.

(3) 결국, 판례의 태도는 일부인용재결이든 수정재결이든 원처분주의에 입각하여 처분청을 피고로 일부 취소나 변경(수정)되고 남은 당초처분(원처분)을 항고소송의 대상으로 하여야 하며, 행정심판위원회를 피로로 재결에 대해 항고소송을 제기해서는 안 된다는 것이다.

3. 공익사업법상 이의재결과 원처분주의

수용재결을 거쳐 중앙토지수용위원회에 이의재결을 신청하여 재결이 이루어진 경우에 (구) 토지수용법 제75조의2 제1항에서 "중앙토지수용위원회의 이의신청에 대한 재결에 불복이 있는 자는 행정소송을 제기할 수 있다."고 규정하여, 그 해석과 관련하여 판례는 원처분주의(원처분=수용재결신청에 대한 수용재결)이 아니라 재결주의(이의신청에 대한 재결)를 취한 것으로 보았다(대판 1990.6.12, 89누8187). 그러나 현행 공익사업법상 제85조(행정소송의 제기) 제1항의 해석과 관련하여 "토지소유자 등이 수용재결에 불복하여 중앙토지수용위원회에 이의신청을 거친 후 취소소송을 제기하는 경우 그 소송의 대상은 수용재결"이라고 판시하여 **원처분주의**를 취하고 있다(대판 2010.1.28, 2008두1504: 상세한 점은 후술).

제 2 절 항고소송의 소송요건 (2) - 원고적격

Ⅰ. 원고적격의 일반법리

1. 권리소송과 행위소송

'권리소송'인 민사소송은 항고소송으로서 형성소송인 취소소송과 비교하여 일반적으로 형성권이 법률에서 개별적으로 규정되어 있으므로 이를 소송에서 주장할 자(당사자적격)가 원칙적으로 명확하다. 이에 반해 **'행위소송'**인 행정법관계에 관한 취소소송의 경우 실체법상 취소청구권을 규정함이 없이 취소소송제도가 마련되어 있기 때문에 어느 범위의 자에게 원고적격을 인정할 것인지 행정소송법 제12조 전단의 「법률상 이익이 있는 자」의 규정과 관련하여 해석상 문제가 된다.

2. 정형적 원고적격과 제3자

항고소송의 대상적격으로서 행정행위와 같은 **정형적 처분**이 있는 것과 마찬가지로, 행정처분의 상대방은 당연히 각각의 처분에 대해 당연히 원고적격을 가지는바, **정형적 원고적격**을 인정할 수 있다. 따라서 원고적격의 인정여부는 모든 행정처분에서 일반적으로 논의되지만 실무상 현실적인 문제로 등장하는 경우는 처분의 상대방과 같이 정형적으로 원고적격을 갖는 자 이외의 「**제3자**」(여기에는 형식상 특정한 상대방이 없는 처분에서의 부근(인근) 주민 등을 포함한다)라는 점에 유의할 필요가 있다. 최근의 원고적격 확대경향도 **실질적으로 제3자의 원고적격 확대**를 의미한다.

3. 보호규범론(법률상보호이익)의 원칙

(1) 원고적격 인정여부의 일반기준으로서 판례는 보호규범론(법률상보호이익)에 근거함이 원칙이다. 법률상보호이익의 존부에 관해 대법원은, "법률상 보호되는 이익이라 함은 당해 처분의 근거 법규 및 관련 법규에 의하여 보호되는 개별적·직접적·구체적 이익이 있는 경우를 말하고, 공익 보호의 결과로 국민 일반이 공통적으로 가지는 일반적·간접적·추상적 이익이 생기는 경우에는 법률상 보호되는 이익이 있다고 할 수 없다."고 판시하였다(대판 2008.9.11, 2006두

7577 등). ☜ 결국, 원고적격의 존부는 개별적·직접적·구체적 이익 vs. 일반적·간접적·추상적 이익(사실적·경제적 이익인 경우도 마찬가지임(대판 2010.5.13, 2009두19168))인지 여부에 따라 결정된다.

(2) 원고적격의 범위를 법률상보호이익(설)에 따른다고 할 경우에 법률상 이익의 인정여부는 보호규범의 존재여부이다. 보호규범으로서 인정될 수 있는지에 관하여 판례에 의하면 당해 처분의 **근거 법규뿐만 아니라 관련 법규**도 포함한다는 판례법리(대판 2008.3.27, 2007두23811 등; 대판 2006.3.16, 2006두330; 대판 2004.8.16, 2003두2175)가 확립되어 있음은 물론, 경우에 따라서는 **기본권**을 법률상 이익으로 인정하거나 고려한 것 같은 판례도 있으며(헌재 1998.4.30, 97헌마141; 헌재 1989.9.4, 88헌마22; 대판 1992.5.8, 91부8), 거부처분이나 부작위위법확인소송에서는 신청권과 관련하여 **조리**를 포함시키는 판례(대판 2005.4.15, 2004두11626; 대판 1999.12.7, 97누17568)도 있다. 그리고 행정처분에 앞서 반드시 거치도록 되어 있는 환경영향평가의 대상지역 안의 주민들에게 원고적격을 인정한 사안에서 대법원은 **당해 처분에서 반드시 거쳐야 하는 절차법규**도 법률상보호이익의 근거 법규로 인정하고 있음에 유의할 필요가 있다(대판 1998.4.24, 97누3286).

Ⅱ. 건축분야소송과 원고적격

(1) **〈판시사항〉 관할 행정청이 건축물에 관한 건축주 지위의 처분금지가처분결정을 받고 그 가처분에 기한 본안소송을 제기한 가처분권자에게 위 가처분이 해제되어야 건축주명의변경이 가능하다는 회신을 보냈음에도 건축주명의변경신고를 수리하는 처분을 한 경우, 가처분권자는 위 처분의 취소를 구할 법률상 이익이 없다고 한 사례:** 원고 甲이 1995.10.11. 소외 丙을 상대로 이 사건 건축물에 관한 건축주 지위의 처분금지가처분결정을 받은 후 그 가처분에 대한 본안소송 계속중에 피고가 같은 해 12월 13일 원고 甲에게 위 가처분이 해제되어야만 건축주명의변경이 가능하다는 회신을 보낸 다음, 이 사건 건축물을 丙으로부터 양수한 소외 丁에 의한 건축주명의변경의 신고를 1997.7.16. 및 같은 달 22일자로 수리하는 이 사건 처분(건축주 명의변경신고수리처분)을 하자 가처분권자인 원고 甲과 위 원고와 동업관계에 있는 원고 乙이 그 처분의 취소를 구한 사건에서, 대법원은, "원고들이 이 사건 처분이 취소됨으로써 얻게 될 이익은 간접적이거나 사실적, 경제적 이익에 불과하고, 이 사건 처분의 근거 법률에 의하여 직접 보호되는 구체적인 이익에 해당한다고 보기 어려우므로 원고들에게는 이 사건 처분의 취소를 구할 법률상 이익이 없다 할 것이다."고 판시하였다(대판 2000.4.25, 98두7923).

(2) **〈판시사항〉 아파트 수분양자가 시공상 하자 등을 이유로 사용검사처분의 취소를 구할 법률상 이익이 있는지 여부(소극):** 대법원은, 「건물의 사용검사처분은 건축허가를 받아 건축된 건

물이 건축허가 사항대로 건축행정 목적에 적합한지 여부를 확인하고 사용검사필증을 교부하여 줌으로써 허가받은 자로 하여금 건축한 건물을 사용·수익할 수 있게 하는 법률효과를 발생시키는 것이다. (구)주택법(2011.9.16.법률 제11061호로 개정되기 전의 것, 이하 같다) 제29조 제3항은 "사업주체가 파산 등으로 제1항에 따른 사용검사를 받을 수 없는 경우에는 해당주택의 시공을 보증한 자 또는 입주예정자 등이 대통령령이 정하는 바에 따라 사용검사를 받을 수 있다"고 규정하고 있다. 위 규정은 사업주체의 파산 등으로 사업승인을 받을 수 없는 경우에는 입주예정자가 입주를 하지 못하여 피해를 입을 것이 예상되므로, 입주예정자도 관련 법령에 따라 사용검사를 받다 건축한 주택을 사용·수익할 수 있도록 한 것이다. 그렇지만 사용처분은 건축물을 사용·수익할 수 있게 하는 데에 그치므로 건축물에 대하여 사용검사처분이 이루어졌다고 하더라도 그 사정만으로는 건축물에 있는 하자나 건축법 등 관계법령에 위반되는 사실이 정당화되지 아니하며, 또한 그 건축물에 대한 사용검사처분이 취소된다고 하더라도 사용검사 이전의 상태로 돌아가 그 건축물을 사용할 수 없게 되는 것에 그칠 뿐 곧바로 건축물의 하자 상태 등이 제거되거나 보완되는 것도 아니다. 입주자나 입주예정자들은 사용검사처분을 취소하지 않고서도 민사소송 등을 통하여 분양계약에 따른 법률관계 및 하자 등을 주장·증명함으로써 사업주체 등으로부터 하자의 제거·보완 등에 관한 권리주제를 받을 수 있으므로, 사용검사처분의 취소 여부에 의하여 그 법률적인 지위가 달라진다고 할 수 없으며, (구)주택공급에 관한 규칙(2012.3.30. 국토해양부령 제452호로 개정되기 전의 것)에서 주택공급계약에 관하여 사용검사와 관련된 규정을 두고 있다고 하더라도 달리 볼 것은 아니다. ……(구)주택법에서 사용검사처분에 대하여 입주자나 입주예정자 등에게 그 취소를 구할 수 있는 규정을 별도로 두고 있지 아니한 것도 이와 같은 취지에서라고 보인다. 따라서 이러한 사정들을 종합하여 보면, (구)주택법상 입주자나 입주예정자는 사용검사처분의 취소를 구할 법률상 이익이 없다고 할 것이다.」고 판시하였다(대판 2014.7.24, 2012두26593).[15] ☜ 대법원의 이 사건 판례는 아파트에 관하여 수분양자의 지위에 있는 원고들이 이 사건 아파트에 시공상 하자 등이 있음을 이유로 이 사건 아파트에 관한 사용검사처분의 취소를 구한 것에 대하여, 원고들이 관련 법규 등에 의하여 보호되는 직접적이고 구체적인 법률상 이익을 보유하고 있다고 보기 어렵다고 인정하여, 이 사건 소는 원고적격이 없는 자에 의하여 제기된 것으로 부적법하다고 판단한 원심을 수긍한 사례이다.

(3) **〈판시사항〉 (구)임대주택법상 임차인대표회의도 임대주택 분양전환승인처분에 대하여 취소소송을 제기할 원고적격이 있는지 여부**(적극): 대법원은, "(구)임대주택법(2009.12.29. 법률 제9863호로 개정되기 전의 것) 제21조 제5항, 제9항, 제34조, 제35조 규정의 내용과 입법 경위 및 취지 등에 비추어 보면, 임차인대표회의도 당해 주택에 거주하는 임차인과 마찬가지로 임대주택

15) 이 사건 판례 이후 대법원은 대상판결과 같이 (구)주택법상 입주자나 입주예정자가 아파트 사용검사처분의 무효확인 또는 취소를 구한 사건에서, 위 판결과 동일한 판지로 **'입주자·입주예정자에 대해 법률상 이익이 없다'**고 판시하였다(대판 2015.1.29, 2013두24976).

의 분양전환과 관련하여 그 승인의 근거 법률인 (구)임대주택법에 의하여 보호되는 구체적이고 직접적인 이익이 있다고 봄이 상당하다. 따라서 임차인대표회의는 행정청의 분양전환승인처분이 승인의 요건을 갖추지 못하였음을 주장하여 그 취소소송을 제기할 원고적격이 있다고 보아야 한다."고 판시하였다(대판 2010.5.13, 2009두19168).

(4) **〈판시사항〉 건축법에 따른 건물건축 과정에서 피해를 입은 인접주택 소유자(즉, 제3자=이웃주민)가 신축건물에 대한 사용검사처분의 취소를 구할 법률상 이익이 있는지 여부(소극)**: 대법원은, "건물 사용승인처분은 건축허가를 받아 건축된 건물이 건축허가 사항대로 건축행정 목적에 적합한가 여부를 확인하고 사용승인서를 교부하여 줌으로써 허가받은 자로 하여금 건축한 건물을 사용·수익할 수 있게 하는 법률효과를 발생시키는 것에 불과하고, 건축한 건물이 인접주택 소유자의 권리를 침해하는 경우 사용승인처분이 그러한 침해까지 정당화하는 것은 아닐 뿐만 아니라, 당해 건축물을 건축하는 과정에서 인접주택 소유자가 자신의 주택에 대하여 손해를 입었다 하더라도 그러한 손해는 금전적인 배상으로 회복될 수 있고, 일조권의 침해 등 생활환경상 이익침해는 실제로 위 건물의 전부 또는 일부가 철거됨으로써 회복되거나 보호받을 수 있는 것인데, 위 건물에 대한 사용승인처분의 취소를 받는다 하더라도 그로 인하여 건축주는 위 건물을 적법하게 사용할 수 없게 되어 사용승인 이전의 상태로 돌아가게 되는 것에 그칠 뿐이고, 위반건물에 대한 시정명령을 할 것인지 여부, 그 시기 및 명령의 내용 등은 행정청의 합리적 판단에 의하여 결정되는 것이므로, 건물이 이격거리를 유지하지 못하고 있고, 건축 과정에서 인접주택 소유자에게 피해를 입혔다 하더라도 인접주택의 소유자로서는 위 건물에 대한 사용승인처분의 취소를 구할 법률상 이익이 있다고 볼 수 없다."고 판시하였다(대판 2007.4.26, 2006두18409).

(5) **〈판시사항〉 건축관련법령에서 정한 용적률의 허용한도를 위반하였다고 하여 인접한 토지의 주택소유자가 건축허가의 취소를 구할 법률상 이익이 있는지 여부(소극)**: 대법원은, "건축법 제48조, 도시계획법 제55조, 도시계획법 제63조에서 건축물의 용적률을 제한하고 있는 것은 적당한 도시공간을 확보하여 과밀화를 방지함으로써 도시기능의 조화를 도모하는데 그 주된 목적이 있는 것이고 이로써 직접 인접지 거주자 등의 개별적인 이익을 보호하려는 것은 아니므로, 이 사건 건물의 부지와 인접한 토지에 주택을 소유하고 있을 뿐인 원고로서는 가사 위 건물의 용적률이 법에서 허용하는 한도를 벗어났다고 하더라도 그러한 이유만으로 위 건물에 대한 건축허가의 취소를 구할 법률상의 이익이 있다고 할 수 없다."고 판시하였다(대판 2002.6.11, 2002두1656).

(6) 그리고 비록 하급심 판례이지만 건축허가와 관련하여 '건축물 높이제한 초과와 일조권 침해'를 주된 이유로 **주거지역 내의 정북방향에 거주하는 인접 주민들**이 원고들로서 주택건설사업계획승인처분에 대해 취소를 구한 소에서, "피고가 본안전항변으로 이 사건 원고들은 제3자로서 취소를 구할 법률상의 이익이 없다는 주장에 대해, 법원은 건축법 제58조(일조 등의 확보

를 위한 건축물의 높이제한), 동법 시행령 제86조 및 건축물 높이 제한에 관한 조례는 공익뿐만 아니라 인근주민의 사권으로서의 일조권을 보호하고 있다고 보아야 하고, **정북방향에 거주하는 주민 등 일조권을 침해받을 개연성이 있는 인근주민**은 위 법령의 위반을 주장하며 취소를 구하는 소를 제기하여 그 당부를 판단을 받을 법률상의 자격이 있다."고 판시하여 원고들의 원고적격을 인정함으로써 피고의 주장을 배척하고 본안심리로 나가갔으며(서울고법 1998.4.2, 97구29266), 이 사건 대법원에서도 원고적격을 인정하는 전제에서 본안심리를 한 사례가 있다(대판 2000.7.6, 98두8292). ☜ 이 판결은 주거지역 내에 거주하는 원고들이 주거의 안녕과 생활환경을 보호받을 이익은 반사적 이익이나 사실상의 이익이 아니라 건축법 등 관련법률에 의해 보호되는 법률상의 이익으로 인정한 점에서 의미가 있다.[16]

Ⅲ. 환경소송과 원고적격

(1) **〈판시사항〉 환경영향평가 대상지역 안의 주민에게 공유수면매립면허처분과 농지개량사업 시행인가처분의 무효확인을 구할 원고적격이 인정되는지 여부**(적극) **및 환경영향평가 대상지역 밖의 주민에게 그 원고적격이 인정되기 위한 요건**: 대법원은 이른바 '새만금사업 사건'에서, "공유수면매립과 농지개량사업시행으로 인하여 직접적이고 중대한 환경피해를 입으리라고 예상되는 환경영향평가 대상지역 안의 주민들이 전과 비교하여 수인한도를 넘는 환경침해를 받지 아니하고 쾌적한 환경에서 생활할 수 있는 개별적 이익까지도 이를 보호하려는 데에 있다고 할 것이므로, 위 주민들이 공유수면매립면허처분 등과 관련하여 갖고 있는 위와 같은 환경상의 이익은 주민 개개인에 대하여 개별적으로 보호되는 직접적·구체적 이익으로서 그들에 대하여는 **특단의 사정이 없는 한 환경상의 이익에 대한 침해 또는 침해우려가 있는 것으로 사실상 추정**되어 공유수면매립면허처분 등의 무효확인을 구할 원고적격이 인정된다. 한편, 환경영향평가 대상지역 밖의 주민이라 할지라도 공유수면매립면허처분 등으로 인하여 그 처분 전과 비교하여 수인한도를 넘는 환경피해를 받거나 받을 우려가 있는 경우에는, **공유수면매립면허처분 등으로 인하여 환경상 이익에 대한 침해 또는 침해우려가 있다는 것을 입증함으로써** 그 처분 등의 무효확인을 구할 원고적격을 인정받을 수 있다."고 판시하였다(대판 전원합의체 2006.3.16, 2006두330: 새만금사업 사건). ☜ 대법원이 새만금사업 사건에서 보여준 원고적격에 관한 판단기준은 '환경영향평가 대상지역 안의 주민의 경우에는 법률상 이익이 있음이 사실상 추정'되나, '환경

16) 이 판례는 일찍이 대법원이 "주거지역내에서의 연탄공장건축으로 주거생활상 불이익을 받는 제3자는 연탄공장건축허가처분의 취소를 구할 법률상 이익이 있다."고 판시한 사례(대판 1975.5.13, 73누96 · 97)와 맥락을 같이하는 판례로 볼 수 있다.

영향평가 대상지역 밖의 주민의 경우에는 환경상 이익에 대한 침해 또는 침해의 우려가 있다는 점을 증명함으로써 원고적격이 인정'된다는 것이다. 이 판결에 대해 여러 해석이 가능하지만, 적어도 환경소송에서 법률상 이익의 의미에 관해 기존의 '법률상보호이익설'에서 '법률상보호가치이익설'로 이동하는 과정 중의 판례로 해석된다.

(2) **〈판시사항〉 행정처분으로써 이루어지는 사업으로 환경상 침해를 받으리라고 예상되는 영향권의 범위가 그 처분의 근거 법규 등에 구체적으로 규정되어 있는 경우, 영향권 내의 주민에게 행정처분의 취소 등을 구할 원고적격이 인정되는지 여부**(원칙적 적극) **및 영향권 밖의 주민에게 원고적격이 인정되기 위한 요건**: 대법원은, "행정처분의 근거 법규 또는 관련 법규에 그 처분으로써 이루어지는 행위 등 사업으로 인하여 환경상 침해를 받으리라고 예상되는 영향권의 범위가 구체적으로 규정되어 있는 경우에는, 그 영향권 내의 주민들에 대하여는 당해 처분으로 인하여 직접적이고 중대한 환경피해를 입으리라고 예상할 수 있고, 이와 같은 환경상의 이익은 주민 개개인에 대하여 개별적으로 보호되는 직접적·구체적 이익으로서 그들에 대하여는 특단의 사정이 없는 한 환경상 이익에 대한 침해 또는 침해 우려가 있는 것으로 사실상 추정되어 법률상 보호되는 이익으로 인정됨으로써 원고적격이 인정되며, 그 영향권 밖의 주민들은 당해 처분으로 인하여 그 처분 전과 비교하여 수인한도를 넘는 환경피해를 받거나 받을 우려가 있다는 자신의 환경상 이익에 대한 침해 또는 침해 우려가 있음을 증명하여야만 법률상 보호되는 이익으로 인정되어 원고적격이 인정된다."고 판시하였다(대판 2010.4.15, 2007두16127: 낙동강취수장 사건). ☜ 이 사건의 판지는 위 새만금사업 사건 판결과 같다. 이 사건은 김해시장이 낙동강에 합류하는 하천수 주변의 토지에 (구)산업집적활성화 및 공장설립에 관한 법률 제13조에 따라 공장설립을 승인하는 처분을 한 사안에서, **공장설립으로 수질오염 등이 발생할 우려가 있는 취수장에서 물을 공급받는 부산광역시 또는 양산시에 거주하는 주민들도 위 처분의 근거 법규 및 관련 법규에 의하여 법률상 보호되는 이익이 침해되거나 침해될 우려가 있는 주민으로서 원고적격이 인정**된다고 한 사례이다.

(3) **〈판시사항〉 납골당 설치장소에서 500m 내에 20호 이상의 인가가 밀집한 지역에 거주하는 주민들의 경우, 납골당이 누구에 의하여 설치되는지와 관계없이 납골당 설치에 대하여 환경이익 침해 또는 침해 우려가 있는 것으로 사실상 추정되어 원고적격이 인정되는지 여부**(적극): 이 사건에서 대법원은, 환경행정소송에서 '제3자'의 원고적격 인정여부에 관한 위 '새만금사업 사건'과 '낙동강 취수장 사건'에서 보여준 판지(사실상 추정에 의한 법률상 이익의 인정과 수인한도론에 따라 증명(입증)함으로써 원고적격의 인정이라는 이중기준)를 원용하여 설시한 다음, 「(구)장사법 제14조 제3항, (구)장사 등에 관한 법률 시행령(2008.5.26. 대통령령 제20791호로 전부 개정되기 전의 것, 이하 '(구)장사법 시행령'이라고 한다) 제13조 제1항 [별표 3]은, 사설납골시설의 경우 납골묘, 납골탑과 납골당 중 가족 또는 종중·문중 납골당은 모두 사원·묘지·화장장 그 밖에 지방자치단체의 조례가 정하는 장소에 설치하여야 한다고 규정하고 있고, 파주시 장사시설의 설치

및 운영조례(2010.4.20. 제880호로 개정되기 전의 것) 제6조 본문은 위와 같은 사설납골시설을 설치할 수 있는 장소로 20호 이상의 인가가 밀집한 지역으로부터 500m 이상 떨어진 곳 등을 규정하고 있다. 이와 같이 관계 법령에서 납골묘, 납골탑, 가족 또는 종중·문중 납골당 등의 사설납골시설의 설치장소에 제한을 둔 것은, 이러한 사설납골시설을 인가가 밀집한 지역 인근에 설치하지 못하게 함으로써 주민들의 쾌적한 주거, 경관, 보건위생 등 생활환경상의 개별적 이익을 직접적·구체적으로 보호하려는 취지라고 할 것이므로, 이러한 납골시설 설치장소로부터 500m 내에 20호 이상의 인가가 밀집한 지역에 거주하는 주민들은 납골당 설치에 대하여 환경상 이익 침해를 받거나 받을 우려가 있는 것으로 사실상 추정된다. 다만 사설납골시설 중 종교단체 및 재단법인이 설치하는 납골당에 대하여는 그와 같은 설치 장소를 제한하는 규정을 명시적으로 두고 있지는 아니하다. 그러나 종교단체나 재단법인이 설치한 납골당이라 하여 그 납골당으로서의 성질이 가족 또는 종중, 문중 납골당과 다르다고 할 수 없고, 인근 주민들이 납골당에 대하여 가지는 쾌적한 주거, 경관, 보건위생 등 생활환경상의 이익에 차이가 난다고 보이지 않는다. 그렇다면 납골당 설치장소로부터 500m 내에 20호 이상의 인가가 밀집한 지역에 거주하는 주민들에 대하여는 납골당이 누구에 의하여 설치되는지 여부를 따질 필요 없이 납골당 설치에 대하여 환경 이익 침해 또는 침해 우려가 있는 것으로 사실상 추정되어 원고적격이 인정된다고 봄이 타당하다. 따라서 원심으로서는 참가인이 종교단체 납골당설치신고를 한 이 사건에서 원고들이 위와 같은 지역에 거주하는지 여부 등을 살펴 원고들에게 원고적격이 있는지 등을 따졌어야 함에도, 종교단체가 설치하는 납골당에는 장소적 제한 규정이 적용되지 않는다는 이유로 원고적격을 부정하고 말았으니, 이러한 원심판결에는 원고적격에 관한 법리를 오해하여 필요한 심리를 다하지 아니함으로써 판결에 영향을 미친 위법이 있다.」고 판시하였다(대판 2011.9.8, 2009두6766).

(4) **〈판시사항〉 공유수면 관리 및 매립에 관한 법률 제12조, 공유수면 관리 및 매립에 관한 법률 시행령 제12조 제1항, 제4항의 규정 취지 및 공유수면 점용·사용허가로 인접한 토지를 적정하게 이용할 수 없게 되는 등의 피해를 받을 우려가 있는 인접 토지 소유자 등에게 공유수면 점용·사용허가처분의 취소 또는 무효확인을 구할 원고적격이 인정되는지 여부**(적극): 대법원은, "행정처분의 직접 상대방이 아닌 제3자라 하더라도 당해 행정처분으로 인하여 법률상 보호되는 이익을 침해당한 경우에는 그 처분의 취소나 무효확인을 구하는 행정소송을 제기하여 그 당부의 판단을 받을 자격이 있다. 여기에서 말하는 법률상 보호되는 이익은 당해 처분의 근거 법규 및 관련 법규에 의하여 보호되는 개별적·직접적·구체적인 이익을 말한다(대판 전원합의체 2006. 3.16, 2006두330 등 참조). ……공유수면 관리 및 매립에 관한 법률(이하 '공유수면법'이라 한다) 제12조 및 공유수면법 시행령 제12조 제1항, 제4항의 취지는 공유수면 점용·사용허가로 인하여 인접한 토지를 적정하게 이용할 수 없게 되는 등의 피해를 받을 우려가 있는 인접 토지 소유자 등의 개별적·직접적·구체적 이익까지도 보호하려는 것이라고 할 수 있고, 따라서 공유수면 점

용·사용허가로 인하여 인접한 토지를 적정하게 이용할 수 없게 되는 등의 피해를 받을 우려가 있는 인접 토지 소유자 등은 공유수면 점용·사용허가처분의 취소 또는 무효확인을 구할 원고적격이 인정된다."고 판시하였다(대판 2014.9.4, 2014두2164).

(5) **〈판시사항〉 환경부장관이 생태·자연도 1등급으로 지정되었던 지역을 2등급 또는 3등급으로 변경하는 내용의 생태·자연도 수정·보완을 고시하자, 인근 주민 甲이 생태·자연도 등급변경처분의 무효 확인을 청구한 사안에서, 甲은 무효 확인을 구할 원고적격이 없다고 한 사례:** 대법원은, "생태·자연도의 작성 및 등급변경의 근거가 되는 (구)자연환경보전법(2011.7.28. 법률 제10977호로 개정되기 전의 것) 제34조 제1항 및 그 시행령 제27조 제1항, 제2항에 의하면, 생태·자연도는 토지이용 및 개발계획의 수립이나 시행에 활용하여 자연환경을 체계적으로 보전·관리하기 위한 것일 뿐, 1등급 권역의 인근 주민들이 가지는 생활상 이익을 직접적이고 구체적으로 보호하기 위한 것이 아님이 명백하고, 1등급 권역의 인근 주민들이 가지는 이익은 환경보호라는 공공의 이익이 달성됨에 따라 반사적으로 얻게 되는 이익에 불과하므로, 인근 주민에 불과한 甲은 생태·자연도 등급권역을 1등급에서 일부는 2등급으로, 일부는 3등급으로 변경한 결정의 무효 확인을 구할 원고적격이 없다."고 판시하여 원심판단을 유지하였다(대판 2014.2.21, 2011두29052). ☜ 이 사건은 새만금사업 사건에서 헌법 제35조 제1항의 환경권 또는 환경정책기본법 제6조는 국민에게 구체적인 권리를 부여한 것으로 볼 수 없어 이에 근거하여 공유수면매립면허처분과 농지개량사업 시행인가처분의 무효확인을 구할 원고적격이 없다고 판시한 것(대판 전원합의체 2006.3.16, 2006두330)과 마찬가지로, 자연환경보전법 제34조(생태·자연도의 작성·활용) 제1항 및 동법 시행령 제27조 제1항·제2항은 자연환경정책이나 계획수립 등의 기본이 되는 사항이므로 원고적격을 부인한 것으로 판단된다.

(6) **〈판시사항〉 행정처분의 직접 상대방이 아닌 자로서 그 처분에 의하여 환경상 침해를 받으리라고 예상되는 영향권 내의 주민들에게 취소소송을 제기할 원고적격이 인정되는지 여부(원칙적 적극):** 관할시장이 벽돌공장을 철거하고 기존 공장이 건축되어 있지 않은 부분까지 포함하는 부지 위에 레미콘제조업 공장을 신설하는 것을 내용으로 하는 乙 주식회사의 공장설립 신청을 승인하자 지역주민 甲등이 취소소송을 제기한 사안에서 대법원은, "사전환경성검토협의 대상지역에 거주하는 주민들인 甲등은 레미콘공장신설승인처분 취소소송에 대해 원고적격이 있다."고 판시하였다(대판 2013.3.14, 2012두24474).

(7) **〈판시사항〉 행정처분의 근거 법규 등에 의하여 환경상 이익에 대한 침해 또는 침해 우려가 있는 것으로 사실상 추정되어 원고적격이 인정되는 사람의 범위:** 대법원은, "환경상 이익에 대한 침해 또는 침해 우려가 있는 것으로 사실상 추정되어 원고적격이 인정되는 사람에는 환경상 침해를 받으리라고 예상되는 영향권 내의 주민들을 비롯하여 그 영향권 내에서 농작물을 경작하는 등 현실적으로 환경상 이익을 향유하는 사람도 포함된다. 그러나 단지 그 영향권 내의 건물·토지를 소유하거나 환경상 이익을 일시적으로 향유하는 데 그치는 사람은 포함되지 않는

다."고 판시하였다(대판 2009.9.24, 2009두2825).

(8) **〈판시사항〉 절대보전지역 변경처분에 대해 지역주민회와 주민들이 주거 및 생활환경상 이익의 침해를 이유로 무효 확인의 소를 제기할 법률상 이익이 있는지 여부**(소극): 국방부 민·군 복합형 관광미항(제주해군기지) 사업시행을 위한 해군본부의 요청에 따라 제주특별자치도지사가 절대보존지역이던 서귀포시 강정동 해안변지역에 관하여 절대보존지역을 변경(축소)하고 고시한 사안에서 대법원은, "절대보존지역의 유지로 지역주민회와 주민들이 가지는 주거 및 생활환경상 이익은 지역의 경관 등이 보호됨으로써 반사적으로 누리는 것일 뿐 근거 법규 또는 관련 법규에 의하여 보호되는 개별적·직접적·구체적 이익이라고 할 수 없다는 이유로, 지역주민회 등은 위 처분을 다툴 원고적격이 없다고 본 원심판단을 정당하다."고 판시하였다(대판 2012.7.5, 2011두13187).[17)]

(9) **〈판시사항〉 환경행정소송에서 법인에 대해 원고적격을 인정할 수 있는지 여부**: 재단법인 甲 수녀원이, 매립목적을 택지조성에서 조선시설용지로 변경하는 내용의 공유수면매립목적 변경 승인처분으로 인하여 법률상 보호되는 환경상 이익을 침해받았다면서 행정청을 상대로 처분의 무효 확인을 구하는 소송을 제기한 사안에서 대법원은, "공유수면매립목적 변경 승인처분으로 甲 수녀원에 소속된 수녀 등이 쾌적한 환경에서 생활할 수 있는 환경상 이익을 침해받는다고 하더라도 이를 가리켜 곧바로 甲 수녀원의 법률상 이익이 침해된다고 볼 수 없고, 자연인이 아닌 甲 수녀원은 쾌적한 환경에서 생활할 수 있는 이익을 향수할 수 있는 주체가 아니므로 위 처분으로 위와 같은 생활상의 이익이 직접적으로 침해되는 관계에 있다고 볼 수도 없으며, 위 처분으로 환경에 영향을 주어 甲 수녀원이 운영하는 쨈 공장에 직접적이고 구체적인 재산적 피해가 발생한다거나 甲 수녀원이 폐쇄되고 이전해야 하는 등의 피해를 받거나 받을 우려가 있다는 점 등에 관한 증명도 부족하다는 이유로, 甲 수녀원에 처분의 무효 확인을 구할 원고적격이 없다."고 판시하였다(대판 2012.6.28, 2010두2005). ☜ 이 판례의 핵심적인 쟁점은 법인(수녀원)에게 '환경상 이익'을 인정할 수 있는지 여부이다. 환경상 이익은 헌법 제35조 제1항에서 규정한 환경권에 기초한 것으로 환경권은 생명, 건강, 쾌적한 생활환경에서 생활할 권리 등을 내용으로 하므로 본질적으로 개개의 자연인에게 귀속되는 권리로서 특별한 사정이 없는 한 직접적으로 법인에게 환경상 이익을 인정할 수 없는 바, 이러한 점을 이 판례에서 확인할 수 있다.[18)]

---

17) 나아가 이 사건에서 대법원은, "원고들이 주장하는 헌법상의 생존권, 행복추구권, 환경권만으로는 그 권리의 주체·대상·내용·행사방법 등이 구체적으로 정립되어 있다고 볼 수 없으므로 이에 근거하여 이 사건 처분을 다툴 원고적격이 있다고 할 수도 없다."고 판시하였다.

18) 참고로, 사유림내토사채취허가처분과 관련하여 생활환경의 피해를 이유로 토사채취 허가지의 인근 주민들 및 사찰이 원고들로서 취소를 구하는 소를 제기한 사건에서 원고들에게 법률상 이익이 있다고 판시하여, 단체인 '사찰'(표충사)의 경우에도 환경소송에서 원고적격을 인정한 사례가 있다(대판 2007.6.15, 2005두9736). 그러나 이 사건은 위 판결과 같이 직접적으로 법인(수녀원)이 원고로서 환경상 이익의 침해를 주장하며 항고소송을 제기한 사건은 아니다.

Ⅳ. 경쟁자소송과 원고적격

1. 경업자소송의 경우

(1) **〈판시사항〉 담배 일반소매인으로 지정되어 영업을 하고 있는 기존업자의 신규업자에 대한 이익이 '법률상 보호되는 이익'에 해당하는지 여부**(적극): 대법원은, "담배 일반소매인의 지정기준으로서 일반소매인의 영업소 간에 일정한 거리제한을 두고 있는 것은 담배유통구조의 확립을 통하여 국민의 건강과 관련되고 국가 등의 주요 세원이 되는 담배산업 전반의 건전한 발전 도모 및 국민경제에의 이바지라는 공익목적을 달성하고자 함과 동시에 일반소매인 간의 과당경쟁으로 인한 불합리한 경영을 방지함으로써 일반소매인의 경영상 이익을 보호하는 데에도 그 목적이 있다고 보이므로, 일반소매인으로 지정되어 영업을 하고 있는 기존업자의 신규 일반소매인에 대한 이익은 단순한 사실상의 반사적 이익이 아니라 법률상 보호되는 이익이라고 해석함이 상당하다."고 판시하였다(대판 2008.3.27, 2007두23811). ☜ 담배사업 제16조와 동법 시행규칙 제7조의3에서는 기존 일반소매인과 신규 일반소매인 사이에 원칙적으로 50미터 이상 일정한 거리제한에 관한 규정이 있으며, 구체적으로 영업소 간 거리 등의 기준에 대해서는 당해 지방자치단체의 인구, 면적 및 지역적 특성 등을 고려하여 시장·군수·구정창의 '규칙'으로 정하도록 하고 있다. 위 판례는 이와 같이 기존 일반소매인과 신규 일반소매인 사이에 거리제한 규정이 있으므로 이 경우에 기존업자의 신규업자에 대한 소매인 지정에 대해 원고적격을 인정한 판례임에 유의해야 한다.

(2) **〈판시사항〉 담배 일반소매인으로 지정되어 영업을 하고 있는 기존업자의 신규 구내소매인에 대한 이익이 법률상 보호되는 이익으로서 기존 업자가 신규 구내소매인 지정처분의 취소를 구할 원고 적격이 있는지 여부**(소극): 대법원은, "일반소매인으로 지정되어 영업을 하고 있는 기존업자의 신규 일반소매인에 대한 이익은 단순한 사실상의 반사적 이익이 아니라 법률상 보호되는 이익으로서 기존 일반소매인이 신규 일반소매인 지정처분의 취소를 구할 원고적격이 있다고 보아야 할 것이나(대판 2008.3.27, 2007두23811 참조), 한편 구내소매인과 일반소매인 사이에서는 구내소매인의 영업소와 일반소매인의 영업소 간에 거리제한을 두지 아니할 뿐 아니라 건축물 또는 시설물의 구조·상주인원 및 이용인원 등을 고려하여 동일 시설물 내 2개소 이상의 장소에 구내소매인을 지정할 수 있으며, 이 경우 일반소매인이 지정된 장소가 구내소매인 지정대상이 된 때에는 동일 건축물 또는 시설물 안에 지정된 일반소매인은 구내소매인으로 보고, 구내소매인이 지정된 건축물 등에는 일반소매인을 지정할 수 없으며, 구내소매인은 담배진열장 및 담배소매점 표시판을 건물 또는 시설물의 외부에 설치하여서는 아니 된다고 규정하는 등 일반소매인의 입장에서 구내소매인과의 과당경쟁으로 인한 경영의 불합리를 방지하는 것을 그 목

적으로 할 수 있다고 보기 어려우므로, 일반소매인으로 지정되어 영업을 하고 있는 기존업자의 신규 구내소매인에 대한 이익은 법률상 보호되는 이익이 아니라 단순한 사실상의 반사적 이익이라고 해석함이 상당하므로, 기존 일반소매인은 신규 구내소매인 지정처분의 취소를 구할 원고적격이 없다."고 판시하였다(대판 2008.4.10, 2008두402). ☜ 이 판례는 위 (1)의 판례와 달리 담배사업법 및 동법 시행규칙에서 구내소매인의 경우에는 거리제한에 관한 규정이 적용되지 않으므로, 기존 일반소매인인 신규 구내소매인 지정에 대해 이를 항고소송으로 타툴 원고적격을 부정하고 있다.[19)]

(3) **〈판시사항〉 [1] 수익적 행정처분의 근거가 되는 법률이 해당 업자들 사이의 과다경쟁으로 인한 경영의 불합리를 방지하는 목적도 가지고 있는 경우, 기존업자가 경업자에 대한 면허나 인·허가 등의 수익적 행정처분의 취소를 구할 원고적격이 있는지 여부**(적극)/**[2] 기존의 시외버스운송사업자인 乙 회사에 다른 시외버스운송사업자 甲 회사에 대한 시외버스운송사업계획변경인가 처분의 취소를 구할 법률상 이익이 있다고 한 사례:** 대법원은, "[1] 면허나 인·허가 등의 수익적 행정처분의 근거가 되는 법률이 해당 업자들 사이의 과당경쟁으로 인한 경영의 불합리를 방지하는 것도 그 목적으로 하고 있는 경우, 다른 업자에 대한 면허나 인·허가 등의 수익적 행정처분에 대하여 미리 같은 종류의 면허나 인·허가 등의 처분을 받아 영업을 하고 있는 기존의 업자는 경업자에 대하여 이루어진 면허나 인·허가 등 행정처분의 상대방이 아니라 하더라도 당해 행정처분의 취소를 구할 원고적격이 있다. [2] 甲 회사의 시외버스운송사업과 乙 회사의 시외버스운송사업이 다 같이 운행계통을 정하여 여객을 운송하는 노선여객자동차 운송사업에 속하고, 甲 회사에 대한 시외버스운송사업계획변경인가 처분으로 기존의 시외버스운송사업자인 乙 회사의 노선 및 운행계통과 甲 회사의 노선 및 운행계통이 일부 같고, 기점 혹은 종점이 같거나 인근에 위치한 乙 회사의 수익감소가 예상되므로, 기존의 시외버스운송사업자인 乙 회사에 위 처분의 취소를 구할 법률상의 이익이 있다."고 판시하였다(대판 2010.6.10, 2009두10512).

19) 참고로, 담배사업법에서는 [제16조(소매인의 지정) ① 담배소매업(직접 소비자에게 판매하는 영업을 말한다)을 하려는 자는 사업장의 소재지를 관할하는 시장·군수·구청장으로부터 소매인의 지정을 받아야 한다. ② 시장·군수·구청장은 제1항에 따른 소매인의 지정을 받으려는 자가 지정을 신청한 때에는 소매인 지정을 하여야 한다. 다만, 다음 각 호의 어느 하나에 해당하는 경우에는 그러하지 아니하다. 3. 영업소 간의 거리 등 기획재정부령으로 정하는 지정기준에 적합하지 아니한 경우. ③ 소매인의 지정절차, 그 밖에 지정에 필요한 사항은 기획재정부령으로 정한다.]고 규정하고, 동법 시행규칙에서는 [제7조의3(소매인의 지정기준 등) ① 법 제16조제3항에 따른 소매인의 지정기준은 다음 각 호와 같다. 1. 소매인 영업소 간 거리를 50미터 이상으로 하여 일정하게 유지할 것. 2. (생략) ② 제1항제1호에도 불구하고 건축물 또는 시설물 내의 장소에는 건축물 등의 구조·상주인원·이용인원 등을 고려하여 소매인 영업소 간 거리를 달리 정하거나 제한하지 아니할 수 있다. 이 경우 소매인은 담배진열장 및 담배소매점 표시판을 건물 또는 시설물의 외부에 설치하여서는 아니된다. ③ 제1항 및 제2항에 따른 영업소 간 거리, 측정 방법 등 구체적인 기준은 지방자치단체의 인구, 면적 및 지역적 특성 등을 고려하여 시장·군수·구청장이 규칙으로 정한다.]고 규정하고 있다.

2. 경원자소송의 경우

(1) **〈판시사항〉 불법주차차량 견인업무대행업체 모집을 위한 공고에 따라 지정신청을 한 자가 견인대행업체 선정에 탈락한 경우에 다른 지정신청을 한 자에 대한 불법주차 견인대행지정업체 지정처분의 취소를 구할 원고적격이 있다고 한 사례**: 대법원은, "행정소송법 제12조는 "취소소송은 처분 등의 취소를 구할 법률상 이익이 있는 자가 제기할 수 있다"고 규정하고 있는바, 인·허가 등의 수익적 행정처분을 신청한 수인이 서로 경쟁관계에 있어서 일방에 대한 허가 등의 처분이 타방에 대한 불허가 등으로 귀결될 수밖에 없는 이른바 **경원관계**(競願關係)에 있는 때 허가 등의 처분을 받지 못한 자는 비록 경원자에 대하여 이루어진 허가 등 처분의 상대방이 아니라 하더라도 당해 처분의 취소를 구할 당사자적격이 있다 할 것이고, 다만 구체적인 경우에 있어서 그 처분이 취소된다 하더라도 허가 등의 처분을 받지 못한 불이익이 회복된다고 볼 수 없을 때에는 당해 처분의 취소를 구할 정당한 이익이 없다고 할 것이다."고 판시하였다(대판 2007.11.15, 2006두2596: 견인대행업체지정처분취소). ☜ 이 사건 판결은 피고의 본안전 항변으로서 "원고는 지정신청 당시 이 사건 공고에서 제시한 요건을 갖추지 않아 이 사건 처분이 취소되더라도 원고가 견인대행업체로 지정될 수 없고, 가사 원고가 이 사건 공고에서 제시한 요건을 모두 갖추었다 할지라도 원고가 피고에 의하여 곧바로 견인업무대행업체로 지정되는 것은 아니므로, 원고는 이 사건 처분의 취소를 구할 법률상 이익이 없고, 또한 이 사건 처분의 취소를 구할 원고적격도 없다."는 주장에 대한 판단으로 대법원은, 「이 사건 처분이 취소된다면 원고가 허가처분을 받을 수도 있어 이 사건 처분의 취소를 구할 소의 이익이 있다는 이유로, 원고에게 이 사건 처분의 취소를 구할 법률상 이익 내지 원고적격이 없다는 취지의 본안전 항변을 배척한 것」이다.

(2) **〈판시사항〉 제3자에게 경원자에 대한 수익적 행정처분의 취소를 구할 당사자 적격이 있는 경우**: 대법원은, "인·허가 등의 수익적 행정처분을 신청한 수인이 서로 경쟁관계에 있어서 일방에 대한 허가 등의 처분이 타방에 대한 불허가 등으로 귀결될 수밖에 없는 때 허가 등의 처분을 받지 못한 자는 비록 **경원자에 대하여 이루어진 허가 등 처분의 상대방이 아니라 하더라도 당해 처분의 취소를 구할 원고 적격이 있다**. 다만, 명백한 법적 장애로 인하여 원고 자신의 신청이 인용될 가능성이 처음부터 배제되어 있는 경우에는 당해 처분의 취소를 구할 정당한 이익이 없다."고 판시하였다."고 판시하였다(대판 2009.12.10, 2009두8359: 이른바 「법학전문대학원 예비인가처분취소 사건」).

Ⅴ. 행정주체·행정기관의 소송과 원고적격

1. 행정주체(국가·지방자치단체)의 원고적격

1) 소유자 또는 점유자 지위에서 처분의 상대방이 된 경우

(1) 토지소유자로서 오염토양 정화조치 명령을 받은 경우

서울특별시 노원구청장이 재단법인 한국사격진흥회가 국유지에 설치하여 운영하고 있는 태릉국제사격장 내 클레이사격장에서 토양오염대책 기준 이상의 납이 검출되었음을 이유로 국유지 관리청인 문화재청장을 상대로 오염토양 정화조치를 명하자, 국가가 원고가 되어 위 명령의 취소를 구하는 소송을 제기하였다. 서울행정법원은 원고적격이 인정됨을 전제로, 위 사무가 노원구의 자치사무이므로 국가에 대하여도 위와 같은 명령을 할 수 있다고 판단한 다음 원고의 청구를 배척하였다(서울행법 2007.1.31, 2006구합21404).

(2) 토지소유자로서 건축법상 공용건축물의 건축협의 취소의 경우

서울특별시가 자연공원 내 공원집단시설지구에 위치한 강원도 양양군 특정 토지를 매입한 다음, 건축법 제29조(공용건축물에 대한 특례)에 따라 관할 양양군수와 숙박시설 신축에 관하여 건축협의를 하였으나, 그 후 양양군수가 해당 건축물의 용도가 숙박시설이 아닌 노유자시설(사회복지시설)이라는 이유로 그 건축협의를 취소하자 서울특별시가 그 취소처분의 취소를 구하는 소송을 제기한 사건에서 대법원은, "이 사건 건축협의 취소는 비록 그 상대방이 다른 지방자치단체 등 행정주체라 하더라도 '행정청이 행하는 구체적 사실에 관한 법집행으로서의 공권력 행사'(행정소송법 제2조 제1항 제1호)로서 처분에 해당한다고 볼 수 있고, 지방자치단체인 원고가 이를 다툴 실효적 해결 수단이 없는 이상, 원고는 피고를 상대로 항고소송을 통해 이 사건 건축협의 취소의 취소를 구할 수 있다고 봄이 타당하다."고 판시하여 위 건축협의 취소에 항고소송의 대상으로서 처분성을 긍정함을 물론 서울특별시에 이 사건 건축협의취소처분 취소소송의 원고적격도 인정하였다(대판 2014.2.27, 2012두22980).

(3) 국공유지의 무단점유를 이유로 변상금부과처분을 받은 경우

우선, ① 한국철도시설공단이 국유지를 무단점유하고 있음을 이유로 부산광역시 동구에 변상금을 부과하겠다는 취지의 사전통지를 하자, 부산광역시 동구가 위 통지의 취소를 구하는 소송을 제기하였다. 부산지방법원은 원고가 이전의 관리청인 철도청으로부터 국유지 사용승낙을 받아 법률상 권원을 취득한 후 점유사용을 개시하였음을 이유로 위 처분을 취소하는 판결을 선고하였다(부산지법 2008.11.13, 2008구합1277 판결). 그리고 ② 서울특별시 영등포구청장은 국회의

사당 담장이 서울특별시 소유 부지를 침범하였음을 이유로, 국회사무총장은 서울특별시가 국유지인 여의도 국회의사당 부지 일부를 무단점유하여 차로와 보도로 이용하고 있음을 이유로 각각 변상금을 부과한 사례도 있었다. 국가와 서울특별시는 각각 변상금부과처분의 취소를 구하는 항고소송을 제기하였으며, 법원은 국가와 서울특별시 모두 원고적격이 인정됨을 전제로 본안에 나아갔다(서울행법 2008.4.22, 2007구합41024; 서울행법 2010.6.9, 2009구단8031).

(4) 그 밖의 경우

그 밖에 판례는 국공유지가 수용대상이 된 경우(대판 2000.1.28, 99두3416), 공용재산이 무상귀속된 경우(서울행법 2009.8.21, 2008구합49339), 국유지에 대한 도시계획시설결정의 취소를 구하는 경우(수원지법 2003.3.19, 2002구합3615) 등에서 국가 또는 지방자치단체에 대해 원고적격을 인정하고 있다.

2) 사용자의 지위에서 처분을 받은 경우

국가 산하기관인 육군복지근무지원단이 사용자로서 근로자를 해고한 행위가 부당노동행위에 해당한다는 이유로 중앙노동위원회로부터 부당해고구제재심판정을 받은 후, 국가가 원고가 되어 위 재심판정의 취소를 구하는 항고소송을 제기한 사건에서, 서울행정법원은 국가의 원고적격을 인정하는 전제에서 본안판결로 나아갔다(서울행법 2007.8.28, 2006구합47056).

3) 정보공개청구가 거부된 경우

먼저, ① 서울특별시장이 여론조사기관을 통해 산하 25개 자치구와 소방서 등에 대한 위생·세무·주택 등 7개 민생취약분야의 2000년도 반부패지수를 조사하여 그 결과를 발표하였다. 서울특별시 강남구는 위 반부패지수발표관련 자료의 공개를 서울특별시장에게 청구하였다가 거부당하자 서울특별시장을 상대로 위 관련자료 비공개결정의 취소를 구하는 소를 제기하였다. 서울행정법원은 공공기관의 정보공개에 관한 법률상 정보공개청구권자인 '국민'에는 자연인은 물론 법인도 포함되며, 위 법인에 대한 특별한 제한은 없으므로, 지방자치단체인 자치구의 경우에도 다른 지방자치단체 기타 공공기관이 보유·관리하는 정보의 공개를 청구할 권리가 있다고 보아 대상적격과 원고적격을 인정하였다. 지방자치단체도 다른 지방자치단체와의 관계에서는 사인과 마찬가지의 위치에서 정보공개청구권이 있다고 본 것이다(서울행법 2001.10.23, 2001구12764). 반면에, ② 서울특별시 송파구가 서울특별시선거관리위원회를 상대로 정보비공개처분의 취소를 구한 사건에서, 서울행정법원은 지방자치단체는 기본권인 알권리의 주체가 아니고 오히려 국민의 알권리를 보호할 위치에 있으므로 알권리로서의 정보공개청구권이 인정된다고 보기 어렵고, 정보공개법 지방자치단체를 국민에 대응하는 정보공개의무자로 상정하고 있음을 이유로 지방자치단체는 공공기관의 정보공개에 관한 법률상 정보공개청구권자인 국민에 해당하지도 않는다고 보아, 소각하 판결을 선고하였다(서울행법 2005.10.12, 2005구합10484).

4) 평가

국가·지방자치단체와 같은 행정주체의 법적 지위를 분석하면 통상은 행정조직법적 측면에서의 「행정권의 주체」로서 지위를 갖지만, 그 밖에 예외적으로 「재산권의 주체 또는 권리의무의 주체」로서의 지위도 갖는 경우도 있다. 행정주체가 前者의 지위에는 헌법상 기본권보호의무 등을 고려할 때 행정주체에 대해 처분성이나 원고적격을 인정하기 곤란하나, 後者의 지위에서는 행정주체도 사인과 마찬가지의 지위이므로 이 경우에는 행정주체 자신의 고유한 이익을 보호하기 위해 처분성은 물론 원고적격을 인정할 수 있다(櫻井敬子·橋本博之, 266-267쪽; 宇賀克也(Ⅱ), 110-111쪽; 朴正勳(Ⅱ), 329쪽 이하). 이 같은 행정주체의 법적 지위를 이해할 때 행정주체가 「소유자 또는 점유자 지위에서 처분의 상대방이 된 경우」인 '오염토양 정화조치 명령을 받은 경우, 건축법상 공용건축물의 건축협의 취소, 국공유지의 무단점유를 이유로 변상금부과처분을 받은 경우' 등에 있어서는 "재산권의 주체"로서, 그리고 「사용자의 지위에서 처분을 받은 경우」에는 "권리의무의 주체"로서 기능하므로 처분성 및 원고적격을 인정하는 판례의 입장을 해석할 수 있다고 본다. 다만 정보공개청구가 거부된 경우에 원고적격을 인정한 경우와 부정한 경우로 나뉘는 것은 사안에 따라 당해 행정주체(지방자치단체)의 '고유한 이익의 존재여부'의 문제, 즉 행정주체에 대해 「재판적으로 보호해야 할 고유한 이익이 존재」하는 경우에는 원고적격성을 인정할 수 있는 것이다.

2. 행정기관의 원고적격

1) 국가기관의 원고적격

(1) **사실관계:** 경기도선거관리위원회는 소속공무원인 甲이 국민권익위원회에 하남시선거관리위원회가 주민소환투표 서명업무처리와 관련하여 부패행위를 저질렀다고 신고하자, 甲이 방송인터뷰에서 허위진술을 하고 선거관리위원회의 위신을 떨어뜨렸음을 이유로 甲에 대한 중징계절차에 착수하였다. 국민권익위원회는 경기도선거관리위원장에게 징계절차의 취소 및 추가의 신분상불이익의 예방을 요구하였으나, 경기도선거관리위원장은 甲을 파면에 처하였다. 국민

권익위원회는 부패방지 및 국민권익위원회의 설치와 운영에 관한 법률(이하, '부패방지법'이라 함)에 따라 경기도선거관리위원장 개인에 대한 과태료 부과절차에 착수하였고, 경기도선거관리위원장은 이에 대응하여 선거관리위원회의 기관장으로서 국민권익위원회를 상대로 위 정계절차 취소 및 불이익 예방 요구처분의 취소청구의 소를 제기하였다(이른바 '경기도선관위사건').

(2) **판지:** 위 사건에 대해 제1심 법원은 국가의 산하기관에 불과한 경기도선거관리위원장의 경우에 항고소송의 원고가 될 수 있는 당사자능력이 없다고 하여 부적법한 소로서 각하판결을 하였으나(서울행법 2009.11.6, 2008구합50506), 대법원은, "부패방지법이 원고에게 피고 위원회의 조치요구에 따라야 할 의무를 부담시키는 외에 별도로 그 의무를 이행하지 아니할 경우 과태료나 형사처벌의 제재까지 규정하고 있는데, 이와 같이 국가기관 일방의 조치요구에 불응한 상대방 국가기관에게 그와 같은 중대한 불이익을 직접적으로 규정한 다른 법령의 사례를 찾기 어려운 점, 그럼에도 원고가 피고 위원회의 조치요구를 다툴 별다른 방법이 없는 점 등에 비추어 보면, 피고 위원회의 이 사건 조치요구의 처분성이 인정되는 이 사건에서 이에 불복하고자 하는 원고로서는 이 사건 조치요구의 취소를 구하는 항고소송을 제기하는 것이 유효·적절한 수단이라고 할 것"이라고 판시하여 처분성은 물론 경기도선거관리위원장에게 원고적격을 인정하였다(대판 2013.7.25, 2011두1214).

2) 국립대학의 원고적격

(1) 私法人 甲과 국립대학인 경북대학교가 공동으로 특허출원하여 거부되자 출원인들이 공동으로 특허심판을 청구하고 다시 법원에 상고를 제기한 사건에서 대법원 국립대학은 특허심판·소송에서 권리능력·당사자능력이 없으므로 경북대학교를 대한민국으로 당사자표지보정을 하지 않는 한 부적법한 소로서 각하해야 한다고 판시한 사례가 있다(대판 1997.9.26, 96후825).

(2) 예비적 원고인 충북대학교 총장이 자치단체의 장인 피고(연기군수)에게 출산기술연구소 설립을 위해 용도지역이 농림지역 또는 준농림지역인 이 사건 신청지의 용도지역을 준도시지역 중 시설용지지구로 변경하는 내용의 국토이용계획 변경을 신청하였으나 피고가 그 신청에 대해 거부결정하자 원고 대한민국과 원고 충북대학교 총장이 예비적 공동소송의 형태로 위 결정에 대한 취소를 구한 사안에서 대법원은 국토이용계획 변경에 관한 사무는 국가사무로서 기관위임사무라고 한 다음, 국가가 기관에 위임된 기관위임사무의 처리에 관하여 자치단체의 장을 상대로 취소소송을 제기할 원고적격이 없다고 하면서, "예비적 원고 충북대학교 총장의 소는, 원고 충북대학교 총장이 원고 대한민국이 설치한 충북대학교의 대표자일 뿐 항고소송의 원고가 될 수 있는 당사자능력이 없어 부적법하다"고 하였다(대판 2007.9.20, 2005두6935: 「충북대학교사건」).

(3) 서울대학교 교내에 개설한 의료기관에 대해 관악구보건소장이 '착오로 개설신고가 수리

된 것'이라며 직권으로 폐업처분하자 이에 불복하여 원고 국가(대한민국)가 항고소송을 제기한 사건에서 원고가 국립대학인 서울대학교가 아니라 국가인 이유에 대해 "서울대학교는 국가가 설립·경영하는 학교일 뿐 위 학교는 법인도 아니고 대표가 있는 법인격 없는 사단 또는 재단도 아닌 교육시설의 명칭에 불과하여 권리능력과 당사자능력을 인정할 수 없으므로 서울대학교를 상대로 하는 법률행위의 효과는 …국가에 귀속되므로, 그 법률행위에 대한 쟁송은 국가가 당사자가 되어 다툴 수밖에 없다."고 판시하였다(서울행법 2009.6.5, 2009구합6391: 「서울대학교사건」).[20]

(4) 위의 (1)·(2)·(3)과 마찬가지로 국가기관에 지나지 않는 국립대학인 강원대학교가 로스쿨인가조건인 장학금 지급 비율을 준수하지 않아 로스쿨 정원 축소와 시정명령을 받은 강원대 총장이 교육과학기술부를 상대로 제기한 학생모집정지처분과 시정명령 취소소송에 대해 하급심법원은 기존의 판지를 그대로 유지하여 "국립대는 당사자 능력이 인정되지 않는다."고 하여 소 각하판결을 내렸다(서울행법 2012.5.17, 2011구합32485: 「강원대학교사건」).

3) 평가

행정기관(국가기관)의 원고적격성 문제는 두 가지로 나누어 보아야 한다. 첫째는, 행정조직법상 단순히 '행정권의 주체로서 행정기관'의 지위에 머무는 대부분의 행정기관은 원고적격은 물론 처분성을 인정할 여지가 없다. 둘째는 당해 행정기관이 자율적 규범을 가질 수 있고 자율적 의사결정권이 보장되는 행정기관의 경우에는 그 범위에서 행정청의 관여와 관련하여 재판적 보호가 필요한 고유한 이익이 존재할 때에는 처분성과 원고적격성을 인정할 수 있다. 後者에 해당하는 대표적인 행정기관이 국·공립대학과 지방의회를 들 수 있다. 그런 이유로 朴正勳교수도 국·공립대학은 대학이란 기관의 특징상 법주체가 아님에도 일정한 범위에서 자율권이 보장된 '기능적 자치단체'라는 점에서 지역적 자치단체의 의회와 같다고 한다.[21] 그럼에도 불구하고 우리 판례가 국립대학에 관한 일련의 사건에서 예외 없이 국립대학의 경우에 국가기관(행정기관)이라는 이유로 당사자능력을 부정하는 것은 문제가 있다고 본다. 반대로 「경기도선관위사건」에서 원고 선거관리위원회위원장은 단순히 '행정권의 주체로서 행정기관'에 지나지 않는데도 불구하고 대법원이 처분성과 원고적격을 인정한 것은 법리적으로 모순이며, 따라서 당사자능력이 없음을 이유로 소각하 판결을 한 이 사건 제1심법원의 판결이 타당하다.

---

20) 이 사건 원심판결에서 원고가 승소하여 피고가 항소하였으나 서울고등법원은 항소를 기각하였고(서울고법 2009.11.25, 2009누19672), 대법원은 2010.3.11. 심리불속행으로 상고가 기각되어 원심판결이 확정되었다.

21) 朴正勳, "국립대학 법인화의 공법적 문제: 헌법상 실질적 법인격과 법률상 형식적 법인화의 갈등", 서울대학교 법학 제47권 제3호(2006), 434쪽.

Ⅵ. 그 밖의 소송과 원고적격

(1) **〈판시사항〉 교육부장관이 사학분쟁조정위원회의 심의를 거쳐 甲 대학교를 설치·운영하는 乙 학교법인의 이사 8인과 임시이사 1인을 선임한 데 대하여 甲 대학교 교수협의회와 총학생회 등이 이사선임처분의 취소를 구하는 소송을 제기한 사안에서, 甲 대학교 교수협의회와 총학생회는 이사선임처분을 다툴 법률상 이익을 가지지만, 전국대학노동조합 甲 대학교지부는 법률상 이익이 없다고 한 사례:** 대법원은, "임시이사제도의 취지, 교직원·학생 등의 학교운영에 참여할 기회를 부여하기 위한 개방이사 제도에 관한 법령의 규정 내용과 입법 취지 등을 종합하여 보면, (구)사립학교법(2011.4.12. 법률 제10580호로 개정되기 전의 것, 이하 같다)과 (구)사립학교법 시행령(2011.6.9. 대통령령 제22971호로 개정되기 전의 것, 이하 같다) 및 乙 법인 정관 규정은 헌법 제31조 제4항에 정한 교육의 자주성과 대학의 자율성에 근거한 甲 대학교 교수협의회와 총학생회의 학교운영참여권을 구체화하여 이를 보호하고 있다고 해석되므로, 甲 대학교 교수협의회와 총학생회는 이사선임처분을 다툴 법률상 이익을 가지지만, 고등교육법령은 교육받을 권리나 학문의 자유를 실현하는 수단으로서 학생회와 교수회와는 달리 학교의 직원으로 구성된 노동조합의 성립을 예정하고 있지 아니하고, 노동조합은 근로자가 주체가 되어 자주적으로 단결하여 근로조건의 유지·개선 기타 근로자의 경제적·사회적 지위의 향상을 도모하기 위하여 조직된 단체인 점 등을 고려할 때, 학교의 직원으로 구성된 노동조합이 교육받을 권리나 학문의 자유를 실현하는 수단으로서 직접 기능한다고 볼 수는 없으므로, 개방이사에 관한 (구)사립학교법과 (구)사립학교법 시행령 및 乙 법인 정관 규정이 학교직원들로 구성된 전국대학노동조합 甲 대학교지부의 법률상 이익까지 보호하고 있는 것으로 해석할 수는 없다."고 판시하였다(대판 2015.7.23, 2012두19496: 이사선임처분취소·이사선임처분취소).

(2) **〈판시사항〉 관할청이 (구)사립학교법 제25조의3에 따라 하는 정식이사 선임 처분에 관하여 '상당한 재산을 출연한 자'와 '학교 발전에 기여한 자'가 법률상 보호되는 이익을 가지는지 여부(적극) 및 '상당한 재산을 출연한 자'와 '학교 발전에 기여한 자'의 의미:** 대법원은, "(구)사립학교법(2007.7.27. 법률 제8545호로 개정되기 전의 것) 제25조의3은 정식이사 선임에 관하여 상당한 재산을 출연한 자 및 학교 발전에 기여한 자(이하 '상당한 재산출연자 등'이라 한다)의 개별적·구체적인 이익을 보호하려는 취지가 포함되어 있는 것으로 보이고, 상당한 재산출연자 등은 관할청이 정식이사를 선임하는 처분에 관하여 법률상 보호되는 이익을 가진다고 보는 것이 타당하다. 그리고 여기서 상당한 재산출연자 등은 학교법인의 자주성과 설립목적을 대표할 수 있어야 하므로, 그중에서 상당한 재산을 출연한 자는 사립학교법령의 규정들에 비추어 볼 때에 학교법인의 기본재산액의 3분의 1 이상에 해당하는 재산을 출연하거나 기부한 자로 보아야 하고, 그 밖에 재산의 출연 내지 증식을 통하여 학교 발전에 기여한 자는 학교법인의 수익용 기본

재산의 10% 이상에 상당하는 금액의 재산을 출연한 자로서 위와 같은 상당한 재산 출연에 견줄 수 있을 정도로 학교법인의 기본재산 형성 내지 운영 재원 마련에 기여하였음이 뚜렷한 자로 해석되어야 한다."고 판시하였다(대판 2013.9.12, 2011두33044). ☜ 이 사건 판례는 정형적 원고적격으로서 처분의 상대방이 아니라 그 상대방의 배후에 있는 실질적 이해관계인에게 원고적격을 인정한 사례라는 점에 의미가 있다. 이와 같이 처분의 상대방이 아니라 그 처분의 실질적 이해관계인에게 원고적격이 인정되는 경우, 이때 실질적 이해관계인은 "준상대방"으로 보아도 무방할 것이다.[22]

(3) **〈판시사항〉 법인의 주주가 법인에 대한 행정처분 이후의 주식 양수인인 경우, 그 처분의 취소를 구할 원고적격이 인정되는지 여부(소극)**: 대법원은, "법인의 주주는 법인에 대한 행정처분에 관하여 사실상이나 간접적인 이해관계를 가질 뿐이어서 스스로 그 처분의 취소를 구할 원고적격이 없는 것이 원칙이다. 다만 그 처분으로 인하여 법인이 더 이상 영업 전부를 행할 수 없게 되고, 영업에 대한 인·허가의 취소 등을 거쳐 해산·청산되는 절차 또한 처분 당시 이미 예정되어 있으며, 그 후속절차가 취소되더라도 그 처분의 효력이 유지되는 한 당해 법인이 종전에 행하던 영업을 다시 행할 수 없는 예외적인 경우에는 주주도 그 처분에 관하여 직접적·구체적인 법률상 이해관계를 가진다고 보아 그 효력을 다툴 원고적격이 있지만(대판 2005.1.27, 2002두5313[23] 등 참조), 만일 그 법인의 주주가 법인에 대한 행정처분 이후의 주식 양수인인 경우에는 특별한 사정이 없는 한 그 처분에 대하여 간접적·경제적 이해관계를 가질 뿐 법률상 직접적·구체적 이익을 가지는 것은 아니다."고 판시하였다(대판 2010.5.13, 2010두2043). ☜ 이 판결 역시 위 (2)판결과 같은 법리로 행정처분 상대방의 배후에 있는 이해관계인에게 실질적 이해관계인으로서 "준상대방"으로 볼 수 있을지 여부에 관한 것이 쟁점이나, 법인에 대한 처분과 주주는 원칙적으로 간접적인 이해관계를 갖는데 지나지 않으므로 이 사건은 법인에 대한 처분과 주주의 원고적격 인정여부라는 쟁점에 관해서 원칙론에 입각한 판결이다.

---

22) 그 밖에 판례 중에 처분의 상대방이 아니면서 처분의 배후에 있는 실질적 이해관계인으로서 "준상대방"으로 보아 원고적격을 인정한 사례로는, 접견신청인의 구속피고인에 대한 접견허가거부처분에 대하여 접견대상자였던 구속피고인에 원고적격을 인정한 경우(대판 1992.5.8, 91누7552) 등이 있다.

23) 금융감독위원회가 (구)금융산업의 구조개선에 관한 법률에 의거하여 주식회사 경기은행에 대해 은행업무정지처분을 하자 주주들이 무효확인의 소를 제기한 사건에서, 대법원은, "부실금융기관의 정비를 목적으로 은행의 영업 관련 자산 중 재산적 가치가 있는 자산 대부분과 부채 등이 타에 이전됨으로써 더 이상 그 영업 전부를 행할 수 없게 되고, 은행업무정지처분 등의 효력이 유지되는 한 은행이 종전에 행하던 영업을 다시 행할 수는 없는 경우, 은행의 주주에게 당해 은행의 업무정지처분 등을 다툴 원고적격이 인정된다."고 판시한 사례이다(대판 2005.1.27, 2002두5313).; 그 밖에 대법원은 (구)금융산업의 구조개선에 관한 법률에 의거하여 금융감독위원회가 대한생명보험주식회가를 부실금융기관으로 결정하고 기존 주주의 주식을 무상으로 소각한 사건에서, "……그 처분으로 인하여 궁극적으로 주식이 소각되거나 주주의 법인에 대한 권리가 소멸하는 등 주주의 지위에 중대한 영향을 초래하게 되는데도 그 처분의 성질상 당해 법인이 이를 다툴 것을 기대할 수 없고 달리 주주의 지위를 보전할 구제방법이 없는 경우에는 주주도 그 처분에 관하여 직접적이고 구체적인 법률상 이해관계를 가진다고 보이므로 그 취소를 구할 원고적격이 있다."고 판시한 바 있다(대판 2004.12.23, 2000두2648).

(4) **〈판시사항〉 기획재정부장관이 한국철도공사에 대한 2007년도 경영실적평가결과의 수정과 함께 한국철도공사에 대해 기관장·감사·상임이사·직원에게 지급된 성과급을 회수할 것을 조치사항으로 통보한 경우, 한국철도공자의 직원들이 위 기획재정부장관의 경영실적평가결과수정 및 조치사항통보처분의 취소를 구할 원고적격이 인정되는지 여부**(소극): 대법원은, "피고(기획재정부장관)가 한국철도공사에 대하여 2007년도 경영실적평가결과를 수정하면서 그 후속조치로 행한 이 사건 통보처분의 직접적인 이해당사자는 한국철도공사이고, 원고들은 한국철도공사의 직원으로서 그 구성원에 불과하므로 이 사건 통보처분으로 인하여 직접 법률상 이익을 침해당하였다고 볼 수 없으며, 이 사건 통보처분의 이행에 따른 한국철도공사의 조치로 원고들이 이미 지급받은 2007년도 경영실적평가결과에 의한 성과급 중 과다지급된 부분을 환수당하거나 향후 지급받게 될 급여에서 과다지급분만큼의 성과급을 공제당할 지위에 있다는 사정은 사실상의 간접적인 불이익에 불과하므로 원고들에게는 이 사건 통보처분의 취소를 구할 법률상 이익이 없다."고 판시하였다(대판 2012.3.29, 2011두20598). ☜ 이 판례 또한 위 (3)판결과 같은 판지에 따른 사례이다.

(5) **〈판시사항〉 정보공개거부처분을 받은 청구인이 그 거부처분의 취소를 구할 법률상의 이익이 있는지 여부**(적극): 대법원은, "정보공개청구권은 법률상 보호되는 구체적인 권리이므로 청구인이 공공기관에 대하여 정보공개를 청구하였다가 거부처분을 받은 것 자체가 법률상 이익의 침해에 해당한다고 할 것이고(대판 2003.12.12, 2003두8050[24] 참조), 거부처분을 받은 것 이외에 추가로 어떤 법률상의 이익을 가질 것을 요구하는 것은 아니다."고 판시하였다(대판 2004.9.23, 2003두1370).

제 3 절 항고소송의 소송요건 (3) - 협익의 소익

Ⅰ. 행정소송법 제12조 후단

행정소송법 제12조 후단에서는 "처분등의 효과가 기간의 경과, 처분등의 집행 그 밖의 사유로 인하여 소멸된 뒤에도 그 처분등의 취소로 인하여 회복되는 법률상 이익이 있는 자의 경우에는 또한 같다."고 하여 처분의 효과가 소멸한 뒤에도 처분의 취소로 인하여 회복되는 법률상 이익이 있는 경우에는 취소소송을 제기할 수 있음을 규정하고 있는데, 이 규정을 행정소송법

24) 이 사건은, "원고 등 168명이 전두환·노태우 등에 대하여 불기소처분을 한 담당 검사 등 6명을 상대로 제기한 손해배상소송이 종결되었으므로 원고에게는 더 이상 5·18 광주민주화운동에 관한 사건(이하 '5·18 사건'이라고 한다) 및 1979.12.12. 발생한 반란사건(이하 '12·12 사건'이라고 한다)에 관한 사건기록(이하 '이 사건 기록'이라고 한다)에 대한 이 사건 정보공개거부처분의 취소를 구할 법률상 이익이 없다는 피고의 주장을 배척한 원심의 판단은 정당하다"고 판시한 사례이다.

제12조 전단과 함께 원고적격에 관한 것으로 보는 견해도 있지만(홍정선, 657쪽), 다수설은 협의의 소익에 관한 규정으로 본다.

Ⅱ. 회복되는 법률상 이익의 의미

행정소송법 제12조 후단의 '회복되는 법률상 이익'의 의미와 관련하여 명예·신용 등의 인격적·사회적 이익과 같은 사실적·경제적 이익 등도 포함하는지 여부에 대해 견해의 대립이 있으나, 판례는 기본적으로 "자격정지처분의 취소청구에 있어 그 정지기간이 경과된 이상 그 처분의 취소를 구할 이익이 없고 설사 그 처분으로 인하여 명예, 신용 등 인격적인 이익이 침해되어 그 침해상태가 자격정지기간 경과 후까지 잔존하더라도 이와 같은 불이익은 동 처분의 직접적인 효과라고 할 수 없다."고 판시하여(대판 1978.5.23, 78누72) 소극적인 입장이다.[25] 그리고 행정소송법 제12조 전단의 법률상 이익(원고적격)과 후단의 법률상 이익(협의의 소익)이 다른지 여부와 관련하여 판례는 「항고소송에 있어서 소의 이익이 인정되기 위하여는 행정소송법 제12조 소정의 "법률상 이익"이 있어야 하는바, 그 법률상 이익은 당해 처분의 근거 법률에 의하여 보호되는 직접적이고 구체적인 이익이 있는 경우를 말하고 간접적이거나 사실적, 경제적 이해관계를 가지는데 불과한 경우는 여기에 해당되지 아니한다.」고 판시(대판 전원합의체 1995.10.17, 94누14148)하여 원고적격과 협의의 소익에서의 법률상 이익을 구별하지 않는다.

Ⅲ. 협의의 소익의 구체적 판단

1. 처분의 효력이 소멸한 경우

1) 처분의 효력기간이 경과한 경우

(1) **〈판시사항〉 효력기간이 경과한 행정처분의 취소를 구할 법률상 이익 유무(한정 소극)**: (구) 농수산물유통 및 가격안정에 관한 법률(2000.1.28. 법률 제6223호로 전문 개정되기 전의 것) 제12조

25) 다만 판례 중에는 "고등학교졸업이 대학입학자격이나 학력인정으로서의 의미밖에 없다고 할 수 없으므로 고등학교 졸업학력 검정고시에 합격하였다 하여 고등학교 학생으로서의 신분과 명예가 회복될 수 없는 것이니 퇴학처분을 받은 자로서는 퇴학처분의 위법을 주장하여 그 취소를 구할 법률상 이익이 있다."고 판시하여 사회적, 인격적 이익도 법률상 이익으로 볼 수 있다는 듯한 판례도 있다(대판 1992.7.14, 91누4737).

제1항, 제3항, 제17조 제1항 등 관련 규정들에 따라 피고 안산시장이 도지사의 허가를 얻어 지방도매시장을 개설하고, 그 지방도매시장을 운영하기 위하여 乙주식회사에 대해 3년을 유효기간으로 하여 안산시 농수산물 도매시장의 도매시장법인으로 지정하였는데, 원고 甲주식회사가 이 도매시장법인지정에 불복하여 취소소송을 제기하여 다투는 중 3년의 지정 유휴기간이 만료된 사건에서, 대법원은, "행정처분에 그 효력기간이 정하여져 있는 경우, 그 처분의 효력 또는 집행이 정지된 바 없다면 위 기간의 경과로 그 행정처분의 효력은 상실되므로 그 기간 경과 후에는 그 처분이 외형상 잔존함으로 인하여 어떠한 법률상 이익이 침해되고 있다고 볼 만한 별다른 사정이 없는 한 그 처분의 취소를 구할 법률상의 이익이 없다."고 판시하였다(대판 2002.7.26, 2000두7254).

(2) **〈판시사항〉 사실심 변론종결일 현재 토석채취 허가기간이 경과한 경우 토석채취허가 취소처분의 취소를 구할 소의 이익 유무:** 대법원은, "사실심 변론종결일 현재 토석채취 허가기간이 경과하였다면 그 허가는 이미 실효되었다고 할 것이어서 새로 토석채취허가를 받지 아니하고는 채석을 계속할 수 없고, 나아가 토석채취허가 취소처분이 외형상 잔존함으로 말미암아 어떠한 법률상 불이익이 있다고 볼 만한 특별한 사정도 없다면 위 취소처분의 취소를 구하는 소는 소의 이익이 없다."고 판시하였다(대판 1993.7.27, 93누3899).

(3) **〈판시사항〉 대학입학고사 불합격처분의 취소를 구하는 소송계속중 당해연도의 입학시기가 지나고 입학정원에 못들어가게 된 경우 소의 이익 유무(적극):** 대법원은, "교육법시행령 제72조, 서울대학교학칙 제37조 제1항 소정의 학생의 입학시기에 관한 규정이나 대학학생정원령 제2조 소정의 입학정원에 관한 규정은 학사운영 등 교육행정을 원활하게 수행하기 위한 행정상의 필요에 의하여 정해놓은 것으로서 어느 학년도의 합격자는 반드시 당해 년도에만 입학하여야 한다고 볼 수 없으므로 원고들이 불합격처분의 취소를 구하는 이 사건 소송계속 중 당해년도의 입학시기가 지났더라도 당해 년도의 합격자로 인정되면 다음년도의 입학시기에 입학할 수도 있다고 할 것이고, 피고의 위법한 처분이 있게 됨에 따라 당연히 합격하였어야 할 원고들이 불합격처리되고 불합격되었어야 할 자들이 합격한 결과가 되었다면 원고들은 입학정원에 들어가는 자들이라고 하지 않을 수 없다고 할 것이므로 원고들로서는 피고의 불합격처분의 적법여부를 다툴 만한 법률상의 이익이 있다고 할 것이다."고 판시하였다(대판 1990.8.28, 89누8255: 특별전형에 관한 불합격처분취소).

(4) **평가:** 처분의 효력기간이 정해져 있는 경우에는 그 기간의 경과로 처분의 효력이 상실되므로, 원칙적으로 그 기간의 경과 후에는 처분의 취소 또는 무효확인을 구할 소의 이익이 인정되지 않음이 원칙이다(대판 1992.7.10, 92누3625). 그러나 그 처분이 외형상 잔존하여 어떠한 법률상의 이익이 침해되고 있다고 볼 만한 특별한 사정이 있는 경우에는 그 예외를 인정하여 소의 이익을 인정 한다는 것이 판례의 태도이다. 따라서 위「특별전형에 관한 불합격처분취소」사건에서 소의 이익을 인정한 것은 예외에 해당하는 유형의 판례로 볼 수 있다.

2) 가중적 제재처분이 예정된 경우

사실관계 제재처분의 가중요건이 행정규칙인 경우의 소의 이익 (대판 전원합의체 2006.6.22, 2003두1684)

원심 피고 경인지방환경청장은 환경영향평가대행업자인 원고 甲주식회사에 대하여 환경영향평가서를 부실하게 작성하였다는 이유로, (구)환경영향평가법(2001.1.1.부터 시행된 환경·교통·재해등에관한영향평가법 부칙 제2조에 의하여 폐지되기 전의 것) 제13조 제1항 제6호 등의 규정에 따라 환경영향평가대행업무정지 1개월의 처분을 하였다. 업무정지기간은 2001.2.2일부터 진행되어 2001.2.8일 집행정지결정으로 일시 중단되었으나 제1심법원 선고일 다음날 2002.3.23일부터 다시 진행되어 2004.4.13일 그 기간이 모두 경과 되었다. 원고 甲주식회사는 위 업무정지기간 중에 환경영향평가대행계약을 체결하고 그 대행업무를 수행한 바 있었다. 이와 같은 사정에서 원고 甲주식회사는 상기 영업정지처분의 기간이 경과하였음에도 불구하고 환경·교통·재해등에관한영향평가법시행규칙 제10조(별표 2) 2. 개별기준 (11)에 의거하여, 추후에 다시금 위반행위가 있을 시에 〈위 영업정지기간 중에 환경영향평가 대행업무를 한 사실이 있었다〉는 이유로 가중처분을 받을 것을 우려하여 행정소송법 제12조 후단에 근거하여 영업정지기간이 경과한 동 처분에 대하여 취소소송을 제기하였다.

> ▶ 참조조문
>
> 환경·교통·재해 등에 관한 영향평가법은 제12조 제1항 제8호에서 평가대행자가 '이 법 또는 이 법에 의한 명령에 위반한 경우' 그 등록을 취소하거나 6월 이내의 기간을 정하여 업무의 전부 또는 일부의 정지를 명할 수 있다고 규정하고, 같은 조 제2항에서 제1항의 규정에 의한 행정처분의 기준 기타 필요한 사항은 행정자치부·환경부 및 건설교통부의 공동부령으로 정한다고 규정하며, 그 위임에 따라 평가대행자에 대한 행정처분의 기준을 정하고 있는 같은 법 시행규칙 제10조 [별표 2] 2. 개별기준 (11)에서 평가대행자가 업무정지처분기간 중 신규계약에 의하여 환경영향평가대행업무를 한 경우 1차 위반시 업무정지 6월을, 2차 위반시 등록취소를 각 명하는 것으로 규정하고 있다.

판 지

제재적 행정처분이 그 처분에서 정한 제재기간의 경과로 인하여 그 효과가 소멸되었으나, 부령인 시행규칙 또는 지방자치단체의 규칙의 형식으로 정한 처분기준에서 제재적 행정처분을 받은 것을 가중사유나 전제요건으로 삼아 장래의 제재적 행정처분을 하도록 정하고 있는 경우, 선행처분인 제재적 행정처분을 받은 상대방이 그 처분에서 정한 제재기간이 경과하였다 하더라도 그 처분의 취소를 구할 법률상 이익이 있는지 여부(한정 적극): 대법원 다수의견은, "[1] 부령 형식의 행정규칙의 법규성 여부를 묻지 않고 소의 이익을 인정한 견해(다수의견): 제재적 행정처분의 가중사유나 전제요건에 관한 규정이 법령이 아니라 규칙의 형식으로 되어있다고 하더라도, 그러한 규칙이 법령에 근거를 두고 있는 이상, 그 법적 성질이 대외적, 일반적 구속력을 갖는 법규명령인지 여부와는 상관없이 관할 행정청이나 담당공무원은 이를 준수할 의무가 있으므로, 이들이 그 규칙에 정해진 바에 따라 행정작용을 할 것이 당연히 예견되고, 그 결과 행정작용의 상대방인 국민으로서는 그 규칙의 영향을 받을 수밖에 없다. 따라서 그러한 규칙이 정한 바에 따라 선행처분을 받은 상대방이 그 처분의 존재로 인하여 장래에 받을 불이익, 즉 후행처분의 위험은 구체적이고, 현실적인 것이므로 상대방에게는 선행처분의 취소소송을 통하여 그 불이익을 제거할 필요가 있다고 할 것이다. ……행정처분으로 인한 권익침해를 효과적으로 구제하려는 행정소송법의 목적 등에 비추어, 행정처분의 존재로 인하여 국민의 권익이 실제로 침해되고 있는 경우는 물론이고, 권익침해의 구체적, 현실적 위험이 있는 경우에도 이를 구제하는 소송이 허용되어야 한다는 요청을 고려하면, 규칙이 정한 바에 따라 선행처분을 가중사유 또는 전제요건으로 하는 후행처분을 받을 우려가 현실적으로 존재하는 경우에는, 선행처분을 받은 상대방은 비록 그 처분에서 정한 제재기간이 경과하였다고 하더라도 그 처분의 취소소송을 통하여 그러한 불이익을 제거할 권리보호의 필요성이 충분히 인정된다 할 것이므로, 선행처분의 취소를 구할 법률상 이익이 있다고 보아야 한다."고 판시하였다. 한편 이 사건 별개의견은, "[2] **부령형식의 행정규칙을 법규명령으로 보면서 소의 이익을 인정하는 견해**(별개의견): 다수의견은, 제재적 행정처분의 기준을 정한 부령인 시행규칙의 법적 성질에 대하여는 구체적인 논급을 하지 않은 채, 시행규칙에서 선행처분을 받은 것을 가중사유나 전제요건으로 하여 장래 후행처분을 하도록 규정하고 있는 경우, 선행처분의 상대방이 **그 처분의 존재로 인하여 장래에 받을 불이익은 구체적이고 현실적이라는 이유**로, 선행처분에서 정한 제재기간이 경과한 후에도 그 처분의 취소를 구할 법률상 이익이 있다고 보고 있는바, 다수의견이 위와 같은 경우 선행처분의 취소를 구할 법률상 이익을 긍정하는 결론에는 찬성하지만, 그 이유에 있어서는 부령인 제재적 처분기준의 법규성을 인정하는 이론적 기초 위에서 그 법률상 이익을 긍정하는 것이 법리적으로는 더욱 합당하다고 생각한다. 상위법령의 위임에 따라 제재적 처분기준을 정한 부령인 시행규칙은 헌법 제95조에서 규정하고 있는 위임명령에 해당하고, 그 내용도 실질적으로 국민의 권리의무에 직접 영향을 미치는 사항에 관한 것이므로, 단순히 행정기관 내부의 사무처리준칙에 지나지 않는 것이 아니라 대외적으로 국민이나 법원을 구속하는 **법규명령**에 해당한다고 보아야 한다."고 판시하였다.

평 가

위 판례는 대법원 전원합의체 판결로서 [다수의견]은 종래 제재적 처분의 기간경과 이후에 소의 이익의 인정여부에 대해 가중적 제재처분이 법률이나 대통령령(시행령)에 규정된 경우에만 소의 이익(권리보호의 필요)을 인정하던 판례의 태도(대판 2005.3.25, 2004두14106; 대판 1990.10.23, 90누3119)를 변경하여 가중적 제재처분이 부령(시행규칙)에서 처분기준으로 규정한 경우에도 이전의 판례태도(대판 전원합의체 1995.10.17, 94누14148: 가중요건이 법규명령형식의 행정규칙으로 규정된 경우 소의 이익을 부정함)와 달리 소의 이익을 인정하였다는 점에 의미가 있는 판결이다. 특히 [다수의견]은 부령형식의 행정규칙의 법규성 여부를 묻지 않고 소의 이익을 인정한다는 점에 유의할 필요가 있다. 다만 위 판결의 [별개의견]은 결론에서는 다수의견과 같은 입장을 취하면서도 제재처분규정(재량준칙)의 가중요건이 법규명령형식의 행정규칙으로 규정된 경우(부령형식의 행정규칙)에 '법규명령'(법규성)으로 보는 전제에서 소의 이익을 인정하여야 한다는 판례의 법리를 전개하고 있다는 점에 차이가 있다.

관련판례

(가) **〈판시사항〉 가중 제재처분규정이 있는 건축사법에 의한 건축사 업무정지처분의 정지기간이 지난 후 그 취소를 구할 소의 이익이 있는지 여부**(적극): 대법원은, "건축사법 제28조 제1항이 건축사 업무정지처분을 연 2회 이상 받고 그 정지기간이 통산하여 12월 이상이 될 경우에는 가중된 제재처분인 건축사사무소 등록취소처분을 받게 되도록 규정하여 건축사에 대한 제재적인 행정처분인 업무정지명령을 보다 무거운 제재처분인 사무소등록취소처분의 기준요건으로 규정하고 있는 이상, 건축사업무정지처분을 받은 건축사로서는 위 처분에서 정한 기간이 도과되었다 하더라도 위 처분을 그대로 방치하여 둠으로써 장래 건축사사무소 등록취소라는 가중된 제재처분을 받게 될 우려가 있는 것이므로 건축사로서의 업무를 행할 수 있는 법률상 지위에 대한 위험이나 불안을 제거하기 위하여 건축사 업무정지처분의 취소를 구할 이익이 있다."고 판시하였다(대판 1991.8.27, 91누3512).

(나) **〈판시사항〉 가중 제재처분규정이 있는 의료법에 의한 의사면허자격정지처분에서 정한 자격정지기간이 지난 후 의사면허자격정지처분의 취소를 구할 소의 이익이 있는지 여부**(적극): 대법원은, "의료법 제53조 제1항은 보건복지부장관으로 하여금 일정한 요건에 해당하는 경우 의료인의 면허자격을 정지시킬 수 있도록 하는 근거 규정을 두고 있고, 한편 같은 법 제52조 제1항 제3호는 보건복지부장관은 의료인이 3회 이상 자격정지처분을 받은 때에는 그 면허를 취소할 수 있다고 규정하고 있는바, 이와 같이 의료법에서 의료인에 대한 제재적인 행정처분으로서 면허자격정지처분과 면허취소처분이라는 2단계 조치를 규정하면서 전자의 제재처분을 보다 무거운 후자의 제재처분의 기준요건으로 규정하고 있는 이상 자격정지처분을 받은 의사로서는 면허자격정지처분에서 정한 기간이 도과되었다 하더라도 그 처분을 그대로 방치하여 둠으로써 장래 의사면허취소라는 가중된 제재처분을 받게 될 우려가 있는 것이어서 의사로서의 업무를 행할 수 있는 법률상 지위에 대한 위험이나 불안을 제거하기 위하여 면허자격정지처분의 취소를 구할 이익이 있다."고 판시하였다(대판 2005.3.25, 2004두14106).

(다) **〈판시사항〉 건축사 업무정지처분을 받은 후 새로운 업무정지처분을 받음이 없이 1년이 경과하여 실제로 가중된 제재처분을 받을 우려가 없게 된 경우, 업무정지처분에서 정한 정지기간이 경과한 후에 업무정지처분의 취소를 구할 법률상 이익이 있는지 여부**(소극): 대법원은, "건

축사법 제28조 제1항이 건축사 업무정지처분을 연 2회 이상 받고 그 정지기간이 통산하여 12월 이상이 될 경우에는 가중된 제재처분인 건축사사무소 등록취소처분을 받게 되도록 규정하여 건축사에 대한 제재적인 행정처분인 업무정지명령을 더 무거운 제재처분인 사무소등록취소처분의 기준요건으로 규정하고 있으므로, 건축사 업무정지처분을 받은 건축사로서는 위 처분에서 정한 기간이 경과하였다 하더라도 위 처분을 그대로 방치하여 둠으로써 장래 건축사사무소 등록취소라는 가중된 제재처분을 받을 우려가 있어 건축사로서 업무를 행할 수 있는 법률상 지위에 대한 위험이나 불안을 제거하기 위하여 건축사 업무정지처분의 취소를 구할 이익이 있으나, 업무정지처분을 받은 후 새로운 업무정지처분을 받음이 없이 1년이 경과하여 실제로 가중된 제재처분을 받을 우려가 없어졌다면 위 처분에서 정한 정지기간이 경과한 이상 특별한 사정이 없는 한 그 처분의 취소를 구할 법률상 이익이 없다."고 판시하였다(대판 2000.4.21, 98두10080). ☜ 위 판결 중 (가)와 (나)의 경우는 가중적 재재처분이 모두 법률에서 규정하고 있는 사례이고, 또한 가중적 제재처분이 예정된 경우에 당해 처분에서 정한 제재기간이 도과하였다고 해도 장래 현실적으로 가중적 제재처분을 받을 위험이 있는 경우에는 소의 이익을 인정하나, 이 (다)판례와 같이 가중된 제재처분에 관한 규정이 있다고 해도 일정기간의 경과로 가중적 제재처분을 받을 실제적인 위험이 없는 경우에는 특별한 사정이 없는 한 당해 처분에서 정한 제재기간이 경과함으로써 그 처분의 취소를 구할 소익은 없다고 한 판례라는 점에 주목할 필요가 있다.

3) 그 밖에 처분의 효력이 소멸한 경우

(1) **〈판시사항〉 도시 및 주거환경정비법상 이전고시가 효력을 발생한 이후에도 조합원 등이 관리처분계획의 취소 또는 무효확인을 구할 법률상 이익이 있는지 여부**(소극): 대법원의 다수의 견은, "[다수의견] 이전고시의 효력 발생으로 이미 대다수 조합원 등에 대하여 획일적·일률적으로 처리된 권리귀속 관계를 모두 무효화하고 다시 처음부터 관리처분계획을 수립하여 이전고시 절차를 거치도록 하는 것은 정비사업의 공익적·단체법적 성격에 배치되므로, 이전고시가 효력을 발생하게 된 이후에는 조합원 등이 관리처분계획의 취소 또는 무효확인을 구할 법률상 이익이 없다고 봄이 타당하다."고 판시하여 이 경우 소의 이익을 부정한다(대판 전원합의체 2012.3.22, 2011두6400). ☜ 이 대법원 전원합의체 다수의견의 판례태도는 도정법상 이전고시의 공익적·단체법적 성격을 강조한 측면은 이해할 수 있지만, 관리처분계획에 하자가 있어 행정소송이 진행 중인데 행정청(시장·군수)의 이전고시에 의해 하자가 주장되는 관리처분계획의 내용대로 소유권의 이전이 선언되어 버리고 소송이 종료한다는 점은 문제가 없지 않다.[26]

---

26) 참고로, 이 대법원 판결 이후 계속하여 '도시 및 주거환경정비법상 이전고시가 효력을 발생한 후 조합원 등이 관리처분계획에 대한 인가처분의 취소 또는 무효확인을 구할 법률상 이익이 있는지 여부(소극)'(대판 2012.5.24, 2009두22140), '조합설립인가처분의 취소·무효확인 판결이 확정되기 전에 이전고시의 효력이

(2) **〈판시사항〉 주택재건축사업조합이 새로 조합설립인가 처분을 받는 것과 동일한 요건과 절차를 거쳐 조합설립변경인가 처분을 받은 경우, 처음 조합설립인가 처분의 무효 확인을 구할 소의 이익이 소멸하는지 여부(원칙적 소극):** 대법원은, "주택재건축사업조합이 새로이 조합설립인가 처분을 받는 것과 동일한 요건과 절차를 거쳐 조합설립변경인가 처분을 받는 경우 당초 조합설립인가 처분의 유효를 전제로 해당 주택재건축사업조합이 매도청구권 행사, 시공자 선정에 관한 총회 결의, 사업시행계획의 수립, 관리처분계획의 수립 등과 같은 후속행위를 하였다면, 당초 조합설립인가 처분이 무효로 확인되거나 취소될 경우 그것이 유효하게 존재하는 것을 전제로 이루어진 위와 같은 후속행위 역시 소급하여 효력을 상실하게 되므로, 특별한 사정이 없는 한 위와 같은 형태의 조합설립변경인가가 있다고 하여 당초 조합설립인가 처분의 무효확인을 구할 소의 이익이 소멸된다고 볼 수는 없다."고 판시하였다(대판 2014.5.16, 2011두27094).

(3) **〈판시사항〉 당초의 주택재건축사업조합 설립인가처분에 대한 무효확인 소송 계속 중 새로운 조합설립인가처분이 이루어졌으나 당초 조합설립인가처분의 효력이 소멸되었음이 객관적으로 확정되지 않은 경우, 조합원에게 당초의 조합설립인가처분에 관한 무효확인을 구할 소의 이익이 있는지 여부(원칙적 적극):** 대법원은, "당초 조합설립인가처분에 대한 무효확인 소송이 적법하게 계속되던 도중에 새로운 조합설립인가처분이 이루어졌다고 하더라도, 당초 조합설립인가처분이 취소 또는 철회되지 않은 채 조합이 여전히 당초 조합설립인가처분의 유효를 주장하고 있어 당초 조합설립인가처분의 효력이 소멸되었음이 객관적으로 확정되지 않은 경우에는, 특별한 사정이 없는 한 조합원으로서 조합설립 시기 및 새로운 조합설립인가처분 전에 이루어진 후속 행위의 효력 등에 영향을 미치는 당초 조합설립인가처분에 관한 무효확인을 구할 소의 이익이 당연히 소멸된다고 볼 수는 없다."고 판시하였다(대판 2012.12.13, 2011두21010).

(4) **〈판시사항〉 조합설립변경인가 후에 다시 변경인가를 받은 경우 당초 조합설립변경인가의 취소를 구할 소의 이익이 있는지 여부:** 대법원은, "주택재개발사업조합이 당초 조합설립변경인가 이후 적법한 절차를 거쳐 당초 변경인가를 받은 내용을 모두 포함하여 이를 변경하는 취지의 조합설립변경인가를 받은 경우, 당초 조합설립변경인가는 취소·철회되고 변경된 조합설립변경인가가 새로운 조합설립변경인가가 된다. 이 경우 당초 조합설립변경인가는 더 이상 존재하지 않는 처분이거나 과거의 법률관계가 되므로 특별한 사정이 없는 한 그 취소를 구할 소의 이익이 없다. 다만 당해 주택재개발사업조합이 당초 조합설립변경인가에 기초하여 사업시행계획의 수립 등의 후속 행위를 하였다면 당초 조합설립변경인가가 무효로 확인되거나 취소될 경우 그 유효를 전제로 이루어진 후속 행위 역시 소급하여 효력을 상실하게 되므로, 위와 같은 형태의 변경된 조합설립변경인가가 있다고 하여 당초 조합설립변경인가의 취소를 구할 소의 이익이 소멸된다고 볼 수는 없다."고 판시하였다(대판 2013.10.24, 2012두12853).

발생한 경우 조합설립인가처분의 취소·무효확인을 구할 법률상 이익이 있는지 여부(원칙적 소극)(대판 2014.9.25, 2011두20680) 등 관련판례가 나오고 있다.

2. 원상회복이 불가능한 경우

1) 처분의 집행이 완료된 경우

(1) **〈판시사항〉 건축허가취소처분을 받은 건축물 소유자가 건축물 완공 후에도 취소처분의 취소를 구할 법률상 이익을 가지는지 여부(적극)**: 대법원은, "건축허가를 받아 건축물을 완공하였더라도 건축허가가 취소되면 그 건축물은 철거 등 시정명령의 대상이 되고 이를 이행하지 않은 건축주 등은 건축법 제80조에 따른 이행강제금 부과처분이나 행정대집행법 제2조에 따른 행정대집행을 받게 되며, 나아가 건축법 제79조 제2항에 의하여 다른 법령상의 인·허가 등을 받지 못하게 되는 등의 불이익을 입게 된다. 따라서 건축허가취소처분을 받은 건축물 소유자는 그 건축물이 완공된 후에도 여전히 위 취소처분의 취소를 구할 법률상 이익을 가진다고 보아야 한다."고 판시하여 소의 이익을 긍정하였다(대판 2015.11.12, 2015두47195). ☜ 처분의 집행이 완료된 경우와 같이 원상회복이 불가능하다면 소의 이익을 부정함이 원칙이나, 예외적으로 회복되는 부수적 이익이 있는 경우라면 소의 이익을 인정할 수 있는데, 이 판례는 예외에 해당하는 판례로 볼 수 있다.

(2) **〈판시사항〉 건축허가를 받아 건축공사를 완료한 경우 그 허가처분의 취소를 구할 이익이 있는지 여부(소극) 및 소제기 후 사실심 변론종결일 전에 건축공사를 완료한 경우도 마찬가지인지 여부(적극)**: 대법원은, "위법한 행정처분의 취소를 구하는 소는 위법한 처분에 의하여 발생한 위법상태를 배제하여 원상으로 회복시키고 그 처분으로 침해되거나 방해받은 권리와 이익을 보호·구제하고자 하는 소송이므로 비록 그 위법한 처분을 취소한다 하더라도 원상회복이 불가능한 경우에는 그 취소를 구할 이익이 없다 할 것인바, 건축허가에 기하여 이미 건축공사를 완료하였다면 그 건축허가처분의 취소를 구할 이익이 없다 할 것이고, 이와 같이 건축허가처분의 취소를 구할 이익이 없게 되는 것은 건축허가처분의 취소를 구하는 소를 제기하기 전에 건축공사가 완료된 경우뿐 아니라 소를 제기한 후 사실심 변론종결일 전에 건축공사가 완료된 경우에도 마찬가지이다."고 판시하였다(대판 2007.4.26, 2006두18409). ☜ 이 사건 판례는 인접주택의 소유자가 제기한 건축허가취소소송이다.

(3) **〈판시사항〉 건축허가가 건축법 소정의 이격거리를 두지 아니하고 건축물을 건축하도록 되어 있어 위법하다 하더라도 이미 건축공사가 완료되었다면 인접한 대지의 소유자로서는 위 건축허가처분의 취소를 구할 소의 이익이 없다고 한 사례**: 대법원은, "건축허가가 건축법 소정의 이격거리를 두지 아니하고 건축물을 건축하도록 되어 있어 위법하다 하더라도 그 건축허가에 기하여 건축공사가 완료되었다면 그 건축허가를 받은 대지와 접한 대지의 소유자인 원고가 위 건축허가처분의 취소를 받아 이격거리를 확보할 단계는 지났으며 민사소송으로 위 건축물 등의 철거를 구하는 데 있어서도 위 처분의 취소가 필요한 것이 아니므로 원고로서는 위 처분

의 취소를 구할 법률상의 이익이 없다."고 판시하였다(대판 1992.4.24, 91누11131).

(4) **〈판시사항〉 계고처분에 기한 대집행의 실행이 사실행위로서 완료된 경우, 계고처분 또는 대집행의 실행행위 자체의 무효확인·취소를 구할 법률상 이익이 있는지 여부**: 대법원은, "계고처분에 기한 대집행의 실행이 이미 사실행위로서 완료되었다면, 계고처분이나 대집행의 실행행위 자체의 무효확인 또는 취소를 구할 법률상 이익은 없다."고 판시하였다(대판 1995.7.28, 95누2623).

2) 그 밖에 원상회복이 불가능한 경우

(1) **〈판시사항〉 공장 시설물이 철거되어 공장을 다시 운영할 수 없는 상태인 경우, 공장등록취소처분의 취소를 구할 법률상 이익이 있는지 여부**(원칙적 소극) **및 공장건물이 멸실되었더라도 공장등록취소처분의 취소를 구할 법률상 이익이 있는 경우**: 대법원은, "위법한 행정처분의 취소를 구하는 소는 위법한 처분에 의하여 발생한 위법상태를 원상으로 회복시키고 그 처분으로 침해되거나 방해받은 권리와 이익을 보호·구제하고자 하는 소송이므로, 그 위법한 처분을 취소한다 하더라도 원상회복이 불가능한 경우에는 그 취소를 구할 이익이 없다(대법원 1994.10.25. 선고 94누5403). 따라서 공장 시설물이 어떠한 경위로든 철거되어 복구 등을 통하여 공장을 다시 운영할 수 없는 상태라면 이는 공장등록의 대상이 되지 아니하므로 외형상 공장등록취소행위가 잔존하고 있다고 하여도 그 처분의 취소를 구할 법률상의 이익이 없다 할 것이다. 그러나 위와 같은 경우에도 유효한 공장등록으로 인하여 공장등록에 관한 당해 법률이나 다른 법률에 의하여 보호되는 직접적·구체적 이익이 있다면, 공장건물이 멸실되었다 하더라도 그 공장등록취소처분의 취소를 구할 법률상의 이익이 있다고 할 것이다(대법원 2002.1.11. 선고 2000두3306[27])."고 판시하였다(대판 2016.5.12, 2014두12284).

(2) **〈판시사항〉 甲 주식회사가 제주특별자치도개발공사와 먹는샘물에 관하여 협약기간 자동연장조항이 포함된 판매협약을 체결하였는데, 제주특별자치도지사가 개발공사 설치조례를 개정·공포하면서 '먹는샘물 민간위탁 사업자의 선정은 일반입찰에 의한다'는 규정을 신설하고, '종전 먹는샘물 국내판매 사업자는 2012.3.14.까지 이 조례에 따른 먹는샘물 국내판매 사업자로 본다'는 내용의 부칙조항을 둠에 따라 개발공사가 협약 해지 통지를 하자, 甲 회사가 부칙조항의 무효확인을 구한 사안에서, 무효확인을 구할 법률상 이익이 없다고 한 사례**: 대법원은, "甲 주식회사가 제주특별자치도개발공사(이하, '개발공사'라 한다)와 먹는샘물에 관하여 협약기간 자

27) 이 판결은, "공장등록이 취소된 후 그 공장시설물이 철거되었다 하더라도 대도시 안의 공장을 지방으로 이전할 경우 조세특례제한법상의 세액공제 및 소득세 등의 감면혜택이 있고, 공업배치및공장설립에관한법률상의 간이한 이전절차 및 우선 입주의 혜택이 있는 경우, 그 공장등록취소처분의 취소를 구할 법률상의 이익이 있다."고 한 사례이다(대판 2002.1.11, 2000두3306).

동연장조항이 포함된 판매협약을 체결하였는데, 제주특별자치도지사가 개발공사 설치조례를 개정·공포하면서 '먹는샘물 민간위탁 사업자의 선정은 일반입찰에 의한다'는 규정을 신설하고, '종전 먹는샘물 국내판매 사업자는 2012.3.14.까지 이 조례에 따른 먹는샘물 국내판매 사업자로 본다'는 내용의 부칙조항을 둠에 따라 개발공사가 협약 해지 통지를 하자, 甲 회사가 부칙조항의 무효확인을 구한 사안에서, 협약기간 자동연장조항에 따라 협약기간이 일정 시점 이후까지 자동연장되었다고 보기 어렵다는 등의 사유로 甲 회사가 먹는샘물 판매사업자의 지위를 상실하였다면 지위 상실의 원인이 부칙조항에 의한 것이라고 보기 어려워 부칙조항의 무효확인 판결을 받더라도 판매사업자의 지위를 회복할 수 없으므로, 무효확인을 구할 법률상 이익이 없다." 고 판시하였다(대판 2016.6.10, 2013두1638: 조례무효확인). ☜ 이 판례는 조례(조례부칙조항)에 대해 항고소송으로서 무효확인의 소를 제기한 사건이다.[28]

(3) **〈판시사항〉 도시개발법 제10조 제1항 제1호에 의거하여 도시개발구역이 지정·고시된 날로부터 3년이 되는 날까지 실시계획의 인가 신청이 없어 도시개발구역의 지정이 해제된 경우, 원고의 도시개발사업시행자지정신청을 거부한 것에 취소를 구할 소의 이익이 있는지 여부(소극):** **[사실관계]** 피고(성남시장)는 乙의 제안에 따라 2009.5.15. 도시개발사업의 시행자를 지정하지 않은 채 성남시 소재 일부 토지를 '성남신흥 도시개발구역'(이하 '이 사건 도시개발구역'이라 한다)으로 지정하고, 도시개발법 제22조에 의한 수용 또는 사용방식으로 도시개발사업(이하 '이 사건 도시개발사업'이라 한다)을 수행한다는 취지의 도시개발사업계획을 수립하여 이를 고시하였으며, 그 이후 乙로부터 이 사건 도시개발사업과 관련된 권리를 양수한 원고가 이 사건 사업부지 대부분의 소유권이전등기를 마친 다음 피고에게 이 사건 도시개발사업의 시행자로 지정해 달라는 신청을 3차례하였으나 피고가 '재원조달의 불명확' 또는 '사업안정성의 확보곤란' 등을 이유로 거부하자 원고는 2011.7.28. 제1심 법원에 피고의 제2차 거부처분 및 제3차 거부처분(이하 통틀어 '이 사건 각 처분'이라 한다)의 취소를 구하는 소를 제기하였는데, 피고는 이 사건 소송 계속 중인 2012.5.29. '이 사건 도시개발구역이 지정·고시된 날로부터 3년이 되는 날까지 실시계획의 인가가 신청되지 아니하였다'는 사정을 들어 도시개발법 제10조 제1항 제1호에

---

28) 이 사건 관련 조례는 제주특별자치도개발공사의 민간위탁사업자 선정 방식을 일반입찰 방식으로 하도록 개정하면서, 그 개정조항의 시행과 관련하여 그 시행 전 수의계약에 의한 민간위탁사업자의 지위에 관하여 다음과 같은 부칙조항을 두고 있다. [부칙 제1조(시행일) 이 조례는 공포한 날부터 시행한다. 제2조(경과조치) 이 조례 시행에도 불구하고 종전에 먹는 샘물 국내판매 사업자는 2012.3.14.까지 이 조례에 따른 먹는 샘물 국내판매 사업자로 본다.] 이에 따라 종래 수의계약에 의한 먹는 샘물판매업자인 甲회사가 개정 조례부칙에 불복하여 조례무효확인소송을 제기한 사례이다. 다만, 이 사건에서 대법원은 조례(조례부칙 제2조)의 처분성 여부에 관해 제1심·항소심과 달리(제1심과 항소심에서는 조례부칙 제2조의 처분성을 긍정함), 직접 처분성 유무를 심리하지 않은 채 '원고 주장과 같이 행정처분에 해당하고 그 조항에 원고 주장의 위법 사유가 있다고 하더라도, 원고가 그 무효확인 판결을 받는다고 하여 먹는샘물 판매사업자의 지위를 회복한다고 보기는 어려우므로, 그 무효확인으로 회복할 수 있는 다른 권리나 이익이 남아 있다는 등의 특별한 사정이 없는 한 원고가 이 사건 조례 부칙조항의 무효확인을 구할 법률상 이익이 없다.'고 판시하여 소의 이익을 부정하여 소 각하판결을 하였다.

따라 이 사건 도시개발구역에 대한 도시개발구역 지정을 해제한다는 내용의 고시를 하였다.[29]
[판지] 이 같은 사실관계에 기초하여 대법원은, "이 사건 도시개발구역은 지정·고시된 날인 2009.5.15.부터 3년이 되는 2012.5.15.까지 실시계획의 인가가 신청되지 아니하여 그 다음 날 지정이 해제된 것으로 간주된다고 보아야 하는데, 도시개발사업의 시행자 지정은 도시개발구역이 지정되어 있을 것을 전제로 하는 만큼 도시개발구역의 지정이 해제된 이상 이 사건 각 처분이 위법하여 취소된다 하더라도 피고가 원고를 이 사건 도시개발사업의 시행자로 지정할 수는 없으므로, 이 사건은 비록 처분을 취소한다 하더라도 원상회복이 불가능한 경우에 해당하여 원고가 이 사건 각 처분의 취소를 구할 이익이 없다고 보아야 한다."고 판시하였다(대판 2016.2.18, 2015두3362).

(4) **〈판시사항〉 근로자를 직위해제한 후 동일한 사유를 이유로 징계처분을 한 경우, 직위해제처분이 효력을 상실하는지 여부(적극) 및 근로자가 직위해제처분에 대한 구제를 신청할 이익이 있는지 여부(한정 적극)**: 대법원은, "직위해제처분은 근로자로서의 지위를 그대로 존속시키면서 다만 그 직위만을 부여하지 아니하는 처분이므로 만일 어떤 사유에 기하여 근로자를 직위해제한 후 그 직위해제 사유와 동일한 사유를 이유로 징계처분을 하였다면 뒤에 이루어진 징계처분에 의하여 그 전에 있었던 직위해제처분은 그 효력을 상실한다. 여기서 직위해제처분이 효력을 상실한다는 것은 직위해제처분이 소급적으로 소멸하여 처음부터 직위해제처분이 없었던 것과 같은 상태로 되는 것이 아니라 사후적으로 그 효력이 소멸한다는 의미이다. 따라서 직위해제처분에 기하여 발생한 효과는 당해 직위해제처분이 실효되더라도 소급하여 소멸하는 것이 아니므로, 인사규정 등에서 직위해제처분에 따른 효과로 승진·승급에 제한을 가하는 등의 법률상 불이익을 규정하고 있는 경우에는 직위해제처분을 받은 근로자는 이러한 법률상 불이익을 제거하기 위하여 그 실효된 직위해제처분에 대한 구제를 신청할 이익이 있다."고 판시하였다(대판 2010.7.29, 2007두18406).[30]

(5) **〈판시사항〉 지방의회 의원에 대한 제명의결 취소소송 계속중 의원의 임기가 만료된 사안에서, 제명의결의 취소로 의원의 지위를 회복할 수는 없다 하더라도 제명의결시부터 임기만료일까지의 기간에 대한 월정수당의 지급을 구할 수 있는 등 여전히 그 제명의결의 취소를 구할**

---

29) 참고로 도시개발법에 의하면, 도시개발구역 지정권자는 국가나 지방자치단체 또는 도시개발구역의 토지 소유자 등 법 제11조 제1항 각 호에서 정한 자 중에서 도시개발사업의 시행자를 지정하여야 하고(법 제11조 제1항), 시행자는 도시개발사업에 관한 실시계획을 작성하여 지정권자의 인가를 받아야 하는데(법 제17조 제1항, 제2항), 도시개발구역이 지정·고시된 날부터 3년이 되는 날까지 제17조에 따른 실시계획의 인가를 신청하지 아니하는 경우에는 그 3년이 되는 날의 다음 날 도시개발구역의 지정은 해제된 것으로 간주되도록 정하고 있다(법 제10조 제1항 제1호).

30) 이 판례는, "노동조합 인터넷 게시판에 국민건강보험공단 이사장을 모욕하는 내용의 글을 게시한 근로자에 대하여 인사규정상 직원의 의무를 위반하고 품위를 손상하였다는 사유로 직위해제처분을 한 후 동일한 사유로 해임처분을 한 사안에서, 직위해제처분이 해임처분에 의하여 효력을 상실하였다고 하더라도 근로자에게 위 직위해제처분에 대한 구제를 신청할 이익이 있다."고 판시한 사례이다(대판 2010.7.29, 2007두18406).

법률상 이익이 있다고 본 사례: 대법원은, "원고가 이 사건 제명의결 취소소송 계속중 임기가 만료되어 제명의결의 취소로 지방의회 의원으로서의 지위를 회복할 수는 없다 할지라도, 그 취소로 인하여 최소한 제명의결시부터 임기만료일까지의 기간에 대해 월정수당의 지급을 구할 수 있는 등 여전히 그 제명의결의 취소를 구할 법률상 이익은 남아 있다고 보아야 한다."고 판시하였다(대판 2009.1.30, 2007두13487).[31)]

(6) **〈판시사항〉 해임처분 무효확인 또는 취소소송 계속 중 임기가 만료되어 해임처분의 무효확인 또는 취소로 지위를 회복할 수 없는데도 해임처분의 무효확인 또는 취소를 구할 법률상 이익이 있는 경우 및 해임권자와 보수지급의무자가 다른 경우에도 동일한 법리가 적용되는지 여부(적극):** 대법원은, "해임처분 무효확인 또는 취소소송 계속 중 임기가 만료되어 해임처분의 무효확인 또는 취소로 지위를 회복할 수는 없다고 할지라도, 그 무효확인 또는 취소로 해임처분일부터 임기만료일까지 기간에 대한 보수 지급을 구할 수 있는 경우에는 해임처분의 무효확인 또는 취소를 구할 법률상 이익이 있다. 해임권자와 보수지급의무자가 다른 경우에도 마찬가지이다."고 판시하였다(대판 2012.2.23, 2011두5001).

(7) **〈판시사항〉 도시계획시설사업의 시행자가 실시계획에서 정한 사업시행기간 내에 토지에 대한 수용재결 신청을 하였으나 그 신청을 기각하는 내용의 이의재결이 이루어져 그 취소를 구하던 중 사업시행기간이 경과한 경우, 이의재결의 취소를 구할 소의 이익이 있는지 여부(적극):** 대법원은, "도시계획시설사업의 시행자가 도시계획시설사업의 실시계획에서 정한 사업시행기간 내에 토지에 대한 수용재결 신청을 하였다면, 그 신청을 기각하는 내용의 이의재결의 취소를 구하던 중 그 사업시행기간이 경과하였다 하더라도, 이의재결이 취소되면 도시계획시설사업 시행자의 신청에 따른 수용재결이 이루어질 수 있어 원상회복이 가능하므로 위 사업시행자로서는 이의재결의 취소를 구할 소의 이익이 있다."고 판시하였다(대판 2007.1.11, 2004두8538).[32)]

(8) **〈판시사항〉 도시개발사업의 공사 등이 완료되고 원상회복이 사회통념상 불가능하게 된 경우, 도시개발사업의 시행에 따른 도시계획변경결정처분과 도시개발구역지정처분 및 도시개발사업실시계획인가처분의 취소를 구할 법률상 이익이 있는지 여부(적극):** 대법원은, "도시개발사업의 시행에 따른 도시계획변경결정처분과 도시개발구역지정처분 및 도시개발사업실시계획인가처분은 도시개발사업의 시행자에게 단순히 도시개발에 관련된 공사의 시공권한을 부여하는 데 그치지 않고 당해 도시개발사업을 시행할 수 있는 권한을 설정하여 주는 처분으로

---

31) 이 사건과 기본적으로 같은 판지에 따라 대법원은, "공무원에 대한 파면처분 후 금고 이상의 형을 선고받아 당연퇴직된 경우, 징계처분 이후 당연퇴직일까지의 기간에 대한 급여를 구할 필요가 있거나 다른 공직에의 취임제한 등의 법률상 불이익배제가 필요한 경우에 그 파면처분의 취소를 구할 소의 이익이 있다."고 판시한 바 있다(대판 1985.6.25, 85누39).

32) 다만 이 판례는 '재결주의'를 취하던 (구)토지수용법 하에서의 판결이며, 현행 공익사업법이 취하는 '원처분주의'에 따르면 소의 대상은 이의재결이 아니라 수용재결이 된다.

서 위 각 처분 자체로 그 처분의 목적이 종료되는 것이 아니고 위 각 처분이 유효하게 존재하는 것을 전제로 하여 당해 도시개발사업에 따른 일련의 절차 및 처분이 행해지기 때문에 위 각 처분이 취소된다면 그것이 유효하게 존재하는 것을 전제로 하여 이루어진 토지수용이나 환지 등에 따른 각종의 처분이나 공공시설의 귀속 등에 관한 법적 효력은 영향을 받게 되므로, 도시개발사업의 공사 등이 완료되고 원상회복이 사회통념상 불가능하게 되었더라도 위 각 처분의 취소를 구할 법률상 이익은 소멸한다고 할 수 없다."고 판시하였다(대판 2005.9.9, 2003두5402).

(9) **〈판시사항〉 상등병에서 병장으로의 진급요건을 갖춘 자에 대하여 그 진급처분을 행하지 아니한 상태에서 예비역으로 편입하는 처분을 한 경우, 진급처분부작위위법을 이유로 예비역편입처분취소를 구할 소의 이익이 있는지 여부(소극):** 대법원은, "예비역편입처분취소를 통하여 회복하고자 하는 이익침해는 계급을 상등병에서 병장으로 진급시키는 진급권자에 의한 진급처분이 행하여져야만 보호받을 수 있는 것인데 비록 위 예비역편입처분이 취소된다 하더라도 그로 인하여 신분이 예비역에서 현역으로 복귀함에 그칠 뿐이고, 상등병에서 병장으로의 진급처분 여부는 원칙적으로 진급권자의 합리적 판단에 의하여 결정되는 것이므로 그와 같은 진급처분이 행하여지지 않았다는 이유로 위 예비역편입처분의 취소를 구할 이익이 있다고 할 수 없다."고 판시하였다(대판 2000.5.16, 99두7111).

(10) **〈판시사항 행정청의 직장주택조합에 대한 주택조합원자격박탈지시처분에 의하여 그 조합이 총회에서 일부 조합원을 제명하고 조합원 변경을 이유로 조합설립변경인가를 받은 경우, 그 자격박탈지시처분의 취소를 구할 이익이 없다고 한 사례:** 대법원은, "직장주택조합의 일부 조합원들이 조합원 지위 회복을 위하여 행정청의 조합원자격박탈지시처분의 취소소송을 제기한 사안에서, 그 조합원들은 행정청의 주택조합에 대한 조합원자격박탈지시처분에 의하여 조합원 자격을 상실한 것이 아니라 그 처분 후 조합원 자격의 부여 및 박탈에 관한 정당한 권한을 가진 조합이 임시총회에서 정관에 따라 조합원들을 제명하고 그 뒤 행정청으로부터 조합원 변경을 이유로 조합설립변경인가를 받음으로써 조합원의 자격을 상실하게 되었다 할 것이므로, 그 조합원들은 행정청의 처분에 대한 취소소송에서 승소한다 하더라도 그 조합의 조합원으로서의 지위를 회복할 수 있는 것은 아니라 할 것이어서 그 취소를 구할 법률상 이익이 없다."고 판시하였다(대판 1994.10.25, 94누5403).

(11) **평가:** 취소소송은 위법한 처분에 의하여 발생한 위법상태를 배제하여 원상으로 회복시키고 그 처분으로 침해되거나 방해받은 권리와 이익을 보호·구제하고자 하는 소송이므로, 비록 그 위법한 처분을 취소한다고 하더라도 원상회복이 불가능한 경우에는 그 취소를 구할 소의 이익을 부정함이 원칙이다(대판 2007.1.11, 2004두8538; 대판 1987.2.24, 86누676 등). 다만 예외적으로 회복되는 부수적 이익이 있는 경우라면 소의 이익이 인정된다.

3. 처분 후의 사정변경에 의하여 침해이익의 회복가능성이 없거나 해소된 경우

1) 관계 법령이 개정되거나 폐지된 경우

처분이 있은 후 근거법령의 개폐로 제도가 폐지되어 그 처분이 실효되는 경우에는 그 처분으로 인하여 침해된 이익의 회복을 기대할 가능성이 없으므로 소의 이익은 원칙적으로 부정된다. 판례도 "(구)농어촌소득원개발촉진법에 의한 농공단지 입주승인처분이 있은 후 「산업입지 및 개발에 관한 법률」이 제정·시행되면서 종전의 농공지구 입주승인에 관한 제도가 폐지된 경우 그 처분의 상대방은 그 취소를 구할 현실적 필요 없음은 물론 아무런 법률상 이익도 없다."고 판시하여 소의 이익을 부정하였다(대판 1995.7.28, 94누8860). 그리고 "주택건설사업계획 사전결정반려처분에 대한 취소소송이 계속하던 중에 (구)주택건설촉진법의 개정으로 사전결정제도가 폐지된 경우 그 취소소송을 유지할 법률상 이익이 없다."고 판시하여 소의 이익을 부정하였다(대판 1999.6.11, 97누379).

2) 처분이 취소·철회 또는 변경된 경우

사실관계 취소소송 계속 중 행정청의 직권취소와 소의 이익 유지 여부 (대판 2006.9.28, 2004두5317)

S주식회사가 D구청장의 관할지역에서 분뇨의 수집·운반 및 정화조청소를 대행하고 있던 중 K주식회사는 1998.11.11. D구청장에게 분뇨 등 관련영업 허가신청을 하였으나 D구청장으로부터 같은 달 19. 위 신청을 반려하는 처분을 받자 그 반려처분의 취소를 구하는 소를 제기하였다. 한편 T주식회사도 K주식회사와 D구청장 사이의 위 취소소송이 계속 중이던 2001.8.8. D구청장에게 분뇨 등 관련영업 허가신청(이하 '이 사건 신청'이라 한다)을 하였으나 D구청장은 2001.8.9. 이 사건 신청을 반려하는 처분(이하 '이 사건 처분'이라 한다)을 하였다. 이에 따라 T주식회사는 D구청장을 상대로 이 사건 처분에 대한 취소를 구하는 소송을 제기하였다(이하 '이 사건 소송'이라 한다). 그 후 D구청장은 K주식회사가 제기한 위 취소소송에서 패소하여 그 판결이 2001.12.11. 확정됨에 따라 이 사건 소송계속중인 2002.3.21. 위 K주식회사에게 분뇨 등 관련영업을 허가하는 처분을 하였다. D구청장은 이 사건 소송이 계속 중인 2004.3.30. 이 사건 처분 이후 K주식회사에 대한 추가적인 영업허가로 인하여 기존업체의 시설이 과다하고 업체 간의 과당경쟁 및 무계획적인 분뇨의 수집운반에 관한 안정적·효율적인 책임행정이 불가능하게 될 것으로 예상되며 영업구역 등 조건을 붙이더라도 이를 해결할 수 없는 상태가 되었다는 이유로 이 사건 처분을 직권으로 취소함과 동시에 사정변경에 따라 이 사건 신청을 재반려하는 처분을 하였다. 이에 따라 D구청장(피고)은 T주식회사(원고)와의 소송에서 이 사건 처분이 취소되어 더

이상 그 취소를 구할 소의 이익이 없게 되었다는 본안 전 항변을 하였다.

판 지

행정청이 당초의 분뇨 등 관련영업 허가신청 반려처분의 취소를 구하는 소의 계속중, 사정변경을 이유로 위 반려처분을 직권취소함과 동시에 위 신청을 재반려하는 내용의 재처분을 한 경우, 당초의 반려처분의 취소를 구하는 소는 더 이상 소의 이익이 없게 되었다고 한 사례: 대법원은, "(가) 행정처분이 취소되면 그 처분은 취소로 인하여 그 효력이 상실되어 더 이상 존재하지 않는 것이고, 존재하지 않는 행정처분을 대상으로 한 취소소송은 소의 이익이 없어 부적법하다 할 것이다(대판 1995.12.12, 95누108; 대판 1997.9.26, 96누1931 참조). (나) 행정청이 위법한 침익적 행정행위를 취소하고 적법한 재처분을 하는 것은 특별한 사정이 없는 한 의무에 합당한 재량권의 행사라 할 것인바, 원심이 판단한 바와 같이 이 사건 처분이 재량권을 일탈·남용한 것으로 위법한 것이라면 피고가 이를 직권으로 취소한 것을 두고 행정권의 남용이라고 단정할 수 없는 점, 처분시 이후 변론종결시 사이에 새로운 사유가 생기면 행정청이 소송계속중이라도 종전 처분을 취소하고 새로운 사유에 기한 재처분을 하는 것은 통상 허용되는 것이고, 이 경우 상대방으로서는 새로운 소송을 제기하여 재처분을 다툴 수도 있고 행정소송법 제22조에 따라 법원의 허가를 얻어 처분변경으로 인한 소변경을 하여 분쟁을 일회적으로 해결할 수도 있는 점, 피고가 이 사건 소송계속중 위 직권취소 및 재처분을 행하지 않았다고 하더라도 원고가 이 사건 소송에서 승소하여 거부처분인 이 사건 처분이 취소되는 것 외에는 궁극적인 권리구제 측면에서 별로 달라질 것이 없는 점 등을 감안하면, 설령 피고가 위 직권취소를 하게 된 동기에 이 사건 소송에서의 패소를 회피할 의도가 포함되어 있었다 하더라도 위 직권취소와 재처분이 위법하다 할 수 없고, 피고가 위 직권취소를 전제로 이 사건 소의 이익이 없다고 주장하는 것이 신의성실의 원칙에 반하여 허용될 수 없다고 할 수도 없다. 결국, 이 사건 처분이 취소됨으로 인하여 이 사건 소는 더 이상 소의 이익이 없게 되어 부적법하다 할 것이다."고 판시하였다.

평 가

이 사건은 항소심과 제1심판결에서 '취소소송 계속 중 행정청의 직권취소와 소의 이익 유지 여부'에 대해 긍정적으로 판단한 다음 본안심리로 들어간 반면에, 위 대법원의 판결은 취소소송 계속 중에 처분청에 의하여 행정처분이 직권취소되면 그 처분은 취소로 인하여 효력이 상실되기 때문에 존재하지 않는 행정처분이 된다는 이유로 취소소송의 소의 이익을 부정하여 원심판결을 파기하고, 제1심판결을 취소하면서 이 사건 소를 각하한 판결이다. 위 판결은 쟁송의 대상인 행정처분이 처분청의 직권에 의해 취소되면 그 처분의 법적 효력이 소멸되어 소의 이익이 없다고 한 사례로 대법원의 판례태도가 타당하다.

관련판례

(가) **〈판시사항〉 행정청이 직권으로 취소한 처분에 대하여 무효확인을 구하는 경우 소의 이익이 있는지 여부**(소극): 원고가 제1압류처분 무효확인의 소를 제기하였으나 피고 수원세무서장이 상고심 계속 중에 원고에 대한 제1압류처분을 직권으로 취소한 사건에서, 대법원은, "행정처분이 취소되면 그 처분은 효력을 상실하여 더는 존재하지 않는 것이고, 직권으로 취소된 처분에 관하여 무효확인을 구하는 소는 존재하지 않는 행정처분을 대상으로 하거나 과거의 법률관계의 효력을 다투는 것에 불과하므로 소의 이익이 없어 부적법하다."고 판시하였다(대판 2012. 6.28, 2011두16865).

(나) **〈판시사항〉 취소되어 더 이상 존재하지 않는 행정처분을 대상으로 한 취소소송에 소의 이익이 있는지 여부**(소극)**/절차상 또는 형식상 하자로 무효인 행정처분에 대하여 행정청이 적법한 절차 또는 형식을 갖추어 동일한 행정처분을 한 경우, 종전의 무효인 행정처분에 대하여 무효확인을 구할 법률상 이익이 있는지 여부**(소극)**/병역감면신청서 회송처분과 공익근무요원 소집처분이 직권으로 취소되었는데도, 이에 대한 무효확인과 취소를 구하는 소는 더 이상 존재하지 않는 행정처분을 대상으로 하거나 과거의 법률관계의 효력을 다투는 것에 불과하므로 소의 이익이 없어 부적법하다고 한 사례**: 대법원은, "행정처분이 취소되면 그 처분은 효력을 상실하여 더 이상 존재하지 않는 것이고, 존재하지 않는 행정처분을 대상으로 한 취소소송은 소의 이익이 없어 부적법하다."는 점과 "절차상 또는 형식상 하자로 무효인 행정처분에 대하여 행정청이 적법한 절차 또는 형식을 갖추어 다시 동일한 행정처분을 하였다면, 종전의 무효인 행정처분에 대한 무효확인 청구는 과거의 법률관계의 효력을 다투는 것에 불과하므로 무효확인을 구할 법률상 이익이 없다."고 판시한 다음, "지방병무청장이 병역감면요건 구비 여부를 심사하지 않은 채 병역감면신청서 회송처분을 하고 이를 전제로 공익근무요원 소집통지를 하였다가, 병역감면신청을 재검토하기로 하여 신청서를 제출받아 병역감면요건 구비 여부를 심사한 후 다시 병역감면 거부처분을 하고 이를 전제로 다시 공익근무요원 소집통지를 한 경우, 병역감면신청서 회송처분과 종전 공익근무요원 소집처분은 직권으로 취소되었다고 볼 수 있으므로, 그에 대한 무효확인과 취소를 구하는 소는 더 이상 존재하지 않는 행정처분을 대상으로 하거나 과거의 법률관계의 효력을 다투는 것에 불과하므로 소의 이익이 없어 부적법하다."고 판시하여 소의 이익을 부정하였다(대판 2010.4.29, 2009두16879: 공익근무요원소집처분취소).

(다) **〈판시사항〉 보충역편입처분 및 공익근무요원소집처분의 취소를 구하는 소의 계속중 병역처분변경신청에 따라 제2국민역편입처분으로 병역처분이 변경된 경우, 종전 보충역편입처분 및 공익근무요원소집처분의 취소를 구할 소의 이익이 없다고 한 사례**: 대법원은, "보충역편입처분 및 공익근무요원소집처분의 취소를 구하는 소의 계속중 병역처분변경신청에 따라 제2국민역편입처분으로 병역처분이 변경된 경우, 보충역편입처분은 제2국민역편입처분을 함으로써 취소 또는 철회되어 그 효력이 소멸하였고, 공익근무요원소집처분의 근거가 된 보충역편입처분이

취소 또는 철회되어 그 효력이 소멸한 이상 공익근무요원소집처분 또한 그 효력이 소멸하였다는 이유로, 종전 보충역편입처분 및 공익근무요원소집처분의 취소를 구할 소의 이익이 없다."고 판시하였다(대판 2005.12.9, 2004두6563).[33]

(라) **〈판시사항〉 직위해제처분 후 새로운 사유로 다시 직위해제처분을 한 경우, 종전직위해제처분은 묵시적으로 철회되었으므로 그 처분을 다툴 소의 이익이 없다고 한 사례:** 대법원은, "행정청이 공무원에 대하여 새로운 직위해제사유에 기한 직위해제처분을 한 경우 그 이전에 한 직위해제처분은 이를 묵시적으로 철회하였다고 봄이 상당하고, 그렇다면 직위해제처분무효확인및정직처분취소 소송 중 이미 철회되어 그 효력이 상실된 직위해제처분의 취소를 구하는 부분은 존재하지 않는 행정처분을 대상으로 한 것으로서, 그 소의 이익이 없다."고 판시하였다(대판 1996.10.15, 95누8119).

(마) **〈판시사항〉 행정소송법 제18조 제2항에 의한 행정소송 제기 후 판결선고 전에 형성적 재결이 이루어진 경우의 소의 이익 유무(소극):** 대법원은, "행정처분에 대하여 그 취소를 구하는 행정심판을 제기하는 한편, 그 처분의 집행으로 생길 중대한 손해를 예방하여야 할 긴급한 필요가 있는 때에 해당한다 하여 행정소송법 제18조 제2항 제2호에 의하여 행정심판의 재결을 거치지 아니하고 그 처분의 취소를 구하는 소를 제기하였는데, 판결선고 이전에 그 행정심판절차에서 '처분청의 당해 처분을 취소한다'는 형성적 재결이 이루어졌다면, 그 취소의 재결로써 당해 처분은 소급하여 그 효력을 잃게 되므로 더 이상 당해 처분의 효력을 다툴 법률상의 이익이 없게 된다."고 판시하였다(대판 1997.5.30, 96누18632). ☜ 이 판례는 건축허가취소처분의 취소를 구하는 소송의 계속 중에 행정심판절차에서 해당 처분을 취소하는 재결(형성재결)이 이루어진 사건이다.

(바) **〈판시사항〉 교원소청심사위원회의 파면처분 취소결정에 대한 취소소송 계속 중 학교법인이 교원에 대한 징계처분을 파면에서 해임으로 변경한 경우, 종전의 파면처분은 소급하여 실효되고 해임처분만 효력을 발생하므로, 소급하여 효력을 잃은 파면처분을 취소한다는 내용의 교원소청심사결정의 취소를 구하는 것은 법률상 이익이 없다고 한 사례:** 대법원은, "원고(학교법인 문성학원)가 참가인에 대한 징계처분을 파면에서 해임으로 변경함으로써 종전의 파면처분은 소급하여 실효되고 변경된 징계처분인 해임만이 효력을 발생하게 되었으므로, 소급하여 효력을 잃은 종전의 파면처분을 취소한다는 내용의 이 사건 교원소청심사결정은 형식적으로만 존재하고 있을 뿐, 원고에 대하여 아무런 기속력을 가지지 않게 되었다고 할 것이고, 결국 이 사건 소는 원고에 대하여 아무런 기속력을 가지지 않는 교원소청심사결정의 취소를 구하는 것에 불과하여 그 취소를 구할 법률상 이익이 있다고 할 수 없다."고 판시하였다(대판 2010.2.25, 2008두20765).

---

33) 참고로, 대법원은 "현역입영대상자가 입영한 후에 '현역병입영통지처분'의 취소를 구할 소송상의 이익이 있는지 여부"와 관련해서는, 이 경우 취소를 구할 소의 이익이 있다고 한다(대판 2003.12.26, 2003두1875).

(사) **〈판시사항〉 당연무효인 당초의 환지처분이 있은 뒤에 적법한 절차를 거쳐 새로운 환지처분이 유효하게 이루어진 경우, 당초의 환지처분에 대한 무효확인을 구할 법률상 이익이 상실되는지 여부**(적극): 대법원은, "환지처분이 공고되어 효력을 가지게 되면 환지예정지지정처분의 효력은 소멸되므로 그 때부터는 환지예정지지정처분이 무효라는 확인을 구할 법률상 이익이 없어지고, 당초의 환지처분이 환지계획의 내용에 따르지 아니하여 무효이면 시행자는 환지계획변경 등의 절차를 거쳐 다시 환지처분을 할 수 있고, 이러한 새로운 환지처분이 적법하게 이루어지면 당초의 환지처분이 무효라는 확인을 구할 법률상의 이익도 없어진다."고 판시하였다(대판 2002.4.23, 2000두2495).

(아) **평가:** 처분의 전부 또는 일부가 권한 있는 행정청에 의해 취소·철회·변경된 경우 해당 처분의 법적 효과는 취소·철회·변경의 결과 그 효력을 상실하므로, 법적 효과가 소멸된 부분의 취소를 구할 이익이 인정되지 않는다.

3) 처분 이후의 사정변경으로 이익침해가 해소된 경우

(1) **〈판시사항〉 사법시험 제1차 시험 불합격 처분 후 새로 실시된 제1차 시험에 합격한 경우, 그 불합격 처분의 취소를 구할 수 있는지 여부**(소극): 대법원은, "사법시험 제1차 시험에 합격하였다고 할지라도 그것은 합격자가 당회의 제2차 시험과 차회의 제2차 시험에 응시할 자격을 부여받을 수 있는 전제요건이 되는 데 불과한 것이고, 그 자체만으로 합격한 자의 법률상의 지위가 달라지는 것이 아니므로, 제1차 시험 불합격 처분 이후에 새로이 실시된 사법시험 제1차 시험에 합격하였을 경우에는 더 이상 위 불합격 처분의 취소를 구할 법률상 이익이 없다."고 판시하였다(대판 2009.9.10, 2008두2675).[34)]

(2) **〈판시사항〉 공익근무요원 소집해제신청을 거부한 후에 원고가 계속하여 공익근무요원으로 복무함에 따라 복무기간 만료를 이유로 소집해제처분을 한 경우, 원고가 입게 되는 권리와 이익의 침해는 소집해제처분으로 해소되었으므로 위 거부처분의 취소를 구할 소의 이익이 없다고 한 사례:** 대법원은, "위법한 행정처분의 취소를 구하는 소는 위법한 처분에 의하여 발생한 위법상태를 배제하여 원상으로 회복시키고, 그 처분으로 침해되거나 방해받은 권리와 이익을 보호·구제하고자 하는 소송이므로, 처분 후의 사정에 의하여 권리와 이익의 침해 등이 해소된 경우에는 그 처분의 취소를 구할 소의 이익이 없다 할 것이고, 설령 그 처분이 위법함을 이유로 손해배상청구를 할 예정이라고 하더라도 달리 볼 것이 아니다."고 판시하였다(대판 2005.5.13, 2004두4369). ☜ 이 판결의 취지는 처분 후 사정변경으로 이익침해가 해소된 경우에 소의 이익이

34) 최근 대법원은 이 사건 판결의 판지와 같이 '세무사 자격시험 제1차 시험 불합격 처분 후 새로 실시된 세무사 자격시험 제1차 시험에 합격한 경우, 불합격 처분의 취소를 구할 법률상 이익이 없다.'고 하였다(대판 2014.4.24, 2013두26071).

없음과 동시에 항고소송에서 국가배상소송을 위한 선결문제는 법률상 이익에 포함되지 않아 소의 이익이 부정된다는 것이다.

(3) 그 밖에 현역병입영대상자로 병역처분을 받은 자가 그 취소소송 중 모병에 응하여 현역병으로 자진 입대한 경우에는 그 처분의 위법을 다툴 실제적 효용 내지 이익 없다는 이유로 소의 이익이 없다고 한 사례(대판 1998.9.8, 98두9165), 그리고 치과의사국가시험에 불합격한 후 새로 실시된 치과의사국가시험에 합격한 경우에 그 불합격처분의 취소를 구할 소의 이익이 없다고 한 사례(대판 1993.11.9, 93누6867) 등이 있다.

4. 강학상의 인가·특허에서 하자를 다투는 항고소송의 경우

1) 인가에서 기본행위의 하자와 항고소송

(1) **〈판시사항〉 기본행위인 임시이사들에 의한 이사선임결의의 내용 및 그 절차에 하자가 있다는 이유로 이사선임결의의 효력에 관하여 다툼이 있는 경우, 그 보충행위인 임원취임승인처분의 무효확인이나 그 취소를 구할 법률상 이익이 있는지 여부**(소극): 사립학교법에 따른 이사선임결의에 내용·절차의 하자가 있음을 이유로 교육부장관의 임원취임승인처분에 대해 항고소송을 제기한 사건에서, 대법원은, "기본행위인 이사선임결의가 적법·유효하고 보충행위인 승인처분 자체에만 하자가 있다면 그 승인처분의 무효확인이나 그 취소를 주장할 수 있지만, 이 사건 임원취임승인처분에 대한 무효확인이나 그 취소의 소처럼 기본행위인 임시이사들에 의한 이사선임결의의 내용 및 그 절차에 하자가 있다는 이유로 이사선임결의의 효력에 관하여 다툼이 있는 경우에는 민사쟁송으로서 그 기본행위에 해당하는 위 이사선임결의의 무효확인을 구하는 등의 방법으로 분쟁을 해결할 것이지 그 이사선임결의에 대한 보충적 행위로서 그 자체만으로는 아무런 효력이 없는 승인처분만의 무효확인이나 그 취소를 구하는 것은 특단의 사정이 없는 한 분쟁해결의 유효적절한 수단이라 할 수 없으므로, 임원취임승인처분의 무효확인이나 그 취소를 구할 법률상 이익이 없다."고 판시하였다(대판 2002.5.24, 2000두3641).[35)]

---

35) 이 사건 판례의 판지와 마찬가지로, '사립학교법에 따라 기본행위인 사법상의 임원선임행위에 하자가 있음을 이유로 감독청의 취임승인처분에 대해 취소를 구하는 소를 제기한 사건'에서 대법원은 "**민사쟁송**으로 그 선임행위의 무효확인을 구하는 등의 방법으로 분쟁을 해결할 것이지 **보충적 행위**로서 그 자체만으로는 아무런 효력이 없는 **승인처분**만의 취소 또는 무효확인을 구하는 것은 특단의 사정이 없는 한 분쟁해결의 유효적절한 수단이라 할 수 없어 소구할 법률상의 이익이 없다고 할 것이다."고 판시하여 소의 이익을 부정하였다(대판 2005.12.23, 2005두4823). 그리고 '사립학교 재단법인의 정관변경 결의의 하자를 이유로 정관변경 인가처분의 취소 또는 무효확인을 소구할 수 있는지 여부'가 쟁점이 된 사건에서 대법원은, "기본행위인 정관변경 결의가 적법 유효하고 보충행위인 인가처분 자체에만 하자가 있다면 그 인가처분의 무효나 취소를 주장할 수 있지만, 인가처분에 하자가 없다면 기본행위의 무효를 내세워 바로 그에 대한 행정청의 인가처분의 취소 또는 무효확인을 소구할 법률상의 이익이 없다."고 판시하였다(대판 1996.5.16, 95누4810; 대판 2004.10.28,

(2) **〈판시사항〉 도시재개발법**(현 '도시정비법'으로 개편) **제34조**(관리처분계획의 인가등)**에 의한 행정청의 관리처분계획 인가처분의 법적 성질 및 관리처분계획의 하자를 이유로 관리처분계획 인가처분의 취소 또는 무효확인을 소구할 법률상 이익이 있는지 여부**(소극): 대법원은, "도시재개발법 제34조에 의한 행정청의 인가는 주택개량재개발조합의 관리처분계획에 대한 법률상의 효력을 완성시키는 보충행위로서 그 기본 되는 관리처분계획에 하자가 있을 때에는 그에 대한 인가가 있었다 하여도 기본행위인 관리처분계획이 유효한 것으로 될 수 없으며, 다만 그 기본행위가 적법·유효하고 보충행위인 인가처분 자체에만 하자가 있다면 그 인가처분의 무효나 취소를 주장할 수 있다고 할 것이지만, 인가처분에 하자가 없다면 기본행위에 하자가 있다 하더라도 따로 그 기본행위의 하자를 다투는 것은 별론으로 하고 기본행위의 무효를 내세워 바로 그에 대한 행정청의 인가처분의 취소 또는 무효확인을 소구할 법률상의 이익이 있다고 할 수 없다."고 판시하였다(대판 2001.12.11, 2001두7541).

(3) **〈판시사항〉 주택재개발 정비사업조합이 수립한 사업시행계획을 인가하는 행정청의 행위의 법적 성질**(=보충행위) **및 인가처분에 흠이 없는 경우 기본행위의 흠을 이유로 인가처분의 무효확인 또는 취소를 구할 수 있는지 여부**(소극): 대법원은, "도시 및 주거환경정비법(이하 '도시정비법'이라 한다)에 기초하여 주택재개발정비사업조합이 수립한 사업시행계획은 그것이 인가·고시를 통해 확정되면 이해관계인에 대한 구속적 행정계획으로서 독립된 행정처분에 해당하므로(대판 2009.11.2, 자 2009마596 결정 참조), 사업시행계획을 인가하는 행정청의 행위는 주택재개발정비사업조합의 사업시행계획에 대한 법률상의 효력을 완성시키는 보충행위에 해당한다(대판 2008.1.10, 2007두16691 판결 참조). 따라서 기본행위가 적법·유효하고 보충행위인 인가처분 자체에만 흠이 있다면 그 인가처분의 무효나 취소를 주장할 수 있다고 할 것이지만, 인가처분에 흠이 없다면 기본행위에 흠이 있다 하더라도 따로 그 기본행위의 흠을 다투는 것은 별론으로 하고 기본행위의 무효를 내세워 바로 그에 대한 인가처분의 무효확인 또는 취소를 구할 수 없다."고 판시하였다(대판 2010.12.9, 2009두4913).

(4) **평가**: 강학상의 인가는 그 대상인 기본행위의 효과를 완성시키는 **보충행위**이므로, 그 기본행위에 불성립 또는 무효와 같은 하자가 있는 때에는 그에 대해 설령 인가가 있어도 그 기본행위가 유효하게 될 수 없다(대판 2001.5.29, 99두7432). 따라서 기본행위에 하자가 있는 경우 기본행위의 하자를 이유로 그에 대한 인가처분 자체의 취소 또는 무효확인을 소구할 법률상의 이익(소의 이익)이 없다(대판 2002.5.24, 2000두3641; 대판 2001.12.11, 2001두7541 등). 반대로 그 기본행위는 적법유효하나 보충행위인 인가처분에만 하자가 있을 경우에는 그 인가처분의 취소나 무효확인의 소를 제기할 수 있다(대판 2000.9.5, 99두1854 등).

2002두10766).

2) 도시정비법상 조합설립결의 등의 하자와 항고소송(특허의 경우)

(1) **〈판시사항〉 행정청이 도시 및 주거환경정비법 등 관련 법령에 의하여 행하는 조합설립 인가처분의 법적 성격 및 조합설립인가처분이 있은 후에 조합설립결의의 하자를 이유로 그 결의 부분만을 따로 떼어내어 무효 등 확인의 소를 제기하는 것이 허용되는지 여부**(소극): 도시 및 주거환경정비법상 주택재건축정비사업조합에 대한 행정청의 조합설립인가처분이 있은 후에 조합설립결의의 하자를 이유로 민사소송으로 그 결의의 무효 등 확인을 구한 사안에서 대법원은, "[1] 행정청이 도시 및 주거환경정비법 등 관련 법령에 근거하여 행하는 조합설립인가처분은 단순히 사인들의 조합설립행위에 대한 보충행위로서의 성질을 갖는 것에 그치는 것이 아니라 법령상 요건을 갖출 경우 도시 및 주거환경정비법상 주택재건축사업을 시행할 수 있는 권한을 갖는 행정주체(공법인)로서의 지위를 부여하는 일종의 설권적 처분의 성격을 갖는다고 보아야 한다. 그리고 그와 같이 보는 이상 조합설립결의는 조합설립인가처분이라는 행정처분을 하는 데 필요한 요건 중 하나에 불과한 것이어서, 조합설립결의에 하자가 있다면 그 하자를 이유로 직접 항고소송의 방법으로 조합설립인가처분의 취소 또는 무효확인을 구하여야 하고, 이와는 별도로 조합설립결의 부분만을 따로 떼어내어 그 효력 유무를 다투는 확인의 소를 제기하는 것은 원고의 권리 또는 법률상의 지위에 현존하는 불안·위험을 제거하는 데 가장 유효·적절한 수단이라 할 수 없어 특별한 사정이 없는 한 확인의 이익은 인정되지 아니한다. [2] 도시 및 주거환경정비법상 주택재건축정비사업조합에 대한 행정청의 조합설립인가처분이 있은 후에 조합설립결의의 하자를 이유로 민사소송으로 그 결의의 무효 등 확인을 구한 사안에서, 그 소가 확인의 이익이 없는 부적법한 소에 해당하다고 볼 여지가 있으나, 재건축조합에 관한 설립인가처분을 보충행위로 보았던 종래의 실무관행 등에 비추어 그 소의 실질이 조합설립인가처분의 효력을 다투는 취지라고 못 볼 바 아니고, 여기에 소의 상대방이 행정주체로서의 지위를 갖는 재건축조합이라는 점을 고려하면, 그 소가 공법상 법률행위에 관한 것으로서 행정소송의 일종인 당사자소송으로 제기된 것으로 봄이 상당하고, 그 소는 이송 후 관할법원의 허가를 얻어 조합설립인가처분에 대한 항고소송으로 변경될 수 있어 관할법원인 행정법원으로 이송함이 마땅하다."고 판시하였다(대판 2009.9.24, 2008다60568).[36)]

(2) **〈판시사항〉 (구)도시 및 주거환경정비법상 재개발조합설립 인가신청에 대하여 조합설립 인가처분이 있은 이후에 조합설립결의에 하자가 있음을 이유로 민사소송으로 조합설립결의 무효확인을 구할 확인의 이익이 있는지 여부**(소극): 대법원은, "(구)도시 및 주거환경정비법(2007.

36) 이 사건과 같은 판지의 판결로, "도시환경정비사업조합에 대한 행정청의 조합설립 인가처분이 있은 후에 그 설립 인가처분의 요건에 불과한 조합설립행위에 대한 무효 확인을 구하는 소를 민사소송으로 제기한 사안에서, 그 소는 행정소송의 일종인 **당사자소송**에 해당하고, 이송 후 관할법원의 허가를 얻어 조합설립 인가처분에 대한 항고소송으로 변경될 수 있어 관할법원인 행정법원으로 이송함이 마땅하다."고 한 사례가 있다(대판 2010.4.8, 2009다27636).

12.21. 법률 제8785호로 개정되기 전의 것)상 재개발조합설립 인가신청에 대하여 행정청의 조합설립인가처분이 있은 이후에 조합설립결의에 하자가 있음을 이유로 재개발조합 설립의 효력을 부정하기 위해서는 항고소송으로 조합설립인가처분의 효력을 다투어야 하고, 특별한 사정이 없는 한 이와는 별도로 민사소송으로 행정청으로부터 조합설립인가처분을 하는 데 필요한 요건 중의 하나에 불과한 조합설립결의에 대하여 무효확인을 구할 확인의 이익은 없다고 보아야 한다."고 판시하였다(대결 2009.9.24, 2009마168).

(3) **평가:** ① 주택재개발·주택재건축 등 재개발관련사항의 근거 법률이었던 (구)주택건설촉진법·(구)도시재개발법 등의 각 개별법을 현행 '도시정비법'으로 통합·개편되기 이전에 종래 주택정비사업을 규율하던 (구)주택건설촉진법 하에서의 대법원 판례(변경 전 판례)[37]는, 「재건축조합설립인가와 그 기본행위인 조합설립행위의 관계」와 관련하여 위 "1) 인가에서 기본행위의 하자와 항고소송"에서 기술한 내용과 마찬가지로 이 경우 재건축조합설립인가를 강학상의 인가로 보았다(대판 2000.9.5, 99두1854). 그러나 ② **도시정비법 하에서 대법원 최근 종래의 판례를 변경(변경 후 판례)하여**, "행정청이 도시 및 주거환경정비법 등 관련 법령에 근거하여 행하는 조합설립인가처분은 단순히 **사인들의 조합설립행위에 대한** 보충행위로서의 성질을 갖는 것에 그치는 것이 아니라 법령상 요건을 갖출 경우 도시 및 주거환경정비법상 주택재건축사업을 시행할 수 있는 권한을 갖는 행정주체(공법인)로서의 지위를 부여하는 일종의 설권적 처분의 성격을 갖는다고 보아야 한다(대판 2009.9.24, 2008다60568; 대판 전원합의체 2009.9.17, 2007다2428 참조)"라고 판시하여 강학상 특허로 보고 있다. ③ 이 같은 변경 후 판례의 입장에 의할 때 도시정비법상 "조합설립행위 → 조합설립인가 → 조합총회결의"의 과정과 관련하여 〈조합설립인가〉의 법적 성질 —설권적 처분(강학상 특허)으로서 행정주체(공법인)의 지위부여— 에 기초하여 쟁송형태를 이해하여야 한다. 즉 종래 보충행위로서 인가로 보던 **조합설립인가가 특허로서 법적 성질이 변경됨으로써 조합설립행위(조합설립결의 등)는 특허로서 조합설립인가의 성립요건**이 되며, 그에 관한 하자는 인가처분이 있는 이상, **조합설립인가처분을 대상으로 항고소송**을 제기하여야 하며(대판 2009.9.24, 2008다60568; 대판 2010.4.8, 2009다27636), 인가처분으로 행정주체의 지위를 갖게 된 이후의 법률관계는 행정주체와의 법률관계이므로 당연히 공법관계로서 조합의 관리처분계획안·사업시행계획안 등에 대한 **조합총회결의의 하자는 행정소송법상 당사자소송으로** 다투어야 한다(대판 전원합의체 2009.9.17, 2007다2428).

---

37) 변경 전 대법원 판례는, "주택건설촉진법에 따른 재건축조합설립인가는 재건축조합설립행위를 보충하여 그 법률상 효력을 완성시키는 **보충행위**일 뿐이므로 그 기본이 되는 조합설립행위에 하자가 있을 때에는 그에 대한 인가가 있다 하더라도 기본행위인 조합설립이 유효한 것으로 될 수 없고, 따라서 그 기본행위는 적법유효하나 보충행위인 인가처분에만 하자가 있는 경우에는 그 인가처분의 취소나 무효확인을 구할 수 있을 것이지만 기본행위인 조합설립에 하자가 있는 경우에는 민사쟁송으로써 따로 그 기본행위의 취소 또는 무효확인 등을 구하는 것은 별론으로 하고 기본행위의 불성립 또는 무효를 내세워 바로 그에 대한 감독청의 인가처분의 취소 또는 무효확인을 소구할 법률상 이익이 있다고 할 수 없다."고 판시하여 **강학상 인가**로 보았다(대판 2000.9.5, 99두1854).

5. 그 밖의 소의 이익 인정여부

1) 단계적 행정결정에서 처분이 종국처분에 흡수되는 경우

(1) **〈판시사항〉 (구)부당한 공동행위 자진신고자 등에 대한 시정조치 등 감면제도 운영고시 제14조에 따른 부당한 공동행위 자진신고자 등의 시정조치 또는 과징금 감면신청에 대한 감면불인정통지를 받은 후에 시정조치 또는 과징금 부과에 관한 종국의결이 이루어진 경우, 감면불인정 통지에 대하여 취소를 구할 소의 이익이 있는지 여부(소극)**: 대법원은, "(구)독점규제법 제22조의2 제1항, (구)독점규제법 시행령 제35조 제1항, (구)부당한 공동행위 자진신고자 등에 대한 시정조치 등 감면제도 운영고시(2009.5.19. 공정거래위원회 고시 제2009-9호로 개정되기 전의 것, 이하 '감면고시'라 한다) 등 관련 법령의 내용, 형식, 체제 및 취지를 종합하면, 감면고시 제14조에 따른 부당한 공동행위 자진신고자 등의 시정조치 또는 과징금 감면신청에 대한 감면불인정 통지를 받은 후에 시정조치 또는 과징금 부과에 관한 종국의결이 이루어진 경우에는 직접 종국의결의 위법 여부를 다투어 그 취소를 구하는 것이 해당 사업자에게 가장 유효·적절한 권리구제 수단이 되므로, 감면불인정 통지에 대하여 취소를 구하는 것은 그 소의 이익이 없다."고 판시하였다(대판 2015.9.10, 2013두13815).

(2) **〈판시사항〉 (구)도시 및 주거환경정비법상 조합설립추진위원회 구성승인처분을 다투는 소송 계속 중 조합설립인가처분이 이루어진 경우 조합설립추진위원회 구성승인처분에 대하여 취소 또는 무효확인을 구할 법률상 이익이 있는지 여부(소극)**: 대법원은, "(구)도시 및 주거환경정비법(2009.2.6. 법률 제9444호로 개정되기 전의 것, 이하 '(구)도시정비법'이라고 한다) 제13조 제1항, 제2항, 제14조 제1항, 제15조 제4항, 제5항 등에 의하면, ……이와 같은 관계 법령의 내용, 형식, 체제 등에 비추어 보면, 추진위원회 구성승인처분은 조합의 설립을 위한 주체인 추진위원회의 구성행위를 보충하여 그 효력을 부여하는 처분으로서 조합설립이라는 종국적 목적을 달성하기 위한 중간단계의 처분에 해당하지만 그 법률요건이나 효과가 조합설립인가처분의 그것과는 다른 독립적인 처분이기 때문에, 추진위원회 구성승인처분에 대한 취소 또는 무효확인 판결의 확정만으로는 이미 조합설립인가를 받은 조합에 의한 정비사업의 진행을 저지할 수 없다 할 것이다. 따라서 추진위원회 구성승인처분을 다투는 소송계속 중에 조합설립인가처분이 이루어진 경우에는, 추진위원회 구성승인처분에 위법이 존재하여 조합설립인가 신청행위가 무효라는 점을 들어 직접 조합설립인가처분을 다툼으로써 정비사업의 진행을 저지하여야 할 것이고, 이와는 별도로 추진위원회 구성승인처분에 대하여 취소 또는 무효확인을 구할 법률상의 이익은 없다고 보아야 한다."고 판시하였다(대결 2013.1.31, 2011아73).

(3) 그 밖에 (구)농지법에 의거하여 농지처분의무통지 후에 농지처분명령이 있는 경우에 종국처분인 농지처분명령의 취소를 구하는 소를 제기하여 원고 패소의 판결이 확정된 이상, 그

전단계인 농지처분의무통지의 취소를 구하는 부분의 소는 더 이상 이를 유지할 이익이 없다(대판 2003.11.14, 2001두8742). 또한 (구)원자력법에 의한 원자로 및 관계시설의 부지사전승인 후 원자로건설허가처분이 있는 경우 부지사전승인은 독립된 처분이기는 하나 원자로건설허가처분에 흡수되어 독립된 존재가치를 상실하게 되므로 부지사전승인의 취소를 구할 법률상 이익이 없다(대판 1998.9.4, 97누19588: 부지사전승인처분취소). 그리고 과세처분이 있은 이후 과세표준·세액 등이 확정된 증액경정처분이 있은 경우 당초의 과세처분은 증액경정처분에 흡수되므로 당초 과세처분의 취소를 구할 소의 이익이 없다(대판 2000.9.8, 98두16149).

(4) **평가:** 동일한 행정목적을 달성하기 위하여 단계적인 일련의 절차로서 행해지는 일정한 처분이 종국처분에 흡수된 경우에는 그 처분은 독립된 존재가치를 상실하여 당연히 소멸하므로 그 처분의 무효확인 또는 취소를 구할 소의 이익이 없게 되는 것이다.

2) 동일한 소송당사자 사이에 위법한 처분이 반복될 위험성이 있는 경우

(1) **〈판시사항〉 학교법인 임원취임승인의 취소처분 후 그 임원의 임기가 만료되고 (구)사립학교법 제22조 제2호 소정의 임원결격사유기간마저 경과한 경우 또는 위 취소처분에 대한 취소소송 제기 후 임시이사가 교체되어 새로운 임시이사가 선임된 경우, 위 취임승인취소처분 및 당초의 임시이사선임처분의 취소를 구할 소의 이익이 있는지 여부(적극):** 대법원은, "(나) 제소 당시에는 권리보호의 이익을 갖추었는데 제소 후 취소 대상 행정처분이 기간의 경과 등으로 그 효과가 소멸한 때, **동일한 소송 당사자 사이에서 동일한 사유로 위법한 처분이 반복될 위험성이 있어 행정처분의 위법성 확인 내지 불분명한 법률문제에 대한 해명이 필요하다고 판단되는** 경우, 그리고 선행처분과 후행처분이 단계적인 일련의 절차로 연속하여 행하여져 후행처분이 선행처분의 적법함을 전제로 이루어짐에 따라 선행처분의 하자가 후행처분에 승계된다고 볼 수 있어 이미 소를 제기하여 다투고 있는 선행처분의 위법성을 확인하여 줄 필요가 있는 경우 등에는 행정의 적법성 확보와 그에 대한 사법통제, 국민의 권리구제의 확대 등의 측면에서 여전히 그 처분의 취소를 구할 법률상 이익이 있다. (다) 임시이사 선임처분에 대하여 취소를 구하는 소송의 계속중 임기만료 등의 사유로 새로운 임시이사들로 교체된 경우, 선행 임시이사 선임처분의 효과가 소멸하였다는 이유로 그 취소를 구할 법률상 이익이 없다고 보게 되면, 원래의 정식이사들로서는 계속중인 소를 취하하고 후행 임시이사 선임처분을 별개의 소로 다툴 수밖에 없게 되며, 그 별소 진행 도중 다시 임시이사가 교체되면 또 새로운 별소를 제기하여야 하는 등 무익한 처분과 소송이 반복될 가능성이 있으므로, 이러한 경우 법원이 선행 임시이사 선임처분의 취소를 구할 법률상 이익을 긍정하여 그 위법성 내지 하자의 존재를 판결로 명확히 해명하고 확인하여 준다면 위와 같은 구체적인 침해의 반복 위험을 방지할 수 있을 뿐 아니라, 후행 임시이사 선임처분의 효력을 다투는 소송에서 기판력에 의하여 최초 내지 선행 임시이사

선임처분의 위법성을 다투지 못하게 함으로써 그 선임처분을 전제로 이루어진 후행 임시이사 선임처분의 효력을 쉽게 배제할 수 있어 국민의 권리구제에 도움이 된다. (라) 그러므로 취임승인이 취소된 학교법인의 정식이사들로서는 그 취임승인취소처분 및 임시이사 선임처분에 대한 각 취소를 구할 법률상 이익이 있고, 나아가 선행 임시이사 선임처분의 취소를 구하는 소송 도중에 선행 임시이사가 후행 임시이사로 교체되었다고 하더라도 여전히 선행 임시이사 선임처분의 취소를 구할 법률상 이익이 있다."고 판시하였다(대판 전원합의체 2007.7.19, 2006두19297: 「경기학원임시이사사건」).[38)]

(2) **〈판시사항〉 수형자의 영치품에 대한 사용신청 불허처분 후 수형자가 다른 교도소로 이송되었다 하더라도 수형자의 권리와 이익의 침해 등이 해소되지 않은 점 등에 비추어, 위 영치품 사용신청 불허처분의 취소를 구할 이익이 있다고 본 사례:** 대법원은, "행정처분의 취소를 구하는 소는 그 처분에 의하여 발생한 위법상태를 배제하여 원상으로 회복시키고 그 처분으로 침해되거나 방해받은 권리와 이익을 보호·구제하고자 하는 소송이므로, 비록 처분을 취소한다 하더라도 원상회복이 불가능한 경우에는 그 처분의 취소를 구할 이익이 없는 것이 원칙이지만, 원상회복이 불가능하다고 보이는 경우라 하더라도, **동일한 소송 당사자 사이에서 그 행정처분과 동일한 사유로 위법한 처분이 반복될 위험성이 있어 행정처분의 위법성 확인 내지 불분명한 법률문제에 대한 해명이 필요하다고 판단되는 경우** 등에는 행정의 적법성 확보와 그에 대한 사법통제, 국민의 권리구제의 확대 등의 측면에서 여전히 그 처분의 취소를 구할 이익이 있다고 보아야 한다."고 판시하였다(대판 2008.2.14, 2007두13203).[39)] ☜ 이 판례는 위 [대판 전원합의체 2007.7.19, 2006두19297: 경기학원임시이사사건]판결과 같은 판지에 기초하여 소의 이익을 인정한 사건이다.

(3) **평가:** 제소 당시에는 권리보호의 이익을 갖추었지만 제소 후 취소 대상 행정처분이 기간의 경과 등으로 처분의 효력이 소멸하거나, 원상회복이 불가능하다고 해도 **동일한 소송 당사자 사이에서 그 행정처분과 동일한 사유로 위법한 처분이 반복될 위험성**이 있어 행정처분의 위법성 확인 내지 불분명한 법률문제에 대한 **해명이 필요하다고 판단되는 경우에는 소의 이익을 인정하고 있다는 점에서 의미가 있다.**

38) 이 대법원 전원합의체 판결은, 종래 "학교법인의 이사에 대한 취임승인이 취소되고 임시이사가 선임되었으나 그 임시이사의 재직기간이 지나 다시 임시이사가 선임된 경우, 당초의 임시이사선임처분의 취소를 구할 법률상의 이익이 있는지 여부에 대해 소극적으로 보아 법률상 이익이 없어 부적법하다."고 판시한 사례(대판 2002.11.26, 2001두2871)와 같은 대법원의 판례태도를 변경한 것이다.

39) 이 사건 판결의 경위는, "원고의 긴 팔 티셔츠 2개(이하 '이 사건 영치품'이라 한다)에 대한 사용신청 불허처분(이하 '이 사건 처분'이라 한다) 이후 이루어진 원고의 다른 교도소로의 이송이라는 사정에 의하여 원고의 권리와 이익의 침해 등이 해소되지 아니한 점, 원고의 형기가 만료되기까지는 아직 상당한 기간이 남아 있을 뿐만 아니라, 진주교도소가 전국 교정시설의 결핵 및 정신질환 수형자들을 수용·관리하는 의료교도소인 사정을 감안할 때 원고의 진주교도소로의 재이송 가능성이 소멸하였다고 단정하기 어려운 점 등을 종합하면, 원고로서는 이 사건 처분의 취소를 구할 이익이 있다고 봄이 상당하다."는 것이다(대판 2008.2.14, 2007두13203).

3) 국가배상소송을 위한 선결문제의 경우

판시사항 공익근무요원 소집해제신청을 거부한 후에 원고가 계속하여 공익근무요원으로 복무함에 따라 복무기간 만료를 이유로 소집해제처분을 한 경우, 원고가 입게 되는 권리와 이익의 침해는 소집해제처분으로 해소되었으므로 위 거부처분의 취소를 구할 소의 이익이 없다고 한 사례: 대법원은, "위법한 행정처분의 취소를 구하는 소는 위법한 처분에 의하여 발생한 위법상태를 배제하여 원상으로 회복시키고, 그 처분으로 침해되거나 방해받은 권리와 이익을 보호·구제하고자 하는 소송이므로, 처분 후의 사정에 의하여 권리와 이익의 침해 등이 해소된 경우에는 그 처분의 취소를 구할 소의 이익이 없다 할 것이고, 설령 그 처분이 위법함을 이유로 손해배상청구를 할 예정이라고 하더라도 달리 볼 것이 아니다."고 판시한 바 있다(대판 2005.5.13, 2004두4369). ☜ 이 판례의 기본취지는 처분 이후의 사정변경(이 사건에서는 '공익근무요원복무기간의 만료')으로 이익침해가 해소된 경우에는 소의 이익이 없다는 것이나, 부수적으로 당해 처분의 위법함을 이유로 한 국가배상소송을 위한 선결문제를 법률상 이익에 포함되지 않는다고 보아 소의 이익이 인정되지 않는다고 한 점에 주목할 필요가 있다.

4) 부작위위법확인소송·무효확인소송과 소의 이익

(1) **〈판시사항〉 부작위위법확인소송의 변론종결시까지 행정청의 처분으로 부작위 상태가 해소된 경우 소의 이익 유무**(소극): 대법원은, "부작위위법확인의 소는 행정청이 국민의 법규상 또는 조리상의 권리에 기한 신청에 대하여 상당한 기간내에 그 신청을 인용하는 적극적 처분 또는 각하하거나 기각하는 등의 소극적 처분을 하여야 할 법률상의 응답의무가 있음에도 불구하고 이를 하지 아니하는 경우, 판결시(사실심의 구두변론 종결시)를 기준으로 그 부작위의 위법을 확인함으로써 행정청의 응답을 신속하게 하여 부작위 내지 무응답이라고 하는 소극적인 위법상태를 제거하는 것을 목적으로 하는 것이고, 나아가 당해 판결의 구속력에 의하여 행정청에게 처분 등을 하게 하고 다시 당해 처분 등에 대하여 불복이 있는 때에는 그 처분 등을 다투게 함으로써 최종적으로는 국민의 권리이익을 보호하려는 제도이므로, 소제기의 전후를 통하여 판결시까지 행정청이 그 신청에 대하여 적극 또는 소극의 처분을 함으로써 부작위상태가 해소된 때에는 소의 이익을 상실하게 되어 당해 소는 각하를 면할 수가 없는 것이다."고 판시하였다(대판 1990.9.25, 89누4758). ☜ 즉, 이 판결의 판지는 부작위위법확인소송의 경우에 사실심의 변론종결시까지 처분청이 신청에 따른 처분과 같은 적극적 처분이나 소극적 처분인 거부처분을 하였다면 소의 이익이 없다는 것이다.

(2) **〈판시사항〉 행정소송법 제35조에 규정된 '무효확인을 구할 법률상 이익'이 있는지를 판단할 때 행정처분의 무효를 전제로 한 이행소송 등과 같은 직접적인 구제수단이 있는지를 따져보아야 하는지 여부**(소극): 무효확인소송에서도 취소소송과 마찬가지로 소의 이익이 요구된다. 문제는 무효확인소송의 경우에도 민사소송과 마찬가지로 '확인의 이익'(즉시확정의 이익)이 요구되는지 여부와 관련하여 종래 대법원은 긍정설의 입장에서 무효확인소송을 보충적인 소송제도로 보았다(대판 2006.5.12, 2004두14717 등). 그러나 최근 대법원은 「행정처분의 무효확인소송은 민사소송과 달리 그 처분의 무효를 전제로 한 이행소송 등과 같은 직접적인 구제수단이 있는지 여부를 따질 필요가 없다.」고 판시하여 무효확인소송의 보충성을 부인하는 방향으로 판례의 입장을 변경하였다(대판 전원합의체 2008.3.20, 2007두6342). ☜ 이 사건은 하수도원인자부담금이 문제된 사건으로 하수도원인자부담금 부과처분에 따라 이를 납부한 원고가 그 처분의 무효를 주장하여 부당이득반환청구를 구할 수 있다고 하더라도 이와 상관없이 그 처분의 무효확인을 구하는 항고소송이 가능하다는 것이 변경된 판례의 취지이다(상세한 내용은 후술함).

제 4 절 항고소송의 소송요건 (4) - 제소기간 · 피고적격

Ⅰ. 제소기간

1. 일반기준

취소소송은 처분 등이 있음을 안 날부터 90일 이내에 제기하여야 하고, 처분 등이 있은 날부터 1년이 경과하면 제기하기 못한다(행정소송법 제20조). 여기서 전자를 '주관적 제소기간', 후자를 '객관적 제소기간'이라 할 수 있다. 그리고 이와 같은 90일과 1년의 기간은 선택적인 것이 아니므로, 어느 하나의 기간이 도과하면 취소소송을 제기할 수 없게 된다(대판 1964.9.8, 63누196). 다만 주관적 제소기간(90일)과 관련해서는 행정소송법 제18조 제1항 단서에서 규정한 경우(개별 법률에서 행정심판전치주의를 규정한 경우)와 그 밖에 행정심판청구를 할 수 있는 경우 또는 행정청이 행정심판청구를 할 수 있다고 잘 못 알린 경우에 행정심판청구가 있은 때의 기간은 재결서의 정본을 송달받은 날부터 기산한다(법 제20조 제1항 단서). 그리고 객관적 제소기간(1년)과 관련해서는 행정소송법 제20조 제1항 단서에 따라 재결을 거친 경우에는 재결이 있은 날로부터 1년이 경과하면 취소소송을 제기하지 못하나, 정당한 사유가 있는 때에는 그러하지 아니하다(법 제20조 제2항). 한편 제소기간의 요건은 처분의 상대방이 취소소송을 제기하는 때는 물론 법률상 이익이 있는 제3자가 제기하는 경우에도 적용됨은 당연하며(대판 1991.6.28, 90누6521), 제소기간의 준수 여부는 소송요건이므로 법원의 직권조사사항이다(대판 1987.1.20, 86누490).

그리고 무효등확인소송은 제소기간의 제한이 없으므로 언제든지 소를 제기할 수 있다(행정소송법 제38조제1항).[40] 부작위위법확인소송의 경우에는 부작위 상태가 해소되지 않는 한 제소기간의 제한을 받지 않으나 행정심판을 거친 경우에는 행정소송법 제20조가 정한 기간 안에 제기하여야 한다(대판 2009.7.23, 2008두10560[41]).

2. 제소기간 관련사례

1) 취소소송에서 제소기간의 기산점

사실관계 행정소송법 제20조 제1항이 정한 제소기간의 기산점인 「처분 등이 있음을 안 날」의 의미 / 처분서 송달 전에 정보공개청구를 통하여 처분서를 확인한 경우 행정처분 취소소송의 제소기간 진행 여부 (대판 2014.9.25, 2014두8254)

원고 甲은 고엽제후유의증 국가유공자로서 2012.1.17. 법률 제11203호로 개정된 「고엽제후유의증 등 환자지원에 관한 법률」이 2012.4.18. 시행됨에 따라 원고 甲의 '허혈성심장질환'이 고엽제 후유증에 포함되었고, 甲이 이 법률에 따라 재심신체검사를 신청하자 피고(부산지방보훈청장)는 서면판정 신체검사를 통하여 甲에 대해 종전과 동일한 '전(공)상군경 7급' 국가유공자로 판정하는 '고엽제후유증전환 재심신체검사 무변동처분'(이하 '이 사건 처분'이라 한다)이라는 처분을 하고, 그 내용의 통보서가 2012.8.27. 甲에게 송달되었다. 다만 위 처분내용의 통보서를 받기 이전에 甲은 자신의 의무기록에 관한 정보공개를 청구하여 2012.5.29. 이 사건 처분을 하는 내용의 통보서를 비롯한 일체의 관련 서류들을 교부받았다. 이런 상황에서 원고 甲은 피고를 상대로 정보공개를 통해 관계서류를 교부받은 2012.5.29.로부터 90일이 도과한 2012.11.1. 이 사건 처분 취소소송을 제기하였다. 그러자 원심 법원은 甲이 자신의 의무기록에 관한 정보공개를 통

40) 다만 행정처분의 당연무효를 선언하는 의미에서 그 취소를 구하는 행정소송을 제기한 경우에는 제소기간의 준수 등 취소소송의 제소요건을 갖추어야 한다(대판 1993.2.12, 92누11039 등).

41) 이 판결에서 대법원은, "**〈판시사항〉 부작위위법확인의 소의 제소기간:** "부작위위법확인의 소는 부작위상태가 계속되는 한 그 위법의 확인을 구할 이익이 있다고 보아야 하므로 원칙적으로 제소기간의 제한을 받지 않으나, 행정소송법 제38조 제2항이 제소기간을 규정한 같은 법 제20조를 부작위위법확인소송에 준용하고 있는 점에 비추어 보면, **행정심판 등 전심절차를 거친 경우에는 행정소송법 제20조가 정한 제소기간 내에 부작위위법확인의 소를 제기하여야 한다.**"고 판시하였다(대판 2009.7.23, 2008두10560).: 이 판결의 반대해석상 부작위위법확인소송은 변론종결시까지 행정청의 처분으로 부작위 상태가 해소되면 소의 이익이 없다(대판 1990.9.25, 89누4758).

해 2012.5.29. 피고로부터 이 사건 처분을 하는 내용의 통보서를 비롯한 일체의 관련 서류를 교부받음으로써 적어도 그 무렵에는 이 사건 처분이 있음을 알았다고 보아 이 사건 소는 원고가 이 사건 처분이 있음을 안 날인 2012.5.29.부터 90일이 훨씬 지난 2012.11.1. 제기한 것으로 부적법하다고 판단하여 소 각하판결을 하였다. 이에 원고 甲이 상고한 바, 대법원 다음과 같이 판시하였다.

판 지

[1] 행정소송법 제20조 제1항이 정한 제소기간의 기산점인 '처분 등이 있음을 안 날'이란 통지, 공고 기타의 방법에 의하여 당해 처분 등이 있었다는 사실을 현실적으로 안 날을 의미한다. 상대방이 있는 행정처분의 경우에는 특별한 규정이 없는 한 의사표시의 일반적 법리에 따라 행정처분이 상대방에게 고지되어야 효력을 발생하게 되므로, 행정처분이 상대방에게 고지되어 상대방이 이러한 사실을 인식함으로써 행정처분이 있다는 사실을 현실적으로 알았을 때 행정소송법 제20조 제1항이 정한 제소기간이 진행한다고 보아야 한다.

[2] 지방보훈청장이 허혈성심장질환이 있는 甲에게 재심 서면판정 신체검사를 실시한 다음 종전과 동일하게 전(공)상군경 7급 국가유공자로 판정하는 '고엽제후유증전환 재심신체검사 무변동처분' 통보서를 송달하자 甲이 위 처분의 취소를 구한 사안에서, 위 처분이 甲에게 고지되어 처분이 있다는 사실을 현실적으로 알았을 때 행정소송법 제20조 제1항에서 정한 제소기간이 진행한다고 보아야 함에도, 甲이 통보서를 송달받기 전에 자신의 의무기록에 관한 정보공개를 청구하여 위 처분을 하는 내용의 통보서를 비롯한 일체의 서류를 교부받은 날부터 제소기간을 기산하여 위 소는 90일이 지난 후 제기한 것으로서 부적법하다고 본 원심판결에 법리를 오해한 위법이 있다고 한 사례.

평 가

위 대법원의 판결은, (가) 상대방이 있는 행정처분의 경우에는 특별한 규정이 없는 한 의사표시의 일반적 법리에 따라 그 행정처분이 상대방에게 고지되어야 효력을 발생하게 된다(대판 2012.11.15, 2011두31635 등). 그리고 행정처분의 효력이 발생하기 전에는 당해 행정처분에 대한 취소소송의 제소기간도 진행되지 않을 것이다. 따라서 (나) 위 사건의 경우처럼 행정처분의 처분서가 송달되기 전에 당사자가 '정보공개청구'를 통하여 처분서를 확인하였다고 하더라도 그 시점에서는 아직 행정처분의 효력이 발생하지 않았다고 할 것이므로 당해 행정처분에 대한 취소소송의 제소기간은 진행되지 않을 것이며, 당사자가 통지, 공고 기타의 방법에 의하여 당해 처분이 있었다는 사실을 현실적으로 안 날로부터 취소소송의 제소기간이 진행하는 것이다. 이 대법원 판결은 이러한 법리를 확인한 판례로서 의미가 있다고 본다.

2) 처분적 고시와 제소기간

(1) **〈판시사항〉 고시에 의한 행정처분에 대한 취소소송 제소기간의 기산일:** 대법원은, "(가) 취소소송은 행정소송법 제20조 제1항 단서에 규정된 경우를 제외하고는 취소 등의 원인이 있음을 안 날로부터 90일 이내에 제기하여야 하고(행정소송법 제20조 제1항 본문), 제소기간의 준수 여부는 소송요건으로서 법원의 직권조사사항이다(대판 1987.1.20, 86누490). 한편 고시에 의한 행정처분에 이해관계를 갖는 자는 고시가 있었다는 사실을 현실적으로 알았는지 여부에 관계없이 고시가 효력을 발생한 날에 행정처분이 있음을 알았다고 보아야 하고(대법원 2006.4.14. 선고 2004두3847 판결 등 참조), 고시·공고 등 행정기관이 일정한 사항을 일반에 알리기 위한 공고문서의 경우에는 그 문서에 특별한 규정이 있는 경우를 제외하고는 그 고시 또는 공고가 있은 후 5일이 경과한 날부터 효력을 발생한다(사무관리규정 제7조 제3호, 제8조 제2항 단서[42]). (나) 기록에 의하면, 피고는 2008.7.30. 골프장 설치를 내용으로 하는 도시관리계획결정을 하고 2008.7.31. 그 결정을 고시하였는데, 위 도시관리계획결정의 취소를 구하는 이 사건 소는 위 고시의 효력발생일로부터 90일이 경과한 2008.11.20. 제기된 사실을 알 수 있고, 달리 행정소송법 제20조 제1항 단서에 규정된 특별한 사정이 있음을 인정할 자료가 없으므로, 이 사건 소는 제소기간 도과로 부적법하다."고 판시하였다(대판 2013.3.14, 2010두2623: 도시관리계획결정처분취소).

(2) **〈판시사항〉 고시 또는 공고에 의하여 행정처분을 하는 경우, 그에 대한 취소소송 제소기간의 기산일(=고시 또는 공고의 효력발생일):** 인터넷 웹사이트에 대하여 (구)청소년보호법에 따른 청소년유해매체물 결정 및 고시처분을 한 사안에서 대법원은, "(가) 통상 고시 또는 공고에 의하여 행정처분을 하는 경우에는 그 처분의 상대방이 불특정 다수인이고 그 처분의 효력이 불특정 다수인에게 일률적으로 적용되는 것이므로, 그 행정처분에 이해관계를 갖는 자가 고시 또는 공고가 있었다는 사실을 현실적으로 알았는지 여부에 관계없이 고시가 효력을 발생하는 날 행정처분이 있음을 알았다고 보아야 한다. (나) 위 청소년유해매체물 결정은 이해관계인이 고시가 있었음을 알았는지 여부에 관계없이 관보에 고시됨으로써 효력이 발생하고, 그가 위 결정을 통지받지 못하였다는 것이 제소기간을 준수하지 못한 것에 대한 정당한 사유가 될 수 없다."고 판시하였다(대판 2007.6.14, 2004두619). ☜ 이 사건은 (구)청소년보호법에 따라 피고 청소년보호위원회가 청소년유해매체물 결정한 후 효력발생시기를 명시하여 고시한 사례(즉, 고시 자체에 그 고시의 효력발생일이 명시된 경우)임에 유의할 필요가 있다.

---

42) 참고로, 이 사무관리규정이 폐지되고, 현재는 「행정 효율과 협업 촉진에 관한 규정」으로 통합된 바, 동 규정에서는 종래 사무관리규정과 같은 내용의 조항의 두고 있어 법리는 같다(행정 효율과 협업 촉진에 관한 규정 제6조 제3항 – 제2항에도 불구하고 공고문서는 그 문서에서 효력발생 시기를 구체적으로 밝히고 있지 않으면 그 고시 또는 공고 등이 있은 날부터 5일이 경과한 때에 효력이 발생한다.). 다만 처분적 고시의 경우 당해 고시 자체에 효력발생일이 명기된 경우가 많으며, 이 경우에는 그 고시의 효력발생일이 명시된 날(=고시 또는 공고의 효력발생일)로부터 제소기간을 기산한다.

3) 민원사무처리 거부처분과 제소기간

판시사항 민원사항에 대한 행정기관의 장의 거부처분에 불복하여 민원사무처리에 관한 법률 제18조 제1항에 따라 이의신청을 한 경우, 이의신청에 대한 결과를 통지받은 날부터 취소소송의 제소기간이 기산되는지 여부(소극) 및 위 이의신청 절차가 헌법 제27조에서 정한 재판청구권을 침해하는지 여부(소극): 대법원은, "행정소송법 제18조 내지 제20조, 행정심판법 제3조 제1항, 제4조 제1항, 민원사무처리에 관한 법률(이하 '민원사무처리법'이라 한다) 제18조, 같은 법 시행령 제29조 등의 규정들과 그 취지를 종합하여 보면, 민원사무처리법에서 정한 민원 이의신청의 대상인 거부처분에 대하여는 민원 이의신청과 상관없이 행정심판 또는 행정소송을 제기할 수 있으며, 또한 민원 이의신청은 민원사무처리에 관하여 인정된 기본사항의 하나로 처분청으로 하여금 다시 거부처분에 대하여 심사하도록 한 절차로서 행정심판법에서 정한 행정심판과는 성질을 달리하고 또한 사안의 전문성과 특수성을 살리기 위하여 특별한 필요에 따라 둔 행정심판에 대한 특별 또는 특례 절차라 할 수도 없어 행정소송법에서 정한 행정심판을 거친 경우의 제소기간의 특례가 적용된다고 할 수도 없으므로, 민원 이의신청에 대한 결과를 통지받은 날부터 취소소송의 제소기간이 기산된다고 할 수 없다. 그리고 이와 같이 민원 이의신청 절차와는 별도로 그 대상이 된 거부처분에 대하여 행정심판 또는 행정소송을 제기할 수 있도록 보장하고 있는 이상, 민원 이의신청 절차에 의하여 국민의 권익 보호가 소홀하게 된다거나 헌법 제27조에서 정한 재판청구권이 침해된다고 볼 수도 없다."고 판시하였다(대판 2012.11.15, 2010두8676).[43] ☜ 이 사건은 행정소송법 제20조에 의하면 행정심판을 거친 경우에는 재결서의 정본을 송달받은 날로부터 90일(주관적 제소기간) 또는 재결이 있은 날부터 1년(객관적 제소기간) 이내에 취소소송을 제기하여야 하며, 여기서 행정심판이란 일반행정심판 및 그에 갈음하는 특례로서 특별행정심판도 포함되는데(대판 2014.4.24, 2013두10809), 당초 거부처분에 대해 민원사무처리법에 따라 이의신청을 한 때에는 민원사무처리법상 이의신청절차가 일반·특별 행정심판절차가 아니므로, 그 이의신청에 대한 결과를 통지받은 날로부터 취소소송의 제소기간을 기산해서는 아니 된다는 것이다.

4) 개별법상의 이의신청절차와 제소기간

사실관계 행정소송법 제20조 제1항에서 말하는 '행정심판'의 의미 / 개별법에 정한 이의신청 심사

---

43) 이 사건에서 대법원은, "민원사무처리법 제18조 제1항에서 정한 '거부처분에 대한 이의신청'을 받아들이지 않는다는 취지의 기각 결정 또는 그 취지의 통지가 항고소송의 대상된다고 볼 수 없다."고 판시하였다(대판 2012.11.15, 2010두8676).

절차와 제소기간 (대판 2014.4.24, 2013두10809)

甲광역시 교육감이 공공감사에 관한 법률(이하, '공공감사법'이라 한다) 등에 따라 丙고등학교를 운영하는 乙학교법인이 2011년 9월 8일 건설 도급업자 부적정 선정과 교육청 지원 예산을 이용한 법인재산의 조성적 사업 금지 등을 위반했다는 이유로 교육청으로부터 과다 지급된 공사비 1,300여만원의 회수와 교장 및 직원에 대하여 징계(해임)을 요구하는 처분을 받았다. 乙학교법인은 위 처분을 문서로 송달받고 같은 해 10월 이의신청을 하였다. 乙학교법인의 위 이의신청에 대해 교육청(교육감)이 기각결정을 하자 맨 처음 처분을 받은 지 90일이 지난 2012년 1월 9일 비로소 취소소송을 제기하였다.

판 지

[1] 행정소송법 제20조 제1항에 따르면, 취소소송은 처분 등이 있음을 안 날부터 90일 이내에 제기하여야 하는데, 행정심판청구를 할 수 있는 경우에 행정심판청구가 있은 때의 기간은 재결서의 정본을 송달받은 날부터 기산한다. 이처럼 취소소송의 제소기간을 제한함으로써 처분 등을 둘러싼 법률관계의 안정과 신속한 확정을 도모하려는 입법 취지에 비추어 볼 때, 여기서 말하는 '행정심판'은 행정심판법에 따른 일반행정심판과 이에 대한 특례로서 다른 법률에서 사안의 전문성과 특수성을 살리기 위하여 특히 필요하여 일반행정심판을 갈음하는 특별한 행정불복절차를 정한 경우의 특별행정심판(행정심판법 제4조)을 뜻한다.

[2] 공공감사법상의 재심의신청 및 (구)甲광역시교육청 행정감사규정상의 이의신청은 자체감사를 실시한 중앙행정기관 등의 장으로 하여금 감사결과나 그에 따른 요구사항의 적법·타당 여부를 스스로 다시 심사하도록 한 절차로서 행정심판을 거친 경우의 제소기간의 특례가 적용될 수 없다고 보고, 이의신청에 대한 결과통지일이 아니라 乙법인이 위 처분이 있음을 알았다고 인정되는 날부터 제소기간을 기산하여 위 소가 제소기간의 도과로 부적법하다고 본 원심판단을 정당하다고 한 사례.

평 가

개별법에서 정한 행정처분에 대한 이의신청의 심사절차는 행정심판이 아니므로, 행정처분의 취소를 구하는 소송은 이의신청에 대한 결정서를 받은 날부터가 아니라 당초 처분이 있음을 안 날로부터 90일 이내에 제소해야 한다는 것이 대법원 판결의 요지이다. 행정소송법은 처분을 받은 자가 행정심판을 청구할 수 있을 때에는 처분이 있음을 안 날부터가 아니라 재결서 정본을 송달받은 날로부터 90일의 제소기간이 시작된다고 규정하고 있다(법 제20조제1항). 그동안 개별법상 규정된 이의신청과 행정심판과의 관계가 불분명하게 규정돼 있어 행정소송의 기산일을 언제로 보아야 하는지 쟁점문제로 되었으나, 위 판결로 개별법상 이의신청과 취소소송의 제소기간 관계가 명확하게 되었다.

관련판례

'자본시장과 금융투자업법에 관한 법률'상의 과징금부과처분에 대한 이의신청 절차는 행정심판이 아니며(대판 2014.4.24, 2013두26590), 민원사무처리법에 따른 이의신철 절차 역시 행정심판이 아니다(대판 2012.11.15, 2010두8676). 그리고 부동산가격공시 및 감정평가에 관한 법률(이하, '가격공시법'이라 함) 제12조에 따른 이의신청도 행정심판과 구별되는 절차이다(대판 2010.1.28, 2008두19987).[44] 다만 특별행정심판절차인 국세기본법상 불복절차로서 「이의신청(임의절차: 처분청 또는 관할지방국세청장에 제기함) ☞ 심사청구·심판청구」의 과정에서, "이의신청 등에 대한 결정의 한 유형으로서 실무상 행해지고 있는 재조사결정이 있는 경우, 재결청의 재조사결정에 따른 심사청구기간이나 심판청구기간 또는 행정소송의 제소기간의 기산점은 이 재조사결정에 따른 후속 처분의 통지를 받은 날이 된다."고 판시하고 있음에 주목할 필요가 있으며(대판 전원합의체 2010.6.25, 2007두12514), 이 판례에 따르면 예외적으로 국세기본법상 이의신청은 행정심판절차로서의 성격을 갖는다고 할 수 있고, 이렇게 볼 때 국세기본법상 이의신청과 심사청구·심판청구는 전심(前審)과 후심(後審)의 관계가 될 것이다(정하중, 648쪽).

5) 소의 병합과 제소기간

판시사항 동일한 행정처분에 대하여 무효확인소송을 제기하였다가 그 후 그 처분의 취소를 구하는 소송을 추가적으로 병합한 경우, 주된 청구인 무효확인소송이 적법한 제소기간 내에 제기되었다면 추가로 병합된 취소소송도 적법하게 제기된 것으로 볼 수 있는지 여부(적극): 서울특별시장(피고)이 배출가스 저감장치 제조사 甲주식회사(원고)에 배출가스 저감장치를 부착한 차량의 의무운행 기간 미준수 등을 이유로 보조금 회수처분을 하자, 원고가 행정심판절차를 거쳐 위 처분에 대한 행정심판의 재결서 정본을 송달받은 2010.8.2.부터 90일 이내인 같은 해 10.14. 위 처분에 대한 무효확인소송을 제기하고, 위 처분 일부의 취소를 구하는 예비적 청구를 추가하였다가, 다시 위 처분 전부의 취소를 구하는 것으로 예비적 청구취지를 확장한 사건에서, 대법원은 "동일한 행정처분에 대하여 무효확인소송을 제기하였다가 그 후 그 처분의 취소를 구하는 소송을 추가적으로 병합한 경우, 주된 청구인 무효확인소송이 적법한 제소기간 내에 제기되었다면 추가로 병합된 취소소송도 적법하게 제기된 것으로 보아야 한다."고 판시하였다(대판 2012.11.29, 2012두3743).[45]

---

44) 대법원 판례는, "개별공시지가에 대해 이이가 있어 이의신청을 하여 그 결과 통지를 받은 후 다시 행정심판을 거쳐 행정소송을 제기한 때에 이 경우 행정소송의 제소기간은 그 행정심판 재결서 정본을 송달받은 날부터 기산한다."고 판시하였다(대판 2010.1.28, 2008두19987).

45) 이 판례와 같은 법리로 대법원은, "당사자가 동일한 신청에 대하여 부작위위법확인의 소를 제기하였으나 그 후 소극적 처분(=거부처분)이 있다고 보아 처분취소소송으로 소를 교환적으로 변경한 후 여기에 부작위위법확인의 소를 추가적으로 병합한 경우 최초의 부작위위법확인의 소가 적법한 제소기간 내에 제

6) 소의 변경과 제소기간

판시사항 선행처분의 취소를 구하는 소가 후속처분의 취소를 구하는 소로 교환적으로 변경되었다가 다시 선행처분의 취소를 구하는 소로 변경되고, 후속처분의 취소를 구하는 소에 선행처분의 취소를 구하는 취지가 그대로 남아 있었던 경우, 선행처분의 취소를 구하는 소의 제소기간 준수 여부의 결정 기준시기: 대법원은, "행정소송법상 취소소송은 처분 등이 있음을 안 날부터 90일 이내에 제기하여야 하고, 처분 등이 있은 날부터 1년을 경과하면 제기하지 못한다(행정소송법 제20조 제1항, 제2항). 한편 청구취지를 교환적으로 변경하여 종전의 소가 취하되고 새로운 소가 제기된 것으로 보게 되는 경우에 새로운 소에 대한 제소기간의 준수 등은 원칙적으로 소의 변경이 있은 때를 기준으로 하여 판단된다. 그러나 선행처분의 취소를 구하는 소가 그 후속처분의 취소를 구하는 소로 교환적으로 변경되었다가 다시 선행처분의 취소를 구하는 소로 변경된 경우 후속처분의 취소를 구하는 소에 선행처분의 취소를 구하는 취지가 그대로 남아 있었던 것으로 볼 수 있다면 선행처분의 취소를 구하는 소의 제소기간은 최초의 소가 제기된 때를 기준으로 정하여야 한다."고 판시하였다(대판 2013.7.11, 2011두27544).

Ⅱ. 피고적격

1. 원칙 – 행정청주의

취소소송을 비롯한 항고소송은 다른 법률에 특별한 규정이 없는 한 그 처분 등을 행한 행정청을 피고로 한다(행정소송법 제13조제1항, 제38조). 즉, 우리 행정소송법상 항고소송의 피고는 '행정주체주의'가 아니라 '행정청주의'를 취하고 있다. 그러나 현행 행정소송법은 피고적격에 대해 행정청주의를 채택하면서도 '행정청'의 개념과 관련하여 "이 법을 적용함에 있어서 행정청에는 법령에 의하여 행정권한의 위임 또는 위탁을 받은 행정기관, 공공단체 및 그 기관 또는 사인이 포함된다."고 명시하여 행정청의 개념을 실정법상 매우 넓게 규정하고 있다(법 제2조제2항).

기된 이상 그 후 처분취소소송으로의 교환적 변경과 처분취소소송에의 추가적 변경 등의 과정을 거쳤다고 하더라도 여전히 제소기간을 준수한 것으로 봄이 상당하다."고 판시하였다(대판 2009.7.23, 2008두10560).

2. 피고적격이 문제되는 경우

1) 권한의 위임·위탁의 경우

권한의 위임·위탁이 있으면 위임·위탁의 법리상 위임청은 위임사항의 처리에 관한 권한을 잃고 그 사항은 수임청의 권한이 되기 때문에, 수임행정청이 위임받은 권한에 근거하여 수임행정청의 명의로 한 처분에 대해서는 당연히 수임행정청이 정당한 피고가 된다. 판례 역시 지방세법 관련법조에 의하면 서울특별시내에 소재하는 부동산의 취득에 관한 취득세의 부과징수권이 서울특별시장에 있으나 지방세법 제4조에 따라 이 권한을 조례로써 당해 과세객체 소재지를 관할하는 구청장에 위임한 사건에서, "서울특별시에 있어 부동산 취득세의 부과권은 서울특별시장에 있는 것이 아니고 당해 구청장에 있다."고 판시하여 구청장을 피고로 해서 행정소송을 제기하여 한다고 하였다(대판 전원합의체 1972.5.9, 71누152).

2) 권한의 내부위임이나 대리의 경우

이 경우에는 실무상 '**위임기관(피대리청)의 명의로 처분을 한 경우**'와 '**수임청(대리청)의 명의로 처분을 한 경우**'의 두 가지 유형으로 나누어 보아야 한다. 전자(前者)의 경우에는 권한의 내부위임이나 대리가 있어도 처분권한은 여전히 원처분청이 가지고 있으므로 원처분청의 이름으로 하였다면 당연히 원처분청이 피고가 된다(대판 1991.10.8, 91누520). 그러나 후자(後者)의 경우에는 내부수임청(내부수임기관)이나 대리기관이 착오 등으로 원처분성의 명의가 아닌 자기명의로 처분을 행한 경우 그 처분 자체는 권한 없는 행정청이 행한 위법한 처분이나 처분을 행한 행정청(수임청이나 대리청)이 피고가 되어야 한다(대판 1991.2.22, 90누5641; 대판 1980.11.25, 80누217 등).[46] 다만, 후자(後者)와 관련해서 대법원은, "대리권을 수여받은 데 불과하여 그 자신의 명의로는 행정처분을 할 권한이 없는 행정청의 경우 대리관계를 밝힘이 없이 그 자신의 명의로 행정처분을 하였다면 그에 대하여는 처분명의자인 당해 행정청이 항고소송의 피고가 되어야 하는 것이 원칙이지만, 비록 대리관계를 명시적으로 밝히지는 아니하였다 하더라도 처분명의자가 피대리 행정청 산하의 행정기관으로서 실제로 피대리 행정청으로부터 대리권한을 수여받아 피대리 행정청을 대리한다는 의사로 행정처분을 하였고 처분명의자는 물론 그 상대방도 그 행정처분이 피대리 행정청을 대리하여 한 것임을 알고서 이를 받아들인 예외적인 경우에는

46) 내부위임이나 대리권을 수여 받은 데 불과하여 원행정청 명의나 대리관계를 밝히지 아니하고는 그의 명의로 처분 등을 할 권한이 없음에도 불구하고 행정청이 착오 등으로 권한 없이 자신의 명의로 처분을 한 경우에 그 처분은 권한이 없는 자가 한 위법한 처분이 된다. 그러나 외부적으로 그의 명의로 행위를 한 자가 피고적격을 갖고, 그에게 정당한 권한이 있는지 여부는 본안판단사항일 뿐이고 피고적격을 정함에 있어서 고려할 사항은 아니다. 따라서 이 경우 피고는 그 처분을 한 행정청이 되어야 한다.

피대리 행정청이 피고가 되어야 한다."고 판시한 판례가 있음에 유의할 필요가 있다(대판 2006. 2.23, 2005부4).

3. 피고적격 관련사례

1) 항고소송의 처분성여부와 피고적격

사실관계 항고소송의 피고적격 및 상급행정청이나 타행정청의 지시나 통보, 권한의 위임이나 위탁이 항고소송의 대상이 되는 행정처분인지 여부(소극) / 위임·위탁에 따른 행정처분 후 법률개정에 의해 처분권한이 변경된 경우 피고적격 (대판 2013.2.28, 2012두22904)

근로복지공단은 고용노동부장관의 위탁을 받아 춘천시(원고)에 대하여 원고 소속 청원경찰들이 근로자에 해당한다고 보아 원고가 그동안 고용보험료를 신고·납부함에 있어서 청원경찰들의 임금을 누락시켰다는 이유로 고용보험료 부과처분을 하였다. 그러자 원고는 개정된 (구) 고용보험 및 산업재해보상보험의 보험료징수 등에 관한 법률(이하, '고용산재보험료징수법'이라 한다) 제4조 등(특히, 이 개정법률 부칙 제5조에서는 '위 법 시행 전에 종전의 규정에 따른 근로복지공단의 행위는 국민건강보험공단의 행위로 본다'고 규정하고 있다)에 따라 국민건강보험공단을 상대로 고용보험료 부과처분의 무효확인 및 취소청구를 하였다.

판 지

[1] 항고소송은 원칙적으로 소송의 대상인 행정처분 등을 외부적으로 그의 명의로 행한 행정청을 피고로 하여야 하는 것으로서, 그 행정처분을 하게 된 연유가 상급행정청이나 타행정청의 지시나 통보에 의한 것이라 하여 다르지 않고, 권한의 위임이나 위탁을 받아 수임행정청이 자신의 명의로 한 처분에 관하여도 마찬가지이다. 그리고 위와 같은 지시나 통보, 권한의 위임이나 위탁은 행정기관 내부의 문제일 뿐 국민의 권리의무에 직접 영향을 미치는 것이 아니어서 항고소송의 대상이 되는 행정처분에 해당하지 않는다.

[2] 근로복지공단이 甲지방자치단체에 고용보험료 부과처분을 하자, 甲지방자치단체가 (구) 고용산재보험료징수법(2010.1.27. 법률 제9989호로 개정되어 2011.1.1.부터 시행된 것) 제4조 등에 따라 국민건강보험공단을 상대로 위 처분의 무효확인 및 취소를 구한 사안에서, 근로복지공단이 甲지방자치단체에 대하여 고용보험료를 부과·고지하는 처분을 한 후, 국민건강보험공단이 위 법 제4조에 따라 종전 근로복지공단이 수행하던 보험료의 고지 및 수납 등의 업무를 수행하게 되었고, 위 법 부칙 제5조가 '위 법 시행 전에 종전의 규정에 따른 근로복지공단의 행위는 국민건강보험공단의 행위로 본다'고 규정하고 있어, 甲지방자치단체에 대한 근로복지공단의 고용보

험료 부과처분에 관계되는 권한 중 적어도 보험료의 고지에 관한 업무는 국민건강보험공단이 그 명의로 고용노동부장관의 위탁을 받아서 한 것으로 보아야 하므로, 위 처분의 무효확인 및 취소소송의 피고는 국민건강보험공단이 되어야 함에도, 이와 달리 위 처분의 주체는 여전히 근로복지공단이라고 본 원심판결에 고용보험료 부과고지권자와 항고소송의 피고적격에 관한 법리를 오해한 위법이 있다고 한 사례.

평 가

(가) 춘천시(원고)가 피고를 국민건강보험공단으로 하여 고용보험료 부과처분에 대해 항고소송을 제기한 위 사건에서 원심에서는 근로복지공단이 처분의 주체로서 한 것이므로 국민건강보험공단을 상대방으로 하는 소는 피고적격이 없는 자를 상대로 한 것으로 부적법한 소라고 판단하였다(서울고법 2012.9.26, (춘천)2012누619). 그러나 위 대법원의 판결은 법률의 위임·위탁에 따른 행정처분 후 법률개정으로 위임·위탁에 의해 처분권한 행정청이 변경된 경우에는 "변경된 행정청"을 '피고'로 항고소송을 제기함이 적법하다는 것이 판결요지이다. (나) 그리고 위 판결에서는 부수적으로 행정청의 내부적 행위는 항고소송의 대상인 행정처분이 아니라는 당연한 원칙을 판시한 다음, "설령 근로복지공단이 보험료 부과내역을 정해 피고에게 통보하여 피고가 이를 고지하는 절차를 거친다고 하더라도 이는 행정기관 내부의 문제일 뿐, 이 점으로 인하여 근로복지공단이 처분의 주체가 된다고 할 수 없고, 따라서 항고소송의 피고가 될 수는 없다."고 판시하였다. 즉, 근로복지공단과 국민건강보험공단 사이에 처분성을 인정할 수 없다는 것이다.

2) 서훈취소결정의 무효확인소송과 피고적격

판시사항 망인에게 수여된 서훈을 취소하는 경우, 유족이 서훈취소 처분의 상대방이 되는지 여부(소극) 및 망인에 대한 서훈취소 결정의 효력이 발생하기 위한 요건 / 국무회의에서의 의결하고 대통령이 결재함으로써 건국훈장 독립장이 수여된 망인에 대한 서훈취소가 결정된 후 국가보훈처장이 망인의 유족 甲에게 '독립유공자 서훈취소결정 통보'를 한 경우 甲이 제기한 서훈취소결정의 무효확인 등의 소에서 국가보훈처장의 피고적격 유무: 대법원은, "[1] 헌법 제11조 제3항과 (구) 상훈법(2011.8.4. 법률 제10985호로 개정되기 전의 것, 이하 같다) 제2조, 제33조, 제34조, 제39조의 규정 취지에 의하면, 서훈은 서훈대상자의 특별한 공적에 의하여 수여되는 고도의 일신전속적 성격을 가지는 것이다. …… 서훈의 이러한 특수성으로 말미암아 상훈법은 일반적인 행정행위와 달리 사망한 사람에 대하여도 그의 공적을 영예의 대상으로 삼아 서훈을 수여할 수 있도록 규정하고 있다. 그러나 그러한 경우에도 서훈은 어디까지나 서훈대상자 본인의 공적과 영예를 기리기 위한 것이므로 비록 유족이라고 하더라도 제3자는 서훈수여 처분의 상대방이 될 수 없고, (구)상훈법 제33조, 제34조 등에 따라 망인을 대신하여 단지 사실행위로서 훈장 등을 교부받거나 보관할 수 있는 지위에 있을 뿐이다. 이러한 서훈의 일신전속적 성격은 서훈취소의 경우에도 마찬가지이므로, 망인에게 수여된 서훈의 취소에서도 유족은 그 처분의 상대방이 되는 것이 아니다. 이와 같이 망인에 대한 서훈취소는 유족에 대한 것이 아니므로 유족에 대한 통지에 의해서만 성립하여 효력이 발생한다고 볼 수 없고, 그 결정이 처분권자의 의사에 따라 상당한 방법으로 대외적으로 표시됨으로써 행정행위로서 성립하여 효력이 발생한다고 봄이 타당하다. [2] 국무회의에서 건국훈장 독립장이 수여된 망인에 대한 서훈취소를 의결하고 대통령이 결재함으로써 서훈취소가 결정된 후 국가보훈처장이 망인의 유족 甲에게 '독립유공자 서훈취소결정 통보'를 하자 甲이 국가보훈처장을 상대로 서훈취소결정의 무효 확인 등의 소를 제기한 사안에서, 甲이 서훈취소 처분을 행한 행정청(대통령)이 아니라 국가보훈처장을 상대로 제기한 위 소는 피고를 잘못 지정한 경우에 해당하므로, 법원으로서는 석명권을 행사하여 정당한 피고로 경정하게 하여 소송을 진행해야 함에도 국가보훈처장이 서훈취소 처분을 한 것을 전제로 처분의 적법 여부를 판단한 원심판결에 법리오해 등의 잘못이 있다."고 판시하였다(대판 2014.9.26, 2013두2518).

3) 처분적 조례에 관한 항고소송과 피고저격

판시사항 조례가 항고소송의 대상이 되는 행정처분에 해당되는 경우 및 그 경우 조례무효확인 소송의 피고적격(지방자치단체의 장) / 교육에 관한 조례 무효확인소송에 있어서 피고적격(교육감): 대법원은, "[1] 조례가 집행행위의 개입 없이도 그 자체로서 직접 국민의 구체적인 권리의무나 법적 이익에 영향을 미치는 등의 법률상 효과를 발생하는 경우 그 조례는 항고소송의 대상이 되는 행정처분에 해당하고, 이러한 조례에 대한 무효확인소송을 제기함에 있어서 행정소송법 제38조 제1항, 제13조에 의하여 피고적격이 있는 처분 등을 행한 행정청은, 행정주체인 지방자치단체 또는 지방자치단체의 내부적 의결기관으로서 지방자치단체의 의사를 외부에 표시한 권한이 없는 지방의회가 아니라, (구)지방자치법(1994.3.16. 법률 제4741호로 개정되기 전의 것) 제19조 제2항, 제92조에 의하여 지방자치단체의 집행기관으로서 조례로서의 효력을 발생시키는 공포권이 있는 지방자치단체의 장이다. [2] (구)지방교육자치에관한법률(1995.7.26. 법률 제4951호로 개정되기 전의 것) 제14조 제5항, 제25조에 의하면 시·도의 교육·학예에 관한 사무의 집행기관은 시·도 교육감이고 시·도

교육감에게 지방교육에 관한 조례안의 공포권이 있다고 규정되어 있으므로, 교육에 관한 조례의 무효확인소송을 제기함에 있어서는 그 집행기관인 시·도 교육감을 피고로 하여야 한다."고 판시하였다(대판 1996.9.20, 95누8003). ☜ 처분적 조례에 대한 항고소공의 피고적격과 관련하여 학설은 ① **지방자치단체라는 견해, ② 지방의회라는 견해, ③ 집행기관인 지방자치단체의 장이라는 견해**가 있지만 우리 판례의 입장은 집행기관으로서 조례로서 효력을 발생시키는 공포권이 있는 지방자치단체의 장(교육에 관한 조례에서는 교육감)이라는 입장이다. 그러나 조례에 관한 항고소송은 국가배상청구소송과 병합하여 제기될 가능성이 많고, 직권에 의한 취소·철회의 여지나 조례가 지방의회와 자치단체장의 유기적 결합물이라는 점에서 일본의 재판실무와 마찬가지로 법주체로서 '지방자치단체'를 피고로 함이 타당할 것이다.[47]

제 5 절 항고소송의 심리와 판결

Ⅰ. 행정처분의 적법성 심리

1. 소의 변경

1) 부작위위법확인소송에서 거부처분취소소송으로 소의 변경

판시사항 당사자가 적법한 제소기간 내에 부작위위법확인의 소를 제기한 후, 동일한 신청에 대하여 소극적 처분이 있다고 보아 처분취소소송으로 소를 교환적으로 변경한 후 부작위위법확인의 소를 추가적으로 병합한 경우, 제소기간을 준수한 것으로 볼 수 있는지 여부(적극): 대법원은, "당사자가 동일한 신청에 대하여 부작위위법확인의 소를 제기하였으나 그 후 소극적 처분이 있다고 보아 처분취소소송으로 소를 교환적으로 변경한 후 여기에 부작위위법확인의 소를 추가적으로 병합한 경우, 최초의 부작위위법확인의 소가 적법한 제소기간 내에 제기된 이상 그 후 처분취소소송으로의 교환적 변경과 처분취소소송에의 추가적 변경 등의 과정을 거쳤다고 하더라도 여전히 제소기간을 준수한 것으로 봄이 상당하다."고 판시하였다(대판 2009.7.23, 2008두10560). ☜ 즉, 이 판례에서 부작위위법확인소송에서 거부처분

47) 朴貞勳, "공공시설에 관한 조례와 항고소송", 지방자치법연구 제16권 제2호(2016), 179쪽.

취소소송으로 소의 변경을 긍정하고 있다. 다만, 학설로는 부작위위법확인소송에서 거부처분취소소송으로의 소의 변경을 부정하는 견해도 있으나, 다수설은 긍정설의 입장이다. 그리고 이 경우의 소의 변경이 행정소송법 제22조(처분변경으로 인한 소의 변경)에 의한 소의 변경인지 동법 제21조에 따른 소의 종류의 변경인지 여부가 문제인데, 입법론으로는 전자가 설득력이 있으나 행정소송법 제38조 제2항에서 부작위위법확인소송에 제22조를 준용하지 않으므로, 제21조의 소의 종류의 변경으로 봄이 타당한 해석일 것이다.

2) 민사소송을 행정소송으로의 소의 변경

판시사항 의료보호법상 진료기관의 보호비용 청구에 대하여 보호기관이 심사 결과 지급을 거부한 경우, 진료기관의 구제방법(=항고소송): 민사소송으로 잘못 제기된 의료보험진료비지급청구소송을 항고소송인 진료비지급거부취소소송으로 소의 변경을 허용한 사건에서 대법원은, "원고가 고의 또는 중대한 과실 없이 행정소송으로 제기하여야 할 사건을 민사소송으로 잘못 제기한 경우 수소법원으로서는 만약 그 행정소송에 대한 관할도 동시에 가지고 있는 경우라면, 행정소송으로서의 전심절차 및 제소기간을 도과하였거나 행정소송의 대상이 되는 처분 등이 존재하지도 아니한 상태에 있는 등 행정소송으로서의 소송요건을 결하고 있음이 명백하여 행정소송으로 제기되었더라도 어차피 부적법하게 되는 경우가 아닌 이상, 원고로 하여금 항고소송으로 소 변경을 하도록 하여 그 1심법원으로 심리·판단하여야 한다고 할 것이다."고 판시하여 행정소송법상의 소의 변경뿐만 아니라 민사소송법에 의한 소의 변경으로서 민사소송을 행정소송으로의 소의 변경을 긍정한 바 있다(대판 1999.11.26, 97다42250). ☜ 이 사건 판결과 같이 민사소송법상의 규정(법 제262조·제263조)에 의한 청구의 변경(소의 변경)으로서 민사소송을 항고소송으로 소의 변경이 가능한 것은 서울행정법원과 같이 특수법원으로서 행정사건의 전속관할[48]이 인정되는 경우가 아닌 지방법원(혹은 춘천지방법원 강릉지원)에 한하여 허용된다는 점에 유의할 필요가 있다.

---

48) 도시 및 주거환경정비법상의 주택재건축정비사업조합을 상대로 관리처분계획안과 사업시행계획안에 대한 총회결의의 무효확인을 구하는 소를 민사소송으로 제기한 사안에서 대법원은, "그 소는 행정처분에 이르는 절차적 요건의 존부나 효력 유무에 관한 소송으로서 그 소송결과에 따라 행정처분의 위법 여부에 직접 영향을 미치는 공법상 법률관계에 관한 것이어서 **행정소송법상 당사자소송**에 해당하므로 **행정법원에 전속관할**이 있다."고 판시하여 행정사건(행정법관계의 사건)의 행정법원에 대한 전속관할을 인정하고 있다(대판 2009.10.15, 2008다93001).

2. 입증책임(증명책임)

1) 일반기준

입증책임이란 변론주의 하에서 당사자가 주장하는 요건사실의 존부가 확정되지 않을 경우에 그 당사자의 불이익을 말한다. 항고소송에서 입증책임은 누가 부담하는지 문제이나 행정소송법에서는 이에 대해 특별한 규정을 두고 있지 않으므로 민사소송법에 따라 해석하게 된다(행정소송법 제8조제2항). 따라서 민사소송법에서는 '법률요건분류설'에 따라 행정법규 중 행정청의 권한행사규정의 요건사실에 대해서는 처분권한의 행사를 주장하는 자가 입증책임을 지고, 권한불행사규정의 요건사실에 대해서는 처분권한의 불행사를 주장하는 자가 입증책임을 부담함이 원칙이며, 판례의 입장도 기본적으로 같다.

(1) **〈판시사항〉 항고소송에 있어서 행정처분의 적법성에 관한 입증책임:** 대법원은, "민사소송법의 규정이 준용되는 행정소송에 있어서 입증책임은 원칙적으로 민사소송의 일반원칙에 따라 당사자간에 분배되고 항고소송의 경우에는 그 특성에 따라 당해 처분의 적법을 주장하는 피고에게 그 적법사유에 대한 입증책임이 있다 할 것인바 피고가 주장하는 당해 처분의 적법성이 합리적으로 수긍할 수 있는 일응의 입증이 있는 경우에는 그 처분은 정당하다 할 것이며 이와 상반되는 주장과 입증은 그 상대방인 원고에게 그 책임이 돌아간다고 할 것이다."고 판시하였다(대판 1984.7.24, 84누121). ☜ 이 판결과 같은 취지로 대법원은, "행정처분의 취소를 구하는 항고소송에서는 당해 처분의 적법을 주장하는 처분청인 피고에게 그 적법 여부에 대한 입증책임이 있으므로(대판 1984.7.24, 84누124 등 참조), (구)화물자동차운수사업법 제10조 제5항 위반을 이유로 한 과징금부과처분의 취소를 구하는 소송에서는 화물운송사업자의 다른 화물운송사업자에의 운송위탁 또는 대행 의뢰가 '수수료 기타 대가'를 받고 이루어진 것이라는 사실을 처분청이 입증하여야 한다."고 판시한 바 있다(대판 2007.1.12, 2006두12937).

(2) **〈판시사항〉 이른바 '임의 비급여 진료행위'가 (구)국민건강보험법 제52조 제1항, 제4항 등에서 정한 '사위 기타 부당한 방법으로 가입자 등으로부터 요양급여비용을 받거나 가입자 등에게 이를 부담하게 한 때'에 해당하지 않는 예외적인 경우 및 그에 관한 증명책임의 소재(=요양기관):** 대법원은, "……다만 요양기관이 임의로 비급여 진료행위를 하고 그 비용을 가입자 등으로부터 지급받더라도 그것을 부당하다고 볼 수 없는 사정은 이를 주장하는 측인 요양기관이 증명하여야 한다. 왜냐하면 항고소송에 있어서 당해 처분의 적법성에 대한 증명책임은 원칙적으로 그 처분의 적법을 주장하는 처분청에 있지만, 처분청이 주장하는 당해 처분의 적법성에 관하여 합리적으로 수긍할 수 있는 정도로 증명이 있는 경우에는 그 처분은 정당하고, 이와 상반되는 예외적인 사정에 대한 주장과 증명은 상대방에게 그 책임이 돌아간다고 봄이 상당하기

때문이다."고 판시하였다(대판 전원합의체 다수의견 2012.6.18, 2010두27639).

2) 최근 입증책임 관련판례

(1) **〈판시사항〉 행정처분무효확인소송에서 행정처분의 무효 사유에 대한 증명책임자(=원고):** 대법원은, "행정처분의 당연무효를 주장하여 그 무효확인을 구하는 행정소송에 있어서는 원고에게 그 행정처분이 무효인 사유를 주장·입증할 책임이 있다."고 판시하였다(대판 2010.5.13, 2009두3460).

(2) **〈판시사항〉 독점규제 및 공정거래에 관한 법률 제19조 제1항이 금지하는 '부당하게 경쟁을 제한하는 행위에 대한 합의'에 묵시적인 합의가 포함되는지 여부(적극) 및 합의의 존재를 인정하기 위한 증명의 방법과 증명책임의 소재(=공정거래위원회):** 대법원은, "「독점규제 및 공정거래에 관한 법률」(이하, '공정거래법'이라 함) 제19조 제1항이 금지하는 '부당한 공동행위'는 '부당하게 경쟁을 제한하는 행위에 대한 합의'로서 이때 '합의'에는 명시적 합의뿐 아니라 묵시적인 합의도 포함된다고 할 것이지만(대판 2003.2.28, 2001두1239 등 참조), 이는 둘 이상 사업자 사이의 의사의 연락이 있을 것을 본질로 하므로 단지 위 규정 각 호에 열거된 '부당한 공동행위'가 있었던 것과 일치하는 외형이 존재한다고 하여 당연히 합의가 있었다고 인정할 수는 없고 사업자 간 의사연결의 상호성을 인정할 만한 사정에 대한 증명이 있어야 하며, 그에 대한 증명책임은 그러한 합의를 이유로 시정조치 등을 명하는 피고에게 있다고 할 것이다."고 판시하였다(대판 2013.11.28, 2012두17421).

(3) **〈판시사항〉 국민에게 일정한 이익과 권리를 취득하게 한 종전 행정처분을 직권으로 취소할 수 있는 경우 및 취소해야 할 필요성에 관한 증명책임의 소재(=행정청):** 대법원은, "일정한 행정처분으로 국민이 일정한 이익과 권리를 취득하였을 경우에 종전 행정처분에 하자가 있음을 전제로 직권으로 이를 취소하는 행정처분은 이미 취득한 국민의 기존 이익과 권리를 박탈하는 별개의 행정처분으로, 취소될 행정처분에 하자가 있어야 하고, 나아가 행정처분에 하자가 있다고 하더라도 취소해야 할 공익상 필요와 취소로 당사자가 입게 될 기득권과 신뢰보호 및 법률생활안정의 침해 등 불이익을 비교·교량한 후 공익상 필요가 당사자가 입을 불이익을 정당화할 만큼 강한 경우에 한하여 취소할 수 있는 것이며, 하자나 취소해야 할 필요성에 관한 증명책임은 기존 이익과 권리를 침해하는 처분을 한 행정청에 있다."고 판시하였다(대판 2014.11.27, 2014두9226).

3. 처분사유의 추가·변경

1) 의의

행정청(피고)이 처분 당시 처분근거로 삼았던 처분사유 외에 다른 처분사유를 쟁송과정에서 처분의 적법사유로 추가·변경하는 것을 말한다. 가령 처분청이 당초 음주운전(0.01% 초과)을 이유로 운전면허취소처분을 하였다가 계쟁 중에 당시 다른 사람의 자동차를 절취하여 운전하였다는 이유로 운전면허취소사유에 해당된다고 주장하는 경우이다. 취소소송의 소송물을 판례와 같이 '계쟁처분의 위법성일반'이라고 하면(대판 1996.4.26, 95누5820 참조), 소송의 당사자인 행정 측(행정청)은 구두변론종결시까지 계쟁처분이 적법하다는 것에 대해 일체의 법률상·사실상의 근거를 주장할 수 있을 것이다. 따라서 행정청은 취소소송에서 계쟁처분에 대해 처분사유의 추가·변경의 주장이 가능하다고 해석하는 것이 일반적이다. 그러나 사전절차로서 행정처분에 이유제시가 요구되는 상황에서 소송의 진행단계에서 아무런 제한 없이 행정청이 처분이유를 추가·변경할 수 있다고 하면 행정절차법상 '처분이유제시제도의 형해화'를 초래할 우려가 있으므로, 행정 측에 의한 처분사유의 추가·변경에는 일정한 한계가 필요하다는 제한적 긍정설이 통설·판례의 입장이다.[49] 다만 재판실무상 거부처분의 경우에는 '분쟁의 일회적 해결'이란 관점에서 처분사유의 추가·변경을 다소 폭넓게 인정하는 경향이 있다.

2) 인정기준

(1) 기본적 사실관계의 동일성이 유지될 것

판시사항 행정처분의 취소를 구하는 소송에 있어서 당초의 처분사유와 동일성이 전혀 없는 별개의 사실을 들어 처분청이 처분사유로서 주장하거나, 법원이 이를 처분사유로서 인정할 수 있는지 여부: 대법원은, "행정처분의 취소를 구하는 소송에 있어서는, 실질적 법치주의와 행정처분의 상대방인 국민에 대한 신뢰보호라는 견지에서, 처분청은 당초의 처분사유와 기본적 사실관계에 있어서 동일성이 인정되는 한도 내에서만 새로운 처분사유를 추가하거나 변경할 수 있고, 기본적 사실관계와 동일성이 전혀 없는 별개의 사실을 들어 처분사유로서 주장함은 허용되지 아니하며, 법원으로서도 당초 처분사유와 기본적 사실관계의 동일성이 없는 사실은 이를 처분사유로서 인정할 수 없다."고 판시하였다(대판 1995.10.12, 95누

49) 처분사유의 추가·변경은 피고(처분청)의 주장제한에 관한 쟁점이며, 반대로 원고의 주장제한에 관한 문제는 항고소송이 주관소송이므로 법리상 '자신의 법률상 이익에 관계가 없는 위법'을 주장할 수 없는 주장제한이 있다.

4704). 그리고 대법원은, "여기서 기본적 사실관계의 동일성 유무는 처분사유를 법률적으로 평가하기 이전의 구체적인 사실에 착안하여 그 기초인 사회적 사실관계가 기본적인 점에서 동일한지 여부에 따라 결정되며, 추가 또는 변경되는 사유가 처분 당시에 그 사유를 명기하지 않았을 뿐 이미 존재하고 있었고 당사자도 그 사실을 알고 있었다 하여 당초의 처분사유와 동일성이 있는 것이라고 할 수는 없다."고 판시하였다(대판 2009.11.26, 2009두15586).[50)]

(2) 처분시 객관적으로 존재하였던 사실일 것

판시사항 행정처분의 적법성을 판단함에 있어 처분 후에 추가·변경한 근거법령을 적용할 수 있는지 여부(적극): 대법원은, "행정처분이 적법한가의 여부는 특별한 사정이 없는 한 처분당시의 사유를 기준으로 판단하면 되는 것이고, 처분청이 처분당시에 적시한 구체적 사실을 변경하지 아니하는 범위 안에서 단지 그 처분의 근거법령만을 추가·변경하는 것은 새로운 처분사유의 추가라고 볼 수 없으므로 이와 같은 경우에는 처분청이 처분당시에 적시한 구체적 사실에 대하여 처분 후에 추가·변경한 법령을 적용하여 그 처분의 적법 여부를 판단하여도 무방하다."고 판시하였다(대판 1988.1.19, 87누603).

3) 기본적 사실관계의 동일성에 관한 판례

(1) 동일성을 긍정한 사례

(가) **〈판시사항〉 석유판매업(주유소)불허가처분 취소소송에서 당초의 처분사유와 기본적 사실관계의 동일성이 있다고 한 사례:** 대법원은, 「석유판매업허가신청에 대하여 "**주유소 건축 예정 토지에 관하여 도시계획법 제4조 및 구 토지의형질변경등행위허가기준등에관한규칙에 의거하여 행위제한을 추진하고 있다**."는 당초의 불허가처분사유와 항고소송에서 주장한 **위 신청이 토지형질변경허가의 요건을 갖추지 못하였다는 사유 및 도심의 환경보전의 공익상 필요라는 사유**는 기본적 사실관계의 동일성이 있다.」고 판시하였다(대판 1999.4.23, 97누14378).

(나) **〈판시사항〉 농지전용불허가처분 취소소송에서 당초의 처분사유와 기본적 사실관계**

---

50) 그리고 대법원은, "확정판결의 당사자인 처분 행정청은 종전 처분 후에 발생한 새로운 사유를 내세워 다시 처분을 할 수 있고, 새로운 처분의 처분사유가 종전 처분의 처분사유와 기본적 사실관계에서 동일하지 않은 다른 사유에 해당하는 이상, 처분사유가 종전 처분 당시 이미 존재하고 있었고 당사자가 이를 알고 있었더라도 이를 내세워 새로이 처분을 하는 것은 확정판결의 기속력에 저촉되지 않는다."고 판시하였다(대판 2016.3.24, 2015두48235).

의 동일성이 인정된다고 한 사례: 대법원은, "이 사건 농지가 소득 높은 과수원으로 이용되고 원주시 지역의 유일한 마을관리관광지로서 원주시민의 휴식처로 제공되고 있으며 국립공원 인접지여서 자연경관의 훼손이 우려되고 지역주민들이 반대한다는 등 당초의 처분사유는 농지전용허가신청을 불허가할 국토 및 자연의 유지와 환경의 보전 등 중대한 공익상 필요가 있다는 의미이고, 소송에서 추가하는 위 농지의 인접 임야들이 산림훼손 제한지역으로 지정되어 있다는 사유는 위 농지에 인접한 주위 토지의 상황에 관한 구체적인 사정으로서 당초의 처분사유인 공익상 필요와 기본적 사실관계가 동일하다."고 판시하였다(대판 2000.5.12, 98두15382).

(다) **〈판시사항〉 토지형질변경허가신청반려처분 취소소송에서 당초의 처분사유와 기본적 사실관계의 동일성이 인정된다고 한 사례**: 대법원은, "[1] 행정처분의 취소를 구하는 항고소송에 있어서는 실질적 법치주의와 행정처분의 상대방인 국민에 대한 신뢰보호라는 견지에서 처분청은 당초처분의 근거로 삼은 사유와 기본적 사실관계가 동일성이 있다고 인정되는 한도 내에서만 다른 사유를 추가하거나 변경할 수 있을 뿐, 기본적 사실관계와 동일성이 인정되지 않는 별개의 사실을 들어 처분사유로 주장함은 허용되지 아니하고, 여기서 기본적 사실관계의 동일성 유무는 처분사유를 법률적으로 평가하기 이전의 구체적인 사실에 착안하여 그 기초가 되는 사회적 사실관계가 기본적인 점에서 동일한지 여부에 따라 결정된다. [2] 토지형질변경 불허가처분의 당초의 처분사유인 **국립공원에 인접한 미개발지의 합리적인 이용대책 수립시까지 그 허가를 유보한다는 사유**와 그 처분의 취소소송에서 추가하여 주장한 처분사유인 **국립공원 주변의 환경·풍치·미관 등을 크게 손상시킬 우려가 있으므로 공공목적상 원형유지의 필요가 있는 곳으로서 형질변경허가 금지 대상이라는 사유**는 기본적 사실관계에 있어서 동일성이 인정된다."고 판시하였다(대판 2001.9.28, 2000두8684).

(라) **〈판시사항〉 산림형질변경불허가처분 취소소송에서 당초 거부처분의 사유와 기본적 사실관계의 동일성이 인정된다고 한 사례**: 대법원은, "주택신축을 위한 산림형질변경허가신청에 대하여 행정청이 거부처분을 하면서 당초 거부처분의 근거로 삼은 **준농림지역에서의 행위제한이라는 사유**와 나중에 거부처분의 근거로 추가한 **자연경관 및 생태계의 교란, 국토 및 자연의 유지와 환경보전 등 중대한 공익상의 필요라는 사유**는 기본적 사실관계에 있어서 동일성이 인정된다."고 판시하였다(대판 2004.11.26, 2004두4482).

(마) **〈판시사항〉 갑종근로소득세부과처분 취소소송에서 당초의 처분사유와 기본적 사실관계의 동일성이 있다고 한 사례**: 대법원은, "과세처분 등의 취소소송에 있어서 소송물은 과세관청의 처분에 의하여 인정된 과세표준 및 세액의 객관적 존부이고, 과세관청으로서는 소송 도중이라도 사실심 변론종결시까지 당해 처분에서 인정한 과세표준 또는 세액의 정당성을 뒷받침하기 위하여 처분의 동일성이 유지되는 범위 내에서 처분사유를 교환·변경할 수 있으므로, 과세관청이 **법인의 익금이 임원 또는 주주들에게 사외유출된 것**으로 보아 구 법인세법시행령

(1990.12.31. 대통령령 제13195호로 개정되기 전의 것) 제94조의2 규정에 근거하여 소득금액을 지급한 것으로 의제하는 소득처분을 한 후 그에 대한 과세처분취소소송의 사실심변론종결시까지 위 소득처분과는 별도로, 당해 원천징수소득세 징수처분의 정당성을 뒷받침하기 위하여 **같은 소득금액이 대표이사나 출자자에게 현실적 소득으로 귀속되었다는 주장**과 함께 합산과세되는 종합소득의 범위 안에서 그 소득의 원천만을 달리 주장하는 것은 처분의 동일성이 유지되는 범위 내의 처분사유 변경에 해당하여 허용된다 할 것이고, 한편 처분의 동일성이 유지되는 범위 내에서 처분사유를 변경하는 것은 새로운 처분이라 할 수 없으므로, 국세부과의 제척기간이나 국세징수권의 소멸시효가 경과되었는지 여부도 당초의 처분시를 기준으로 판단할 것이지 처분사유의 변경시를 기준으로 판단할 것은 아니다."고 판시하였다(대판 2000.3.28, 98두16682).

(바) **〈판시사항〉 폐기물처리사업계획부적정통보처분 취소소송에서 당초의 처분사유와 기본적 사실관계의 동일성이 있다고 한 사례:** 대법원은, "행정청(피고)이 폐기물처리사업계획 부적정 통보처분을 하면서 **폐기물처리시설을 설치할 경우 인근농지의 농업경영과 농어촌 생활유지에 피해를 줄 것이 예상되어 농지법에 의한 농지전용이 불가능하다는 사유 등**을 내세웠다가, 위 행정처분의 취소소송에서 **사업예정지에 폐기물처리시설을 설치할 경우 인근주민의 생활이나 주변농업활동에 피해를 줄 것이 예상되어 폐기물처리시설 부지로 적절하지 않다는 사유**를 주장하는 경우에, 두 처분사유는 모두 인근주민의 생활이나 주변농업활동의 피해를 문제 삼는 것이어서 기본적 사실관계가 동일하므로, 행정청은 위 행정처분의 취소소송에서 후자의 처분사유를 추가로 주장할 수 있다."고 판시하였다(대판 2006.6.30, 2005두364).

(사) **〈판시사항〉 국가계약법에 따른 부정당업자제재처분 취소소송에서 당초 제재처분사유와 기본적 사실관계의 동일성이 있다고 한 사례:** 대법원은, "당초의 처분사유인 국가를 당사자로 하는 계약에 관한 법률(2005.12.14. 법률 제7722호로 개정되기 전의 것, 이하 '국가계약법'이라 한다) 시행령 제76조 제1항 제12호 소정의 '**담합을 주도하거나 담합하여 입찰을 방해하였다**'는 것으로부터 같은 항 제7호 소정의 '**특정인의 낙찰을 위하여 담합한 자**'로 이 사건 처분의 사유를 변경한 것은, 그 변경 전후에 있어서 같은 행위에 대한 법률적 평가만 달리하는 것일 뿐 기본적 사실관계를 같이 하는 것이므로 허용된다."고 판시하였다(대판 2008.2.28, 2007두13791·13807).

(아) **〈판시사항〉 원천징수의무자에 대하여 납세의무의 단위를 달리하여 순차 이루어진 2개의 징수처분에 대해 당초 처분과 증액경정처분에 관한 법리가 적용되는지 여부(소극) / 원천징수하는 법인세에 대한 징수처분 취소소송에서 과세관청이 소득금액 또는 수입금액의 수령자를 변경하여 주장하는 것이 허용되는지 여부(한정 적극):** 대법원은, "[1] 원천징수의무자에 대하여 납세의무의 단위를 달리하여 순차 이루어진 2개의 징수처분은 별개의 처분으로서 당초 처분과 증액경정처분에 관한 법리가 적용되지 아니하므로, 당초 처분이 후행 처분에 흡수되어 독립한 존

재가치를 잃는다고 볼 수 없고, 후행 처분만이 항고소송의 대상이 되는 것도 아니다. [2] 징수처분의 취소를 구하는 항고소송에서도 과세관청은 처분의 동일성이 유지되는 범위 내에서 처분사유를 교환·변경할 수 있다. 그런데 원천징수하는 법인세는 소득금액 또는 수입금액을 지급하는 때에 납세의무가 성립함과 동시에 자동적으로 확정되는 조세로서 [구 국세기본법(2007.12.31. 법률 제8830호로 개정되기 전의 것) 제21조 제2항 제1호, 제22조 제2항 제3호], 과세관청의 원천징수의무자에 대한 징수처분 그 자체는 소득금액 또는 수입금액의 지급사실에 의하여 이미 확정된 납세의무에 대한 이행을 청구하는 것에 불과하여 소득금액 또는 수입금액의 수령자가 부담하는 원천납세의무의 존부나 범위에는 아무런 영향을 미치지 아니한다. 그리고 구 국세징수법(2011.4.4. 법률 제10527호로 개정되기 전의 것) 제9조 제1항은 국세의 징수를 위한 납세고지서에 '세액의 산출근거'를 명시하도록 규정하고 있으나, 여기에서 말하는 '산출근거'에 소득금액 또는 수입금액의 수령자가 포함된다고 보기도 어렵다. 이러한 법리 등에 비추어 보면, 원천징수하는 법인세에서 소득금액 또는 수입금액의 수령자가 누구인지는 원칙적으로 납세의무의 단위를 구분하는 본질적인 요소가 아니라고 봄이 타당하다. 따라서 원천징수하는 법인세에 대한 징수처분 취소소송에서 **과세관청이 소득금액 또는 수입금액의 수령자를 변경하여 주장**하더라도 그로 인하여 소득금액 또는 수입금액 지급의 기초 사실이 달라지는 것이 아니라면 처분의 동일성이 유지되는 범위 내의 처분사유 변경으로서 허용된다."고 판시하였다(대판 2013.7.11, 2011두7311).

(2) 동일성을 부정한 사례

(가) **〈판시사항〉 종합주류도매업면허처분 취소소송에서 당초의 처분사유와 기본적 사실관계의 동일성이 없다고 한 사례:** 대법원은, "**주류면허 지정조건 중 제6호 무자료 주류판매 및 위장거래 항목을 근거로 한 면허취소처분**에 대한 항고소송에서, **지정조건 제2호 무면허판매업자에 대한 주류판매를 새로이 그 취소사유로 주장하는 것**은 기본적 사실관계가 다른 사유를 내세우는 것으로서 허용될 수 없다."고 판시하였다(대판 1996.9.6, 96누7427).

(나) **〈판시사항〉 자동차관리사업불허처분 취소소송에서 처분청은 기본적 사실관계와 동일성이 전혀 없는 별개의 사실을 처분사유로서 주장할 수 없다고 한 사례:** 「부산시자동차매매업허가업무세부처리요령의 입지조건 중 공동사업장에서 300m 밖의 지역에 위치하여야 한다는 입지조건의 취지는 도심지의 기존의 공동사업장 가까이 새로운 사업장이 밀집하게 됨으로써 야기될 교통혼잡과 불법주정차문제 등을 방지하자는 데 있는바, 자동차매매업 허가 신청인들이 그 신청을 할 당시 소외인은 자동차매매업을 경영한 것이 아니라 단지 허가의 전 단계인 내인가를 받은 데 불과할 뿐더러, 위 신청인들의 공동사업장부지 및 위 소외인의 공동사업장부지는 인접한 정도가 아니라 아예 연접해 있어 그 자체가 하나의 공동사업장으로 보이므로 위 신청인들의 **사업장부지가 기존의 다른 공동사업장에서 300m 이내에 위치하고 있다는 이유**를 들어 위 신청

인들의 자동차매매업 허가 신청을 불허한 처분은 위법하다.」고 판단한 사건에서 대법원은, "행정처분취소 소송에 있어서 처분청은 당초의 처분사유와 기본적 사실관계에 있어서 동일성이 인정되는 한도 내에서만 새로운 처분사유를 추가하거나 변경할 수 있고, 기본적 사실관계와 동일성이 전혀 없는 별개의 사실을 들어 처분사유로서 주장함은 허용되지 아니하는바, 피고의 이 사건 처분사유인 **기존 공동사업장과의 거리제한규정에 저촉된다는 사실**과 피고 주장의 **최소 주차용지에 미달한다는 사실**은 기본적 사실관계를 달리하는 것임이 명백하여 피고가 이를 새롭게 처분사유로서 주장할 수는 없는 것이므로 원심이 피고의 위 주장에 대하여 명시적인 판단을 하지 아니하였다고 하여 원심판결에 아무런 영향이 없는 것이다."고 판시하여 처분사유의 추가·변경을 부정하였다(대판 1995.11.21, 95누10952).

(다) **〈판시사항〉 석유판매업불허가처분 취소소송에서 당초의 처분사유와 기본적 사실관계의 동일성이 없어 불허가사유를 추가할 수 없다고 본 사례**: 대법원은, "피고는 석유판매업허가신청에 대하여 당초 사업장소인 토지가 **군사보호시설구역 내에 위치하고 있는 관할 군부대장의 동의를 얻지 못하였다는 이유**로 이를 불허가하였다가, 소송에서 위 토지는 **탄약창에 근접한 지점에 위치하고 있어 공공의 안전과 군사시설의 보호라는 공익적인 측면에서 보아 허가신청을 불허한 것**은 적법하다는 것을 불허가사유로 추가한 경우, 양자는 기본적 사실관계에 있어서의 동일성이 인정되지 아니하는 별개의 사유라고 할 것이므로 이와 같은 사유를 불허가처분의 근거로 추가할 수 없다."고 판시하였다(대판 1991.11.8, 91누70).

(라) **〈판시사항〉 정보비공개결정 취소소송에서 (구)정보공개법 제7조 각 호에 따른 비공개결정사유 사이에 처분사유의 추가가 허용되는지 여부**: 대법원은, "당초의 정보공개거부 처분사유인 **(구)공공기관의 정보공개에 관한 법률 제7조(현 제9조) 제1항 제2호, 제4호, 제6호의 사유**와 **같은 항 제1호의 사유**는 기본적 사실관계의 동일성이 인정되지 않으므로, 정보비공개결정 취소소송에서 같은 항 제1호의 처분사유의 추가가 허용되지 않는다."고 판시하였다(대판 2006.1.13, 2004두12629). ☜ 이 판결과 같은 취지에서 대법원은, "피고가 처분사유로 추가한 정보공개법 제9조 제1항 제1호에서 주장하는 사유는 당초 처분사유인 제7호에서 주장하는 사유와는 기본적 사실관계가 동일하다고 할 수 없다."고 판시하였다(대판 2008.10.23, 2007두1798).

(마) **〈판시사항〉 주택건설사업계획승인신청반려처분 취소소송에서 당초 처분의 근거로 삼은 사유와 기본적 사실관계의 동일성이 없는 별개의 사실을 처분사유로 주장할 수 있는지 여부**: 원고 甲이 피고에게 대구 수성구 황금동에 소재하는 총 7필지의 토지(이하, '이 사건 토지'라 한다)에 아파트 1동 32평형 32세대를 건축하기 위하여 (구)주택건설촉진법 제33조 제1항 및 같은 법 시행령 제32조의 규정에 의거하여 주택건설사업계획승인신청을 하였다가 피고로부터 거부된 사건에서 대법원은, "피고가 원고에게 **이 사건 토지를 포함한 주위 46필지 전체를 개발하지 아니한 채 이 사건 토지만을 개발하여 이 사건 아파트를 건축하는 것은 도시미관과 지역여건을 고려하지 않은 불합리한 계획으로서 지역의 균형개발을 저해한다는 점**을 들어 이 사건 처분을

하였고, 나아가 이 사건 처분의 취소를 구하는 항고소송에서 이 사건 처분 이후에 이 사건 토지 지역이 5층 이상의 건축사업이 불가능한 **제1종 일반주거지역으로 지정되었다는 이유**로 이를 반려하였다는 처분이유의 변경을 한 것에 대해 이 사건 토지가 제1종 일반주거지역으로 지정된 것은 이 사건 처분 이후에 새로이 발생한 사정으로 당초 처분사유와 기본적 사실관계의 동일성이 있다고 보기 어렵다."고 판시하였다(대판 2005.4.15, 2004두10883).

(바) **〈판시사항〉 북한주민이 '대일항쟁기 강제동원 피해조사 및 국외강제동원 희생자 등 지원에 관한 특별법'상 위로금 등의 지급을 청구하였다가 위로금등지급기각결정이 되자 취소소송을 제기한 사건에서 기본적 사실관계의 동일성을 부정한 사례:** 대법원은, "행정처분의 취소를 구하는 항고소송에서는 처분청이 당초 처분의 근거로 삼은 사유와 기본적 사실관계에 동일성이 있다고 인정되는 한도 내에서만 다른 사유를 추가하거나 변경할 수 있는 것인데, 피고가 이 사건 소송에서 추가로 주장한 사유인 **'망인의 부상 정도와 원고가 위로금 수급권자인 유족에 해당한다고 인정할 만한 자료가 없다'는 점**은 피고가 이 사건 처분의 근거로 삼은 **'망인이 대한민국 국적을 갖지 아니한 사람에 해당한다'**는 당초의 사유와 기본적 사실관계가 동일하다고 볼 수 없다."고 판시하였다(대판 2016.1.28, 2011두24675).

4) 행정심판 이전 단계에서 처분사유의 추가·변경

판시사항 산업재해보상보험법상 심사청구에 관한 절차의 성격(=근로복지공단 내부의 시정절차) 및 그 절차에서 근로복지공단이 당초 처분의 근거로 삼은 사유와 기본적 사실관계의 동일성이 인정되지 않는 사유를 처분사유로 추가·변경할 수 있는지 여부(적극): 대법원은, "산재보험법 규정의 내용, 형식 및 취지 등에 비추어 보면, 산재보험법상 심사청구에 관한 절차는 보험급여 등에 관한 처분을 한 피고로 하여금 스스로의 심사를 통하여 당해 처분의 적법성과 합목적성을 확보하도록 하는 피고 내부의 시정절차에 해당한다고 보아야 한다. 따라서 처분청이 스스로 당해 처분의 적법성과 합목적성을 확보하고자 행하는 자신의 내부 시정절차에서는 당초 처분의 근거로 삼은 사유와 기본적 사실관계의 동일성이 인정되지 아니하는 사유라고 하더라도 이를 처분의 적법성과 합목적성을 뒷받침하는 처분사유로 추가·변경할 수 있다고 봄이 타당하다."고 판시하여 **행정심판 이전 단계에서의 기본적 사실관계의 동일성이 인정되지 아니하는 처분사유의 추가·변경을 인정**하고 있음에 유의할 필요가 있다(대판 2012.9.13, 2012두3859). ☜ 다만 상술한 항고소송에서 피고의 주장제한에 관한 법리인 처분사유의 추가·변경의 제한법리가 행정심판절차의 단계에서도 동일하게 적용됨을 밝힌 최초의 최근 판례(대판 2014.5.16, 2013두26118)가 있음은 전술한 바와 같다.

4. 위법판단의 기준시

1) 의의

항고소송의 본안에서 계쟁된 처분의 위법성을 심리한다고 할 때에 그 위법은 어느 시점을 기준으로 판단할 것인지의 문제이다. 학설은 처분시설(계쟁처분이 행하여진 시점을 기준으로 한다는 설)과 판결시설(변론종결시점을 기준으로 한다는 설) 및 절충설이 대립하고 있다. 이 쟁점은 처분시점에서의 사실상태 혹은 법령이 변경(제정·개정·폐지 등)된 경우에 항고소송의 변론종결시점과 비교하여 적법·위법의 결론이 달라지는 사례에서 논의할 실익이 있다. 대법원 판례는 일관되게 적극적 불이익처분이든 거부처분이든 구별하지 않고 "항고소송에 있어서 행정처분의 적법 여부는 특별한 사정이 없는 한 그 행정처분 당시를 기준으로 하여 판단하여야 할 것이나, 여기서 행정처분의 위법 여부를 판단하는 기준시점에 대하여 판결시가 아니라 처분시라고 하는 의미는 행정처분이 있을 때의 법령과 사실상태를 기준으로 하여 위법 여부를 판단할 것이며 처분 후 법령의 개폐나 사실상태의 변동에 영향을 받지 않는다는 뜻"이라고 판시하여 처분시설의 입장을 취하고 있다(대판 2012.12.13, 2011두21218 등).[51]

2) 구체적인 사례

(1) 적극적 불이익처분의 경우

[판시사항] 행정처분의 위법 여부 판단의 기준시점(=처분시): 공사중지명령처분 취소소송에서 대법원은, "행정소송에서 행정처분의 위법 여부는 행정처분이 행하여졌을 때의 법령과 사실상태를 기준으로 하여 판단하여야 하고, 처분 후 법령의 개폐나 사실상태의 변동에 의하여 영향을 받지는 않는다."고 하여 행정처분의 위법 여부판단의 기준시점에 대해 처분시설의 입장이다(대판 2007.5.11, 2007두1811).

(2) 거부처분의 경우

[판시사항] 난민 인정 거부처분 후 국적국의 정치적 상황이 변화하였다고 하여 처분의 적법 여부가 달라지는지 여부(소극): 난민인정불허가결정 취소소송에서 대법원은, "행정소송에서 행정

51) 다만, 부작위위법확인소송은 '판결시'(사실심의 구두변론종결시)를 기준으로 그 부작위의 위법을 확인함으로써 행정청의 응답을 신속하게 하여 부작위 내지 무응답이라고 하는 소극적인 위법상태를 제거하는 것을 목적으로 하므로, 판결시설에 따라 위법여부를 판단한다(대판 1990.9.25, 89누4758; 대판 1999.4.9, 98두12437). 그 밖에 사정판결(대판 1970.3.24, 69누29)이나 당사자소송의 경우에는 법리상 '판결시설'을 기준으로 해야 한다.

처분의 위법 여부는 행정처분이 행하여졌을 때의 법령과 사실 상태를 기준으로 하여 판단하여야 하고, 처분 후 법령의 개폐나 사실상태의 변동에 의하여 영향을 받지는 않으므로, 난민 인정 거부처분의 취소를 구하는 취소소송에서도 그 거부처분을 한 후 국적국의 정치적 상황이 변화하였다고 하여 처분의 적법 여부가 달라지는 것은 아니다."고 판시하여 거부처분의 경우 역시 위 적극적 불이익처분과 마찬가지로 위법판단의 기준시점에 대해 처분시설의 입장이다(대판 2008.7.24, 2007두3930).

Ⅱ. 가구제제도(집행정지, 가처분)

1. 집행정지

1) 집행부정지의 원칙

행정소송법은 제23조 제1항에서 남소의 유발을 예방하고 행정목적의 원활한 실현을 도모하려는 정책적 배려에서 집행부정지의 원칙을 채택하고 있다. 그러나 집행부정지원칙으로 인하여 취소소송 등이 제기되어도 처분의 효력 등이 정지되지 않는다면 회복하기 불가능한 기성의 사실이 형성되고, 그에 따라 원고가 설사 승소하더라도 회복할 수 없는 손해가 발생하여 권리구제를 받을 수 없는 경우가 있게 되며, 이와 같은 집행부정지원칙에 대하여는 행정소송의 권리구제기능이 반감된다는 등의 비판이 있어 왔다. 그리하여 행정소송법 제23조 제2항, 제3항에서 잠정적 구제제도로서의 집행정지를 예외적으로 인정하고 있다.

2) 집행정지의 요건

(1) 개요

적극적 요건으로는, ① 처분 등이 존재할 것, ② 적법한 본안소송이 법원에 계속되어 있을 것, ③ 회복하기 어려운 손해를 예방하기 위하여 긴급한 필요가 있을 것을 들 수 있고, 소극적 요건으로는, ④ 공공복리에 중대한 영향을 미칠 우려가 없을 것, ⑤ 본안 청구의 이유 없음이 명백하지 않을 것을 들 수 있다. 집행정지의 적극적 요건에 관한 주장·소명책임은 원칙적으로 신청인 측에 있고, 소극적 요건에 대한 주장·소명책임은 행정청에게 있다(대결 1999.12.20, 99무42; 대결 2008.5.6, 2007무147 등). 위 ①, ②는 형식적 요건, ③, ④, ⑤는 실체적 요건이라고 할 수 있는데, 아래에서는 실체적 요건에 관하여만 구체적으로 살펴보기로 한다.

(2) 회복하기 어려운 손해

대법원은 '회복하기 어려운 손해'의 의미와 관련하여 「'회복하기 어려운 손해'란, 특별한 사정이 없는 한 금전으로 보상할 수 없는 손해로서 금전보상이 불가능한 경우 내지는 금전보상으로는 사회관념상 행정처분을 받은 당사자가 참고 견딜 수 없거나 참고 견디기가 현저히 곤란한 경우의 유형, 무형의 손해를 일컫는다.」고 판시하였다(대결 2014.1.23, 2011무178[52]). 그러한 이유로, 집행정지와 관련하여 재판실무상 과세처분·과징금부과처분·변상금부과처분 등과 같이 금전의 납부를 명하는 처분의 경우에는 당해 처분이 위법하다는 이유로 무효확인 또는 취소되면 이미 납부한 금전과 그에 대한 환급이자를 반환받음으로써 손해의 회복이 가능하므로 특별한 사정이 없는 한 효력정지를 인정하지 않는다.[53]

(3) 긴급한 필요

'처분 등이나 그 집행 또는 절차의 속행으로 인하여 생길 회복하기 어려운 손해를 예방하기 위하여' 「긴급한 필요」가 있는지는 처분의 성질과 태양 및 내용, 처분상대방이 입는 손해의 성질·내용 및 정도, 원상회복·금전배상의 방법 및 난이 등은 물론 본안청구의 승소가능성 정도 등을 종합적으로 고려하여 구체적·개별적으로 판단하여야 한다(대결 전원합의체 2011.4.21, 2010무111; 대결 2014.1.23, 2011무178 등 참조).

(4) 집행정지가 공공복리에 중대한 영향을 미치는 때

'집행정지가 공공복리에 중대한 영향을 미치는 때'라 함은 일반적·추상적인 공익에 대한 침해의 가능성이 아니라 당해 집행정지 결정과 관련된 구체적·개별적인 공익에 중대한 해를 입힐 개연성을 말하는 것이다(대결 2005.7.15, 2005무16; 대결 2004.5.17, 2004무6 등).[54] 따라서 가령 영업허가취소처분이 집행정지되어 영업을 계속하게 할 경우 법질서의 유지와 행정청의 지도감독이 곤란하여지고 신청인이 다시 비위행위를 할 우려가 있다거나, 밀입국자를 바로 퇴거조치하지 않으면 출입국관리행정이 곤란하여진다거나, 체납처분을 진행하지 않으면 조세징수라는

---

52) 이 사건은 주무관청이 민법 제38조에 의하여 비영리법인인 甲사단법인에 대하여 '목적 이외의 사업수행' 등을 이유로 법인설립허가를 취소한 사안에서 대법원이, "위 처분으로 甲법인에게 생길 회복하기 어려운 손해를 예방하기 위하여 처분의 효력을 정지할 긴급한 필요가 있고, 처분의 효력정지가 공공복리에 중대한 영향을 미칠 우려가 있는 때에 해당한다고 인정할 소명이 부족함에도, 이와 달리 본 원심판단에 법리 등을 오해한 위법이 있다."고 판시하여 법원의 집행정지결정이 정당하다고 한 사례이다(대결 2014.1.23, 2011무178).

53) 다만 최근 과세처분(대결 2000.9.7, 2000아20), 과징금납부명령(대결 2001.10.10, 2001무29) 등과 같은 금전납부를 명하는 처분으로 인한 재산적 손해에 대해서도 집행정지결정을 한 사례가 없지는 않다.

54) 대법원은, "공공복리에 미칠 영향이 중대한지의 여부는 절대적 기준에 의하여 판단할 것이 아니라, 신청인의 '회복하기 어려운 손해'와 '공공복리' 양자를 비교·교량하여, 전자를 희생하더라도 후자를 옹호하여야 할 필요가 있는지 여부에 따라 상대적·개별적으로 판단하여야 한다."고 판시하였다(대결 2010.5.14, 2010무48).

국가의 중대한 업무에 지장을 초래한다거나 하는 것은 모두 추상적 공익침해에 대한 것으로 여기에 해당한다고 할 수 없다.

(5) 본안에 대한 승소가능성

행정소송법은 집행정지신청의 요건으로서 본안에 대한 승소가능성을 명시적으로 요구하고 있지는 않지만 대법원은, "집행정지제도는 신청인이 본안소송에서 승소판결을 받을 때까지 그 지위를 보호함과 동시에 후에 받을 승소판결을 무의미하게 하는 것을 방지하려는 것이어서 본안 소송에서 처분의 취소가능성이 없음에도 처분의 효력이나 집행의 정지를 인정한다는 것은 제도의 취지에 반하므로 효력정지나 집행정지사건 자체에 의하여도 신청인의 본안 청구가 이유 없음이 명백하지 않아야 한다는 것도 효력정지나 집행정지의 요건에 포함시켜야 한다."고 판시하여 집행정지의 요건으로 '본안에 대한 승소가능성'을 요구하고 있으며(대결 2008.5.6, 2007무14; 대결 2007.7.13, 2005무85 등), 본안청구의 이유 없음이 명백함은 피신청인인 행정청이 소명해야 하는 소극적 요건이다(대결 2008.5.6, 2007무147). 본안청구의 이유 없음이 명백한 경우란, ① 본안청구의 이유 없음이 신청인의 주장 자체에 의하여 명백한 경우, ② 행정청이 처분의 적법성을 소명하여 본안청구의 이유 없음이 명백한 경우 등을 말하고, 단지 처분의 위법성에 다소 의문이 있다거나 본안청구의 이유 유무의 존재가 불명한 때에는 본안청구의 이유 없음이 명백한 경우에 해당한다고 할 수 없다.

3) 집행정지의 적용범위

(1) 개요

집행정지제도는 취소소송과 무효확인소송이 제기된 경우에 가능하고(제23조 제2항, 제38조 제1항), 부작위위법확인소송에서는 허용되지 아니한다(제38조 제2항). 집행정지의 요건을 구비한 경우 신청 또는 직권에 의하여 법원의 결정으로 처분 등의 효력(효력정지)이나 그 집행(집행정지) 또는 절차의 속행(속행정지)의 전부 또는 일부를 정지할 수 있다(제23조 제2항).

(2) 연속하는 행정처분에서 후행처분에 대한 집행정지 가능 여부

본안소송의 대상과 집행정지신청의 대상은 원칙적으로 동일하여야 하지만, 행정소송법 제23조 제2항 본문에서는 집행정지의 내용으로 "처분 등의 효력이나 그 집행 또는 절차의 속행"을 열거하고 있다. 여기서 절차의 속행정지는 처분 등이 유효함을 전제로 법률관계를 진전시키는 다른 행위가 이어질 경우 그 전제가 되는 처분 등의 효력을 박탈하여 후행 법률관계의 진전을 정지시키는 것인데, 이를 집행정지의 내용에 포함한 것이다. 따라서 후행처분의 집행정지를 신청할 수 있다는 것은 입법적으로 해결된 것이다. 다만 집행정지의 일환으로 '절차의 속행'이 가능함에도 불구하고 그 범위를 어떻게 해석해야하는지 문제이나, 크게 2가지로 나누어 볼 수 있다.

첫째로는, 선행처분과 후행처분이 연속된 일련의 절차를 구성하여 일정한 법률효과의 발생을 목적으로 하는 경우(하자의 승계가 인정되는 경우)이다. 예컨대 ① 농지매수계획의 취소를 본안으로 한 매수처분의 집행정지, ② 개별공시지가결정과 과세처분, ③ 체납처분절차에서 압류처분취소와 공매처분의 집행정지 등이 그것이다. 이때에는 선행처분과 후행처분 사이에 하자의 승계(위법성의 승계)가 인정된다. 따라서 후행처분의 집행정지의 대상적격성을 인정해야 할 것이다(김철용, 609쪽).

둘째로는, 목적을 달리하는 별개의 처분으로 위법성의 승계가 인정되지 않지만 후행처분이 선행처분의 집행으로서의 성질을 가지는 경우이다. 예컨대 ① 과세처분취소를 본안으로 하면서 체납처분절차의 속행정지, ② 철거명령취소를 본안으로 한 대집행계고처분의 집행정지, ③ 산업기능요원 편입취소처분취소를 본안으로 한 현역병 입영처분이나 공익근무요원 소집처분 절차의 속행정지(대결 2000.1.8, 2000무35[55]) 등이 그것이다. 그러나 이 유형과 관련하여 대법원은 ①의 경우에 대해 "과세처분에 의하여 입은 손해는 배상청구가 가능하므로 그 처분을 정지함에 회복할 수 없는 손해를 피하기 위하여 긴급한 사유가 있는 경우에 해당하지 아니한다."고 판시하여 집행정지의 대상적격성을 인정하지 아니하였다(대결 1971.1.28, 70두7).

(3) 거부처분에 대한 집행정지

집행정지가 인정되기 위해서는 집행정지의 대상인 처분 등이 존재하여야 한다. 그러한 이유로 거부처분(불허처분)의 경우 집행정지의 요건 중 '처분 등의 존재'에 포섭될 수 있을지 여부와 관련하여 문제된다. 그 이유는 집행정지제도는 소극적으로 처분이 없었던 것과 같은 상태를 만드는 것에 지나지 않고 행정청에 대해 어떠한 처분을 명하는 등 적극적인 상태를 만드는 것을 허용하지 않기 때문이다. 그러므로 결국 일반적으로 거부처분에 대한 집행정지는 당해 거부처분에 의하여 생긴 손해를 방지하는데 무력하고, 따라서 그 집행정지 신청은 신청의 이익을 흠결한 부적법한 것이 될 수밖에 없다. 대법원은 이러한 법리에 의거하여 국립대학교불합격처분(대결 1963.6.29, 62두9[56]), 투전기업소허가갱신불허처분(대결 1993.2.10, 92두72; 대결 1992.2.13, 91두47[57]), 교도소장의 접견허가거부처분(대결 1991.5.2, 91두15[58]), 사단법인 한국컴퓨터게임산업중

---

55) 이 사건에서 대법원은, "산업기능요원 편입 당시 지정업체의 해당 분야에 종사하지 아니하였음을 이유로 한 산업기능요원편입취소처분에 대한 집행정지의 경우, 그 절차의 속행정지 외에 처분 자체에 대한 효력정지가 허용되지 아니한다."고 판시하였다(대결 2000.1.8, 2000무35).

56) 이 사건에서 대법원, "국립대학의 불합격처분에 관하여 당해 처분을 집행정지 하더라도 이로 인하여 소관 행정청에 입학을 명하는 것이 되는 것이 아니고 또 당연히 입학되는 것도 아니므로, 집행정지의 대상이 되지 않는다."고 판시하였다.

57) 이 사건에서 대법원은, "투전기업소허가갱신신청을 거부한 불허처분의 효력을 정지하더라도 이로 인하여 신청인에게 허가의 효력이 회복되거나 또는 행정청에게 허가를 갱신할 의무가 생기는 것은 아니므로 불허처분

앙회의 점검필증교부거부처분(대결 1995.6.21, 95두26) 등에 대한 집행정지신청을 모두 부적법하다고 보고 있다. 다만, 위와 같이 대법원이 거부처분에 대한 집행정지신청이 부적법하다고 보는 것은 그 거부처분의 효력을 정지한다 하더라도 목적하는 효과를 달성할 수 없음을 이유로 하므로, 거부처분의 집행정지만으로(거부처분이 없는 상태를 유지하는 것만으로) 법적 이익이 있는 경우가 있다면 거부처분이라도 집행정지가 가능하다 할 것이고, 또 현행 행정소송법상 가처분이 허용되지 아니함으로 인한 이러한 임시적 권리구제의 불완전성을 극복하기 위한 예외적 수단으로 집행정지를 허용한 하급심의 사례도 있다. 거부처분에 대해 집행정지결정을 한 대표적인 하급심판결로는 한약사국가시험 응시원서반려처분(서울행법 2000아120), 서울대학교 신입생 1단계 전형불합격처분(서울행법 2003아95) 등이 있다.

(4) 금전보상이 가능한 경우의 집행정지 가능 여부

행정소송법 제23조 제2항 소정의 행정처분 등의 효력이나 집행을 정지하기 위한 요건으로서의 '회복하기 어려운 손해'의 의미에 대해 대법원은, 「'회복하기 어려운 손해'라 함은 특별한 사정이 없는 한 금전으로 보상할 수 없는 손해로서, 이는 금전보상이 불능인 경우뿐만 아니라 금전보상으로는 사회관념상 행정처분을 받은 당사자가 참고 견딜 수 없거나 또는 참고 견디기가 현저히 곤란한 경우의 유형, 무형의 손해를 말한다.」고 판시하였다(대결 2012.2.1, 2012무2). 따라서 조세부과처분·과징금부과처분·변상금부과처분 등 금전보상이 가능한 경우에는 원칙적으로 효력정지를 인정하고 있지 않으나, 특별한 사정이 있는 경우 이를 인정하기도 한다.

(5) 제3자효 행정행위와 집행정지

제3자효 행정행위의 경우에 집행정지의 대상이 되는지 여부에 대해 학설은 그 필요성과 가능성을 긍정하고 있으며, 행정소송법 제29조 제2항에서도 집행정지결정의 제3자효를 인정하고 있음에 비추어 제3자효 행정행위의 경우에도 집행정지가 가능하다고 해야 한다. 대법원 판례의 태도도 시내버스 운송사업계획변경인가처분에 대해 기존 운송사업자자의 집행정지신청을 인용한 사례가 있다(대결 2004.5.17, 2004무6 참조).

의 효력정지로서는 신청인이 입게될 손해를 피하는 데에 아무런 보탬이 되지 아니하여 그 불허처분의 효력정지를 구할 이익이 없다."고 판시하여 이 사건 집행정지 신청을 각하하였다.

58) 홍성교도소장이 접견허가를 거부한 것에 대한 집행정지를 신청한 사건에서 대법원은, "집행정지로 인하여 위 교도소장에게 접견허가를 명하는 것이 되는 것도 아니고, 당연히 접견이 되는 것도 아니므로 효력정지의 필요성이 없다."고 판시하였다.

2. 민사집행법상 가처분청구의 가부

1) 개요

현행 집행정지제도는 처분 등을 전제로 그 효력 등을 정지시키는 소극적 형성을 내용으로 하는 것이고, 적극적으로 수익적 처분을 행할 것을 행정청에 명하거나 명한 것과 동일한 상태를 창출하는 기능 또는 행하여지려고 하는 침해적 처분을 정지시키는 기능을 수행할 수는 없다. 따라서 행정소송법 제8조 제2항의 해석과 관련하여 행정소송에 있어서 민사집행법상의 가처분에 관한 규정을 준용할 수 있다는 견해(적극설)와 소극설, 절충설이 있다. 대법원 판례의 태도는 소극설의 입장이다(대결 2011.4.18, 2010마1576 등).

2) 관련판례

(1) **〈판시사항〉 민사소송법상의 가처분으로써 행정행위의 금지를 구할 수 있는지 여부(소극):** 대법원은, 「민사소송법상의 보전처분은 민사판결절차에 의하여 보호받을 수 있는 권리에 관한 것이므로, 민사소송법상의 가처분으로써 행정청의 어떠한 행정행위의 금지를 구하는 것은 허용될 수 없다 할 것이다. 기록에 의하면, 재항고인(채권자)은 채무자와 제3채무자(국가)를 상대로 채무자의 판시 공유수면매립면허권(면허관청: 부산지방국토관리청장)에 관하여, "채무자는 이에 대한 일체의 처분행위를 하여서는 아니 되며, 제3채무자는 위 면허권에 관하여 채무자의 신청에 따라 명의개서 기타 일체의 변경절차를 하여서는 아니 된다."는 요지의 내용을 신청취지로 하여 이 사건 가처분신청을 하였고, 이에 대하여 원심은, 채무자에 대한 신청부분은 인용하면서도, 제3채무자에 대한 부분에 대하여는, 위 신청취지를 채무자가 면허권을 타에 양도할 경우 면허관청으로 하여금 그 양도에 따른 인가를 금지하도록 명해 달라는 뜻으로 풀이한 후, 이 부분 신청은 허용될 수 없다고 판시하고 있는바, 원심의 위와 같은 판단은 옳은 것으로 수긍된다(당원 1973.3.13. 선고 72다2621 판결 참조). 공유수면매립면허의 양도에 있어서는 관할관청의 인가라는 행정처분이 있어야 그 효력이 있는 것인바, 소론은 관할관청의 그 인가권행사를 민사가처분으로 제한하여 달라는 것에 귀착되어 이는 받아들일 수 없는 것이다.」고 판시하여 소극설의 입장을 견지하고 있다(대결 1992.7.6, 92마54).

(2) **〈판시사항〉 민사집행법상의 가처분으로 행정청의 행정행위 금지를 구할 수 있는지 여부(소극):** 대법원은, "채권자 甲이 채무자 乙에 대한 대여금채권을 담보하기 위해 乙 소유의 개인택시에 대한 근저당권을 설정하고 乙에게서 '여객자동차운송사업면허 불처분각서'를 받았는데 위 개인택시와 더불어 면허를 처분할 우려가 있어서 乙에 대하여 면허의 처분금지가처분을 구함과 아울러 관할 행정청을 제3채무자로 하여 위 면허의 채무자명의 변경금지가처분을 구한 사

안에서, 면허의 채무자명의 변경금지를 구하는 부분은 민사집행법상의 가처분으로 행정청의 면허 처분에 따른 인가 금지를 구하는 것이므로 허용될 수 없다."고 하였다(대결 2011.4.18, 2010마1576).

Ⅲ. 항고소송의 판결

1. 취소판결의 종류

1) 전부취소판결 · 일부취소판결

(1) 행정소송법은 취소심판과 유사하게 취소소송의 정의에 대해 '**행정청의 위법한 처분등을 취소 또는 변경하는 소송**'이라 규정하고 있다(법 제4조 제1호). 여기서 '변경'에는 문언적으로는 처분의 일부취소라는 의미의 '소극적 변경'과 원처분(당초처분)에 갈음하여 새로운 처분을 행하는 '적극적 변경'이 포함될 수 있다. 그러나 취소소송에서의 「변경」에는 '적극적 변경'은 권력분립의 관점에서 허용되지 않는다. 따라서 행정소송법상 취소소송의 정의에서 「변경」은 '일부취소'라는 뜻의 소극적 변경으로 이해하는 것이 통설이자 판례의 입장이다(대판 1962.6.14, 62누14; 대판 1989.5.23, 88누8135). 즉, 행정소송법 제4조 제1호에서 「취소 또는 변경하는 소송」의 의미는 "전부취소 또는 일부취소하는 소송"으로 해석해야 하고, 그에 따른 본안승소판결의 유형도 전부취소판결 혹은 일부취소판결만 있을 수 있다.

(2) 그리고 기속행위와 재량행위에 대한 사법심사의 방식과 관련하여 대법원이, "전자의 경우 그 법규에 대한 원칙적인 기속성으로 인하여 법원이 사실인정과 관련 법규의 해석 · 적용을 통하여 일정한 결론을 도출한 후 그 결론에 비추어 행정청이 한 판단의 적법 여부를 독자의 입장에서 판정하는 방식에 의하게 되나, 후자의 경우 행정청의 재량에 기한 공익판단의 여지를 감안하여 법원은 독자의 결론을 도출함이 없이 당해 행위에 재량권의 일탈 · 남용이 있는지 여부만을 심사하게 되고, 이러한 재량권의 일탈 · 남용 여부에 대한 심사는 사실오인, 비례 · 평등의 원칙 위배 등을 그 판단 대상으로 한다."고 판시하고 있는데서 알 수 있듯이(대판 2005.7.14, 2004두6181), **원고의 청구인용판결을 함에 있어서 기속행위의 경우**(예: 과세처분)에는 전부취소판결 및 일부취소판결 양자 모두 가능하나(대판 2001.6.12, 99두8930[59] 참조), **재량행위의 경우**에는 그

59) 이 사건 판결에서 '취소범위'와 관련하여 대법원은, "과세처분취소소송에 있어 처분의 적법 여부는 정당한 세액을 초과하느냐의 여부에 따라 판단되는 것으로서, 당사자는 사실심 변론종결시까지 객관적인 조세채무액을 뒷받침하는 주장과 자료를 제출할 수 있고, 이러한 자료에 의하여 적법하게 부과될 정당한 세액이 산출되는 때에는 그 정당한 세액을 초과하는 부분만 취소하여야 할 것이고 그 전부를 취소할 것이 아니다."고 판시하였다(대판 2001.6.12, 99두8930). 결과적으로 **일부취소판결이 가능하기 위해서는 취소소송의 대상이**

사법심사의 법리에 비추어 전부취소판결을 해야 한다(대판 2009.6.23, 2007두18062[60] 등).[61]

2) 사정판결

(1) 사정판결의 요건

사정판결의 제1요건은, **처분 등에 관한 취소소송일 것**이 요구된다. 행정소송법 제28조의 사정판결에 관한 규정은 취소소송에만 인정되고 무효등확인소송에는 준용하고 있지 않다(행정소송법 제 제38조제1항). 대법원 판례 역시 "당연무효인 행정처분을 소송목적물로 하는 행정소송에서는 존치시킬 효력이 있는 행정행위가 없기 때문에 행정소송법 제28조 소정의 사정판결을 할 수 없다."고 판시하여 무효등확인소송에 사정판결을 허용하지 않는다(대판 1996.3.22, 95누5509).[62] 제2요건은, **청구가 이유 있는 경우(처분이 위법한 경우)일 것**이다. 제3요건은, **처분을 취소하는 것이 현저히 공공복리에 적합하지 않을 것**이다. 이 요건과 관련하여 대법원은, 「'현저히 공공복리에 적합하지 아니한가'의 여부를 판단할 때에는 위법·부당한 행정처분을 취소·변경하여야 할 필요와 그 취소·변경으로 발생할 수 있는 공공복리에 반하는 사태 등을 비교·교량하여 그 적용 여부를 판단하여야 한다.」고 판시하였다(대판 2009.12.10, 2009두8359).

되는 처분이 기속행위이고 그 규율내용이 가분적이어야 한다.

60) 취소소송으로서 '재량권을 일탈한 과징금 납부명령에 대하여 법원이 적정한 처분의 정도를 판단하여 그 초과되는 부분만 취소할 수 있는지 여부가 문제된 이 사건'에서 대법원은, "처분을 할 것인지 여부와 처분의 정도에 관하여 재량이 인정되는 과징금 납부명령에 대하여 그 명령이 재량권을 일탈하였을 경우, 법원으로서는 재량권의 일탈 여부만 판단할 수 있을 뿐이지 재량권의 범위 내에서 어느 정도가 적정한 것인지에 관하여는 판단할 수 없어 **그 전부를 취소할 수밖에 없고, 법원이 적정하다고 인정하는 부분을 초과한 부분만 취소할 수는 없다.**"고 판시하였다(대판 2009.6.23, 2007두18062).

61) **재량행위의 경우**에 대법원은, "명의신탁이 조세를 포탈하거나 법령에 의한 제한을 회피할 목적이 아니어서 부동산실명법 시행령 제3조의2 단서 소정의 과징금 감경사유가 있는 경우 과징금 감경 여부는 과징금 부과관청의 재량에 속하는 것이므로, 과징금 부과 관청이 이를 판단함에 있어서 재량권을 일탈·남용하여 과징금 부과처분이 위법하다고 인정될 경우, 법원으로서는 과징금 부과처분 **전부를 취소**할 수밖에 없고, 법원이 적정하다고 인정되는 부분을 초과한 부분만 취소할 수는 없다고 할 것이다."고 판시하여 전부취소판결을 하여야 함을 확인할 수 있다(대판 2010.7.15, 2010두7031).

62) 하급심의 판례 중에서도 환경영향평가 등을 거치지 아니한 **절차상의 하자**가 있다고 주장하며 취소소송을 제기한 사건에서, "행정청이 환경영향평가서 초안만을 제출받은 상태에서 평가서에 대한 환경부장관과의 협의 절차를 거치지 않고, 평가서에 대한 주민공람기간이나 주민의견제출기간이 경과하기도 전에 또한 주민설명회를 개최하기 전날 사업계획을 승인하였다면 그 행정처분은 중대하고 명백한 하자가 존재하여 무효이고, 행정처분 후 환경부장관과의 협의를 완료하였다거나 사업계획의 목적과 공익상의 요청, 행정행위의 무용한 반복을 피하기 위한 필요성 등을 감안하더라도 그러한 사정만으로 위와 같이 중대하고 명백한 하자가 치유될 수는 없다고 판단하면서, 행정처분에 존재하는 중대한 법규위반, 환경영향평가제도의 입법 취지 등을 고려하여 사정판결을 하여야 한다는 피고 측의 주장도 배척한 사례"가 있다(서울고법 2010.9.2, 2009누36363).: 이 서울고법 판결은, 환경영향평가를 거쳐야 할 대상사업에 대하여 환경영향평가를 거치지 아니하였음에도 불구하고 승인 등 처분이 이루어진다면, 이 같은 행정처분은 중대명백한 하자로서 당연 무효사유로 본 이전의 대법원 판례(대판 2006.6.30, 2005두14363)를 유지한 것이다.

(2) 사정판결의 심리 · 판단

사정판결을 할 사정에 관한 주장·입증책임은 피고 처분청에 있다 할 것이나, 대법원은 "당사자의 명백한 주장이 없는 경우에도 일건 기록에 나타난 사실을 기초로 하여 법원이 직권으로 석명권을 행사하거나 증거조사를 하여 사정판결을 할 수 있다."고 판시하였다(대판 1992.2.14, 90누9032; 대판 2006.9.22, 2005두2506). 그리고 처분에 대한 위법 여부의 판단은 처분시를 기준으로 하지만, **사정판결을 하여야 할 공익성의 판단기준시**는 당연히 처분 후의 사정이 고려되어야 할 것이므로 구두변론종결시를 기준으로 한다(대판 1992.2.14, 90누9032; 대판 1970.3.24, 69누29).

(3) 사정판결과 대상적 구제조치 등

행정소송법은 제28조 제1항 후단 및 제2항, 제3항에서 법원이 사정판결을 함에 있어서 취해야 할 대상적 구제조치 등에 관한 근거규정을 두고 있다. 대법원 판례 역시 사정판결의 요건을 갖추었다고 판단하여 사정판결을 할 경우 법원이 취할 대상적 구제조치와 관련하여, "사정판결은 처분이 위법하나 공익상 필요 등을 고려하여 취소하지 아니하는 것일 뿐 처분이 적법하다고 인정하는 것은 아니므로, 사정판결의 요건을 갖추었다고 판단되는 경우 법원으로서는 행정소송법 제28조 제2항에 따라 원고가 입게 될 손해의 정도와 배상방법, 그 밖의 사정에 관하여 심리하여야 하고, 이 경우 원고는 행정소송법 제28조 제3항에 따라 손해배상, 제해시설의 설치 그 밖에 적당한 구제방법의 청구를 병합하여 제기할 수 있으므로, 당사자가 이를 간과하였음이 분명하다면 적절하게 석명권을 행사하여 그에 관한 의견을 진술할 수 있는 기회를 주어야 한다."고 판시하고 있다(대판 2016.7.14, 2015두4167).

(4) 관련판례

(가) **〈판시사항〉 통행에 공용되지 않는 사도의 폐지로 인접대지상 건축물이 접도의무에 저촉되는 경우, 동 사도의 폐지변경 가부**: 사도변경불허가처분 취소소송에서 대법원은, "사도로 개설된 토지가 사실상 그 소유자나 일반인의 통행에 공용되는 것이 아니라도 그 사도가 폐지된다면 동 사도에 인접한 타대지상에 건축된 건축물이 노폭 4미터 이상의 도로에 접하지 않게 되어 접도의무에 저촉되는 결과가 된다면, 이러한 경우에는 공익상의 필요에서 위 사도의 폐지, 변경은 제한되어야 한다."고 판시하여 사정판결을 한 바 있다(대판 1986.2.25, 85누840).

(나) **〈판시사항〉 국립대학교의 학칙개정이 위법한 경우 학칙개정행위를 취소하여야 하는지 여부**: 국립대학교의 학칙개정 취소소송에서 대법원은, "국립대학교의 학칙 개정이 위법하나, 개정학칙에 근거하여 수시(2차)모집과 정시모집을 함으로써 다수의 구성원들이 새로운 이해관계를 맺게 되어 이를 취소할 경우 장래 학사운영에 큰 혼란이 야기될 것으로 우려될 때에는 학칙개정행위를 취소하는 경우 공공복리에 현저히 적합하지 아니한 결과를 초래한다는 이유

로 원고들의 청구를 기각한다."고 판시하여 사정판결을 한 원심판결을 유지하였다(대판 2009.1.30, 2008두19550 · 2008두19567(병합)). ☜ 이 사건 판례는 국립공주대학교 학칙이 처분임을 전제로 학칙 개정절차가 위법하여 학칙개정행위는 위법하다고 판단한 후, 학칙개정행위를 취소할 경우 공공복리에 현저히 적합하지 아니한 결과를 초래한다는 이유로 원고들의 청구를 기각하는 사정판결을 한 사례이나, 무엇보다 이 사건은 "학칙개정은 그 학칙에 기초한 별도의 집행행위의 개입 없이도 그 자체로 원고를 비롯한 구성원의 구체적인 권리나 법적 이익에 영향을 미치는 등 법률상의 효과를 발생시키므로 항고소송의 대상이 되는 행정처분"으로 본 점에 주목할 필요가 있다. 즉, 이 사건에서 행정규칙의 성질을 지닌 국립공주대학교 학칙의 [별표 2] 모집단위별 입학정원을 개정한 학칙개정행위를 항고소송의 대상인 행정처분으로 인정하고 있는 것으로 보인다.

(다) **〈판시사항〉 주택재개발정비사업조합 설립인가처분에 대한 취소소송에서 사정판결의 필요성이 없다고 판단한 사례**: 재개발정비사업조합설립인가 취소소송에서 대법원은, "주택재개발정비사업의 시행은 이 사건 정비구역 내 토지 등 소유자의 권리에 미치는 영향이 중대하고, 그 사업의 진척 정도가 상당하다고 보기 어려우며, 이 사건 처분의 취소로 새로이 조합설립절차가 진행되더라도 종전과 동일한 결과에 이른다고 단정할 수도 없어 이 사건 처분을 취소하는 것이 현저히 공공복리에 적합하지 아니한다고 볼 수 없다는 이유로, 사정판결의 필요성이 있다는 피고 및 참가인의 주장을 배척한다."고 판시한 바 있다(대판 2010.8.26, 2010두2579).

(라) **〈판시사항〉 재개발조합설립 및 사업시행인가처분이 법정요건을 충족하지 못하여 위법하나 재개발사업의 공익목적에 비추어 사정판결을 한 사례**: 대법원은, "재개발조합설립 및 사업시행인가처분이 처분 당시 법정요건인 토지 및 건축물 소유자 총수의 각 3분의 2 이상의 동의를 얻지 못하여 위법하나, 그 후 90% 이상의 소유자가 재개발사업의 속행을 바라고 있어 재개발사업의 공익목적에 비추어 그 처분을 취소하는 것은 현저히 공공복리에 적합하지 아니하다."고 인정하여 사정판결을 하였다(대판 1995.7.28, 95누4629).

(마) **〈판시사항〉 공공복리에 적합하지 아니한 때에 해당하는지 여부**: 과세처분 취소소송에서 대법원은, "과세처분이 취소되어도 어차피 새로운 부과처분에 의하여 조세납부의무를 부담할 수밖에 없는 사정"(대판 1983.7.26, 82누420) 또는 "취소의 대상이 된 과세처분과 동일한 내용의 과세처분에 의한 과세액이 전국적으로 수십억에 달하고 이를 취소한다면 국가재정상 예측할 수 없는 지장이 초래되는 사정"(대판 1964.5.21, 63누161)이라 해도 이를 그 과세처분의 취소가 현저히 공공복리에 적합하지 않는다고 할 수 없다고 하여 사정판결을 부인하였다.

2. 취소판결의 효력

1) 취소판결의 형성력

(1) 형성력이란, 취소소송의 판결에 있어 처분이나 재결을 취소하는 내용의 인용판결이 확정되면 처분청의 취소나 취소통지 등 별도의 행위가 없어도 그 처분이나 재결의 효력이 당연히 처분시점으로 소급하여 처음부터 당해 처분이 없었던 것과 같이 소멸되는 효력(취소소송의 원상회복기능)을 말한다. 대법원도, "행정처분을 취소한다는 확정판결이 있으면 그 취소판결의 형성력에 의하여 당해 행정처분의 취소나 취소통지 등의 별도의 절차를 요하지 아니하고 당연히 취소의 효과가 발생한다."고 판시하여 행정소송법상 형성력에 관한 명문의 규정이 없음에도 불구하고 형성력을 인정하고 있다(대판 1991.10.11, 90누5443).

(2) 그리고 취소판결이 제3자에 대해서도 효력이 미친다고 할 경우 제3자효(對世効)가 있다고 한다. 대법원은, "행정소송법 제29조 제1항, 제30조에 의하여 행정처분 등을 취소하는 확정 판결은 제3자에 대하여도 효력이 있고 그 사건에 관하여 당사자인 행정청과 관계행정청을 기속하므로 그 확정판결에 따라 제3자에 대한 처분을 취소함에 있어 다시 공익상의 필요성이나 중요성이 있는지를 고려하여 그 취소여부를 결정하여야 하는 것은 아니다."고 판시하여 취소 확정판결은 당사자가 아닌 제3자에 대한 효력이 있다(대판 1989.8.8, 89누732). ☜ 다만 취소판결의 형성력으로서 제3자효의 범위와 관련하여 일반적인 견해인 '절대적 형성력설'과 '상대적 형성력설'이 대립하나, 불특정 다수인을 대상으로 하는 처분적 조례나 고시 등 일반처분에 대해 항고소송을 인정하고 있다는 점에서 절대적 형성력설이 타당하다고 할 것이다.

2) 기판력 – 후소법원과 당사자에 대한 효력

(1) 기판력의 의의

판시사항 기판력의 의의 및 효과: 기판력에 대해 대법원은, "확정판결의 기판력이라 함은 확정판결의 주문에 포함된 법률적 판단의 내용은 이후 그 소송당사자의 관계를 규율하는 새로운 기준이 되는 것이므로 동일한 사항이 소송상문제가 되었을 때 당사자는 이에 저촉되는 주장을 할 수 없고 법원도 이에 저촉되는 판단을 할 수 없는 기속력을 의미하는 것이고 이 경우 적극당사자(원고)가 되어 주장하는 경우는 물론이고 소극당사자(피고)로서 항변하는 경우에도 그 기판력에 저촉되는 주장은 할 수 없다."고 판시하였다(대판 1987.6.9, 86다카2756).

(2) 기판력의 객관적 범위

(가) **〈판시사항〉 확정판결의 기판력의 객관적 범위**: 대법원은, "확정판결의 기판력은 그 판결의 주문에 포함된 것, 즉 소송물로 주장된 법률관계의 존부에 관한 판단의 결론 그 자체에만 미치는 것이고 판결이유에서 설시된 그 전제가 되는 법률관계의 존부에까지 미치는 것은 아니다."고 판시하였다(대판 2000.2.25, 99다55472). ☜ 기판력은 판결주문에 나타난 판단에만 미치고(민사소송법 제216조 제1항), 판결이유 중에 포함된 사실인정, 선결적 법률관계, 항변 등에는 기판력이 미치지 않는다.

(나) **〈판시사항〉 행정처분취소판결 기판력의 객관적 범위 및 그 판결에 적시된 위법사유를 보완하여 행한 새로운 행정처분이 확정판결의 기판력에 저촉되는지 여부**(소극): 대법원은, "행정처분에 위법이 있어 행정처분을 취소하는 판결이 확정된 경우 그 확정판결의 기판력은 거기에 적시된 위법사유에 한하여 미치는 것이므로, 행정관청이 그 확정판결에 적시된 위법사유를 보완하여 행한 새로운 행정처분은 확정판결에 의하여 취소된 종전의 처분과는 별개의 처분으로서 확정판결의 기판력에 저촉된다고 할 수 없다."고 판시하였다(대판 1997.2.11, 96누13057). ☜ 즉, 확정판결에 적시된 위법사유를 보완하여 행한 새로운 행정처분은 기판력에 저촉되지 않는다.

(다) **〈판시사항〉 과세처분 취소소송에서 청구가 기각된 확정판결의 기판력이 그 과세처분 무효확인소송에도 미치는지 여부**(적극): 대법원은, "과세처분의 취소소송은 과세처분의 실체적, 절차적 위법을 그 취소원인으로 하는 것으로서 그 심리의 대상은 과세관청의 과세처분에 의하여 인정된 조세채무인 과세표준 및 세액의 객관적 존부, 즉 당해 과세처분의 적부가 심리의 대상이 되는 것이며, 과세처분 취소청구를 기각하는 판결이 확정되면 그 처분이 적법하다는 점에 관하여 기판력이 생기고 그 후 원고가 이를 무효라 하여 무효확인을 소구할 수 없는 것이어서 과세처분의 취소소송에서 청구가 기각된 확정판결의 기판력은 그 과세처분의 무효확인을 구하는 소송에도 미친다."고 판시하였다(대판 2003.5.16, 2002두3669). ☜ 이 판결은 「취소소송의 기판력과 무효확인소송의 관계」에 관한 사례로, 취소소송에서 청구를 기각하는 판결이 확정되면 처분이 적법하다는 점에 기판력이 발생하고, 그 기판력은 처분의 무효확인을 구하는 소송에도 미친다는 것이다(대판 1996.6.25, 95누1880; 대판 1998.7.24, 98다10854 등). 그러나 반대로 전소인 무효확인소송에서 기각판결(본안패소판결)이 확정된 경우 처분이 무효가 아니고 유효라는 점에 대해서만 기판력이 미치므로 당해 처분에 대한 취소소송을 다시 제기할 수 있다.

(라) **〈판시사항〉 과세처분 취소청구를 기각하는 판결이 확정된 후 그 과세처분이 무효임을 전제로 한 부당이득반환청구가 허용되는지 여부**(소극): 대법원은, "과세처분의 취소소송은 그 처분의 실체적·절차적 위법을 취소원인으로 하는 것으로서 그 심리의 대상은 과세처분에 의하여 인정된 조세채무의 객관적 존재여부이며, 과세처분 취소청구를 기각하는 판결이 확정되면 그 처분이 적법하다는 데에 관하여 기판력이 생기고, 그 후 이를 무효라 하여 무효확인을 소구할

수 없다. 따라서 과세처분 취소청구를 기각하는 판결이 확정된 후 그 과세처분이 무효임을 전제로 한 부당이득반환청구는 허용되지 않는다."고 판시하였다(대판 2001.6.12, 99다46805). ☜ 위 사건과 마찬가지로 이 판례는 과세처분의 취소소송에서 청구기각판결의 기판력은 과세처분 무효확인소송에도 미친다는 것이다.

(마) **〈판시사항〉 주된 납세의무자가 제기한 전소와 제2차 납세의무자가 제기한 후소가 각기 다른 처분에 관한 것이어서 그 소송물을 달리하는 경우, 전소 확정판결의 기판력이 후소에 미치는지 여부**(소극): 대법원은, "과세처분이란 법률에 규정된 과세요건이 충족됨으로써 객관적·추상적으로 성립한 조세채권의 내용을 구체적으로 확인하여 확정하는 절차로서, 과세처분 취소소송의 소송물은 그 취소원인이 되는 위법성 일반이고 그 심판의 대상은 과세처분에 의하여 확인된 조세채무인 과세표준 및 세액의 객관적 존부이다. 한편, 취소판결의 기판력은 소송물로 된 행정처분의 위법성 존부에 관한 판단 그 자체에만 미치는 것이므로 전소와 후소가 그 소송물을 달리하는 경우에는 전소 확정판결의 기판력이 후소에 미치지 아니한다."고 판시하였다(대판 2009.1.15, 2006두14926). ☜ 즉, 전소와 후소가 그 소송물을 달리하는 경우에는 전소의 기판력이 후소에 미치지 않는다(대판 1996.4.26, 95누5820; 대판 1996.4.26, 95누5820; 대판 2001.1.16, 2000다41349 등).

(3) 기판력의 주관적 범위

(가) **〈판시사항〉 처분청을 피고로 한 과세처분 취소소송의 기판력이 당해 처분이 귀속하는 국가 또는 지방자치단체에 미치는지 여부**(적극): 대법원은, "과세처분 취소소송의 피고는 처분청이므로 행정청을 피고로 하는 취소소송에 있어서의 기판력은 당해 처분이 귀속하는 국가 또는 공공단체에 미친다."고 판시하였다(대판 1998.7.24, 98다10854). ☜ 따라서 세무서장을 피고로 하는 과세처분취소소송에서 패소한 자가 국가를 피고로 하여 과세처분의 무효를 주장하며 과오납금반환청구소송을 제기하면 위 취소소송의 기판력에 반한다.

(나) **〈판시사항〉 행정소송에서 판결의 기판력이 보조참가인에게 미치는지 여부**: 대법원은, "행정소송에 있어서 판결의 기판력은 보조참가인에 대한 관계에 있어서도 발생한다."고 판시하였다(대판 1966.12.6, 66다1880). ☜ 민사소송에서의 기판력은 당사자 및 당사자와 동일시할 수 있는 그 승계인에게만 미치고 제3자에게 기판력이 미치지 않고 단지 기판력과는 다른 참가적 효력이 미친다는 것이 통설이다. 하지만 행정소송에서는 취소판결의 효력이 제3자에게 미치므로 제3자의 소송참가를 허용하는 것이며, 이때 참가인의 지위는 통상적인 보조참가인이 아니라 공동소송적 보조참가인이기 때문에 기판력이 미치게 된다.

(4) 기판력의 시간적 범위

(가) **〈판시사항〉 기판력의 범위**(**기판력의 기준시점은 사실심의 변론종결시**): 대법원은, "확정된

종국판결은 그 기판력으로서 당사자가 사실심의 변론종결시를 기준으로 그때까지 제출하지 않은 공격방어방법은 그 뒤 다시 동일한 소송을 제기하여 이를 주장할 수 없다."고 판시하였다(대판 1992.2.25, 91누6108). ☜ 법원이 판단할 수 있는 자료는 최종의 변론종결시점까지 제출된 소송자료에 한정되므로 기판력의 기준시는 사실심변론종결시이다.

(나) **〈판시사항〉 과세처분취소소송에 있어서 과세표준액 등의 존부 및 범위에 관한 자료의 제출시기:** 대법원은, "과세처분취소소송에 있어서 심리의 대상은 과세관청이 결정한 과세가액의 존부이고, 소송당사자는 사실심변론종결시까지 과세표준액 등의 존부 내지 범위에 관한 모든 자료를 제출하고 그 때까지 제출된 자료에 의하여 과세처분의 적법 여부를 심판해 줄 것을 주장할 수 있다"고 판시하였다(대판 2004.5.14, 2003두12615).

3) 기속력(구속력) – 행정기관에 대한 효력

(1) 개요

기속력이란, 행정소송에서 처분이나 재결은 취소 또는 변경하는 판결이 확정되면 소송당사자인 행정청과 관계행정청이 그 내용에 따라 행동할 실체법적 의무를 지게 하는 효력을 말한다(행정소송법 제30조 제1항, 제38조 및 제44조). 행정소송법상 기속력의 성질에 대해 '기판력설'과 '특수효력설'이 대립하나, 기판력이 법원을 구속하는 효력임에 반해 기속력은 행정청을 구속하는 효력이므로 통설은 기속력을 취소판결에 주어진 특수한 효력으로 본다(특수효력설). 판례는 기속력을 기판력으로 본 사례(대판 1989.9.12, 89누985)와 특수효력으로 본 사례(대판 2001.3.23, 99두5238; 대판 1957.7.26, 4290행상23)가 있어 일관되지 않다.[63] 그리고 기속력은 행정소송법 법문에서 보듯이 인용판결의 경우에 인정되며 각하·기각판결의 경우에는 기속력이 없다(법 제30조 제1항).

(2) 기속력의 내용

가. 소극적 효력(동일처분의 반복금지효)

(가) **〈판시사항〉 행정처분을 취소하는 확정판결의 구속력:** 대법원은, "어떤 행정처분을 취소하는 판결이 확정된 경우 당사자인 행정청과 그 밖의 관계행정청은 동일한 사실관계 아래 동일 당사자에 대하여 사실심변론종결 이전의 사유를 내세워 다시 확정판결에 저촉되는 새로운 행정처분을 할 수 없다."고 판시하였다(대판 1989.2.28, 88누6177). ☜ 취소판결(취소소송의 인용판결)이 확정되면, 행정청(관계행정청 포함)은 판결에 의하여 동일한 사정 하에서 동일한 이유에 기초하여 동일인에게 동일한 내용의 처분을 하여서는 안 된다는 반복금지효력이 발생한다.

---

63) 다만 판례는 '기속력'에 관한 내용을 설시하면서 '기판력'이란 용어를 사용하는 사례가 많음에 유의할 필요가 있다.

(나) **〈판시사항〉 징계처분의 취소를 구하는 소에서 징계사유가 될 수 없다고 판결한 사유와 동일한 사유를 내세워 다시 징계처분할 수 있는지 여부**(소극): 대법원은, "징계처분의 취소를 구하는 소에서 징계사유가 될 수 없다고 판결한 사유와 동일한 사유를 내세워 행정청이 다시 징계처분을 한 것은 확정판결에 저촉되는 행정처분을 한 것으로서, 위 취소판결의 기속력이나 확정판결의 기판력에 저촉되어 허용될 수 없다."고 판시하였다(대판 1992.7.14, 92누2912).

(다) **〈판시사항〉 행정처분의 절차 또는 형식에 위법이 있어 행정처분을 취소하는 판결이 확정된 후 행정관청이 그 위법사유를 보완하여 다시 새로운 행정처분을 하였다면 이는 취소된 종전의 행정처분과 중복된 행정처분이 아닌 별개의 처분이라 할 것인지 여부**(적극): 대법원은, "행정처분의 절차 또는 형식에 위법이 있어 행정처분을 취소하는 판결이 확정되었을 때는 그 확정판결의 기판력은 거기에 적시된 절차 및 형식의 위법사유에 한하여 미치는 것이므로 행정관청은 그 위법사유를 보완하여 다시 새로운 행정처분을 할 수 있고 그 새로운 행정처분은 확정판결에 의하여 취소된 종전의 행정처분과는 별개의 처분이라 할 것이어서 종전의 처분과 중복된 행정처분이 아니다."고 판시하였다(대판 1992.5.26, 91누5242).

나. 적극적 효력(재처분의무)

가) 거부처분이 취소된 경우(행정소송법 제30조제2항)

(가) **〈판시사항〉 행정청이 확정판결의 취지에 따라 절차, 방법의 위법사유를 보완하여 다시 종전의 신청에 대한 거부처분을 할 수 있는지 여부**(적극) **및 그러한 처분도 행정소송법 제30조 제2항에 규정된 재처분에 해당하는지 여부**(적극): 대법원은, "행정소송법 제30조 제2항의 규정에 의하면 행정청의 거부처분을 취소하는 판결이 확정된 경우에는 그 처분을 행한 행정청이 판결의 취지에 따라 이전의 신청에 대하여 재처분할 의무가 있다고 할 것이나, **그 취소사유가 행정처분의 절차, 방법의 위법으로 인한 것이라면** 그 처분 행정청은 그 확정판결의 취지에 따라 그 위법사유를 보완하여 다시 종전의 신청에 대한 거부처분을 할 수 있고, 그러한 처분도 위 조항에 규정된 재처분에 해당한다."고 판시하였다(대판 2005.1.14, 2003두13045[64]). ☜ 거부처분이 절차상의 위법을 이유로 하는 취소 확정판결의 경우 처분청은 이 판결에서 적시된 절차(형식·방법)의 위법사유를 보완하여 다시 거부처분을 할 수도 있다(거부처분이 절차상의 위법을 이유로 취소된 경우와 재처분의무).

(나) **〈판시사항〉 거부처분에 대한 취소판결이 확정된 경우 행정청이 사실심 변론종결 이전의 사유를 내세워 다시 거부처분을 할 수 있는지 여부**(소극): 대법원은, "행정소송법 제30조 제2

---

64) 이 사건 판결은, "방송위원회가 중계유선방송사업자에게 한 종합유선방송사업 승인거부처분이 심사의 기준시점을 경원자와 달리하여 평가한 것이 위법이라는 사유로 취소하는 확정판결의 취지에 따라 재처분 무렵을 기준으로 재심사한 결과에 따라 이루어진 재승인거부처분도 행정소송법 제30조 제2항에 규정된 재처분에 해당한다고 한 사례"이다.

항의 규정상 거부처분에 대한 취소판결이 확정된 경우에는 그 처분을 행한 행정청은 판결의 취지에 따라 다시 처분을 하여야 할 의무를 부담하게 되므로, **취소소송에서 소송의 대상이 된 거부처분을 실체법상의 위법사유에 기하여 취소하는 판결이 확정된 경우**에는 당해 거부처분을 한 행정청은 원칙적으로 신청을 인용하는 처분을 하여야 하고, 사실심 변론종결 이전의 사유를 내세워 다시 거부처분을 하는 것은 확정판결의 기속력에 저촉되어 허용되지 아니한다."고 판시하였다(대판 2001.3.23, 99두5238). ☜ **거부처분이 실체법상의 위법을 이유로 하는 취소 확정판결의 경우** 판결의 취지는 행정청이 상대방의 신청을 인용하지 않은 것이 위법이라는 것이므로 행정청은 원고의 신청을 인용하는 처분을 하여야 한다. 다만 이때 원칙적으로 **기속행위**에 있어 그 처분요건을 충족하는 신청에 대한 인용처분을 하라는 판결이 이에 해당할 것이나, **재량행위**의 경우에는 예외적으로 판결의 취지가 신청에 대한 인용판결이 아닌 경우도 있을 수 있다. 그러나 후자의 경우에는 재량권이 0으로 수축하게 되면 행정청은 상대방의 신청대로 처분을 하여야 한다(재량수축이론)(거부처분이 실체법상의 위법을 이유로 취소된 경우와 재처분의무).

나) 제3자효행정행위가 절차의 하자로 취소된 경우(행정소송법 제30조제3항)

행정소송법 제30조제3항에서는 위 거부처분의 취소판결과 재처분의무에 관한 규정(법 제30조제2항)이 신청에 따른 처분이 절차의 위법을 이유로 취소되는 경우에 준용됨을 규정하고 있다. 여기서 신청에 따른 처분이란 '신청에 대한 인용처분'을 말한다. 즉 법 제30조제3항의 취지는 신청에 따른 인용처분이 제3자의 제소에 의해 절차에 위법이 있음을 이유로 취소된 경우에는 판결의 취지에 따른 적법한 절차에 의하여 신청에 대한 가부간의 처분을 다시 하도록 하여 신청인의 권익을 보호하기 위함이다. 다만 법 제30조제2항이 신청을 거부당한 자가 제기한 소에 대하여 취소판결에 주어지는 재처분의무임에 반해, 동조 제3항은 신청이 인용됨으로써 불이익을 받는 제3자의 제소에 대한 취소판결에 주어지는 재처분의무이다.[65]

다) 그 밖의 재처분의무 관련사례(기속력에 반하지 않는 재처분)

(가) **〈판시사항〉 거부처분 취소의 확정판결을 받은 행정청이 사실심 변론종결 이후 발생한 새로운 사유를 내세워 다시 거부처분을 한 경우도 행정소송법 제30조 제2항에 규정된 재처분에 해당하는지 여부**(적극): 대법원은, "행정소송법 제30조 제2항의 규정에 의하면 행정청의 거부처분을 취소하는 판결이 확정된 경우에는 그 처분을 행한 행정청이 판결의 취지에 따라 이전의 신청에 대하여 재처분할 의무가 있으나, 이 때 확정판결의 당사자인 처분 행정청은 그 행정소송의 사실심 변론종결 이후 발생한 새로운 사유를 내세워 다시 이전의 신청에 대한 거부처분을 할 수 있고 그러한 처분도 위 조항에 규정된 재처분에 해당된다."고 판시하였다(대판 1997.2.4,

---

65) 예를 들어 어떤 법률에서 허가신청이 있을 경우 그 내용을 공고하고 이해관계인에게 의견제출 절차를 규정하고 있음에도 불구하고 이 절차를 해태하였다는 이유로 甲의 신청을 허가하는 처분이 이해관계인인 乙에 의해 다투어져 법원이 당해 절차적 위법을 이유로 허가처분을 취소판결한 경우 행정청은 당해 절차를 거쳐서 다시 甲의 신청에 대한 허가 여부를 결정해야 할 재처분의무가 있는 것이다.

96두70). ☜ 즉 거부처분에 대한 취소확정판결을 받은 행정청이 사실심변론종결 이후에 발생한 새로운 사유로 다시 거부처분을 할 수 있다. 반대로 거부처분에 대한 취소확정판결을 받은 행정청이 사실심변론종결 이전의 사유를 내세워 다시 거부처분을 하는 것은 확정판결의 기속력에 저촉되어 허용되지 않는다(대판 2001.3.23, 99두5238).

(나) **〈판시사항〉 거부처분 취소의 확정판결을 받은 행정청이 거부처분 후에 법령이 개정·시행된 경우, 새로운 사유로 내세워 다시 거부처분을 한 경우도 행정소송법 제30조 제2항 소정의 재처분에 해당하는지 여부**(적극): 대법원은, "행정처분의 적법 여부는 그 행정처분이 행하여 진 때의 법령과 사실을 기준으로 하여 판단하는 것이므로 거부처분 후에 법령이 개정·시행된 경우에는 개정된 법령 및 허가기준을 새로운 사유로 들어 다시 이전의 신청에 대한 거부처분을 할 수 있으며 그러한 처분도 행정소송법 제30조 제2항에 규정된 재처분에 해당된다."고 판시하였다(대판 1998.1.7, 97두22). ☜ 거부처분 취소의 확정판결을 받은 행정청이 거부처분 후에 법령이 개정·시행된 경우, 개정된 법령 및 허가기준을 새로운 사유로 들어 다시 이전의 신청에 대한 거부처분을 할 수 있다.

(다) **〈판시사항〉 확정된 거부처분취소 판결의 취지에 따라 이전 신청에 대하여 재처분을 할 의무가 있는 행정청이 종전 처분 후 발생한 '새로운 사유'를 내세워 다시 거부처분을 할 수 있는지 여부**(적극) **및 '새로운 사유'인지를 판단하는 기준**: 대법원은, "행정소송법 제30조 제2항에 의하면, 행정청의 거부처분을 취소하는 판결이 확정된 경우에는 처분을 행한 행정청이 판결의 취지에 따라 이전 신청에 대하여 재처분을 할 의무가 있다. 행정처분의 적법 여부는 행정처분이 행하여진 때의 법령과 사실을 기준으로 판단하는 것이므로 확정판결의 당사자인 처분 행정청은 종전 처분 후에 발생한 새로운 사유를 내세워 다시 거부처분을 할 수 있고, 그러한 처분도 위 조항에 규정된 재처분에 해당한다. 여기에서 '새로운 사유'인지는 종전 처분에 관하여 위법한 것으로 판결에서 판단된 사유와 기본적 사실관계의 동일성이 인정되는 사유인지에 따라 판단되어야 하고, 기본적 사실관계의 동일성 유무는 처분사유를 법률적으로 평가하기 이전의 구체적인 사실에 착안하여 그 기초인 사회적 사실관계가 기본적인 점에서 동일한지에 따라 결정되며, 추가 또는 변경된 사유가 처분 당시에 그 사유를 명기하지 않았을 뿐 이미 존재하고 있었고 당사자도 그 사실을 알고 있었다고 하여 당초 처분사유와 동일성이 있는 것이라고 할 수는 없다."고 판시하였다(대판 2011.10.27, 2011두14401).[66] ☜ 즉 거부처분 취소의 확정판결 취지에 따라 이전 신청에 대하여 재처분을 할 의무가 있는 행정청이 종전 처분 후 발생한 '새로운 사유'

66) 이 사건 판례는, 고양시장이 甲주식회사의 공동주택 건립을 위한 주택건설사업계획승인 신청에 대하여 미디어밸리 조성을 위한 시가화예정 지역이라는 이유로 거부하자, 甲회사가 거부처분의 취소를 구하는 소송을 제기하여 승소판결을 받았고 위 판결이 그대로 확정되었는데, 이후 고양시장이 해당 토지 일대가 개발행위허가 제한지역으로 지정되었다는 이유로 다시 거부하는 처분을 한 사안에서, 재거부처분은 행정소송법 제30조 제2항에서 정한 재처분에 해당하고 종전 거부처분을 취소한 확정판결의 기속력에 반하는 것은 아니라고 본 원심판단을 수긍한 사례이다.

를 내세워 다시 거부처분을 할 수 있다.

(3) 기속력의 효력범위

가. 기속력의 범위

기속력의 주관적 범위는 당사자인 행정청은 물론 그 밖의 관계행정청에 미친다(행정소송법 제30조제1항). **기속력의 객관적 범위**는 "판결주문 및 그 전제가 된 요건사실의 인정과 판단"으로서 처분 등의 구체적 위법사유에 관한 판단에만 미친다고 할 것이고(대판 2001.3.23, 99두5238), 종전 처분이 판결에 의하여 취소되었다 하더라도 종전 처분시와는 다른 사유를 들어서 처분을 하는 것은 기속력에 저촉되지 않는다고 할 것이며, 여기에서 동일 사유인지 다른 사유인지는 종전 처분에 관하여 위법한 것으로 판결에서 판단된 사유와 "기본적 사실관계의 동일성이 인정되는 사유인지 여부"에 따라 판단되어야 한다(대판 2011.10.27, 2011두14401). 그리고 기속력은 처분시까지 법률·사실관계를 판단의 대상으로 하므로, **기속력의 시간적 범위**는 처분 당시를 기준으로 그 때까지 존재하는 사유에 한하고 그 이후에 발생한 사유에는 미치지 않는다(대판 1998.1.7, 97두22 참조).[67)]

나. 기속력 위반행위의 효과

(가) **〈판시사항〉 확정된 행정처분취소판결에 저촉되는 행정처분의 효력**: 대법원은, "어떠한 행정처분에 위법한 하자가 있다는 이유로 그 취소를 소구한 행정소송에서 그 행정처분을 취소하는 판결이 선고되어 확정된 경우에 처분행정청이 그 행정소송의 사실심변론종결 이전의 사유를 내세워 다시 확정판결에 저촉되는 행정처분을 하는 것은 확정판결의 기판력에 저촉되어 허용될 수 없고 이와 같은 행정처분은 그 하자가 명백하고 중대한 경우에 해당되어 당연무효이다."고 판시하였다(대판 1989.9.12, 89누985). ☜ 즉, 기속력에 반하는 처분은 당연무효이다.

(나) **〈판시사항〉 재처분을 하지 않거나 재처분을 하였다고 해도 그것이 무효인 경우 기속력 위반의 효력**: 대법원은, "거부처분에 대한 취소의 확정판결이 있음에도 행정청이 아무런 재처분을 하지 아니하거나, 재처분을 하였다 하더라도 그것이 종전 거부처분에 대한 취소의 확정판결의 기속력에 반하는 등으로 당연무효라면 이는 아무런 재처분을 하지 아니한 때와 마찬가지라 할 것이므로 이러한 경우에는 행정소송법 제30조 제2항, 제34조 제1항 등에 의한 간접강제신청에 필요한 요건을 갖춘 것으로 보아야 한다."고 판시하였다(대결 2002.12.11, 2002무22). ☜ 즉 거부처분취소판결이 확정되었음에도 불구하고 재처분을 하지 않거나 재처분이 무효인 경우에는 행정소송법 제34조제1항의 간접강제신청에 필요한 요건을 갖춘 것이다.

---

67) 기속력의 시간적 범위를 **처분시 기준**으로 하는 것은 기판력의 시간적 범위가 **사실심변론종결시**를 기준으로 하는 점에서 구별된다.

4) 간접강제(집행력)

(1) 간접강제의 행사요건

(가) **〈판시사항〉 행정소송법 제34조 소정의 간접강제의 대상(=거부처분 취소판결)**: 대법원은, 「행정소송법 제34조는 취소판결의 간접강제에 관하여 규정하면서 제1항에서 행정청이 같은 법 제30조 제2항의 규정에 의한 처분을 하지 아니한 때에 간접강제를 할 수 있도록 규정하고 있고, 같은 법 제30조 제2항은 "판결에 의하여 취소되는 처분이 당사자의 신청을 거부하는 것을 내용으로 하는 경우에는 그 처분을 행한 행정청은 판결의 취지에 따라 다시 이전의 신청에 대한 처분을 하여야 한다."라고 규정함으로써 취소판결에 따라 취소된 행정처분이 거부처분인 경우에 행정청에 다시 처분을 할 의무가 있음을 명시하고 있으므로, 결국 같은 법상 간접강제가 허용되는 것은 취소판결에 의하여 취소된 행정처분이 거부처분인 경우라야 할 것이다.」고 판시하였다(대결 1998.12.24, 98무37). ☜ 즉 행정소송법 제34조제1항에 의한 간접강제의 대상은 거부처분 취소판결이 확정된 경우이다. 그리고 부작위위법소송에서 확인판결이 확정된 경우에도 행정소송법 제38조제2항에서 제34조를 준용하는 규정이 있으므로 간접강제가 가능하다.

(나) **〈판시사항〉 거부처분에 대한 무효확인 판결이 간접강제의대상이 되는지 여부(소극)**: 대법원은, "행정소송법 제38조 제1항이 무효확인 판결에 관하여 취소판결에 관한 규정을 준용함에 있어서 같은 법 제30조 제2항을 준용한다고 규정하면서도 같은 법 제34조는 이를 준용한다는 규정을 두지 않고 있으므로, 행정처분에 대하여 무효확인 판결이 내려진 경우에는 그 행정처분이 거부처분인 경우에도 행정청에 판결의 취지에 따른 재처분의무가 인정될 뿐 그에 대하여 간접강제까지 허용되는 것은 아니라고 할 것이다."고 판시하였다(대결 1998.12.24, 98무37). ☜ 즉 거부처분에 대한 무효확인판결에 대해서는 간접강제가 허용되지 않는다(행정소송법 제38조제1항 참조).

(다) **〈판시사항〉 재처분을 하지 않거나 재처분을 하였다고 해도 그것이 무효인 경우 간접강제요건 충족**: 대법원은, "거부처분에 대한 취소의 확정판결이 있음에도 행정청이 아무런 재처분을 하지 아니하거나, 재처분을 하였다 하더라도 그것이 종전 거부처분에 대한 취소의 확정판결의 기속력에 반하는 등으로 당연무효라면 이는 아무런 재처분을 하지 아니한 때와 마찬가지라 할 것이므로 이러한 경우에는 행정소송법 제30조 제2항, 제34조 제1항 등에 의한 간접강제신청에 필요한 요건을 갖춘 것으로 보아야 한다."고 판시하였다(대결 2002.12.11, 2002무22). ☜ 이 판례는, 주택건설사업 승인신청 거부처분의 취소를 명하는 판결이 확정되었음에도 행정청이 그에 따른 재처분을 하지 않은 채 위 취소소송 계속 중에 도시계획법령이 개정되었다는 이유를 들어 다시 거부처분을 한 사안에서, **개정된 도시계획법령에 그 시행 당시 이미 개발행위허가를 신청 중인 경우에는 종전 규정에 따른다는 경과규정을 두고 있으므로 위 사업승인신청에 대하여는 종전 규정에 따른 재처분을 하여야 함에도 불구하고 개정 법령을 적용하여 새로운 거부처분을**

한 것은 확정된 종전 거부처분 취소판결의 **기속력에 저촉되어 당연무효**라고 한 사례이다.[68)]

(2) 간접강제결정에 기한 배상금의 성질과 추심의 문제

판시사항 행정소송법 제34조 소정의 간접강제결정에 기한 배상금의 성질 및 확정판결의 취지에 따른 재처분이 간접강제결정에서 정한 의무이행기한이 경과한 후에 이루어진 경우, 간접강제결정에 기한 배상금의 추심이 허용되는지 여부(소극): 대법원은, "행정소송법 제34조 소정의 간접강제결정에 기한 배상금은 거부처분취소판결이 확정된 경우 그 처분을 행한 행정청으로 하여금 확정판결의 취지에 따른 재처분의무의 이행을 확실히 담보하기 위한 것으로서, 확정판결의 취지에 따른 재처분의무내용의 불확정성과 그에 따른 재처분에의 해당 여부에 관한 쟁송으로 인하여 간접강제결정에서 정한 재처분의무의 기한 경과에 따른 배상금이 증가될 가능성이 자칫 행정청으로 하여금 인용처분을 강제하여 행정청의 재량권을 박탈하는 결과를 초래할 위험성이 있는 점 등을 감안하면, 이는 확정판결의 취지에 따른 재처분의 지연에 대한 제재나 손해배상이 아니고 재처분의 이행에 관한 심리적 강제수단에 불과한 것으로 보아야 하므로, 특별한 사정이 없는 한 간접강제결정에서 정한 의무이행기한이 경과한 후에라도 확정판결의 취지에 따른 재처분의 이행이 있으면 배상금을 추심함으로써 심리적 강제를 꾀할 목적이 상실되어 처분상대방이 더 이상 배상금을 추심하는 것은 허용되지 않는다."고 판시하였다(대판 2004.1.15, 2002두2444). ☜ 즉 행정소송법 제34조의 간접강제결정에 기초한 배상금은 재처분의 지연에 따른 제재나 손해배상이 아니고, 재처분의 이행을 확보하기 위한 심리적 강제수단에 불과하므로, 이행기간이 경과한 후에라도 재처분의 이행이 있으면 배상금을 추심하는 것은 더 이상 허용되지 않는다.

---

68) 이 사건은 거부처분에 대한 취소 확정판결이 있은 후에 법령이 개정·시행된 사안이나 개정된 당해 법령에서 「신청 중인 경우에는 종전 규정에 따른다는 '경과규정'」을 둔 사례에서는 종전 규정에 따른 재처분의무가 있음을 명확히 한 전제에서 개정 법령을 적용하여 새로이 거부처분을 한 것은 기속력에 저촉되어 당연무효이므로 간접강제신청의 요건을 충족한다는 것이다. 그러므로 이와 같은 경과규정이 없는 경우라면 동일한 사례에서 개정된 법령의 기준에 따라 새로운 사유를 들어 다시 이전 신청에 대한 거부처분을 할 수 있고, 이는 행정소송법 제30조제2항에 규정된 재처분에 해당하는 것이다. 관련판례로, **〈판시사항〉 거부처분 취소의 확정판결을 받은 행정청이 거부처분 후에 법령이 개정·시행된 경우, 새로운 사유로 내세워 다시 거부처분을 한 경우도 행정소송법 제30조 제2항 소정의 재처분에 해당하는지 여부(적극)**: 대법원은, "행정처분의 적법 여부는 그 행정처분이 행하여 진 때의 법령과 사실을 기준으로 하여 판단하는 것이므로 거부처분 후에 법령이 개정·시행된 경우에는 개정된 법령 및 허가기준을 새로운 사유로 들어 다시 이전의 신청에 대한 거부처분을 할 수 있으며 그러한 처분도 행정소송법 제30조 제2항에 규정된 재처분에 해당된다."고 판시하였다(대판 1998.1.7, 97두22). ☜ 이 판례는, 건축불허가처분을 취소하는 판결이 확정된 후 국토이용관리법시행령이 준농림지역 안에서의 행위제한에 관하여 지방자치단체의 조례로써 일정 지역에서 숙박업을 영위하기 위한 시설의 설치를 제한할 수 있도록 개정된 경우, 당해 지방자치 단체장이 위 처분 후에 개정된 신법령에서 정한 사유를 들어 새로운 거부처분을 한 것이 행정소송법 제30조 제2항 소정의 확정판결의 취지에 따라 이전의 신청에 대한 처분을 한 경우에 해당한다고 한 사례이다.

제 6 절 기타 항고소송의 쟁점과 당사자소송

Ⅰ. 무효등확인소송

1. 무효확인소송의 보충성

사실관계 행정소송법 제35조에 규정된 '무효확인을 구할 법률상 이익'이 있는지를 판단할 때 행정처분의 무효를 전제로 한 이행소송 등과 같은 직접적인 구제수단이 있는지를 따져보아야 하는지 여부(소극) (대판 전원합의체 2008.3.20, 2007두6342)

소외 한국토지공사는 S시 Y구 일대의 X지구에 대해 S시의 시장 乙로부터 택지개발계획승인을 받아 택지개발사업을 시행하였다. 그 후 甲은 1998.5.16. 한국토지공사로부터 X지구 소재 A토지(이하 '이 사건 토지'라 한다)를 매수하여, 2003.6.21. 乙시장으로부터 이 사건 토지 위에 건축면적 137.40㎡, 건축연면적 674.79㎡의 지상 6층 근린생활시설(이하 '이 사건 건물'이라 한다)에 대한 건축허가를 받아 이 사건 건물을 신축하였다. 乙시장은 위 건축허가 당시 "하수종말처리구역 내에서 오수처리시설을 설치하지 않는 건축물은 완공 이전까지 하수도시설 원인자부담금(즉, 하수도법상 원인자부담금)을 납부하고 사용승인 신청시 그 납부영수증 사본을 제출하셔야 합니다."라는 허가조건을 부과하였고, 甲이 이 사건 건물에 대한 사용승인을 신청하자, 2004.5.13. 甲에게 하수도 원인자부담금 14,932,620원을 납부하라는 납입고지서를 발부하였다(이하 '이 사건 처분'이라 한다). 이에 원고 甲은 위 부담금을 납입하였으나, 그 후 한국토지공사의 확인을 통해 위 X지구 전체에 대한 하수도원인자 부담금이 일괄적으로 한국토지공사와 S시의 사전적인 협약에 따라 한국토지공사가 S시에 지급하였음 확인하였다. 이러한 사실을 확인한 甲은 자신에 대한 乙의 이 사건 처분은 이 사건 건물의 사용승인과 관련된 이중부과에 해당하여 위법하다고 주장하면서 주위적으로 이 사건 처분의 취소를, 예비적으로 이 사건 처분의 무효확인를 구하는 소송을 제기하였다. 제1심·제2심 법원에서 원고 甲의 주위적 청구에 대해서는 제소기간이 도과하였다는 이유로 각하되었고, 위 예비적 청구에 대해 인용하였다.

판 지

[1] 항고소송인 행정처분에 관한 무효확인소송(이하 '무효확인소송'이라 한다)을 제기하려면 행정소송법 제35조에 규정된 '무효확인을 구할 법률상 이익'이 있어야 하는 바, 그 법률상 이익은 당해 처분의 근거 법률에 의하여 보호되는 직접적이고 구체적인 이익이 있는 경우를 말하고 간접적이거나 사실적, 경제적 이해관계를 가지는 데 불과한 경우는 여기에 해당되지 아니한다(대판 2001.7.10. 선고 2000두2136 판결 등 참조).

그런데 종래 대법원은, 행정소송법 제35조에 규정된 '무효확인을 구할 법률상 이익', 즉 무효확인소송의 확인의 이익이 인정되려면, 판결로써 분쟁이 있는 법률관계의 유·무효를 확정하는 것이 원고의 권리 또는 법률상의 지위에 관한 불안·위험을 제거하는 데 필요하고도 적절한 경우라야 한다고 제한적으로 해석하였다. 이에 따라 행정처분의 무효를 전제로 한 이행소송 등과 같은 구제수단이 있는 경우에는 원칙적으로 소의 이익을 부정하고, 다른 구제수단에 의하여 분쟁이 해결되지 않는 경우에 한하여 무효확인소송이 보충적으로 인정된다고 하는 이른바 '무효확인소송의 보충성(補充性)'을 요구하여 왔다. 그 결과 무효인 행정처분의 집행이 종료된 경우에 부당이득반환청구의 소 등을 청구하여 직접 이러한 위법상태를 제거하는 길이 열려 있는 이상 그 행정처분에 대하여 무효확인을 구하는 것은 종국적인 분쟁 해결을 위한 필요하고도 적절한 수단이라고 할 수 없어 소의 이익이 없다고 판시하여 왔다(대법원 1963.10.22. 선고 63누122 판결, 대법원 1976.2.10. 선고 74누159 전원합의체 판결, ……대법원 2006.5.12. 선고 2004두14717 판결 등 참조).

이와 같은 종래의 대법원 판례 취지에 비추어 보면, 한국토지공사로부터 이 사건 토지를 매수하여 그 위에 이 사건 건물을 신축한 이후 이 사건 하수도원인자부담금 부과처분(이하 '이 사건 처분'이라 한다)에 따라 이를 납부한 원고로서는 이 사건 처분의 무효를 주장하여 부당이득반환청구의 소로써 직접 이러한 위법상태의 제거를 구할 수 있으므로, 이 사건 처분에 대하여 무효확인을 구하는 원고의 예비적 청구는 소의 이익이 없게 된다. 따라서 대법원으로서는 원심판결을 파기하고 제1심판결 중 예비적 청구에 관한 부분을 취소한 후 이 부분 소를 각하할 수밖에 없는데, 과연 이러한 결론이 옳은 것인지 여부에 관하여는 의문이 있으므로, 아래에서는 이와 관련된 종래 대법원 판례의 당부 및 이러한 예비적 청구에 관하여 원고에게 소의 이익이 있는지 여부를 직권으로 살펴본다.

[2] 행정소송법 제35조는 "무효등 확인소송은 처분등의 효력 유무 또는 존재 여부의 확인을 구할 법률상 이익이 있는 자가 제기할 수 있다"고 규정하고 있다. 그런데 위에서 본 바와 같이 종래의 대법원 판례가 무효확인소송에 대하여 보충성이 필요하다고 해석한 것은, 무효확인소송이 확인소송으로서의 성질을 가지고 있으므로 민사소송에서의 확인의 소와 마찬가지로 위와 같은 확인의 이익(이하 '보충성에 관한 확인의 이익'이라 한다)을 갖추어야 한다는 데에 근거를 둔 것이다. 그러나 이는 행정처분에 관한 무효확인소송의 성질과 기능 등을 바탕으로 한 입법정책적 결단과도 관련이 있는 것으로서 결국은 행정소송법 제35조를 어떻게 해석할 것인지 하는 문제에 귀결된다.

행정소송은 행정청의 위법한 처분 등을 취소·변경하거나 그 효력 유무 또는 존재 여부를 확인함으로써 국민의 권리 또는 이익의 침해를 구제하고, 공법상의 권리관계 또는 법 적용에 관한 다툼을 적정하게 해결함을 목적으로 하는 것이므로, 대등한 주체 사이의 사법상 생활 관계에 관한 분쟁을 심판대상으로 하는 민사소송과는 그 목적, 취지 및 기능 등을 달리한다. 또한 행정소송법 제4조에서는 무효확인소송을 항고소송의 일종으로 규정하고 있고, 행정소송법 제38조 제1항에서는 처분 등을 취소하는 확정판결의 기속력 및 행정청의 재처분 의무에 관한 행정소송법 제30조를 무효확인소송에도 준용하고 있으므로 무효확인판결 자체만으로도 실효성을 확보할 수 있다. 그리고 무효확인소송의 보충성을 규정하고 있는 외국의 일부 입법례와는 달리 우리나라 행정소송법에는 명문의 규정이 없어 이로 인한 명시적 제한이 존재하지 않는다. 이와 같은 사정을 비롯하여 행정에 대한 사법통제, 권익구제의 확대와 같은 행정소송의 기능 등을 종합하여 보면, 행정처분의 근거 법률에 의하여 보호되는 직접적이고 구체적인 이익이 있는 경우에는 행정소송법 제35조에 규정된 '무효확인을 구할 법률상 이익'이 있다고 보아야 하고, 이와 별도로 무효확인소송의 보충성이 요구되는 것은 아니므로 행정처분의 무효를 전제로 한 이행소송 등과 같은 직접적인 구제수단이 있는지 여부를 따질 필요가 없다고 해석함이 상당하다.

이와 다른 취지로 판시한 종전 대법원판결들, 즉 대법원 1963.10.22. 선고 63누122 판결, 대법원 1976.2.10. 선고 74누159 전원합의체 판결, ……대법원 2006.5.12. 선고 2004두14717 판결 등은 이 판결의 견해에 배치되는 범위 내에서 이를 변경하기로 한다.

[3] 이 사건에 관하여 보면, 원고로서는 부당이득반환청구의 소로써 직접 위와 같은 위법상태의 제거를 구할 수 있는지 여부에 관계없이 이 사건 처분의 근거 법률에 의하여 보호되는 직접적이고 구체적인 이익을 가지고 있어 행정소송법 제35조에 규정된 '무효확인을 구할 법률상 이익'을 가지는 자에 해당한다. 따라서 이 사건 처분에 대하여는 그 무효확인을 구할 수 있다고 보아야 하므로, 이를 구하는 예비적 청구에 관한 소는 적법하다.

관련판례

위 전원합의체 판례가 있기 이전에는, (가) 대법원이 〈건축주명의변경신고수리처분 무효확인소송〉에서 "소유자 아닌 다른 사람이 행정청으로부터 건물에 대한 사용승인의 처분을 받아 이를 사용·수익함으로써 소유자의 권리행사가 방해를 받고 있는 경우 사용승인의 처분이 그러한 침해행위까지 정당화하는 것은 아니므로, 건물의 소유자로서는 사용승인처분에 대한 무효확인의 판결을 받을 필요 없이 직접 민사소송을 제기하여 소유권에 기한 방해의 제거나 예방을 청구함으로써 그 소유물에 대한 권리를 보전하려는 목적을 달성할 수가 있으므로 그 사용승인처분에 대하여 무효확인을 구하는 것은 분쟁해결에 직접적이고도 유효·적절한 수단이라 할 수 없어 소의 이익이 없다."고 판시하였다(대판 2001.9.18, 99두11752). 그러나 위 전원합의체 판결 이후에, (나) 대법원은 〈압류처분등무효확인소송〉에서 "원고로서는 부당이득반환청구의 소나 소유권이전등기말소청구의 소로써 직접 원고가 주장하는 위법상태의 제거를 구할 수 있는지 여부에 관계없이, 이 사건 압류처분 및 매각처분의 근거 법률에 의하여 보호되는 직접적이고 구체적인 이익을 가지고 있어 행정소송법 제35조에 규정된 '무효확인을 구할 법률상 이익'을 가지는 자에 해당하고, 따라서 이 사건 압류처분 및 매각처분에 대하여 무효확인을 구할 수 있다."고 판시하여 위 대상판례와 마찬가지로 무효확인의 소에서 보충성요건 불요설의 입장에서 판시하였다(대판 2008.6.12, 2008두3685).

평 가

위 판례는 전원합의체 판결로서, 행정소송 중 무효확인소송을 제기함에 있어서 무효확인의 소송의 적법요건으로 권리보호의 이익이 요구되는지 여부에 대하여 종래의 보충성을 적법요건으로 하는 판례의 태도를 바꾸어 보충성 요건 부정설의 입장으로 변경한 판례이다. 위 판결에서 행정소송과 민사소송이 서로 차이가 있음을 전제로 민사소송에서 인정되는 확인소송의 보충성이 행정소송인 무효확인소송의 보충성에는 적용되지 않는다고 판시하였다. 이는 외국의 입법례와 달리 무효 등 확인소송의 보충성을 규정하고 있지 않은 우리나라 행정소송법의 충실한 해석에 따른 것이라 볼 수 있을 것이다. 또한 과세처분 무효확인소송에 의하여도 조세환급의 목적을 달성할 수 있고, 행정소송은 민사소송이 갖지 못한 여러 가지 장점을 가지고 있다는 점 등에 비추어 보면, 위 판례가 나오기 전의 대법원의 태도는 권리구제방법으로 과세처분 무효확인소송의 가능성을 원천적으로 막는 것이라 옳다고 할 수 없었다. 따라서 조세를 납부한 자에게 과세처분 무효등확인소송에 의한 권리구제의 길을 열어준 대상판결의 결론이 행정소송법의 체계와 목적에 비추어 볼 때 타당하다 할 것이다. 특히 위 판결을 계기로 납세자는 조세환급수단으로 기존의 민사상 부당이득반환청구소송 이외에 과세처분 무효등확인소송을 이용할 수 있게 되었으므로 납세자의 권익구제가 상당한 강화된 것으로 평가할 수 있다.

2. 취소소송과의 비교

1) 행정심판 전치주의

(1) **〈판시사항〉 공매처분의 무효확인소송과 전심절차:** 대법원은, "본안소송으로 공매처분의 무효확인청구 등을 제기한 경우에는 위 공매처분의 전제가 되는 국세부과처분에 대하여 전심절차를 거치지 아니하였다고 하더라도 법원의 집행정지결정이 그 요건을 흠결한 위법이 있다고 할 수 없다."고 판시하였다(대판 1986.11.27, 86두21). ☜ 무효등확인소송은 당초부터 처분에 대하여 그 무효임을 공적으로 인정받기 위한 소송에 불과하므로 행정심판전치주의의 적용이 없으며, 이점은 행정소송법 제38조제1항의 규정상으로도 명백하다. 다만 부작위위법확인소송에는 행정심판전치주의가 적용된다(행정소송법 제38조제2항).

(2) **〈판시사항〉 과세처분의 무효선언을 구하는 의미의 취소소송에 있어서 전심절차의 요부(적극):** 대법원은, "과세처분의 무효선언을 구하는 의미에서 취소를 구하는 소송이라도 전심절차를 거

쳐야 한다."고 판시하였다(대판 1990.8.28, 90누1892). ☜ 무효선언을 구하는 취소소송의 경우[69] 행정심판전치주의의 적용이 없다는 소극설의 견해가 있으나, 적극설이 다수설이고 판례의 입장이다.

2) 입증책임 관련

판시사항 행정처분무효확인소송에서 행정처분의 무효 사유에 대한 증명책임자(=원고): 대법원은, "행정처분의 당연무효를 주장하여 그 무효확인을 구하는 행정소송에 있어서는 원고에게 그 행정처분이 무효인 사유를 주장·입증할 책임이 있다."고 판시하였다(대판 2010.5.13, 2009두3460). ☜ 취소소송의 경우에 취소사유의 존부도 무효사유의 존부와 마찬가지로 원고가 주장·입증책임을 진다(대판 2001.1.16, 99두8107).

3) 사정판결의 허용 여부

판시사항 행정처분이 무효인 경우 사정판결의 가부(소극): 대법원은, "당연무효의 행정처분을 소송목적물로 하는 행정소송에서는 존치시킬 효력이 있는 행정행위가 없기 때문에 행정소송법 제28조 소정의 사정판결을 할 수 없다."고 판시하였다(대판 1996.3.22, 95누5509; 대판 1992.11.10, 91누8227; 대판 1991.10.11, 90누9926 등 참조). ☜ 무효등확인소송에서 취소소송과 같이 사정판결이 허용되는지 여부에 관해 학설은 부정설과 긍정설이 대립하나, 판례는 부정설의 입장이다(행정소송법 제38조제1항).

Ⅱ. 부작위위법확인소송

1. 부작위위법확인소송 관련쟁점

1) 부작위위법확인소송의 대상

판시사항 부작위위법확인소송의 대상: 대법원은, "부작위위법확인소송의 대상이 되는 행정청의 부작위라 함은 행정청이 당사자의 신청에 대하여 상당한 기간 내에 일정한 처분을 할 법률상 의무가 있음에도 불구하고 이를 하지 아니하는 것을 말하고, 이 소송은 처분

69) 무효선언을 구하는 의미의 취소소송이란 형식적으로는 처분의 취소를 구하는 것이나 그 청구원인에 비치어 볼 때 무효선언을 구하는 의미로서 취소를 소구하고 있는 경우이다.

의 신청을 한 자가 제기하는 것이므로 이를 통하여 원고가 구하는 행정청의 응답행위는 행정소송법 제2조 제1항 제1호 소정의 처분에 관한 것이라야 한다."고 판시하였다(대판 1991.11.8, 90누9391). ☜ 부작위위법확인소송의 대상은 「행정청의 부작위」로, 그 성립요건은 ① 당사자의 신청이 있을 것, ② 행정청에 대한 처분의 신청일 것, ③ 처분을 하여야 할 법률상 의무가 있을 것, ④ 상당한 기간 내에 처분을 하지 않을 것이란 요건을 갖추어야 한다(김철용, 649-650쪽).

2) 항고소송의 대상인 부작위의 성립과 신청권의 요부

판시사항 부작위위법확인의 소의 요건: 대법원은, "부작위위법확인소송은 처분의 신청을 한 자로서 부작위의 위법의 확인을 구할 법률상 이익이 있는 자만이 제기할 수 있는 것으로서(행정소송법 제36조) 당사자가 행정청에 대하여 어떤 행정행위를 하여 줄 것을 신청하지 아니하였거나 당사자가 그러한 행정행위를 하여 줄 것을 요구할 수 있는 법규상 또는 조리상의 권리를 가지고 있지 아니하는 등의 경우에는 원고적격이 없거나 항고소송의 대상인 위법한 부작위가 있다고 할 수 없어 그 부작위위법확인의 소는 부적법하다고 할 것이다."고 판시하였다(대판 2007.10.26, 2005두7853[70]). ☜ 즉, 항고소송인 부작위위법확인소송의 대상으로서 '행정청의 부작위'가 성립하기 위해 요구되는 「당사자의 신청이 있을 것」이란 요건의 해석과 관련하여 판례는 '법규상 또는 조리상 신청권의 존재'를 항고소송의 대상인 부작위의 요건 내지 원고적격으로 보고 있다. 따라서 부작위위법확인소송에서 부작위의 성립에는 당사자에게 처분을 구할 수 있는 법규상 또는 조리상의 신청권이 있어야 하며, 행정청에 대하여 신청에 따른 처분을 하여줄 것을 요구할 수 있는 법규상 또는 조리상의 권리를 갖는 자가 원고적격을 갖는다.

3) 소의 이익

판시사항 부작위위법확인소송의 변론종결시까지 행정청의 처분으로 부작위 상태가 해소된 경우 소의 이익 유무(소극): 대법원은, "부작위위법확인의 소는 ……소제기의 전후를 통하여 판결시까지 행정청이 그 신청에 대하여 적극 또는 소극의 처분을 함으로써 부작위상태가

70) 이 판례는, 수산업 관계 법령상 더 이상 연장허가를 받을 수 없는 어업권자에게 어업권의 유효기간이 만료되는 수면에 대하여 개발계획에서 반영하여 줄 것을 요구할 수 있는 법규상 또는 조리상의 신청권이 있다고 볼 근거가 없으므로 피고가 2003년도 개발계획에 원고들의 이 사건 어업권에 관한 사항을 포함·반영하지 아니한 조치에 대하여 원고들이 부작위위법확인을 구하는 것은 원고적격이 없거나 항고소송의 대상인 부작위가 있다고 할 수 없어 부적법하다고 한 사례이다.

해소된 때에는 소의 이익을 상실하게 되어 당해 소는 각하를 면할 수가 없는 것이다."고 판시하였다(대판 1990.9.25, 89누4758). ☜ 즉, 부작위위법확인소송의 경우에 사실심의 변론종결시까지 처분청이 신청에 따른 처분과 같은 적극적 처분이나 소극적 처분인 거부처분을 하였다면 소의 이익이 없다. 따라서 당사자의 신청에 대한 행정청의 거부처분이 있는 경우에 부작위위법확인소송은 허용되지 않는다(대판 1991.11.8, 90누9391).

4) 심리의 범위

판시사항 부작위위법확인의 소의 제도의 취지: 대법원은, "부작위위법확인의 소는 행정청이 국민의 법규상 또는 조리상의 권리에 기한 신청에 대하여 상당한 기간내에 그 신청을 인용하는 적극적 처분 또는 각하하거나 기각하는 등의 소극적 처분을 하여야 할 법률상의 응답의무가 있음에도 불구하고 이를 하지 아니하는 경우, 판결(사실심의 구두변론 종결)시를 기준으로 그 부작위의 위법을 확인함으로써 행정청의 응답을 신속하게 하여 부작위 내지 무응답이라고 하는 소극적인 위법상태를 제거하는 것을 목적으로 하는 것이고, 나아가 당해 판결의 구속력에 의하여 행정청에게 처분 등을 하게 하고 다시 당해 처분 등에 대하여 불복이 있는 때에는 그 처분 등을 다투게 함으로써 최종적으로는 국민의 권리이익을 보호하려는 제도이므로, 소제기의 전후를 통하여 판결시까지 행정청이 그 신청에 대하여 적극 또는 소극의 처분을 함으로써 부작위상태가 해소된 때에는 소의 이익을 상실하게 되어 당해 소는 각하를 면할 수가 없는 것이다."고 판시하였다(대판 1990.9.25, 89누4758; 대판 2002.6.28, 2000두4750). ☜ 부작위위법확인소송의 심리범위는 부작위위법확인소송 인용판결의 효력과 같은 문제로, 위 판결의 의미는 이전의 신청에 대한 처분을 하야야 할 의무(재처분의무)의 의미가 무엇인지에 따라 소가 각하되어야 하는지 여부가 다르게 된다. 즉 부작위위법확인소송에서 인용판결이 확정된 경우 행정청이 신청에 따른 특정의 처분을 하여야 하는 것이라면, 법원은 처분의무의 내용까지 심리·판단해야 하므로 본안판단에 들어가야 할 것이기 때문이다(실체적 심리설의 입장[71]). 이에 대해서 위 판례에서 보듯이 소를 각하함으로써 특정의 처분을 하여야 하는 것은 아니라는 입장을 간접적으로 표현하고 있다(절차적 심리설의 입장[72]). 위 대법원 판례는 부작위위법확인소송의

---

71) **실체적 심리설**이란 부작위위법확인소송에서 법원은 단순히 행정청의 부작위의 적부에 관한 절차적 심리에 그치지 아니하고, 신청의 실체적 내용에 이유가 있는지 여부도 심리할 수 있다는 입장이다. 즉 이 견해에 의하면 부작위의 위법확인뿐만 아니라 특정작위의무, 즉 당사자의 신청에 대한 처분을 할 의무의 확인까지도 심리할 수 있다고 한다.

72) **절차적 심리설**이란 부작위위법확인소송의 수소법원은 부작위의 위법 여부만을 심리하여야 하며 만약 실체적인 내용을 심리한다면 그것은 의무이행소송을 인정하는 결과가 되어 정당하지 않다는 입장이다(다수설).

심리범위에 대해 절차적 심리설의 입장이며, 그 당연한 논리의 연결로 인용판결의 효력에 있어서도 설령 행정청이 판결에서 적시된 특정처분을 하지 않다고 해도 무방하고 단지 행정청은 어떠한 처분을 하기만 하면 인용판결의 기속력에 반하지 않는다는 입장이다.

2. 취소소송과의 비교

1) 제소기간

판시사항 부작위위법확인의 소의 제소기간: 대법원은, "부작위위법확인의 소는 부작위상태가 계속되는 한 그 위법의 확인을 구할 이익이 있다고 보아야 하므로 원칙적으로 제소기간의 제한을 받지 않으나, 행정소송법 제38조 제2항이 제소기간을 규정한 같은 법 제20조를 부작위위법확인소송에 준용하고 있는 점에 비추어 보면, 행정심판 등 전심절차를 거친 경우에는 행정소송법 제20조가 정한 제소기간 내에 부작위위법확인의 소를 제기하여야 할 것이다. 하지만, 당사자의 법규상 또는 조리상의 권리에 기한 신청에 대하여 행정청이 부작위의 상태에 있는지 아니면 소극적 처분을 하였는지는 동일한 사실관계를 토대로 한 법률적 평가의 문제가 개입되어 분명하지 않은 경우가 있을 수 있고, 부작위위법확인소송의 계속 중 소극적 처분이 있게 되면 부작위위법확인의 소는 소의 이익을 잃어 부적법하게 되고 이 경우 소극적 처분에 대한 취소소송을 제기하여야 하는 등 부작위위법확인의 소는 취소소송의 보충적 성격을 지니고 있으며, 부작위위법확인소송의 이러한 보충적 성격에 비추어 동일한 신청에 대한 거부처분의 취소를 구하는 취소소송에는 특단의 사정이 없는 한 그 신청에 대한 부작위위법의 확인을 구하는 취지도 포함되어 있다고 볼 수 있다. 이러한 사정을 종합하여 보면, 당사자가 동일한 신청에 대하여 부작위위법확인의 소를 제기하였으나 그 후 소극적 처분이 있다고 보아 처분취소소송으로 소를 교환적으로 변경한 후 여기에 부작위위법확인의 소를 추가적으로 병합한 경우 최초의 부작위위법확인의 소가 적법한 제소기간 내에 제기된 이상 그 후 처분취소소송으로의 교환적 변경과 처분취소소송에의 추가적 변경 등의 과정을 거쳤다고 하더라도 여전히 제소기간을 준수한 것으로 봄이 상당하다."고 판시하였다(대판 2009.7.23, 2008두10560). ☜ 행정소송법은 부작위위법확인소송에도 취소소송의 제소기간에 관한 규정을 준용하고 있다(법 제38조제2항, 제20조). 하지만 부작위는 일종의 상태로서 계속되므로 원칙적으로 제소기간이 있을 수 없다. 따라서 개별법률에서 예외적으로 행정심판전치주의를 규정하고 있는 관계로 행정심판을 경유한 경우, 행정청이 고지를 잘못하여 행정심판을 거친 경우 등 기타 행정심판을 거친 결과 원고가 재결서의 정본을 송달받은 경우에만 취소소송의 제소기간에 관한 규정이 준용되며 이때에는 재결서의 정본을 받은 날로부터 90일 내에 부작위위법확인소송을 제기하여야 하며, 행정심판을 경유하지 않은 경우에는 성질상 제소기간의 제한을 받지 않는다.

2) 위법판단의 기준시

판시사항 부작위위법여부의판단기준시(=사실심 구두변론종결시): 대법원은, "부동산강제경매사건의 최고가매수신고인이 애당초 농지취득자격증명발급신청을 한 목적이 경락기일에서 경매법원에 이를 제출하기 위한 데에 있고 행정청이 적극적인 처분을 하지 않고 있는 사이 위 경락기일이 이미 도과하였다 하더라도, 위 사실만으로 위 신고인이 부동산을 취득할 가능성이 전혀 없게 되었다고 단정할 수는 없으므로 위 경락기일이 이미 도과함으로써 위 신고인이 농지취득자격증명을 발급받을 실익이 없게 되었다거나 행정청의 부작위에 대한 위법확인을 구할 소의 이익이 없게 되었다고 볼 수는 없으며, 또한 부작위위법여부의판단기준시는 사실심의 구두변론종결시이므로 행정청이 원심판결선고 이후에 위 신고인의 위 신청에 대하여 거부처분을 함으로써 부작위 상태가 해소되었다 하더라도 달리 볼 것은 아니다."고 판시하였다(대판 1999.4.9, 98두12437).

Ⅲ. 당사자소송

1. 기본개요

당사자소송이란 "행정청의 처분등을 원인으로 하는 법률관계에 관한 소송 그 밖에 공법상의 법률관계에 관한 소송으로서 그 법률관계의 한쪽 당사자를 피고로 하는 소송"을 말한다(행정소송법 제3조 제2호). 당사자소송은 서로 대등한 당사자 간의 법률관계에 관한 분쟁이라는 면에서 민사소송과 다를 바 없지만 그 관계가 공법에 의해 부여되었거나 부여되었다고 해석되는 법률관계의 형성 또는 존부문제를 다룬다는 점에서 민사소송과 구별된다. 공법상 당사자소송에서 국가를 상대로 하는 당사자소송은 가집행 선고를 할 수 없다(행정소송법 제43조).

2. 민사소송과 구별실익

민사소송과 비교하여 행정소송으로서 **당사자소송**은 무엇보다 소송관할에 있어서 **행정법원**

의 **전속관할**에 속하는 관계로(대판 전원합의체 2009.9.17, 2007다2428), 관할위반은 절대적 상고이유가 된다. 그리고 당사자소송은 민사소송과 달리 행정소송법이 정하는 피고의 경정(제44조제1항, 제14조), 관련사건의 병합(제44조제1항, 제10조제2항, 제44조제1항, 제15조), 제3자와 행정청의 소송참가(제44조제1항, 제16조, 제17조), 소의 종류의 변경(제42조, 제21조), 처분변경으로 인한 소의 변경(제44조제1항, 제22조), 행정심판기록의 제출명령(제44조제1항, 제25조), 직권심리(제44조, 제26조), 판결의 기속력(제44조제1항, 제30조제1항) 등에 관한 규정이 적용되므로 민사소송과 구별할 실익이 있다.

3. 실질적 당사자소송

1) 처분 등을 원인으로 형성된 법률관계에 관한 소송

처분 등의 무효·취소를 전제로 하는 공법상의 부당이득반환청구소송(조세과오납금반환청구소송 등), 공무원의 직무상 불법행위에 대한 국가배상청구소송 등이 전형적으로 여기에 속한다. 행정소송법 제3조제2호의 취지에 따라 이론적으로는 위법한 처분 등으로 인하여 발생한 국가배상청구소송, 부당하게 징수된 세금의 반환을 구하는 조세과오납금반환청구소송 등에 대해서 당사자소송을 제기하여야 할 것이나 재판실무상으로는 이 경우 **민사소송**으로 취급한다. 다만 아래에서 보듯이 최근 대법원은 조세환급금청구소송으로서 '확정된 부가가치세 환급세액지급청구소송'의 경우에 공법상 당사자소송의 절차에 따라야 한다고 한 판례가 있음에 주목할 필요가 있다.

[판시사항] 부가가치세 환급세액 지급청구가 당사자소송의 대상인지 여부(적극) (대판 전원합의체 2013.3.21, 2011다95564)

[판결요지] 국가가 당초 납세의무자에게 반환하여야 할 부가가치세 환급세액에 대해서는 다툼이 없이 확정된 상태에서 다만 당초 납세의무자의 원고에 대한 채권양도(환급세액의 양도)의 유효성이나 원고(환급세액의 양수인)의 관할세무서장에 대한 채권양도 통지의 적법성이 다투어진 부가가치세 환급금반환청구사건에서 **대법원의 〈다수의견〉은**, "……납세의무자에 대한 국가의 부가가치세 환급세액 지급의무는 그 납세의무자로부터 어느 과세기간에 과다하게 거래징수된 세액 상당을 국가가 실제로 납부받았는지와 관계없이 부가가치세법령의 규정에 의하여 직접 발생하는 것으로서, 그 법적 성질은 정의와 공평의 관념에서 수익자와 손실자 사이의 재산상태 조정을 위해 인정되는 부당이득 반환의무가 아니라 부가가치세법령에 의하여 그 존부나 범위가 구체적으로 확정되고 조세 정책적 관

점에서 특별히 인정되는 공법상 의무라고 봄이 타당하다. 그렇다면 납세의무자에 대한 국가의 부가가치세 환급세액 지급의무에 대응하는 국가에 대한 납세의무자의 부가가치세 환급세액 지급청구는 민사소송이 아니라 행정소송법 제3조 제2호에 규정된 당사자소송의 절차에 따라야 한다."고 판시하였다.

그러나 〈반대의견〉은, "……권리의 법적 성질에 공법적인 요소가 있다는 이유만으로 반드시 당사자소송의 대상으로 삼아야 할 논리필연적 당위성이 존재한다고는 볼 수 없다. 오히려 부가가치세 환급세액은, 사업자가 매입 시 지급한 부가가치세(매입세액)가 매출 시 받은 부가가치세(매출세액)보다 많을 때, 국가는 사업자가 더 낸 부가가치세를 보유할 정당한 이유가 없어 반환하는 것으로서 그 지급청구의 법적 성질을 민법상 부당이득반환청구로 구성하는 것도 가능하다. ……결국 본래 부당이득으로서 국가가 이를 즉시 반환하는 것이 정의와 공평에 합당한 부가가치세 환급세액에 관하여 부가가치세법령에 요건과 절차, 지급시기 등이 규정되어 있고 그 지급의무에 공법적인 의무로서의 성질이 있다는 이유로, 그 환급세액 지급청구를 반드시 행정법원의 전속관할로 되어 있는 행정소송법상 당사자소송으로 하여야 한다고 볼 것은 아니다."고 하였다.

평 가

(가) 조세 등의 과오납부로 인한 과오납금환급청구소송을 종래 대법원은 일관되게 '민사사송'으로 보아왔다.[73] 그러한 가운데 위 대상판결로 조세환금금청구소송에 대해 종래 민사소송에서 공법상 당사자소송으로 판례태도가 변경되었다거나 통상 조세의 과오납금환급청구소송은 판례상 민사소송으로서 부당이득반환청구소송에 의하지만 '부가가치세 환급금청구소송'의 경우에는 다른 조세와 달리 위 판례를 계기로 '당사자소송'으로 본다는 해석을 하는 견해가 없지 않다.[74]

(나) 그러나 위 대상판결의 진정한 의미는, 납세의무자가 부가가치세 환급세액을 '확정'신고하고, 이에 대해 과세관청이 환급세액을 감액 혹은 증액하는 결정을 하지 않아 **부가가치세법령에 의하여 환급세액의 존부나 범위가 구체적으로 '확정'은 우에는 부가가치세 환급세액의 환급의무가 부가가치세법령의 규정에 따라 직접 발생하는 공법상의 의무라는 점에서 당사자소송의 절차에 따라야 한다는 것**이다. 따라서 위 대상판결은 '반환하여야 할 부가가치세 환급세액 자체에 대하여 납세의무자와 과세관청 사이에 다툼이 없는 경우'에 한정되는 것으로 해석하여야 한다. 그렇지 않고 위 대상판결을 부가가치세 환급세액 자체에 다툼이 있는 경우에도 마치 당사

73) 대판 전원합의체 1989.6.15, 88누6436; 대판 1990.2.13, 88누6610; 대결 1991.2.6, 90프2; 대판 1984.12.26, 82누344; 대판 1995.4.28, 94다55019; 대판 1997.10.10, 97다26432 등.
74) 함상훈, 행정소송의 실무, 서울행정법원(2014), 49-50쪽; 박균성, 행정법강의, 박영사(2015), 741쪽; 김유환, 행정법판례강의, 율곡출판사(2015), 426-427쪽 등 참조.

자소송의 절차에 따라 불복절차를 진행하여야 한다고 판시한 것으로 이해될 때에는 일반적인 과오납금환급소송에 관한 재판실무관행에 큰 혼란을 초래할 여지가 있다.[75)]

(다) 결론적으로, 위 대상판결은 당사자 사이에 부가가치세 환급세액 자체에 대하여 다툼이 없으나 국가가 그 지급의무의 존부에 대하여 다툴 경우에 한정하여, 그 지급청구소송은 **당사자 소송의 절차**에 따라야 할 것이지 민사소송에 의할 것이 아니라고 최초로 판시한 것으로서 매우 타당한 판결이다. 다만 납세의무자와 국가 사이에 부가가치세 환급세액 자체에 다툼이 있을 경우에는 환급거부처분 혹은 부과처분 자체를 다투는 항고소송에 의할 것이지, 곧바로 납세의무자가 정당하다고 판단하는 환급세액의 지급을 구하는 이행소송으로서의 당사자소송 절차에 의할 수 있다는 취지로 본 판결을 이해할 수는 없을 것이다. 그런 면에서 이 판결의 적용범위는 실무적으로 매우 제한적이다.[76)]

2) 기타 공법상 법률관계에 관한 소송

(1) 공법상의 신분·지위 등의 확인소송

가. 도시정비법상 관리처분에 관한 조합 총회결의 무효확인소송

사실관계 도시 및 주거환경정비법상의 주택재건축정비사업조합을 상대로 관리처분계획안에 대한 조합 총회결의의 효력을 다투는 소송의 법적 성질(=행정소송법상 당사자소송) / 주택재건축정비사업조합이 같은 법 제48조에 따라 수립한 관리처분계획에 대하여 관할 행정청의 인가·고시가 있은 후에, 그 관리처분계획안에 대한 총회결의의 무효확인을 구할 수 있는지 여부(소극) / 주택재건축정비사업조합을 상대로 관리처분계획안에 대한 총회결의의 무효확인을 구하는 소는 행정소송법상 당사자소송에 해당하므로 행정법원의 전속관할에 속한다고 한 사례 (대판 전원합의체 2009.9.17, 2007다2428).

도시 및 주거환경정비법(이하, '도시정비법'이라 한다)에 의거한 피고 주택재건축정비사업조합 乙은 2004년 12월 관리처분 임시총회를 개최해 총 조합원 537명 중 서면 결의서를 제출한 171명을 포함해 총 512명이 참석한 가운데 찬성 414명으로 관리처분계획안을 의결하였다. 이후 총회에 참석하지 않은 20명에게도 관리처분계획에 찬성한다는 동의서를 추가로 받아 80.81%의 조합원 찬성을 얻었다. 乙은 2005년 3월 서울 종로구청으로부터 관리처분계획을 인가받았으며, 2004년 12월 조합원들의 권리가액과 분양신청에 따라 평형배정결과를 통보하였다. 그런데 甲(乙 조합원들)은 당초 44평형을 분양 신청했으나 자신들보다 대지지분이 적은 조합원들과 마찬가지로 33평형을 배정받자 조합 임시총회결의가 무효라고 주장하며 2005.3.11. 서울중앙지방법원에 민사소송을 제기하였다. 위 무효확인의 소 제기 이후 2005.3.18. 서울 종로구청장으로부터

75) 전영준, "조세환급금 청구와 당사자소송", 변호사 제44집(2013), 559-562쪽.
76) 백현민, "확정된 부가가치세 환급세액 지급청구는 당사자 소송으로", 법률신문 2013.5.6.자(제4124호).

위 관리처분계획의 인가·고시가 있었다.

판 지

[1] 도시 및 주거환경정비법상 행정주체인 주택재건축정비사업조합을 상대로 관리처분계획안에 대한 조합 총회결의의 효력 등을 다투는 소송은 행정처분에 이르는 절차적 요건의 존부나 효력 유무에 관한 소송으로서 그 소송결과에 따라 행정처분의 위법 여부에 직접 영향을 미치는 공법상 법률관계에 관한 것이므로, 이는 행정소송법상의 당사자소송에 해당한다.

[2] 도시 및 주거환경정비법상 주택재건축정비사업조합이 같은 법 제48조에 따라 수립한 관리처분계획에 대하여 관할 행정청의 인가·고시까지 있게 되면 관리처분계획은 행정처분으로서 효력이 발생하게 되므로, 총회결의의 하자를 이유로 하여 행정처분의 효력을 다투는 항고소송의 방법으로 관리처분계획의 취소 또는 무효확인을 구하여야 하고, 그와 별도로 행정처분에 이르는 절차적 요건 중 하나에 불과한 총회결의 부분만을 따로 떼어내어 효력 유무를 다투는 확인의 소를 제기하는 것은 특별한 사정이 없는 한 허용되지 않는다.

[3] 도시 및 주거환경정비법상의 주택재건축정비사업조합을 상대로 관리처분계획안에 대한 **총회결의의 무효확인을 구하는 소를 민사소송으로 제기한 사안에서**, 그 소는 행정소송법상 당사자소송에 해당하므로 전속관할이 행정법원에 있다.

관련판례

위 전원합의체 대상판결이 있은 후 대법원은, (가) “도시 및 주거환경정비법상 주택재건축정비사업조합에 대한 행정청의 조합설립인가처분이 있은 후에 조합설립결의의 하자를 이유로 민사소송으로 그 결의의 무효 등 확인을 구한 사안에서, 그 소는 행정소송의 일종인 당사자소송으로 제기된 것으로 봄이 상당하고, 이송 후 관할법원의 허가를 얻어 조합설립인가처분에 대한 항고소송으로 변경될 수 있어 관할법원인 행정법원으로 이송함이 마땅하다.”고 판시하였으며(대판 2009.9.24, 2008다60568), 그리고 (나) “도시 및 주거환경정비법에 따른 주택재건축정비사업조합은 관할 행정청의 감독 아래 위 법상의 주택재건축사업을 시행하는 **공법인**(위 법 제18조)으로서, 그 목적 범위 내에서 법령이 정하는 바에 따라 일정한 행정작용을 행하는 **행정주체의 지위**를 갖는다. 따라서 **행정주체**인 재건축조합을 상대로 **관리처분계획안**에 대한 조합 총회결의의 효력 등을 다투는 소송은 행정처분에 이르는 절차적 요건의 존부나 효력 유무에 관한 소송으로서 그 소송결과에 따라 행정처분의 위법 여부에 직접 영향을 미치는 공법상 법률관계에 관한 것이므로, 이는 행정소송법상의 당사자소송에 해당하고, 재건축조합을 상대로 **사업시행계획안**에 대한 조합 총회결의의 효력 등을 다투는 소송 또한 행정소송법상의 당사자소송에 해당한다.”고 판시한 바 있다(대판 2009.10.15, 2008다93001). 즉, 대법원은 위 대상판결을 계기로 일관되게 도시정비법상의 주택재건축정비사업조합을 상대로 관리처분계획안 또는 사업시행계획안에 대한 조합 총회결의 효력 등을 다투는 소송의 법적 성질을 **행정소송법상 당사자소송**이라고 판시하고 있다.

평 가

전원합의체 위 대상판결은 설시문 중에서 "행정주체인 재건축조합을 상대로 관리처분계획안에 대한 조합 총회결의의 효력 등을 다투는 소송은 행정처분에 이르는 절차적 요건의 존부나 효력 유무에 관한 소송으로서 그 소송결과에 따라 행정처분의 위법 여부에 직접 영향을 미치는 공법상 법률관계에 관한 것이므로, 이는 행정소송법상의 당사자소송에 해당한다."라고 하여 ① 한 쪽 당사자가 행정주체일 것, ② 행정처분에 이르는 절차적 요건의 존부나 효력 유무에 관한 소송일 것, ③ 그 소송결과에 따라 행정처분의 위법 여부에 직접 영향을 미치는 법률관계일 경우에는 당사자소송이라는 기준을 제시하고 있다(김철용, 656쪽 참조).

나. 방송수신료 통합징수권한부존재확인소송

판시사항 수신료 부과행위의 법적 성질(=공권력 행사) 및 수신료 징수권한 여부를 다투는 소송의 성격(=공법상 당사자소송): 대법원은, "수신료의 법적 성격, 피고 보조참가인의 수신료 강제징수권의 내용 등에 비추어 보면 수신료 부과행위는 공권력의 행사에 해당하므로, 피고가 피고 보조참가인으로부터 수신료의 징수업무를 위탁받아 자신의 고유업무와 관련된 고지행위와 결합하여 수신료를 징수할 권한이 있는지 여부를 다투는 이 사건 쟁송은 민사소송이 아니라 공법상의 법률관계를 대상으로 하는 것으로서 행정소송법 제3조 제2호에 규정된 당사자소송에 의하여야 한다고 봄이 상당하다."고 판시하였다(대판 2008.7.24, 2007다25261).

다. 납세의무부존재확인의 소송

판시사항 납세의무부존재확인의 소의 성격(=당사자소송) 및 피고적격(=국가·공공단체 등 권리주체): 대법원은, "원고는 이 사건 소로서, 이 사건 부동산의 취득으로 인한 취득세 86,400,000원 및 농어촌특별세 7,920,000원의 납세의무부존재확인을 구하고 있음을 알 수 있는바, 이와 같은 납세의무부존재확인의 소는 공법상의 법률관계 그 자체를 다투는 소송으로서 당사자소송이라 할 것이므로 행정소송법 제3조 제2호, 제39조에 의하여 그 법률관계의 한쪽 당사자인 국가·공공단체 그 밖의 권리주체가 피고적격을 가진다 할 것이다."고 판시하여 납세의무부존재확인 소송의 성격을 확인소송으로서 당사자사소송이라 하였다(대판 2000.9.8, 99두2765)

라. 그 밖의 확인소송으로서 당사자소송

대법원은, ① 지방공무원으로서 지위확인(신분확인)을 구하는 소송(대판 1998.10.23, 98두12932), ② 항만법에 의한 '항만시설무상사용권범위 확인소송'(대판 2001.9.4, 99두10148), ③ (구)도시재개발법에 의한 '주택개량조합의 조합원지위확인소송'(대판 전원합의체 1996.2.15, 94다31235), ④ 시립합창단원에 대한 재위촉 거부를 다투는 소송(대판 2001.12.11, 2001두7794), ⑤ 태극무공훈장을 수여받은 자임의 확인을 구하는 소송(대판 1990.10.23, 90누4440) 등[77]을 공법상 당사자소송으로 보고 있다.

다만 대법원은, (구)도시 및 주거환경정비법상 재개발조합과 조합장 또는 조합임원 사이의 선임·해임 등을 둘러싼 법률관계는 사법상의 법률관계로서 그 조합장 또는 조합임원의 지위를 다투는 소송은 '민사소송'에 의하여야 한다고 한다(대판 2009.9.24, 2009마169·169).

(2) 공법상 각종 급부청구소송

가. 민주화운동 관련자불인정처분 취소사건

사실관계 '민주화운동관련자 명예회복 및 보상 심의위원회'의 보상금 등의 지급 대상자에 관한 결정이 행정처분인지 여부(적극) 및 '민주화운동관련자 명예회복 및 보상 등에 관한 법률'에 따른 보상금 등의 지급을 구하는 소송의 형태(=취소소송) (대판 전원합의체 2008.4.17, 2005두16185)

망인 甲은 서울대학교 재학 중에 당시 권위주의정권에 항거하여 교련반대시위를 주동하여 수배를 받다가 친구들에게 불온유인물을 보여줌으로서 반국가단체인 북한의 활동을 찬양·고무하여 북한을 이롭게 하였다는 이유로 1972년 경찰에 체포되어 조사를 받는 과정에서 집단구타 등 고문을 당하여 치아 4개가 상실되었을 뿐만 아니라 그 때 당시의 고문후유증으로 전신마비와 전신경련 증세 등을 보이던 중 1993년 사망하였다. 그 후 민주화운동과 관련하여 희생된 자와 그 유족에 대하여 국가가 명예회복과 보상을 행할 목적으로 「민주화운동관련자 명예회복 및 보상 등에 관한 법률」(이하, '민주화관련자보상법'이라 한다)이 제정된 후 甲의 유족들은 이 법률에 따라 보상금 등 지급신청을 하였으나, 일부 기각하는 '민주화관련자 명예회복 및 보상심의회' 결정에 불복하여 이를 취소하고자 소송을 제기하려고 한다.

판 지

〈다수의견〉은, [1] '민주화관련자보상법 제2조 제1호, 제2호 본문, 제4조, 제10조, 제11조, 제13조 규정들의 취지와 내용에 비추어 보면, 같은 법 제2조 제2호 각 목은 민주화운동과 관련한 피해 유형을 추상적으로 규정한 것에 불과하여 제2조 제1호에서 정의하고 있는 민주화운동의

---

77) 그리고 판례는, 서울특별시시립무용단원의 해촉에 관한 쟁송(대판 1995.12.22, 95누4636), 지방전문직공무원 채용계약 해지 의사표시에 대한 쟁송(대판 1993.9.14, 92누4611), 공중보건의사 채용계약의 해지에 관한 쟁송(대판 1996.5.31, 95누10617)도 공법상 당사자소송으로 본다.

내용을 함께 고려하더라도 그 규정들만으로는 바로 법상의 보상금 등의 지급 대상자가 확정된다고 볼 수 없고, '민주화운동관련자 명예회복 및 보상 심의위원회'에서 심의·결정을 받아야만 비로소 보상금 등의 지급 대상자로 확정될 수 있다. 따라서 그와 같은 심의위원회의 결정은 국민의 권리의무에 직접 영향을 미치는 행정처분에 해당하므로, 관련자 등으로서 보상금 등을 지급받고자 하는 신청에 대하여 심의위원회가 관련자 해당 요건의 전부 또는 일부를 인정하지 아니하여 보상금 등의 지급을 기각하는 결정을 한 경우에는 신청인은 심의위원회를 상대로 그 결정의 취소를 구하는 소송을 제기하여 보상금 등의 지급대상자가 될 수 있다.

[2] '민주화관련자보상법' 제17조는 보상금 등의 지급에 관한 소송의 형태를 규정하고 있지 않지만, 위 규정 전단에서 말하는 보상금 등의 지급에 관한 소송은 '민주화운동관련자 명예회복 및 보상 심의위원회'의 보상금 등의 지급신청에 관하여 전부 또는 일부를 기각하는 결정에 대한 불복을 구하는 소송이므로 취소소송을 의미한다고 보아야 하며, 후단에서 보상금 등의 지급신청을 한 날부터 90일을 경과한 때에는 그 결정을 거치지 않고 위 소송을 제기할 수 있도록 한 것은 관련자 등에 대한 신속한 권리구제를 위하여 위 기간 내에 보상금 등의 지급 여부 등에 대한 결정을 받지 못한 때에는 지급 거부 결정이 있는 것으로 보아 곧바로 법원에 심의위원회를 상대로 그에 대한 취소소송을 제기할 수 있다고 규정한 취지라고 해석될 뿐, 위 규정이 보상금 등의 지급에 관한 처분의 취소소송을 제한하거나 또는 심의위원회에 의하여 관련자 등으로 결정되지 아니한 신청인에게 국가를 상대로 보상금 등의 지급을 구하는 이행소송을 직접 제기할 수 있도록 허용하는 취지라고 풀이할 수는 없다.

〈반대의견〉은, '민주화관련자보상법' 제17조의 규정은 입법자가 결정전치주의에 관하여 특별한 의미를 부여하고 있는 것으로, 심의위원회의 결정과 같은 사전심사를 거치거나 사전심사를 위한 일정한 기간이 지난 후에는 곧바로 당사자소송의 형태로 권리구제를 받을 수 있도록 하려는 데 그 진정한 뜻이 있는 것이다. 또한, 소송경제나 분쟁의 신속한 해결을 도모한다는 측면에서도 당사자소송에 의하는 것이 국민의 권익침해 해소에 가장 유효하고 적절한 수단이다. 따라서 보상금 등의 지급신청을 한 사람이 심의위원회의 보상금 등의 지급에 관한 결정을 다투고자 하는 경우에는 곧바로 보상금 등의 지급을 구하는 소송을 제기하여야 하고, 관련자 등이 갖게 되는 보상금 등에 관한 권리는 위 법이 특별히 인정하고 있는 **공법상 권리**이므로 그 보상금 등의 지급에 관한 소송은 행정소송법 제3조 제2호에 정한 국가를 상대로 하는 **당사자소송**에 의하여야 한다.

관련판례

판시사항 '광주민주화운동관련자보상 등에 관한 법률'에 의거하여 관련자 및 유족들이 갖게 되는 보상 등에 관한 권리 및 소송의 성격(=당사자소송)과 그 지급에 관한 법률관계의 주체(=대한민국):

대법원은, "광주민주화운동관련자보상 등에 관한 법률'에 의거하여 관련자 및 유족들이 갖게 되는 보상 등에 관한 권리는 헌법 제23조 제3항에 따른 재산권침해에 대한 손실보상청구나 국가배상법에 따른 손해배상청구와는 그 성질을 달리하는 것으로서 법률이 특별히 인정하고 있는 **공법상의 권리**라고 하여야 할 것이므로 그에 관한 소송은 행정소송법 제3조 제2호 소정의 **당사자소송**에 의하여야 할 것이며 보상금 등의 지급에 관한 법률관계의 주체는 **대한민국**이다."고 판시하였다(대판 1992.12.24, 92누3335).

평 가

위에서 보듯이 '광주민주화운동관련자보상 등에 관한 법률'에 의거한 관련자 및 유족들이 갖게 되는 보상 등에 관한 권리는 공법상의 권리로서 그에 관한 소송은 당사자소송에 의하여야 한다고 하였다. 이 판결과 달리 위 대상판결의 전원합의체 판결 다수의견은 동일 유사한 내용의 법률규정을 두고 있는 '민주화관련자보상법'상의 '민주화운동관련자 명예회복 및 보상 심의위원회'의 결정을 행정처분으로 보고 동 심의위원회의 전부 혹은 일부 기각결정의 **취소소송**을 통해 보상금 등의 지급대상자가 될 수 있다고 판시하고 있다는 점에 차이가 있다. 반대로 위 대상판결의 반대의견은 유사한 법률구조로 되어 있는 법률 간에 동일한 내용의 법조항에 대한 종래 판례태도를 일관성 있게 견지하여 국가를 상대방으로 하는 **당사자소송**에 의하여야 한다고 한다.

나. 그 밖의 급부청구소송으로서 당사자소송

대법원은, ① (구)공익사업을 위한 토지 등의 취득 및 보상에 관한 법령에 의하여 주거용 건축물의 세입자에게 인정되는 주거이전비 보상청구소송(대판 2008.5.29, 2007다8129), ② 하천법 부칙(1984.12.31.) 제2조 제1항 및 '법률 제3782호 하천법 중 개정법률 부칙 제2조의 규정에 의한 보상청구권의 소멸시효가 만료된 하천구역 편입토지 보상에 관한 특별조치법' 제2조 제1항에서 정하고 있는 손실보상청구권(대판 전원합의체 2006.5.18, 2004다6207), ③ '하천구역 편입토지 보상에 관한 특별조치법'에 정한 하천편입 토지소유자의 보상청구권에 기하여 손실보상금의 지급을 구하거나 손실보상청구권의 확인을 구하는 소송(대판 2006.11.9, 2006다23503), ④ 지방소방공무원이 소속 지방자치단체를 상대로 초과근무수당의 지급을 구하는 소송(대판 2013.3.28, 2012다102629), ⑤ 공무원연금관리공단이 공무원연금법령의 개정에 따라 퇴직연금 중 일부 금액에 대하여 지급거부의 의사표시를 한 경우 미지급 퇴직금의 지급을 구하는 소송(대판 2004.12.24, 2003두15195), ⑥ 법령의 개정에 따른 국방부장관의 퇴직연금액 감액조치에 의하여 발생한 퇴역연금액과 결정·통지된 퇴역연금액과의 차액의 지급을 구하는 소송(대판 2003.9.5, 2002두3522), ⑦ 지방자치단체가 보조금 지급결정을 하면서 일정 기한 내에 보조금을 반환하도록 하는 교부조건을 부가한 사안에서, 보조사업자에 대한 지방자치단체의 보조금반환청구(대판 2011.6.9, 2011다2951), ⑧ 석탄산업법 소정의 재해위로금 지급청구소송(대판 1999.1.26, 98두12598), ⑨ 석탄산업법에 의거한 석탄산업합리화사업단의 재해위로금 지급거부의 의사표시에 대한 불복방법(=공법상 당사자소송)(대판 1999.1.26, 98두12598) 등을 **당사자소송**으로 보고 있다.

다만 종래 대법원은, (구)토지수용법 제75조의2 제2항에 의하여 사업시행자가 환매권자를 상대로 하는 환매가격의 증감에 관한 소송(환매가격증감청구소송)의 종류는 공법상의 당사자소송이라 하였으나(대판 2000.11.28, 99두3416), 최근 대법원은 환매권의 존부에 관한 확인을 구하는 소송 및 (구)공익사업법 제91조 제4항에 따라 환매금액의 증감을 구하는 소송 역시 **민사소송**에 해당한다고 하였다(대판 2013.2.28, 2010두22368).[78]

4. 형식적 당사자소송

1) (구)토지수용법상 보상금증감청구소송의 판례

판시사항 토지수용법 제75조의2 제2항이 규정하는 보상금의 증감에 관한 소송의 소송종류(=공법상 당사자소송): 대법원은, "토지수용법 제75조의2 제2항의 규정은 그 제1항에 의하여 이의재결에 대하여 불복하는 행정소송을 제기하는 경우, 이것이 보상금의 증감에 관한 소송인 때에는 이의재결에서 정한 보상금이 증액 변경될 것을 전제로 하여 기업자를 상대로 보상금의 지급을 구하는 공법상의 당사자소송을 규정한 것으로 볼 것이다."고 판시하였다(대판 1991.11.26, 91누285). ☜ (구)토지수용법상 제75조의2 제2항에서 "제1항의 규정에 의하여 제기하고자 하는 행정소송이 보상금의 증감에 관한 소송인 때에는 당해 소송을 제기하는 자가 토지소유자 또는 관계인인 경우에는 재결청 외에 기업자를, 기업자인 경우에는 재결청 외에 토지소유자 또는 관계인을 각각 피고로 한다."고 규정되어 이를 '특수한 항고소송'으로 볼지 '형식적 당사자소송'으로 볼지에 관한 논의가 있었으나, 위 판례에서 보듯이 형식적으로는 법률관계의 당사자 간의 쟁송이지만 실질적으로는 행정청의 처분(재결)을 다투는 소송으로서 대법원 판례는 형식적 당사자소송으로 판시하였다고 할 수 있다.

---

78) 이 같이 '환매가격증감청구소송'을 민사소송이라고 하는 최근 판례태도의 변경은 대법원이 환매권을 사권으로 보면서도 환매가격증감청구소송을 당사자소송으로 판시해온 종래 판례의 태도에 법리적으로 문제가 있어서 이를 시정한 것으로 보인다.

2) (현)공익사업법상 보상금증감청구소송의 규정

현행 공익사업법 제85조(행정소송의 제기) 제2항은 「동조 제1항에 따라 제기하려는 행정소송이 보상금의 증감(增減)에 관한 소송인 경우 그 소송을 제기하는 자가 토지소유자 또는 관계인일 때에는 사업시행자를, 사업시행자일 때에는 토지소유자 또는 관계인을 각각 피고로 한다.」고 규정하고 있다. 이는 공익사업법 제34조의 수용재결 자체를 다투는 것이 아니라, 수용재결 중 보상금액에 관한 결정과 관련하여 보상액의 증액 또는 감액을 다투는 것으로 보상금증감청구소송이다. 이 같은 공익사업법 제85조 제2항의 입법태도는 종래 (구)토지수용법 제75조의2 제2항에서의 보상금증감청구소송의 피고와 관련하여 재결청과 기업자, 재결청과 토지소유자 또는 관계인에 관해 명확히 규정하지 않음[79]으로써 보상금증감청구소송의 성격에 관한 많은 논의를 야기하였던 것과 달리 재결청인 토지수용위원회를 피고에서 완전히 배제시킴으로써 보상금증감청구소송의 성질에 관한 논쟁을 입법적으로 해결하여 형식적 당사자소송임을 분명히 하였다고 할 수 있고, 학설 역시 현행 공익사업법상의 보상금증감청구소송에 대해 일반적으로 형식적 당사자소송으로 본다.

3) 기타 현행법상 형식적 당사자소송

그 밖에 현행법상 특허법 제191조는 특허법에 따른 보상금 또는 대가에 관한 소송에 있어서는 보상금을 지급할 관서 또는 출입인·특허권자 등을 피고로 하여야 한다고 규정하고 있는데, 이는 특허권수용 등을 다투는 것이 아니라, 이러한 처분에 따른 보상금 등을 다투는 것이므로 이 역시 형식적 당사자소송이라 할 것이다. 그리고 특허법 제191조는 디자인보호법(제75조)·실용신안법(제33조)에도 준용된다.

---

79) 참고로 (구)토지수용법 제75조의2 제항의 보상금증감청구소송의 피고와 관련하여 대법원은, "토지수용법 제75조의2 제2항이 토지 소유자 또는 관계인이 보상금의 증감에 관한 같은 조 제1항의 행정소송을 제기하는 경우에는 **재결청 외에 기업자를 피고로 한다고 규정한 것**은 위와 같은 소송을 제기하는 경우에는 재결청 외에 기업자를 **공동피고로 하여야 한다는 뜻**이고, 이 소송은 **필요적 공동소송**이라고 볼 것이다."이라고 판시하였다(대판 1991.5.28, 90누8787).

판 례 색 인

▌헌법재판소

▌대법원

고등법원

행정법원

지방법원

사항색인

저자소개

朴貞勳(박정훈)

현직 경희대학교 법학전문대학원 교수(행정법)

경희대학교 법률학과 졸업(법학사)

경희대학교 법과대학원 석·박사과정수료(법학석사·법학박사)

일본 東京大學 法學部 客員研究員(2년)

미국 Indiana University Maurer School of Law, Visiting Scholar(1년)

행정법 판례라인

초판인쇄 2017년 2월 7일
초판발행 2017년 2월 17일

지은이 박정훈
펴낸이 안종만

편 집 김효선
기획/마케팅 손준호
표지디자인 조아라
제 작 우인도·고철민

펴낸곳 (주) 박영사
서울특별시 종로구 새문안로3길 36, 1601
등록 1959. 3. 11. 제300-1959-1호(倫)
전 화 02)733-6771
f a x 02)736-4818
e-mail pys@pybook.co.kr
homepage www.pybook.co.kr
ISBN 979-11-303-2999-4 93360

정 가 26,000원